Management und Controlling

Klaus Amann · Jürgen Petzold
Markus Westerkamp

Management und Controlling

Instrumente – Organisation –
Digitalisierung – Ziele

3., aktualisierte Auflage

 Springer Gabler

Klaus Amann
Jade Hochschule
Wilhelmshaven, Deutschland

Jürgen Petzold
Jade Hochschule
Wilhelmshaven, Deutschland

Markus Westerkamp
Jade Hochschule
Wilhelmshaven, Deutschland

ISBN 978-3-658-28794-8   ISBN 978-3-658-28795-5 (eBook)
https://doi.org/10.1007/978-3-658-28795-5

Ursprünglich erschienen unter: Amann, K. und Petzold, J.: Management und Controlling. Instrumente – Organisation – Ziele

Die Deutsche Nationalbibliothek verzeichnet diese Publikation in der Deutschen Nationalbibliografie; detaillierte bibliografische Daten sind im Internet über http://dnb.d-nb.de abrufbar.

Springer Gabler

Springer Gabler ist ein Imprint der eingetragenen Gesellschaft Springer Fachmedien Wiesbaden GmbH und ist ein Teil von Springer Nature.
Die Anschrift der Gesellschaft ist: Abraham-Lincoln-Str. 46, 65189 Wiesbaden, Germany

Vorwort

Die Ausgestaltung der Bereiche Management und Controlling hat eine große Bedeutung für den Erfolg unternehmerischer Aktivitäten. Beide Bereiche rücken dabei zunehmend dichter zusammen und werden in einem Unternehmensführungssystem vernetzt. Wird Controlling als unternehmensinterne Dienstleistung für das Management verstanden, führen Teams aus Managern/-innen und Controllern/-innen ihre Unternehmen gemeinsam zum wirtschaftlichen Erfolg.

Ziel dieses Buches ist es, die Grundlagen zu beiden Bereichen sowie deren Verzahnung einfach und praxisnah zu vermitteln, wobei Manager/-innen als „Kapitäne/-innen" und Controller/-innen als „Steuermänner/-frauen" der Unternehmen gesehen werden.

In der folgenden Abhandlung wird aus Gründen der Vereinfachung ausschließlich die männliche Form wie „Manager" oder „Controller" verwendet, dies bezieht aber grundsätzlich die jeweils weibliche Form mit ein.

Das Lehrbuch richtet sich sowohl an Interessenten aus der Unternehmenspraxis als auch an Studierende an Hochschulen und anderen Weiterbildungseinrichtungen, die sich einen Überblick über Management und Controlling verschaffen möchten. Es werden keine grundlegend neuen wissenschaftlichen Erkenntnisse erarbeitet, sondern es soll der derzeitige Stand empirischer und theoretischer Forschung in einer vergleichsweise knappen, möglichst verständlichen Form wiedergegeben werden. Der an ausführlicheren Darstellungen zu einzelnen Themenbereichen interessierte Leser sei daher auf das Literaturverzeichnis hingewiesen, dass einige wesentlich umfangreicher angelegte Abhandlungen enthält. Dies sind sowohl grundlegende Darstellungen von „Management und Controlling" mit zum Teil erheblichem Seitenumfang als auch detaillierte Untersuchungen zu einzelnen Aspekten, die in diesem Lehrbuch ansatzweise dargestellt sind.

Zu Management und Controlling gibt es bereits eine Vielzahl von Primär- und Sekundärliteratur, sodass der Ursprung mancher Gedanken häufig nur schwer nachvollzogen werden kann. Da die Lesbarkeit des Buches durch eine wissenschaftlich korrekte Auseinandersetzung mit allen verfügbaren literarischen Quellen tendenziell eher negativ beeinflusst würde, beschränkt sich die Angabe von Zitaten auf solche Passagen, an denen sehr spezifische Aussagen übernommen wurden bzw. eine sehr enge Anlehnung an Vorlagen erfolgte. Im Zuge der Globalisierung und des technologischen Wandels werden im Kontext des Managements und Controllings zudem die Thematiken **„Controlling-Informationssysteme (CIS)"**, **„IT-Controlling"**, **„Künstliche Intelligenz (KI)"** für die Wirtschaft und Gesellschaft sowie **„Prädiktive Analytik"** aufgezeigt.

Die Verfasser bedanken sich an dieser Stelle ausdrücklich bei allen genannten und nicht namentlich erwähnten Fachvertretern, auf deren Arbeiten dieses Lehrbuch aufbauen konnte. Gleichzeitig danken wir allen Studierenden, die bei Diskussionen im Rahmen von Lehrveranstaltungen an der Jade Hochschule, aber auch durch Seminar- und Abschlussarbeiten Impulse für dieses Buch geliefert haben.

Besonderer Dank gilt dem Verlag Springer Gabler, vertreten durch Frau Anna Pietras und Catarina Gomes de Almeida, die bei der Gestaltung des Lehrbuchs eine hervorragende Unterstützung geboten haben.

Wilhelmshaven, Deutschland   Klaus Amann
                                                                      Jürgen Petzold
                                                                 Markus Westerkamp

Inhaltsverzeichnis

Grundlagen

1

Zusammenfassung

Zunächst muss das „Erfahrungsobjekt **Unternehmung**", um das es hier geht, definiert und abgegrenzt werden. Die Unternehmung (oder das Unternehmen) ist *eine* Form der Einzelwirtschaft. Sie unterscheidet sich von den privaten Haushalten durch die Aufgabe der Fremdbedarfsdeckung.

1.1 Management und Controlling in der Unternehmung

1.1.1 Kennzeichnung der Unternehmung

Ein **Betrieb** wird im Folgenden als Betriebsstätte, als Ort der Leistungserstellung verstanden. Die Leistungsprozesse einer Unternehmung können sich in einem oder auch in mehreren Betrieben vollziehen.

Demgegenüber repräsentiert die **Firma** die rechtliche Dimension des Unternehmens. Dabei ist sowohl die Identität zwischen Unternehmung und Firma denkbar (Ein-Firmen-Unternehmung) als auch die Existenz einer Mehrfirmenunternehmung, d. h. eines Konzerns.

Aus sozio-ökonomischer Sicht lässt sich die **Unternehmung** erklären als ein zweckgerichtetes, komplexes soziales System, in dem eine einheitliche Leitung durch die in ihren Willenszentren agierenden Unternehmensträger durchgesetzt wird. Diese einheitliche Leitung beinhaltet die Festlegung der Ziele und des Mitteleinsatzes zur Zielerreichung.

Selbst in einem System der (sozialen) Marktwirtschaft ist die Unternehmung nicht vollkommen autonom in ihrer Willensbildung. Im Gegenteil, es kommen in einer Unternehmung und ihren Willenszentren vielfältige persönliche Interessen zusammen, aus denen heraus sich erst die Willensbildung einer Unternehmung entwickeln kann.

© Springer Fachmedien Wiesbaden GmbH, ein Teil von Springer Nature 2020
K. Amann et al., *Management und Controlling*,
https://doi.org/10.1007/978-3-658-28795-5_1

Als Gründer von Unternehmungen fungieren im Regelfall **Eigentümer**, die mit der Errichtung eines Unternehmens bestimmte Ziele verfolgen. Die Eigentümer bestimmen auch weitgehend die zeitliche Existenz des Unternehmens, wobei die meisten Unternehmen für eine zeitlich unbefristete Dauer gegründet werden (Ausnahme: BGB Ges. bzw. Ges. des bürgerlichen Rechts für eine Projektarbeit).

Die Existenz des Unternehmens endet entweder (teilweise) freiwillig – d. h. die Eigentümer lösen die Unternehmung auf oder gliedern sie, durch Verkauf ihrer Anteile, in einen Konzern ein (dies kann auch im Wege einer feindlichen Übernahme geschehen) oder auch unfreiwillig, wenn das Unternehmen im Rahmen eines Insolvenzverfahrens aufgelöst werden muss.

Vielfach wird auch das erwerbswirtschaftliche Prinzip als ein Wesensmerkmal der Unternehmung gekennzeichnet. Dem ist zumindest insoweit zuzustimmen, als von Privaten geführte Unternehmungen i. d. R. darauf ausgerichtet sind, für ihre Eigentümer (Shareholder) Einkünfte zu erzielen. Etwas anders stellt sich die Situation bei öffentlichen Unternehmen dar. Sie entstehen entweder durch Ausgliederung aus der staatlichen Leistungsverwaltung oder durch einen (teilweisen oder vollständigen) staatlichen Aufkauf zuvor privatwirtschaftlich geführter Unternehmungen. (Bsp. Bankenkrise → Teilverstaatlichung von Banken, u. a. Hypo Real Estate, Commerzbank).

In diesen Unternehmungen tritt das Gewinnstreben häufig hinter das Bedarfsdeckungsprinzip zurück.

Für alle Unternehmungen, gleichgültig ob privatwirtschaftliche oder öffentliche, gilt im Übrigen das Prinzip des finanziellen Gleichgewichts, welches sich bei privatwirtschaftlichen Unternehmen schon aus der Tatsache ergibt, dass sich aus der Insolvenz die Auflösung ergeben kann. Das Prinzip des finanziellen Gleichgewichtes ist nach Erich Gutenberg einer der drei systemindifferenten oder systemunabhängigen Tatbestände, die eine Unternehmung kennzeichnen (Gutenberg, Erich: Grundlagen der **Betriebswirtschaftslehre**, Bd. 1: Die Produktion, 24. Aufl., Berlin u. a., 1983). *Jede Unternehmung muss jederzeit in der Lage sein, seinen Zahlungsverpflichtungen termingerecht und betragsgerecht nachkommen zu können.* Das Prinzip des finanziellen Gleichgewichtes ist eine Bedingung für die Existenz einer Unternehmung in jedem Wirtschaftssystem. Die Forderung nach Liquidität, das Bestreben, das finanzielle Gleichgewicht aufrechtzuerhalten, ergibt sich aus dem Streben nach Existenzsicherung einer auf Dauer angelegten Unternehmung.

1.1.2   Management und Controlling als Kernelemente der Unternehmensführung

Werden „**Organisationen**" als zweckorientierte soziale Systeme verstanden, so lassen sich bezüglich der Führung derartiger Systeme einige Gemeinsamkeiten herausarbeiten. Probleme und Lösungsansätze für die Führung einer Unternehmung sind daher durchaus vergleichbar mit denen anderer Organisationen (z. B. die öffentliche Verwaltung, Krankenhäuser, Vereine) und damit zumindest teilweise übertragbar.

Eine derartige allgemeine Management- bzw. Führungslehre bezieht sich auf die Fähigkeiten zur Steuerung eines „Mensch-Maschine-Systems". Dabei stehen die Aufgaben der Menschenführung im Vordergrund, d. h. es sind Menschen dahingehend zu beeinflussen (manipulieren), die ihnen im Rahmen der Organisation zugewiesenen Aufgaben bestmöglich zu erfüllen. Ein „**Manager**" muss demnach Mitarbeiter motivieren können, indem sie derart in den Leistungsprozess der Organisation eingebunden werden, dass sie die Ziele der Organisation als kompatibel mit ihren persönlichen Zielvorstellungen ansehen.

Zum anderen gehört zur Managementlehre auch die Kenntnis des Managementprozesses und der dabei anzuwendenden Methoden

- Zielbildung,
- Planung,
- Organisation und
- Controlling

sowie letztendlich eine Vermittlung der Fähigkeiten, sich bei der Systemführung der vorhandenen technischen Hilfsmittel zu bedienen (z. B. der elektronischen Datenverarbeitung).

Welches sind nun die spezifischen Merkmale der **Führung** eines Unternehmens? Hier ist an erster Stelle die Orientierung an dem Zielsystem der Unternehmung zu nennen. Insbesondere für privatwirtschaftliche Unternehmungen gilt hier der Grundsatz, dass der Gewinn als Hauptziel zu verstehen ist, auf den sich das Geschehen einer Unternehmung damit letztendlich auszurichten hat. Für die Unternehmensführung gilt insofern, dass durch ihre Aktivitäten kurz-, mittel- und langfristig die Unternehmensziele zu verwirklichen sind.

Als zweite Besonderheit könnte angeführt werden, dass die Unternehmung eine Organisation darstellt, in der Menschen über den Einsatz von verschiedenen Ressourcen einen Output (Güter oder Dienstleistungen) erstellen, welcher Dritten zur Verfügung gestellt werden soll. Daraus ergibt sich, dass die Unternehmensführung von einem sogenannten offenen System auszugehen hat, d. h. die Unternehmung hat eine Vielzahl unterschiedlicher Organisationsteilnehmer zu berücksichtigen, die zum Teil direkt in sie integriert sind, zum Teil über Input- und Output-Ströme zumindest zeitweilig mit ihr verbunden werden. Da die Leistungsprozesse einzelner Unternehmen höchst unterschiedlich strukturiert sind, ist damit auch die Aufgabe der Unternehmensführung mit unterschiedlichen Probleminhalten und damit auch möglicherweise unterschiedlichen Lösungsansätzen verbunden.

Die Führung des Systems „Unternehmung" erfolgt im Wesentlichen durch das Management bzw. durch die in einem Unternehmen tätigen Manager. Dabei kommt dem sog. **„Linienmanagement"** die Aufgabe zu, Produkte, Leistungsprozesse und Märkte strategisch und operativ im Sinne der Zielverfolgung zu bearbeiten. Die Steuerung der Zielerreichung wird ergänzend durch das Controlling bzw. die im Unternehmen tätigen Controller wahrgenommen. Vielfach sind diese beiden Personen(gruppen) bildlich verglichen worden mit den Funktionen des Kapitäns (**Manager**) und des Steuermanns

(**Controller**) auf einem Schiff. Beide Personengruppen haben vielfältige Berührungs-
punkte im Rahmen des Führungsprozesses – letztlich entscheidet ihre Zusammenarbeit
über Erfolg und Misserfolg der Unternehmung.

1.2 Institutionale und funktionale Betrachtung des Managements

1.2.1 Die Leitungsorgane einer Unternehmung

Eine Unternehmung entsteht in der Regel dann, wenn sich eine natürliche Person entscheidet,
allein oder mit einem bzw. mehreren Partnern aus einer abhängigen in eine selbstständige
Beschäftigung überzuwechseln. Der bzw. die Gründer einer Unternehmung verfolgen damit
das Ziel, über dieses ein entsprechendes Einkommen zu verwirklichen sowie konkrete Vorstellungen über die Leistungsprozesse dieser Unternehmung zu realisieren. In dieser Phase
des Unternehmens sind Leitungs- und Eigentümerfunktion nicht zu trennen, sodass von dem
bzw. den „Unternehmer/n" gesprochen werden kann. Somit sind die Eigentümer und die
Unternehmensleitung identisch. Diese Konzeption entspricht solange der Realität, wie alle
wesentlichen Unternehmensentscheidungen durch den bzw. die Eigentümer getroffen werden.

Als Rechtsformalternativen stehen dabei im Wesentlichen die Einzelunternehmung sowie
Formen der Personengesellschaft zur Verfügung (OHG und KG), da bei diesen eine Rechts-
grundlage für die Verknüpfung zwischen Leitungs- und Eigentümerfunktion gegeben ist.

Mit zunehmender Unternehmensgröße wird allerdings auch bei derartigen Unternehmen der Zwang zu einer differenzierten Organisationsform spürbar. Dabei entstehen neben der Unternehmensleitung durch die Eigentümer Managerfunktionen, auf denen Ange-
stellte an Führungsentscheidungen der Unternehmung zumindest beteiligt werden, oder
derartige Entscheidungen selbstständig treffen. Damit taucht erstmals die Frage auf, wie
die Eigentümer die angestellten Manager auf eine Verfolgung der Eigentümerziele ver-
pflichten können (Principal-Agent-Problematik).

Wird die Rechtsform einer Kapitalgesellschaft (GmbH oder AG) gewählt, so wird vom
Gesetzgeber die Schaffung von Unternehmensorganen gefordert – Gesellschafterver-
sammlung der GmbH, Hauptversammlung und Aufsichtsrat der Aktiengesellschaft – in
denen sich die Willensbildung der Gesellschaft vollzieht, und von denen die eigentliche
Unternehmensleitung – Vorstand, Geschäftsführer – gebildet und kontrolliert wird.

Zusammenfassend lässt sich über den Einfluss der Eigentümer auf die Unternehmensleitung folgendes feststellen:

Bei personenbezogenen Rechtsformen steht den Eigentümern de jure die Funktion der
Unternehmensführung zu. Lediglich ergänzend können andere Personen Leitungsfunktio-
nen *mit* übernehmen. In Kapitalgesellschaften wird die Leitungsfunktion Angestellten des
Unternehmens übertragen, die nicht zugleich Eigentümer sein müssen.

Unternehmensgröße und Unternehmensstruktur sind im Übrigen dafür entscheidend, in
welchem Ausmaß weitere Entscheidungsträger an der Leitungsfunktion beteiligt werden.

Bei einer Kapitalgesellschaft muss nicht zwingend Personalidentität zwischen Leitungs- und Eigentümerfunktion gegeben sein. Ein angestellter Vorstand, der nicht gleichzeitig wesentliche Kapitalanteile besitzt, wird grundsätzlich eigene Zielvorstellungen in das Unternehmen einbringen.

Entscheidend für das Ausmaß der Verselbstständigung von Leitungsinteressen gegenüber den Eigentümerinteressen sind die Kontrollmechanismen in der Unternehmung und die Machtstruktur innerhalb der Gruppe der Eigentümer.

Eine zusätzliche Abgrenzung zwischen sog. leitenden und nichtleitenden Angestellten erscheint sinnvoll. In der Literatur wird zwischen drei sog. Managementebenen unterschieden – oberes, mittleres und unteres **Management** – die in unterschiedlichem Maße und mit unterschiedlichen methodischen Ansätzen an der Unternehmensführung beteiligt sind.

Das untere Management gilt als „Nahtstelle" zwischen den Führungspositionen und den ausführenden Mitarbeitern. Als typische Ausprägung ist hier die Position eines Meisters bzw. eines Gruppenleiters zu sehen.

Das mittlere Management hat vor allem die Aufgabe, Ziele und unternehmenspolitische Entscheidungen in Programme, Regeln und konkrete Vorgaben umzusetzen und deren Einhaltung zu überwachen. Hierfür benötigt das mittlere Management neben einer rein technischen auch eine erhebliche soziale Qualifikation. Häufig wird das mittlere Management als Führungsnachwuchs angesehen, aus dem sich das Top-Management eines Unternehmens rekrutieren kann.

Als Top-Management gilt die oberste Leitungsinstanz einer Unternehmung (Vorstand, Geschäftsführer). Je nach Größe und Differenzierung der Aufbauorganisation können aber auch **Führungskräfte** der nachfolgenden Hierarchien zum Top-Management gehören. Dies können insbesondere Sparten- oder Funktionsbereichsleiter sein, die regelmäßig mit dem Vorstand bzw. der Geschäftsführung wegen der zu treffenden Führungsentscheidungen zusammenkommen.

Als **Führungsentscheidungen** lassen sich kennzeichnen

- Festlegung der unternehmenspolitischen Ziele und Grundsätze, Richtlinienentscheidungen.
- Koordination der betrieblichen Teilbereiche (funktional sowie divisional).
- Treffen außergewöhnlicher Entscheidungen, z. B. bei Störungen im laufenden Betriebsprozess oder bei Maßnahmen mit außergewöhnlicher betrieblicher Bedeutung.
- Entscheidungen über die Auswahl leitender Mitarbeiter.
- Entscheidungen zur laufenden Betriebsabstimmung.

1.2.2 Die grundsätzlichen Aufgaben des Managements

Neben den (rein) sachbezogenen Aufgaben enthält die Unternehmensführung auch personenbezogene Aufgaben. Es geht somit um die Führung von Personen.

Management bzw. Unternehmensführung setzt voraus, dass Entscheidungen zugunsten bestimmter Ziele und Maßnahmen in der Unternehmung getroffen, realisiert und kontrolliert werden. Diese Tätigkeit erfordert eine Beeinflussung des Verhaltens der Organisationsmitglieder. Im Rahmen der Menschenführung geht es darum, die geführten Personen zu einem entsprechenden Handeln zu veranlassen, wobei es letztlich Aufgabe des Führenden ist, einen möglichst effektiven Führungsstil auszuwählen. So wird Führung mitunter als die Fähigkeit umschrieben, einen anderen Menschen dazu zu bringen, sich zielentsprechend zu verhalten, weil der Geführte es selbst will.

Führungsstile und Führungssysteme lassen sich demgemäß auch danach unterscheiden, in welchem Ausmaß sie Belohnungen und Sanktionen zur **Willensdurchsetzung** des Führenden (Bsp. „Befehl – Ausführung – Meldung") voraussetzen bzw. inwiefern die positive Einstellung der Geführten durch „sanfte Maßnahmen" wie Überzeugung oder Überredung (Bsp. kooperativer Führungsstil) zu erreichen ist. Führungssysteme streben eine fallweise Anwendung bestimmter Führungsstile an, insbesondere in Abhängigkeit von den Persönlichkeitsmerkmalen der Beteiligten sowie den spezifischen Aufgabenstellungen.

Die „Führungsphilosophie" wird häufig auf die „Unternehmensgrundsätze" bzw. die „Unternehmensphilosophie" zurückgeführt, die vorwiegend vom Wertesystem der maßgeblichen Entscheidungsträger geprägt ist.

Neben der Führung von Personen – Mitarbeiterführung – gehört zu den Aufgaben der Unternehmensführung die Verwendung von Instrumentarien, mit denen sich eine zielorientierte Gestaltung der Leistungsprozesse einer Unternehmung verwirklichen lässt.

Zur mittel- und langfristigen Realisation der Unternehmensziele ist ein hinreichendes Maß an **Planung** erforderlich. Somit gilt die Planung als eine sehr wesentliche Funktion der Unternehmensführung. Die Umsetzung der Planung in einen Gestaltungsrahmen wird als Organisation bezeichnet. Ob die teilweise praktizierte Trennung in Aufbau- und Ablauforganisation sinnvoll ist, wird immer noch intensiv diskutiert. Schließlich handelt es sich doch um „zwei Seiten derselben Medaille": Die zieladäquate Gestaltung betrieblicher Leistungsprozesse.

Die Realisation, d. h. die eigentlichen Leistungsprozesse einer Unternehmung, werden üblicherweise *nicht* zu den **Führungsaufgaben** gerechnet. Im Sinne einer arbeitsteiligen Wirtschaft beschränkt sich die Unternehmensführung darauf, aufgrund getroffener Entscheidungen die Realisation durchzusetzen – insofern ist die Durchsetzung im weiteren Sinne als eine Führungsfunktion – zu verstehen. In dieser Funktion wird auch die Menschenführung als ein sehr wesentliches Element deutlich.

Diese einzelnen Phasen der Unternehmensführung stehen in einem stark interdependenten Verhältnis zueinander.

Schließlich ist über regelmäßige Soll-Ist-Vergleiche zu prüfen, inwieweit die geplante Zielsetzung erreicht wurde. Die **Kontrolle** wird daher in fast allen Ansätzen als eine wesentliche Funktion der Unternehmensführung bezeichnet. Der Begriff „Kontrolle" beinhaltet freilich nicht die dem Soll-Ist-Vergleich nachfolgenden Prozesse der Unternehmensführung:

• **Abweichungsanalyse**, d. h. Suche nach den Ursachen positiver und negativer Planabweichungen.

- Suche nach geeigneten Anpassungsmaßnahmen zur möglichen Sicherung der Planziele und Bewertung derartiger Maßnahmen.
- Entscheidung für bestimmte Maßnahmen der „Gegensteuerung" im Falle eines Abweichens von dem in der Planung vereinbarten Kurs, Anpassung des vereinbarten Zielniveaus, sofern sich dieses als nicht realisierbar erweist, durch erneute Zielfestlegung.

Da diese Steuerungsaufgaben einen ganz wesentlichen Bestandteil der Unternehmensführung ausmachen, sollen sie gemeinsam mit der „traditionellen Kontrolle" als „Controlling" bezeichnet werden.

Neben und innerhalb der vier Hauptfunktionen (Planung, Organisation, Durchsetzung und Controlling) gibt es eine ganze Reihe weiterer Teilfunktionen, die dem Prozess der Unternehmensführung zuzuordnen sind. Auf diese Teilprozesse wird im Zusammenhang mit den hier dargestellten Hauptprozessen eingegangen.

Es soll an dieser Stelle auch erwähnt werden, dass in einer Unternehmung neben einer Vielzahl geplanter, organisierter Abläufe auch improvisierte Führungsprozesse stattfinden, weil z. B. aufgrund einer plötzlichen, nicht vorhersehbaren Entwicklung Entscheidungen des Managements notwendig sind. Mitunter wird ein derartiges *Durchwursteln* auf der Basis spontaner Entscheidungen sogar als ein akzeptabler Ansatz der Unternehmensführung angesehen. Die **Improvisation** sollte jedoch den Ausnahmesituationen vorbehalten bleiben, für die im Rahmen der geplanten, organisierten Unternehmensführung ein hinreichender Handlungsspielraum offengehalten werden muss.

1.3   Ein Führungssystem als Instrument zur zielgerichteten Unternehmensführung

1.3.1   Die Notwendigkeit zur zukunftsorientierten Unternehmensführung

Mit dem Terminus „zukunftsorientierte Unternehmensführung" wird ein Verhalten des Managements beschrieben, welches sich über die augenblickliche Situation der Unternehmung hinaus auf zukünftig erwartete (und zum Teil auch unerwartete) Umweltsituationen erstreckt und innerhalb dieser erwarteten Zukunft konkrete Gestaltungsmechanismen der Unternehmung in Gang setzt.

Allgemein gilt, dass mit zunehmender Größe und Komplexität der Unternehmung sowie mit einem zunehmend differenzierteren und dynamischeren Umweltbezug das Bedürfnis nach Entwicklung und Einführung eines fundierten Planungs-, Steuerungs- und Kontrollsystems steigt.

Die unternehmensrelevante Umwelt ist dadurch gekennzeichnet, dass

- das Ausmaß von Veränderungen zunimmt,
- sich die Geschwindigkeit des Wandels erhöht und
- die Komplexität der zu berücksichtigenden Umweltfaktoren stetig steigt.

Ein ausschließlich auf Gegenwartsprobleme fixiertes Management gefährdet daher zunehmend die Existenz der Unternehmung, da ein bloßes Reagieren auf bereits virulent gewordene Risiken keine rechtzeitige Kurskorrektur mehr ermöglicht. Will ein Unternehmen auf Dauer seine Existenz sichern und Gewinne erwirtschaften, muss es frühzeitig sich abzeichnende Trends, eigene Chancen und Risiken erkennen. Ein erfolgreiches Management muss daher rechtzeitig die notwendigen Folgerungen ziehen, um die zukünftigen Erfolgsmöglichkeiten zu sichern. In diesem Sinne ist eine zukunftsorientierte Unternehmensführung für die Existenzsicherung unabdingbar.

1.3.2   Management als kontinuierlicher Prozess

Management ist als ein kontinuierlicher Prozess zu verstehen. Das heißt, dass sich an die Kontrollphase ein Rückkopplungsprozess anschließt, durch den weitere ähnliche Führungshandlungen beeinflusst werden. Unternehmensführung als kontinuierlicher Prozess besteht daher aus sich ständig überlagernden Vorkopplungs- und Rückkopplungsprozessen.

In die Zukunft gerichtete Zielbildungs-, Planungs-, Organisations- und Entscheidungsprozesse werden daher stets mit Informationen aus Controlling und Abweichungsanalysen angereichert. Durch das Controlling wird somit ein kontinuierlicher Steuerungsprozess in der Unternehmensführung festgeschrieben. Daraus resultiert die Interpretation der Unternehmensführung als Regelkreis bzw. **Management-Zyklus**.

Der Führungsprozess ist in mehrere Hierarchie-Ebenen mit unterschiedlichen Aufgaben und Kompetenzen gegliedert und er besitzt verschiedene Dimensionen in zeitlicher Hinsicht, wie auch bezüglich der Komplexität des Führungsgegenstandes. So wird **strategische Unternehmensführung** in erster Linie langfristig ausgerichtet sein, sich auf wesentliche Probleme konzentrieren und über die Potenziale des Unternehmens zu entscheiden haben (Doing the right things).

Operative Unternehmensführung hat demgegenüber die Aufgabe, ausgehend von den vorhandenen Potenzialen des Unternehmens, kurzfristig und sehr detailliert die Aktivitäten des Unternehmens zu steuern (Doing things right).

1.3.3   Elemente eines Führungssystems

Die Elemente eines Führungssystems sind Zielbildung, Planung und Entscheidung, Organisation und Durchsetzung sowie Controlling.

1.3.3.1 Zielbildung

In der Phase der Zielbildung geht es zunächst um die Suche, Analyse und Ordnung von Zielen. Zielbildung vollzieht sich in einem mehrstufigen **Zielbildungsprozess**. Die maßgeblichen Träger des Prozesses der Bildung eines **Oberzielsystems** sind die Eigentümer und die Personen der Unternehmensleitung. In diesem Zusammenhang ist auf die

Zielbeziehungen einzugehen, d. h. es ist zu prüfen, inwieweit konfliktäre bzw. komplementäre oder neutrale Beziehungen zwischen den Zielen bestehen. Im Sinne eines Zielkompromisses sind dabei Prioritäten zu setzen bzw. es ist festzulegen, wie weit einzelne Ziele vorrangig vor anderen Zielen sind. Derartige Zielkompromisse ergeben sich aus den persönlichen Zielvorstellungen der Entscheidungsträger und deren jeweiliger Machtposition im Zielbildungsprozess.

In weiteren Schritten ist eine Operationalisierung der Ziele vorzunehmen, d. h. die Ziele sind nach Erreichungsgrad, Zeitraum und Zuständigkeiten exakt festzulegen. Eine **Zielrevision** hat immer dann stattzufinden, wenn nach Überprüfung des Zielerreichungsgrades eine zu weitgehende Zielabweichung eingetreten ist.

1.3.3.2 Planung

1.3.3.2.1 Kennzeichnung der Planung
In Anlehnung an vielfältige Definitionen der Literatur sollen folgende Merkmale der Planung genannt werden:

- Planung ist vorausschauend, d. h. sie beinhaltet die gedankliche Antizipation (Vorwegnahme) zukünftigen Geschehens.
- Planung ist die geistige Durchdringung von Gestaltungszusammenhängen und setzt Wissen ein, um neues Wissen zu produzieren; in diesem Sinne wird der Planungsprozess selbst Gegenstand und Quelle der Wissensproduktion, Planung wird daher auch als ein Lernprozess verstanden.
- Planung erfolgt systematisch unter Anwendung spezieller Methoden.
- Planung stellt als rationales Handeln den Gegensatz zur Improvisation dar, sie entwirft eine Ordnung, Planung wird durch legitimierte Planungsinstanzen durchgeführt (Gestaltungsaspekt).
- Planung ist die systematische Suche und Festlegung von Zielen; sie schafft damit die Grundlage für zielgerichtete Veränderungsentscheidungen, sie will den gegenwärtigen Zustand verbessern.
- Planung ist die Festlegung der zur Erreichung der Ziele notwendigen Maßnahmen sowie des erforderlichen Mitteleinsatzes; Planung ist damit Steuerungsvoraussetzung und Steuerungsinstrument zur Lenkung sozialer Systeme.
- Planung impliziert einen parallel ablaufenden Informationsprozess.
- Pläne werden entwickelt in einem politischen System der Willensbildung.
- Planung ist eng verbunden mit den weiteren Führungstätigkeiten, d. h. Organisation, Durchsetzung, Kontrolle und Steuerung bzw. Controlling.

1.3.3.2.2 Phasen des Planungsprozesses
(1) Problemanalyse
Ausgangspunkt der **Problemanalyse** ist die Feststellung des Ist-Zustandes durch Diagnose (Lageanalyse). Dabei werden grundsätzlich sowohl unternehmensinterne Faktoren

als auch maßgebliche Einflüsse der wirtschaftlich relevanten Umwelt des Unternehmens
betrachtet. Stärken und Schwächen des Unternehmens im Ist-Zustand, im Vergleich zur
Konkurrenz oder zum Durchschnitt der Branche, zeigen bereits Ansatzpunkte für künftige
Maßnahmen.

Als zweiter Schritt schließt sich die Prognose der wichtigsten Faktoren dieser Lageanalyse an (Lageprognose). Dabei kann eine mögliche Fortentwicklung der Unternehmung
prognostiziert werden, wobei in einem ersten Schritt von einer Weiterführung der aufgrund vergangener Planungen festgelegten Unternehmenspolitik ausgegangen wird.
Durch eine Gegenüberstellung von Zielen und den Ergebnissen der Lageanalyse und Lageprognose erreicht man eine Erkenntnis der wesentlichen Probleme innerhalb des Planungszeitraumes. Diese Probleme sind sodann in Teilprobleme bzw. Problemelemente zu
zerlegen (Problemfeld-Analyse). Schließlich sind die Prozesse durch Ordnung der Teilprobleme nach Abhängigkeiten und Prioritäten zu strukturieren.

(2) Alternativensuche

Im Rahmen der Alternativensuche geht es darum, solche Handlungsmöglichkeiten zu finden und inhaltlich zu konkretisieren, die geeignet erscheinen, die erkannten Probleme zu
lösen. Die Zahl der grundsätzlich möglichen Handlungsalternativen ist unendlich groß,
sodass im Vorfeld eine **Vorauswahl** der realistisch erscheinenden Alternativen zu treffen
ist, mit denen sich das Unternehmen intensiver beschäftigen will. Dabei ist zu beachten,
dass Alternativen unabhängig voneinander realisierbar sein können oder aus einem Paket
gemeinsam zu realisierender möglicher Teilmaßnahmen bestehen. So kann es komplexe
Alternativen, Hierarchien und Folgen geben.

In vielen Fällen ist das Möglichkeitsfeld der Alternativen nicht konstant, sondern es
ändert sich im Zeitablauf. Dies begründet die bedeutende Rolle der Kreativität für die
Alternativensuche.

Viele Alternativen sind hinsichtlich ihrer Realisierbarkeit und ihres Wirkungsgrades
vom Eintritt bestimmter (Neben-)Bedingungen oder Ereignisse abhängig. Dies ist speziell
dann problematisch, wenn diese Abhängigkeiten und Ereignisse nicht eindeutig bestimm-
bar sind.

(3) Prognose

Die im Anschluss an die Alternativensuche durchzuführende Prognose der Wirkungen dieser Alternativen beschäftigt sich im Gegensatz zu der bereits erwähnten Lageprognose mit
der Frage, welche Konsequenzen bei Verwirklichung verschiedener Handlungsalternativen zu erwarten sind. Folgende Teilschritte lassen sich dabei unterscheiden:

* Abgrenzung des Prognoseproblems.
* Bestimmung der erforderlichen Prognosen nach Inhalt, Präzision und zeitlicher
  Reichweite.
* Analyse des Wirkungszusammenhangs zwischen zu prognostizierenden Größen und
  Bestimmungsursachen bzw. Indikatoren.
* Aufstellung des Prognosemodells bzw. Anwendung des Auswahlverfahrens.

- Gewinnung der Prognosen, Angabe der Bedingungen, unter denen die jetzt durchzuführende Prognose gilt.
- Abschätzung der Prognose (Sicherheit bzw. Wahrscheinlichkeit) und Beurteilung nach weiteren Kriterien.
- Auswahl einer Prognose.
- Konsistenzprüfung (Prüfung der Einzelprognosen auf Verträglichkeit und Widerspruchsfreiheit).

Als Prognosemethoden lassen sich folgende Gruppen unterscheiden:

- **Mathematisch-statistische Prognosemodelle:** Dies sind: Trendmodelle, exponentielle Glättung, Wachstums- und Sättigungsfunktionen, Regressionsmodelle, ökonometrische Modelle, Simulationsmodelle, Netzplantechnik
- **Intuitive Prognosemethoden:** Brainstorming, Delphi-Methode
- **Explorative Prognoseverfahren:** Relevanzbäume, Scenario-writing, morphologische Analyse, Kausalanalyse, Systemanalyse
- **Argumentatives Auswahlverfahren**
- **Bewertungsmethoden**

Unabhängig von der Art des Prognoseproblems und der Auswahl des Prognoseverfahrens lässt sich die Ungewissheit über das zukünftige Geschehen nicht beseitigen. Unternehmensführung kann daher niemals auf der Basis sicherer Rahmenbedingungen erfolgen.

(4) Bewertung

In der Bewertungsphase werden die wahrscheinlichkeitsgewichteten Aussagen über die voraussichtlichen Auswirkungen der geprüften Handlungsalternativen im Hinblick auf ihre Zielwirksamkeit verglichen. Wird die Bewertung des Zielerfüllungsgrades auf nur ein relevantes Ziel begrenzt, ist ggf. eine rein quantitative Messung ausreichend; schwieriger ist die Bewertung hinsichtlich des Zielerfüllungsgrades bei mehreren relevanten Zielen. Dazu werden schrittweise die zugrunde liegenden Ziele in Wertungskriterien umgesetzt, deren relative Bedeutung zueinander festgelegt, die gewünschten bzw. möglichen Skalen zur Messung von Zielwirksamkeitsunterschieden ausgewählt sowie schließlich die Bewertung selbst durchgeführt.

(5) Entscheidung

Auf der Basis der vorliegenden Bewertungsergebnisse ist nun eine Entscheidung zu treffen. Die Phase der Entscheidung erstreckt sich auch auf die vorausgehenden Planungsarbeiten; indem z. B. einzelne Alternativen „unterdrückt" wurden, ist bereits vor der eigentlichen Entscheidungsphase eine Art Vorauswahl getroffen. Die Entscheidungsphase schrumpft damit auf einen abschließenden Auswahlakt und auf die Prüfung der Akzeptanz der Entscheidungsprämissen zusammen, wenn bis dato alle wesentlichen Vorentscheidungen gefallen sind. Aus diesem Grund wird die Entscheidung auch häufig nicht als eigenständige Hauptfunktion des Managements betrachtet. Auf der anderen Seite ist diese Phase prozessgenetisch unerlässlich, um den Prozess der Willensbildung abzuschließen.

Die maßgeblichen **Entscheidungsträger** (Unternehmensleitung) delegieren die Planungsarbeiten einschließlich einer Alternativenbewertung, z. B. an eine Stabsstelle, behalten sich aber eine endgültige Entscheidung vor, mit der sie ggf. von den Vorschlägen abweichen.

1.3.3.2.3 Aufbauprinzipien eines Planungssystems
(1) Organisatorische Differenzierung
Wird von der Überlegung ausgegangen, dass jeder Verantwortungsbereich zugleich eine Planungsinstanz sein sollte, so bedeutet dies, dass die Planung sich auf mehrere Managementebenen einer Unternehmung erstrecken muss. Häufig ist diesbezüglich eine dreistufige Gliederung vorzufinden:

Unternehmensleitung – Bereichsleitung – Abteilungsleitung

In der Realität der unternehmerischen Praxis gibt es sowohl die Möglichkeit, dass eine einzige Planungsinstanz besteht, z. B. bei kleinen Unternehmungen, oder auch eine noch weitere Differenzierung des Planungssystems gesucht wird, z. B. bei sehr großen Unternehmungen, insbesondere in der Struktur des Konzerns.

Neben dieser vertikalen Differenzierung auf über- oder untergeordnete organisatorische Subsysteme ist auch die horizontale Differenzierung von Bedeutung. So kann eine Gliederung in verschiedene Produktbereiche (**Divisionen**) Ansatzpunkt für ein entsprechendes Planungssystem sein.

(2) Zeithorizont der Planung
Die Länge des gewählten **Planungshorizonts** ist letztlich eine Frage der Zweckmäßigkeit. So muss jedes Unternehmen bei einer möglichen Ausdehnung des Zeithorizonts prüfen, ob dadurch zu gewinnende zusätzliche Erkenntnisse den dafür notwendigen Aufwand rechtfertigen. Als Bestimmungsfaktoren für die Länge des Planungshorizonts gelten im Allgemeinen die zeitliche Reichweite der gesetzten Ziele, die Wirkungsreichweite der geplanten Maßnahmen, die Voraussagbarkeit künftiger Ereignisse und die erforderliche Zeitdauer zur Realisierung gewünschter Sollzustände bzw. zur Anpassung an geänderte Bedingungen.

Von Ausnahmen abgesehen findet man für die Gesamtplanung einer Unternehmung selten einen über zehn Jahre hinausreichenden Zeithorizont. Auf der anderen Seite wird der überwiegende Teil der Unternehmungen für ihre Planung einen Zeithorizont von mindestens fünf Jahren anstreben.

Kurzfristige (operative) Pläne erstrecken sich auf einen Zeitraum von bis zu einem Jahr, mittelfristige (taktische) Pläne auf einen Zeitraum von zwei bis fünf Jahren und langfristige (strategische) Pläne auf einen darüber hinausreichenden Planungshorizont.

In Abhängigkeit vom Zeithorizont ist auch die inhaltliche Differenzierung der Pläne zu sehen So unterscheiden sich Teilpläne hinsichtlich Vollständigkeit (Umfang), Abstraktionsniveau (Global- und Detailpläne), **Operationalität** (Grobpläne, Feinpläne), Flexibilität (großer bzw. kleiner Aktionsspielraum) und Verbindlichkeit.

(3) Ablauf der Planungsarbeiten

An den Planungsaktivitäten einer Unternehmung sind nicht nur die Mitglieder der Unternehmensleitung, sondern auch weitere Instanzen beteiligt.

Hinsichtlich der vertikalen **Interdependenzen** lassen sich verschiedene Richtungen der Abstimmung unterscheiden: die retrograde (top-down) Methode, die progressive (bottom-up) Methode und das Gegenstromverfahren.

Bei der top-down-Methode legt die Unternehmensleitung in einem Rahmenplan die obersten Planziele fest, welche auf den anderen Hierarchiestufen zu Teilplänen konkretisiert werden → die Planung wird abgeleitet aus den oberen Planungszielen.

Als Vorteile der retrograden (top-down) Methode gelten: eine hohe Zielkonvergenz der Pläne aller Ebenen, denn die Teilpläne werden letztlich aus dem Rahmenplan heraus entwickelt, sowie geringe horizontale Koordinierungsschwierigkeiten, denn die wesentlichen Abstimmungen erfolgen bereits im Kreis der Unternehmensleitung.

Auf der anderen Seite wird bei der retrograden Methode der ggf. unzureichende Informationsstand der zielsetzenden Ebene – Unternehmensleitung – für nachteilig gehalten. So muss auf höchster Leitungsebene evtl. von z. T. wichtigen Fragestellungen der Basis abstrahiert werden. Da auf der anderen Seite eine Unmenge an Informationen zu sammeln ist, wäre ggf. eine sehr umfangreiche Planungsarbeit erforderlich. Dem **top-down Plan** werden im Übrigen zentralistische Tendenzen vorgeworfen – die Teilbereiche des Unternehmens werden nicht hinreichend an der Planung beteiligt, was häufig zu einer geringen Motivation der Teilbereiche des Unternehmens führt. Da diesen quasi ein Ziel von oben vorgegeben wird, können bzw. wollen sich die Verantwortlichen auf den unteren Ebenen der Unternehmenshierarchie mit diesem nicht immer identifizieren.

Entgegengesetzt verläuft die progressive Methode. Die Planungsaktivitäten beginnen bei den unteren Ebenen der Unternehmenshierarchie. Diese planen jeweils Ziele, Maßnahmen und Ressourcenverbrauch, die auf der nächstübergeordneten Stufe zu koordinieren sind. Diese Planungsmethode verführt ggf. zu einer ausufernden Planung, bei der jede Planungseinheit sich selbst in den Mittelpunkt des Geschehens rückt, ohne die Ziele anderer Teilbereiche des Unternehmens hinreichend zu berücksichtigen. Die bottom-up Methode wirkt sehr motivierend und ermöglicht eine Identifikation mit den Planungsinhalten, bei deren Aufstellung der Verantwortliche selbst mitgewirkt hat. Die vertikale Integration ist durch den Koordinationsmechanismus auf nächsthöherer Ebene gewährleistet. Problematisch erscheint jedoch häufig die horizontale Abstimmung mit anderen Unternehmensbereichen. Nachteilig wirkt vor allem die Möglichkeit der Existenz von Zieldivergenzen zwischen einzelnen Teilbereichen des Unternehmens, sodass die Summe der Einzelziele nicht notwendigerweise zum gewünschten Gesamtziel führen muss. Es besteht von daher eine Tendenz zur Suboptimierung.

Zur Optimierung der **bottom-up-Planung** ist eine umfangreiche und zeitraubende Abstimmung aller Teilpläne erforderlich, damit eine Integration im Sinne der Unternehmensziele erreicht werden kann.

Das **Gegenstromverfahren** stellt eine Kombination von top-down- und bottom-up-Planung dar. Es handelt sich um den Versuch, die Vorteile beider Ansätze zu kombinieren. Das typische Gegenstromverfahren beginnt damit, dass in einer Unternehmung durch die Leitungsinstanz ein Planrahmen gesetzt wird, der verbindliche Vorgaben für die einzelnen Planungsinstanzen enthält. Diese Vorgaben können allgemeine Informationen über das erwartete Wirtschaftswachstum, die Teuerungsrate oder ähnliches enthalten. Es kann aber auch ganz konkret die Beschränkung bestimmter Aktivitäten auf Vorjahresniveau oder die Pflicht zur Kürzung bestimmter Planansätze enthalten. Häufig stellt sich dabei heraus, dass die gesetzten Rahmenbedingungen von einzelnen Teilbereichen nur schwer eingehalten werden können. Damit wird ein Anpassungsprozess in Gang gesetzt, indem Subsysteme sich einerseits bemühen, den Planrahmen zu respektieren, andererseits Versuche unternehmen, diese Rahmenbedingungen zu verändern, um damit eine bessere Zielerreichung zu ermöglichen. Wie das gesamte Planungssystem, so sind auch derartige Abstimmungsprozesse auf mehreren Ebenen der Unternehmenshierarchie anzusiedeln.

Als Nachteil des Gegenstromverfahrens wird auf der einen Seite der relativ hohe Kommunikations- und Informationsaufwand sowie der hohe Zeitbedarf bei Planänderungen genannt. Auf der anderen Seite überzeugt die Verknüpfung des Gedankens einer einheitlichen Zielsetzung (Planungsrahmen) mit der motivationsfördernden Beteiligung auch untergeordneter Einheiten an dem Planungsgeschehen.

Im Zuge des Gegenstromverfahrens ist jede Führungskraft für die Planung des eigenen Bereichs zuständig, hat aber gleichzeitig die Verantwortung zur Abstimmung mit untergeordneten Instanzen sowie die Pflicht, diese Planung ggü. der Unternehmensleitung bzw. der nächst höheren Instanz zu vertreten.

In der Praxis hat sich die Konzeption des Gegenstromverfahrens weitgehend durchgesetzt. Je nach Führungsphilosophie der Unternehmung dominieren dabei in stärkerem Maße top-down- oder bottom-up- Elemente – d. h., die einzelne Unternehmung wird mehr oder weniger Wert auf zentrale Richtlinien im Zusammenhang mit dem Planungsprozess bzw. die kreative Gestaltung der Planung auf unterer Ebene des Unternehmens legen.

(4) Koordination der Teilpläne

Die **Koordination** der Teilpläne knüpft an die Organisation der Planungsarbeit an. So findet eine Koordination immer dort statt, wo eine Abstimmung verschiedener Planungssysteme vorgesehen ist. Es wird zwischen einer vertikalen und einer horizontalen Abstimmung der Planinhalte unterschieden. Im Rahmen der horizontalen Abstimmung werden Interdependenzen verschiedener Teilpläne, z. B. Produktions- und Absatzplan, auf gleicher hierarchischer Ebene koordiniert. Die Unternehmenspraxis geht fast ausschließlich nach dem sukzessiven Verfahren der Plankoordination vor. Als Entscheidungsregel zur Koordination verschiedener Teilpläne gilt das von Gutenberg formulierte „**Ausgleichsgesetz der Planung** ", welches einen kurz- und einen langfristigen Aspekt beinhaltet (vgl. Gutenberg, Erich, a. a. O., S. 163 ff.).

Im Rahmen der kurzfristigen Planung kommt dem sog. Minimumsektor bzw. Engpass-sektor entscheidende Bedeutung zu, da sich die übrigen Teilpläne auf den Engpassbereich einzustellen haben. Der Minimumsektor stellt die Restriktionen für die anderen Teilpla-nungen dar. Wenn also bspw. wegen der vorhandenen Kapazität nur eine bestimmte Stück-zahl pro Jahr hergestellt werden kann, so ist dieses als Restriktion für eine ansonsten umfangreichere **Absatzplanung** anzusehen.

Im Rahmen der langfristigen Planung ist hingegen eine Harmonisierung der be-trieblichen Teilbereiche anzustreben. Ausgehend von dem geschilderten Beispiel wäre hier etwa ein Ausbau der Kapazität vorzunehmen, damit, sofern langfristig ent-sprechende Absatzmöglichkeiten gesichert erscheinen, das Unternehmen eine bes-sere Gesamtzielerreichung anstreben kann. Eine vollständige Harmonisierung aller Teilbereiche muss freilich als Utopie angesehen werden, denn ein Unternehmen wird seine Kapazität sowie seine Absatzmöglichkeiten nicht ständig parallel entwickeln können. Dies ergibt sich schon daraus, dass nicht alle Produktionsfaktoren beliebig teilbar sind.

Die Anwendung des Ausgleichgesetzes der Planung für die kurzfristige Koordination setzt voraus, dass der Engpasssektor bekannt ist. Dies ist aber üblicherweise immer erst dann der Fall, wenn die einzelnen Teilpläne eine erste **Planungsrunde** durchlaufen haben. Somit setzt die sukzessive Planung voraus, dass mehrere Rückkopplungsmechanismen in den Planungsprozess eingebaut sind, um auf diese Weise die Koordination – ausgehend vom Engpasssektor – durchzuführen.

Es wird zwischen sog. zentralen und dezentralen Koordinationsinstrumenten unter-schieden.

Als zentrale Koordinationsinstrumente gelten z. B. die Koordination über die Unter-nehmensziele, zentrale Lenkpreise, Gesamtmodelle der Unternehmung sowie Versuche, über Budgetierung eine Koordination der Teilbereiche des Unternehmens durch zentrale Vorgaben zu sichern. Ergänzt werden diese zentralen Vorgaben i. d. R durch die Schaffung dezentraler Koordinationsstellen (Kollegien, Teams, Stabsstellen) bzw. verschiedener Or-ganisationsorgane (z. B. Controller, Projektmanager, Produktmanager). Ablauforganisato-risch sind diese Koordinationsinstrumente durch die Festlegung bestimmter Ablaufprinzi-pien, im Regelfall des Gegenstromverfahrens, abzusichern.

Da besonders im Rahmen der kurzfristigen Planung eine sehr detaillierte Festlegung der Planinhalte vorzunehmen und darüber hinaus diese Planung letztendlich immer in Geldeinheiten umzusetzen ist, kommt dem Budget als Koordinationsinstrument eine maß-gebliche Bedeutung zu. Über Teilbudgets der einzelnen Subsysteme lässt sich sowohl die horizontale als auch die vertikale Koordination vornehmen, denn diese Teilbudgets sind im Rahmen der Gesamtplanung in ein Gesamtbudget der Unternehmung zu konsolidieren.

(5) Methoden der Plananpassung
Jeder Plan stellt eine Vorausschau und Gestaltung der Zukunft dar, wie sie zum Zeitpunkt der Planerstellung möglich erscheint. Ein starres Festhalten an Plänen über einen längeren Zeitraum erscheint nicht sinnvoll,

- da zum einen die der Planung zugrunde liegenden Ziele und Problemfelder sich im Zeitablauf ändern,
- die Umweltentwicklung nicht eindeutig und sicher voraussagbar ist
- und die Realisierbarkeit und der Erfolg von Plänen vom Eintritt bestimmter künftiger Ereignisse abhängt.

Grundsätzlich lassen sich zwei Wege aufzeigen, mit denen die Plananpassung realisiert werden kann:

Flexibilität der Planung (d. h. es werden im Voraus mögliche Anpassungsnotwendigkeiten berücksichtigt): Eine derartige Flexibilität kann durch den Einbau von Planreserven geschaffen werden, was einen größeren Spielraum für die Gestaltung der Zukunft eröffnet. Des Weiteren kann die Planung alternativ mögliche Entscheidungen einbeziehen, sodass die endgültige Entscheidung zugunsten bestimmter Maßnahmen erst kurz vor Erreichen einer Teilperiode getroffen werden muss. Schließlich ist das Konzept der rollenden (überlappenden, gleitenden) Planung zu nennen. Ausgangspunkt ist hier eine langfristige Grob- bzw. Rahmenplanung, etwa über fünf oder zehn Jahre. Das erste Planjahr wird dann zu einer Detailplanung ausgebaut, d. h. die in der Grobplanung vorgesehenen Rahmenbedingungen gilt es hier konkret auszufüllen, z. B. über ein Budget. Bei jeder Planungsrunde wird dann jedoch nicht nur eine erneute Detailplanung des nächstfolgenden Jahres erarbeitet sowie die Grobplanung um ein Jahr verlängert, sondern es wird die gesamte langfristige Planung jährlich überarbeitet. Durch dieses Konzept der rollenden Planung ist eine zeitliche Verkettung der Pläne eines Planungs- und Kontrollsystems zu erreichen. Dabei lassen sich die Perioden der Planüberarbeitung und Detaillierung auch anders abgrenzen, z. B. im Zweijahresrhythmus oder auch im Rahmen eines Monatsplanes – letzterer ist insbesondere im Zusammenhang mit der Liquiditätsplanung erforderlich.

Nachträgliche Plananpassung: Neben den im Rahmen der rollenden Planung vorgesehenen, zu bestimmten Zeitpunkten durchzuführenden Planfortschreibungen kann auch eine außerordentliche Plananpassung vorgesehen werden. Dies wird insbesondere dann notwendig sein, wenn außerordentliche Ereignisse die zu Beginn der Planperiode bekannten Prämissen deutlich verändern. Voraussetzung dafür ist, dass die Plankontrolle nicht nur in Form eines „Plan-Ist-Vergleiches" stattfindet, sondern darüber hinaus ein „Plan-Wird-Vergleich" vorgenommen wird. Auf diese Weise lassen sich Trends, die im Rahmen einer Abweichungsanalyse festgestellt werden, in ihren Auswirkungen auf die Plandaten berücksichtigen. Führen etwa negative Entwicklungen auf den Absatzmärkten einer Unternehmung zu dem Ergebnis, dass die im Budget verankerten Umsatzzahlen nicht erreichbar sind, so ist eine frühzeitige Korrektur dieser Planzahl sinnvoller, als für ein ganzes Jahr einer nicht erreichbaren Planzahl „hinterherzulaufen".

1.3.3.3 Organisation und Durchsetzung

1.3.3.3.1 Aufbau- und Ablauforganisation

Durch „Organisation" erfolgt eine Anordnung und ein Zusammenwirken der personalen und sachlichen Elemente einer Unternehmung zu einem zielgerichteten System.

Erstrebenswert erscheint grundsätzlich eine hinreichende Stabilität durch organisatorische Regelungen bei gleichzeitiger Anpassungsfähigkeit an eine zunehmend dynamischere und komplexere Umwelt – man spricht in diesem Zusammenhang vom „organisatorischen Gleichgewicht" einer Unternehmung. **Disposition** und Improvisation sollten dort möglich sein, wo sie sinnvoll sind.

Ausgangspunkt jeder Organisation ist die Analyse der Umwelt (Rahmenbedingungen), der Elemente (Aufgaben, Personen und Sachmittel) und der Beziehungen (Arbeits- und Verteilungsbeziehungen zwischen den Elementen sowie zwischen Unternehmung und ihrer Umwelt). Diese sind über eine Synthese in einer Weise zusammenzuführen (zu organisieren), welche dem Zielsystem der Unternehmung bestmöglich entspricht. Diese Beschreibung beinhaltet den Aufbau einer Organisationsstruktur und sich darin vollziehende Abläufe gleichermaßen.

Eine Abgrenzung zwischen Aufbau- und Ablauforganisation lässt sich anhand der Betrachtung bestehender Organisationen wie folgt vornehmen:

Als **Aufbauorganisation** wird die organisatorische Differenzierung des Unternehmens in **Subsysteme** bezeichnet – dabei erfolgt eine Zuordnung von Aufgaben, Personen und Sachmitteln zu Organisationseinheiten (z. B. Stellen); es entstehen Verteilungsbeziehungen.

Die **Ablauforganisation** ist demgegenüber das Ergebnis der Gestaltung von Arbeitsbeziehungen zwischen den Subsystemen. Die Gliederung des Arbeitsablaufs muss unter Berücksichtigung von Arbeitsinhalt (Objekte und Verrichtungen), Arbeitszeit (Zeitspannen und Zeitfolgen), Arbeitsraum (räumliche Ablaufkoordination) und Arbeitszuordnungen durchgeführt werden.

Bei der organisatorischen Konzeption einer Unternehmensgründung „auf der grünen Wiese" lässt sich der Idealzustand einer synchronen und abgestimmten Aufbau- und Ablauforganisation möglicherweise verwirklichen. Wesentlich schwieriger ist die Durchführung organisatorischer Veränderungen. Diesbezüglich darf der Aufbauorganisation ein wesentlich größeres Beharrungsvermögen attestiert werden als der Ablauforganisation; denn Aufgaben lassen sich leichter neu verteilen als ganze Subsysteme, zumal dann, wenn diese räumlich und hierarchisch herausgehoben sind.

1.3.3.3.2 Strukturalternativen

Eine „Optimierung" der Aufbau- und Ablauforganisation einer Unternehmung erfordert die Auswahl des- bzw. derjenigen **Organisationsformen** und **-modelle** durch die sich die Unternehmensziele bestmöglich realisieren lassen. Im Folgenden sollen daher die wichtigsten Organisationsformen und Organisationsmodelle kurz dargestellt werden, die als Strukturalternativen zur Verfügung stehen.

(1) Organisationsformen

Organisationsformen lassen sich nach drei Gesichtspunkten unterscheiden **Harmonisierungsfunktion (segmentierend** oder **traversierend):** **Segmentierende Formen** führen zur Bildung von Teileinheiten, z. B. nach dem Verrichtungs- oder Objektprinzip. Jede Organisationseinheit hat bestimmte abgrenzbare Aufgaben im Gesamtgefüge der

Leistungsbeziehungen zu übernehmen. **Traversierende Organisationsformen** entstehen dann, wenn es um die Erfüllung von sektorübergreifenden Aufgaben geht. Typisch ist eine Verbindung beider Harmonisierungsfunktionen in der praktischen Anwendung. Das vorherrschende Gliederungskriterium (Funktion, Objekt, Region) führt zu einer Segmentierung des Unternehmens; sogenannte Querschnittsaufgaben, die in allen bzw. mehreren Segmenten gleichzeitig auftauchen, werden durch traversierende Organisationsformen berücksichtigt (z. B. Zentralabteilungen).

Harmonisierungsprinzip (hierarchisch oder systemorientiert) Nach dem Harmonisierungsprinzip wird unterschieden zwischen hierarchischen Formen (Abteilungen), bei denen eine Instanz als vorgesetzte Stelle fungiert und teamhaft strukturierten systemorientierten Formen (Gruppen, Teams, Kollegien). Hierarchische Organisationsformen bilden im Regelfall das Gerüst einer Organisationsstruktur, weil dadurch eindeutige Rangsysteme mit entsprechenden Kompetenz- und Verantwortungsbeziehungen entstehen – es entsteht ein vertikaler Instanzenzug als Grundmodell des „Einliniensystems".

Harmonisierungsdauer (dauerhaft oder zeitlich befristet) Subsysteme können auf Dauer eingerichtet werden – dies ist der Regelfall in einer Aufbauorganisation einer Unternehmung – oder aber zeitlich befristet entstehen. Dies geschieht vor allem dann, wenn bestimmte Sonderaufgaben zu lösen sind, die außerhalb der ansonsten üblichen Arbeitsteilung liegen. Projektgruppen sind daher häufig zugleich traversierende Organisationsformen.

(2) Organisationsmodelle

Als **Organisationsmodell** lässt sich die Abbildung des gesamten organisatorischen Aufbaus einer Unternehmung bezeichnen, d. h. die Ordnung der einzelnen Elemente und ihrer Beziehungen zu Subsystemen und zu einem Gesamtsystem. Jede Unternehmung wird sich bemühen, eine individuelle, optimale Lösung zu finden. Diese Lösung wird häufig auf Bestandteile mehrerer theoretisch möglicher Ansätze zurückgreifen, deren hauptsächliche Ausprägungen kurz dargestellt werden sollen.

Einliniensysteme

Beim sog. „Einliniensystem" ist eine eindeutige Über- und Unterordnung der Systemelemente gegeben, d. h. es gibt jeweils nur eine direkte Verbindung zwischen über- und untergeordneter Leitungsebene. Es besteht i. d. R. ein klarer „Dienstweg", den Informationen und Anordnungen zu beschreiten haben. Diesen Zusammenhang verdeutlicht Abb. 1.1.

Als Vorteile dieses Prinzips lassen sich die klare Zuordnung von Verantwortlichkeiten und eine weitgehend konfliktfreie Koordination herausstellen. Nachteilig ist hingegen die übermäßig starke Beanspruchung der Instanzen (Leitungsstellen), da grundsätzlich sämtliche Einzelentscheidungen „den Dienstweg gehen" müssen. Dies führt letztlich zu einer Verkürzung der Leitungsspanne, d. h. der Zahl der einer Instanz nachfolgenden Stellen. Als Organisationskriterien zur Gliederung der Hierarchien (Leitungsebenen) bieten sich grundsätzlich das **Verrichtungsprinzip** (Gliederung nach

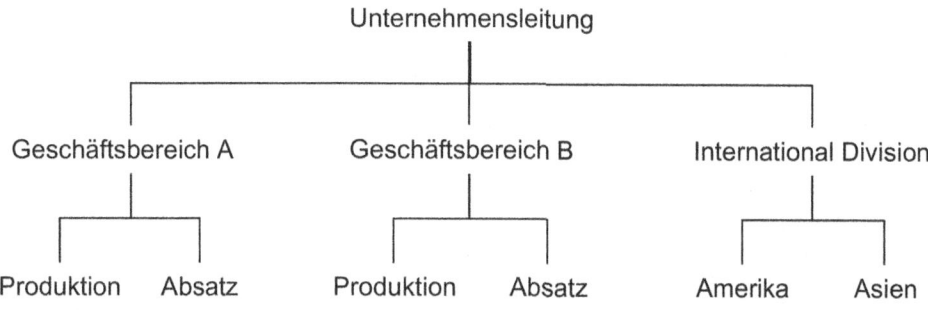

Abb. 1.1 Einliniensystem

Funktionen wie **Beschaffung**, Produktion, Absatz), das **Objektprinzip** (Gliederung nach Produkten bzw. Produktgruppen oder nach Kunden bzw. Kundengruppen) oder das Regionalprinzip (Gliederung nach Standorten, Verkaufsgebieten) an. Welches dieser Prinzipien zur Anwendung kommt, richtet nach der Art der Leistungserstellung, der Zahl und Diversität der Produkte und Absatzgebiete. Die funktionale Struktur überwiegt dort, wo das Unternehmen eines oder wenige ähnliche Produkte herstellt und diese innerhalb eines kleinen abgegrenzten Absatzgebietes vertreibt. Mit zunehmender Produktdifferenzierung und –diversifizierung etablieren sich auf der Ebene unterhalb der Geschäftsleitung eigenständige Geschäftsbereiche (nach dem Objektprinzip gegliederte Divisionen), die bei entsprechender Ausgestaltung zum Profit-Center als „Unternehmen im Unternehmen" geführt und gesteuert werden können. Für ein weltweit operierendes Unternehmen ist neben dem Objektprinzip auch eine regionale Gliederung in der Aufbauorganisation erwägenswert; dies gilt zumal dann, wenn sich die betreffenden Regionen in sehr starkem Maße unterscheiden (Entfernung, politische, soziologische, wirtschaftliche, kulturelle Unterschiede).

Im einfachsten Fall wird das eindimensionale Organisationsmodell gewählt: ausschließlich ein Kriterium dient zur Gliederung aller Leitungsebenen. Dies lässt sich z. B. im Falle des **Einproduktunternehmens** mit dem Verrichtungsprinzip durchführen. Häufig wechselt aber das Gliederungsprinzip zwischen verschiedenen Hierarchieebenen – einer Anwendung des Objektprinzips auf der Ebene unterhalb der Geschäftsleitung (Divisionen) kann z. B. auf der nächsten Ebene das Funktionsprinzip folgen. Denkbar ist auch die Verwendung unterschiedlicher Kriterien auf der gleichen Stufe der Aufbauorganisation, wenn etwa inländische Geschäftsbereiche neben eine „International Division" gestellt werden, in der das Unternehmen alle ausländischen Aktivitäten produktübergreifend zusammenfasst.

Wegen der Schwerfälligkeit des reinen Einliniensystems werden eindimensionale Organisationsmodelle häufig ergänzt durch Stäbe oder Zentralstellen. **Stäbe** beraten und unterstützen Instanzen (Leitungsstellen) und erhöhen durch ihre Arbeit deren Leitungsspanne. ohne eigenständige Weisungsbefugnisse zu besitzen. Zentralstellen stellen ihre Dienstleistungen im Regelfall mehreren Instanzen zur Verfügung, sind also nicht nur einer Instanz zugeordnet. Typische Anwendungsgebiete sind das Rechnungswesen, die Marktfor-

schung, die Planung oder das Berichtswesen, aber auch das Controlling. Eine häufig anzu-
treffende Weiterentwicklung der Zentralstellen zu Zentralabteilungen mit fachlicher
Weisungsbefugnis stellt bereits eine Zwischenstufe zu den mehrdimensionalen Organisa-
tionsmodellen dar. Wenn etwa die zentrale Personalabteilung für die Entlohnung der Mitarbeiter in einem beliebigen Geschäftsbereich verantwortlich ist, so ist das reine Einlini-
enprinzip in dieser Hinsicht bereits durchbrochen.

Mehrliniensysteme

Mehrliniensysteme gehen auf das Prinzip der Mehrfachunterstellung zurück, wie es erstmals im sog. „Funktionsmeisterprinzip" Taylors entwickelt wurde: Jeder Mitarbeiter erhält
seine Weisungen vom jeweils zuständigen funktional verantwortlichen „Meister". Verallge-
meinert man dieses Prinzip, so ist jede Instanz unterhalb der obersten Leitungsebene „Die-
ner mehrerer Herren". Derjenige Vorgesetzte ist für die betreffende Einzelentscheidung
verantwortlich, der die entsprechende funktionale Fachkompetenz besitzt. Mit diesem Modell sollen die Qualität der Entscheidungen verbessert und die Entscheidungswege verkürzt
werden. Allerdings birgt dieses Prinzip die Gefahr von Kompetenzstreitigkeiten und unkla-
ren Verantwortlichkeitsbeziehungen, zumal neben der funktionalen auch die disziplinari-
sche Unterstellung zu regeln wäre. Aus diesem Grunde wird das „reine Funktionsmeisterprinzip" in der Realität auch nicht praktiziert, sondern es dominiert bei funktionsbezogener
Gliederung eine klare Einlinienbeziehung, ggf. aufgelockert durch funktionale Weisungsbefugnisse einzelner Zentralabteilungen bzw. – bereiche (wie oben erläutert).

Der Grundgedanke einer gleichgewichtigen und simultanen Anwendung unterschiedlicher Kompetenzen führte auch zur Entwicklung mehrdimensionaler Organisationsmodelle
nach dem **Matrix- und Tensorprinzip.** Hier geht es weniger um die Aufteilung der Füh-
rungsverantwortung nach der jeweiligen funktionalen Kompetenz, sondern um die Verwendung zweier bzw. dreier Zentralisationskriterien auf der Gliederungsebene unterhalb der
Unternehmensleitung. Muss man das Tensormodell als einen fast ausschließlich theoretisch
konzipierten Ansatz bezeichnen – es sollen dabei gleichgewichtig funktionale, regionale
und produktbezogenen Kompetenzen bei Einzelentscheidungen herangezogen werden, so
haben **Matrixorganisationen** bereits vielfältige Anwendung in der Praxis gefunden.

Grundsätzlich lassen sich jeweils beliebige zwei der o. g. drei Organisationskriterien
zu einer Matrix verknüpfen; als hauptsächliche Anwendung darf die Verrichtungs-
Objektmatrix bezeichnet werden, die Unternehmensbereiche (produktbezogen) und Zen-
tralbereiche (funktionsbezogen) zusammenführt (Abb. 1.2).

Grundgedanke der Matrixorganisation ist nicht die Aufteilung der Weisungskompetenz
nach bestimmten Entscheidungssituationen, sondern vielmehr der Versuch, die Qualität
von Entscheidungen zu verbessern, indem jeweils unterschiedliche Kompetenzen
zusammengeführt werden mit dem Zwang, eine einvernehmliche Lösung zu suchen. Derartige „eingebaute Konflikte" erfordern im Regelfall eine höhere Qualifikation und Leistungsbereitschaft der Führungskräfte als die oben dargestellten Einliniensysteme. Auch
muss man beim idealtypischen Matrix- oder Tensorsystem den Zeitaufwand bei der Lösung von Entscheidungsproblemen sehr viel höher einschätzen, da diese grundsätzlich von
mehreren Entscheidungsträgern zu erörtern sind.

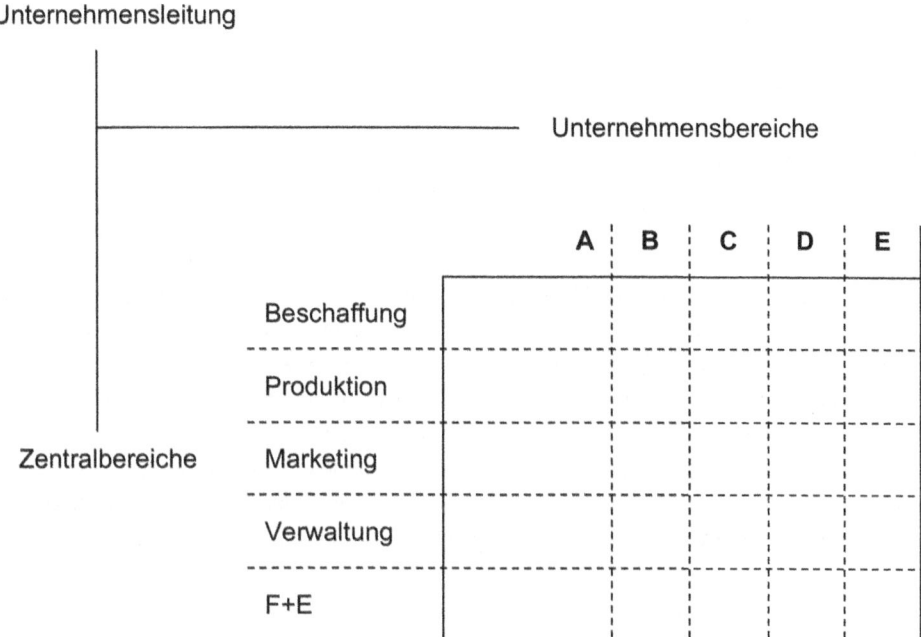

Unternehmensleitung

Abb. 1.2 Mehrliniensystem

Bei Anwendungen des Matrixgedankens in der Praxis bemühen sich die Unternehmen, die „eingebauten Konflikte" auf diejenigen Entscheidungen zu begrenzen, für die eine höhere Entscheidungsqualität die Beeinträchtigung eines zügigen klaren Entscheidungsverhaltens rechtfertigt. Aus diesem Grunde ist vielfach zu beobachten, dass die reine Matrixorganisation auf die Leitungsebene beschränkt bleibt: dem nach dem Matrixprinzip gegliederten Vorstand folgt auf der nachgelagerten Ebene bspw. eine Gliederung nach Geschäftsbereichen. Dabei spielt der Gedanke einer klaren disziplinarischen Zuordnung von Stellen zu Leitungsinstanzen eine wesentliche Rolle und man trifft klare Regelungen hinsichtlich einer Kompetenzabgrenzung. So werden Entscheidungen nach Art und Wertwichtigkeit der Kompetenz eines Funktions- oder Produktverantwortlichen zugeordnet und abzustimmende Entscheidungen auf Ausnahmefalle beschränkt.

Betrachtet man die Organigramme großer Unternehmungen, so fällt auf, dass diese sehr oft Elemente mehrerer der oben dargestellten Grundmodelle verwenden. Neben dem eben genannten Wechsel zwischen ein- und mehrdimensionalem Prinzip lockern Stäbe und Zentralabteilungen die Organisation auf, sodass von einem durchgehaltenen Organisationsprinzip selten die Rede sein kann. Nicht immer lässt sich dabei eindeutig feststellen, ob dies auf ein zielgerichtetes Bestreben zurückzuführen ist, die „optimale Organisation" des Unternehmens zu finden, oder ob bisweilen Zufälligkeiten und personelle Belange einzelner maßgeblicher „Organisationsmitglieder" eine Rolle spielen.

(3) Organisationsstruktur und Führungssystem

Die „Organisation" einer Unternehmung wurde zunächst als ein Instrument der Unternehmensführung dargestellt, um die geplanten Prozesse über die Anordnung der Produktionsfaktoren und die zwischen ihnen vorgesehenen Abläufe bestmöglich realisieren zu können. In diesem Sinne ist die Organisation die Vorstufe zur Durchsetzung dieser Prozesse im betrieblichen Ablauf. Gleichzeitig entsteht jedoch eine „Organisation als Institution". Dies betrifft primär die Personen, die in bestimmter Weise als Elemente in das „System Unternehmung" einbezogen wurden. Sofern ihre Funktion als Systemelement mit **Privilegien** verbunden ist, tritt ein **Gewöhnungseffekt** ein, und die betreffenden Personen neigen dazu, ihre Stellung im Unternehmen zu verteidigen. Hieraus lässt sich eine Abneigung aller Organisationen zu Veränderungen ableiten, es sei denn, es gäbe zahlreiche Personen, die sich durch Veränderungen Verbesserungen ihrer Position erhoffen und die gleichzeitig in der Lage wären, ihre Vorstellungen auch durchzusetzen.

Es ist im Regelfall davon auszugehen, dass die vorhandene Organisation auch die vorgelagerten Phasen eines Führungssystems – Zielbildung und Planung – bestimmt und dies auch unter dem Blickwinkel der persönlichen Situation der Organisationsmitglieder erfolgt.

1.3.3.3.3 Durchsetzung als Führungsaufgabe

Die Durchsetzung tritt als eigenständiger Problemkreis zwischen Entscheidung und Realisation auf, wenn die Realisationsphase von der Entscheidungsphase personell bzw. aufgabenmäßig oder organisatorisch getrennt ist, eine personelle Arbeitsteilung zwischen den Entscheidungsträgern in der Unternehmung besteht und gleichzeitig bereichsübergreifende Entscheidungsinterdependenzen zu beachten sind, die Entscheidungsträger nicht identisch sind mit denjenigen unternehmungsinternen und unternehmungsexternen Personen und Institutionen, die das Realisationsergebnis als von den Entscheidungen Betroffene beeinflussen können.

Bei der Durchsetzung handelt es sich primär um die Anwendung personalwirtschaftlicher Instrumente, durch die in erster Linie möglichen Durchsetzungsschwierigkeiten – ggü. den mit der Willensbildung nicht bzw. nur am Rande Betroffenen – vermieden werden sollen.

(1) Motivation und Führungsstil

Jedes Mitglied der „Organisation Unternehmung" verfolgt ganz bestimmte persönliche Ziele, die es über die Unternehmung verwirklichen möchte. Aufgabe der **Personalführung** ist es, einen Führungsstil zu wählen, der möglichst „effizient" ist, d. h. die Durchsetzung getroffener Entscheidungen ermöglicht. Die Effizienz des Führungsstils dürfte dabei umso größer sein, je bereitwilliger die Geführten an der Zielverwirklichung der Unternehmung mitarbeiten; dies setzt aber voraus, dass sie eine starke Zielverwirklichung ihrer eigenen Ziele im Unternehmen erwarten.

Eine zu starke Orientierung an den Bedürfnissen der Mitarbeiter birgt wiederum die Gefahr einer Vernachlässigung der Unternehmensziele. Das Führungsverhalten aus der Sicht des Vorgesetzten enthält daher grundsätzlich den **Leistungs- oder Produktivität-**

saspekt, d. h. die Mitarbeiter sind zu veranlassen, ihre erwarteten Beiträge zur Erreichung der Unternehmensziele zu erbringen und den **Zufriedenheitsaspekt**, d. h. es sind Bedingungen zu schaffen, die es den Mitarbeitern ermöglichen, auch ihre persönlichen Ziele zu realisieren.

Aufgrund dieser beiden Aspekte haben Blake/Mouton (Blake, R. R. u. Mouton, J. S., Verhaltenspsychologie im Betrieb, Düsseldorf 1980) das sog. „**Verhaltensgitter**" entwickelt, nach dem sich insgesamt 81 Varianten des **Führungsverhaltens** unterscheiden lassen.

Die fünf bekanntesten können wie folgt dargestellt werden:

Glacehandschuh-Management oder **Country Club Management** (hohe Personenorientierung, niedrige Leistungsorientierung): Eine weitgehende Befriedigung der sozialen Bedürfnisse der Mitarbeiter und Beachtung der zwischenmenschlichen Beziehungen führt zu einer bequemen und freundlichen Atmosphäre bei entsprechend gemütlichem Arbeitstempo. Es gibt keine Anreize zur Leistungssteigerung – weder aus der Unternehmung noch aus den Menschen heraus.

Team Management (hohe Personenorientierung und hohe Leistungsorientierung): Die hohe Arbeitsleistung ist das Ergebnis einer ausgewogenen Abstimmung von aufgaben- und personenbezogenen Bedürfnissen. Unternehmensziele und persönliche Ziele der Mitarbeiter lassen sich in ein Kongruenzverhältnis bringen – „Optimum" des Führungsverhaltens.

Organisationsmanagement oder **Middle of the Road Management** (mittlere Personenorientierung und mittlere Leistungsorientierung): Eine befriedigende Arbeitsleistung wird durch das ständige Suchen nach geeigneten Kompromissen zwischen den Leistungsanforderungen des Unternehmens und den individuellen Bedürfnissen der Mitarbeiter aufrechterhalten.

Befehl-Gehorsam-Management oder **Impoverished (verarmtes) Management** (niedrige Personenorientierung und niedrige Leistungsorientierung): Es ist keine zufriedenstellende Arbeitsleistung zu erwarten, denn es wird auf die (ihrerseits desinteressierten) Mitarbeiter nicht eingegangen, weder autoritär noch durch Motivation über Berücksichtigung ihrer persönlichen Ziele und Bedürfnisse – schlechteste Lösung.

Überlebens-Management oder **Task Management** (geringe Personenorientierung, hohe Leistungsorientierung): Hohe Arbeitsleistung wird erzielt, indem die Arbeitsbedingungen so gewählt werden, dass individuelle und soziale Bedürfnisse den Leistungsprozess möglichst nicht behindern – „Fließband-Lösung".

Die Motivation der Mitarbeiter muss an deren Bedürfnissen ansetzen, aus denen sich die persönlichen Ziele ableiten lassen. Die klassische Motivationstheorie unterscheidet in diesem Zusammenhang zwischen sog. „Grund- oder Existenzbedürfnissen", für deren Befriedigung in erster Linie das Entgelt relevant ist und darüber hinausgehende Bedürfnisformen wie „Zuneigung", „Wertschätzung", „Macht" oder „Selbstverwirklichung". Als Beispiel kann hier die „**Bedürfnispyramide**" nach **Maslow** herangezogen werden (Maslow, A. H.: Motivation und Persönlichkeit, Freiburg 1977, S. 35 ff.; Abb. 1.3).

Abb. 1.3   Bedürfnispyramide nach Maslow

Maslow geht davon aus, dass jede dieser Stufen – von den Grundbedürfnissen aus betrachtet – solange bedeutsam ist, wie sie nicht hinreichend erfüllt sind. Je stärker also die
unteren Stufen der Pyramide bei einem Menschen abgedeckt sind, desto mehr verlieren sie
zugunsten der oberen Bedürfnishierarchien an Bedeutung. Bei dieser stark vereinfachten
Darstellung ist zu berücksichtigen, dass eine strenge Rangfolge der Bedürfnisstufen nicht
immer gegeben ist; auch wird das Entgelt selbst dort noch bedeutsam sein, wo der Mensch
bereits die oberste Stufe der Bedürfnisse erreicht hat. Dennoch lassen sich aus diesem und
ähnlichen Ansätzen brauchbare Schlussfolgerungen für die Anwendung eines effektiven
Führungsstils ziehen.

Das Spektrum möglicher **Führungsstile** zwischen ausschließlicher Willensbildung
beim Vorgesetzten und der autonomen Gruppenentscheidung verdeutlicht die folgende
Aufstellung:

- **autoritärer Führungsstil**: Vorgesetzter entscheidet, setzt notfalls mit Zwangsmaßnah-
  men durch.
- **patriarchalischer Führungsstil**: Vorgesetzter entscheidet, setzt durch über Mani-
  pulation.
- **informierender Führungsstil**: Vorgesetzter entscheidet, Durchsetzung erfolgt durch
  Überzeugung.
- **beratender Führungsstil**: Vorgesetzter informiert, Meinungsäußerung der Betroffenen, Entscheidung (begründet) bleibt beim Vorgesetzten.

- **kooperativer Führungsstil**: Gruppe entwickelt Vorschläge, Vorgesetzter wählt aus.
- **partizipativer Führungsstil**: Vorgesetzter steckt den Rahmen möglicher Entscheidungen ab, Gruppe entscheidet im vereinbarten Rahmen autonom.
- **demokratischer Führungsstil**: Gruppe entscheidet autonom, Vorgesetzter wirkt als Integrator und Koordinator.

Eine exakte Einordnung des praktizierten Führungsstils in eines dieser Grundmuster wird nicht immer möglich sein, zumal die Übergänge fließend sind. Für die folgende Betrachtung sollte daher vorwiegend eine Gegenüberstellung der „autoritär-patriarchalischen" Ansätze mit den „kooperativ-partizipativen" Führungsstilen zugrunde gelegt werden. Diese Vereinfachung basiert letztlich auf den Grundannahmen, von denen die Leitungsinstanz in ihrem Menschenbild bezüglich ihrer Mitarbeiter ausgeht. In der Literatur sind diese von Mc Gregor (Mc Gregor, D., Der Mensch im Unternehmen, 3. Aufl., Düsseldorf u. Wien 1973) als die **Theorie X** (pessimistisches Menschenbild) und **Theorie Y** (optimistisches Menschenbild) eingeführt worden.

Die **Theorie X** geht davon aus, dass der Durchschnittsmensch grundsätzlich arbeitsscheu ist, er daher i. d. R. gezwungen, gelenkt, geführt und mit Strafe bedroht werden muss, damit er das vom Unternehmen gesetzte Soll erreicht; der Durchschnittsmensch sich vor Verantwortung drückt, wenig Ehrgeiz entwickelt und vor allem auf seine persönliche Sicherheit bedacht ist.

Der autoritäre Führungsstil entspricht weitgehend diesem Menschenbild. Der Mensch ist mit Anleitung und Kontrolle zu führen, zur Durchsetzung sind gegebenenfalls Sanktionen anzudrohen. Ungenutzte Fähigkeiten, die man entwickeln könnte und Eigeninitiative der Mitarbeiter werden grundsätzlich verleugnet; es wäre danach nur Zeit- und Ressourcenverschwendung, sich intensiver mit den Persönlichkeiten der Mitarbeiter zu beschäftigen.

Demgegenüber nimmt die **Theorie Y** an, dass körperliche und geistige Anstrengung für den Durchschnittsmenschen ebenso attraktiv sein kann wie Spiel und Ruhe, denn je nach den vorherrschenden Bedingungen kann dieser Arbeit als Befriedigung oder Strafe empfinden; entsprechend wird der Mensch diese Arbeit gerne und gut oder nur notgedrungen und schlecht verrichten. Der Durchschnittsmensch unterwirft sich der Selbstkontrolle und Selbstdisziplin, um die Ziele zu erreichen, denen er sich verpflichtet fühlt – diese Verpflichtung hängt wiederum ab von den Belohnungen, die mit der Zielerreichung verbunden sind, z. B. der Möglichkeit zur persönlichen Entwicklung und Entfaltung; der Durchschnittsmensch übernimmt unter geeigneten Bedingungen sehr gerne Verantwortung – eine Flucht vor Verantwortung, Mangel an Ehrgeiz und Drang nach Sicherheit sind meistens auf schlechte Erfahrungen zurückzuführen und nicht angeboren; Vorstellungskraft, Urteilsvermögen und Erfindungsgabe für die Lösung organisatorischer Probleme sind bei sehr vielen Menschen vorhanden und die Fähigkeiten des Durchschnittsmenschen werden unter den Bedingungen des modernen industriellen Lebens nur unzureichend durch die Unternehmen genutzt.

Die Theorie Y legt einen kooperativen bzw. partizipativen Führungsstil nahe, denn die Mitarbeiter werden ihre Anstrengungen auf die Zielerreichung des Unternehmens dann am stärksten richten, wenn die vorhandenen Bedingungen zugleich ihre eigene Zielverwirklichung ermöglichen.

Die Anwendung eines bestimmten Führungsstils ist auf verschiedene Faktoren zurückzuführen. Neben persönlichkeitsbedingten Einflüssen spielen die Wertvorstellungen der Unternehmensleitung, die Unternehmensphilosophie und das daraus abgeleitete Selbstverständnis hinsichtlich des Zusammenwirkens verschiedener Personen innerhalb der Unternehmung eine Rolle. Grundsätzlich lässt sich danach unterscheiden, ob die Unternehmung einen Führungsstil durchgängig verwendet, d. h. das Führungsverhalten ihrer Vorgesetzten normiert und in allen Subsystemen gleichermaßen zu praktizieren ist, oder verschiedene Führungsstile situativ einsetzt, damit das Führungsverhalten ihrer Vorgesetzten gezielt nach Abteilungen, Regionen oder Funktionen differenziert.

Wird dem situativen Ansatz gefolgt, so lassen sich die Rahmenbedingungen für die Anwendung eines mehr autoritär-patriarchalischen bzw. eines mehr kooperativ-partizipativen Führungsstils wie folgt umreißen:

In Abhängigkeit von den beteiligen Personen spricht ein starkes Niveaugefälle zwischen Vorgesetztem und Mitarbeitern (Ausbildung, Motivation, Fachkenntnisse) eher für den autoritären Führungsstil (Mitarbeiter mit autoritären Wertvorstellungen, ohne Eigeninitiative, stark sicherheitsorientiert); bei entsprechend geringem Niveaugefälle (Mitarbeiter mit hoher Leistungsmotivation, Kreativität und Initiative) hingegen erscheint der kooperative Führungsstil vorteilhaft.

Die Entscheidungssituation wirkt sich in der Weise aus, dass rasch zu treffende Entscheidungen bei stabiler Umweltsituation mit geringer Komplexität und Dynamik für den autoritären Führungsstil sprechen; wird hingegen eine ideenreiche Entscheidung bei hoher Umweltkomplexität und -dynamik mit starken Innovationzwängen gefordert, so ist dies besser über eine kooperative Führung zu erreichen.

Erfordert die Aufgabe wenig Eigeninitiative, sondern schlicht Pflichtbewusstsein und Zuverlässigkeit (Routineaufgaben) ist diese autoritär zu veranlassen; nichtstandardisierte Aufgaben, die schöpferische Eigengestaltung, Flexibilität, unkonventionelles Verhalten erfordern bedingen eher den kooperativen Führungsstil.

Eine streng hierarchische Organisationsform mit Betonung vertikaler Informationskanäle bei einem hohen Organisationsgrad spricht tendenziell für eine autoritäre Führung; demgegenüber kommt eine aufgelockerte Hierarchie (Kollegialprinzip) mit freier Kommunikation und geringem Organisationsgrad dem kooperativen Führungsstil entgegen.

Zusammenfassen lassen sich die Vorteile des eher autoritären – patriarchalischen Führungsverhaltens wie folgt:

- rasche Entscheidungen,
- klare und eindeutige Rollenverteilung,
- erleichterte Koordination aller Aktivitäten,
- höhere Zufriedenheit bei autoritätsangepassten Mitarbeitern,
- bestmögliche Nutzung von Spezialkenntnissen und Fachbegabungen bei den Mitarbeitern.

Demgegenüber werden als Vorteile des eher kooperativen – partizipativen Führungs-stils angeführt:

- qualifizierte Entscheidungen durch Einbezug des Sachverstandes der Mitarbeiter,
- höhere Innovationsrate bei engagierten Mitarbeitern,
- höhere Zufriedenheit bei Mitarbeitern, die nach produktiver Selbstentfaltung streben,
- Ausschöpfung sowie Förderung des betrieblichen Kreativitäts- und Problemlösungspo-tenzials und
- bessere Förderung des Führungsnachwuchses.

Aufgrund der hier zusammengestellten Erkenntnisse und Überlegungen lässt sich kein generell optimaler Führungsstil bestimmen. Gemäß dem oben genannten Effizi-enzkriterium ist vielmehr ein „**Führungsstil-Mix**" für die Unternehmung zu finden, der einer Zielerfüllung am meisten dienlich sein kann. Allerdings muss dabei die Ge-fahr einer zu starken Zersplitterung des Führungsverhaltens innerhalb einer Unterneh-mung beachtet werden: Sofern sehr starke formelle und informelle Beziehungen zwi-schen den Mitarbeitern verschiedener Subsysteme bestehen, führt die Anwendung unterschiedlichen Führungsverhaltens sehr leicht zu Unzufriedenheit bei den „tenden-ziell autoritärer" geführten Mitarbeitergruppen. Insofern ist die situative Anwendung bestimmter Führungsstile nur unter Beachtung dieser Einschränkung realisierbar. Zu-mindest in räumlich oder organisatorisch eng zusammenhängenden Organisationsein-heiten wird sich daher in aller Regel ein weitgehend einheitliches Führungsverhalten durchsetzen.

(2) Führungsmodelle
Als **Führungsmodelle** wurden in den vergangenen Jahren eine Vielzahl von „**Ma-nagement by … – Konzeptionen**" entwickelt und in diversen Veröffentlichungen angepriesen. Dabei soll häufig der Eindruck vermittelt werden, komplexes Führungs-verhalten könne über ein relativ einfaches „Rezept" optimiert werden. An dieser Stelle soll eine Darstellung der drei wesentlichen Konzepte genügen, deren Grundge-danken sich in modernen Personalführungssystemen durchaus zusammenfassen lassen.

Management by Exception (MbE): Der Grundgedanke des Managements by Excep-tion besteht darin, dass die Leitungsinstanz nur im Ausnahmefall tätig werden solle, während Routineaufgaben und Routineentscheidungen durch die geführte Stelle in Eigen-verantwortung zu erledigen sind. Damit ergibt sich das Problem einer Definition der Aus-nahmesituationen, in denen die Leitungsinstanz tätig werden sollte. Hier können zwei Ansätze gleichermaßen herangezogen werden:

Die Leitungsinstanz greift dann ein, wenn sich Abweichungen von einem ex ante festgelegten Zielausmaß ergeben oder bestimmte Entscheidungen werden wegen ihrer qualitativen bzw. quantitativen Bedeutung aus der Kompetenz der geführten Stelle herausgenommen.

Voraussetzungen für die Anwendung des Managements by Exception sind eine klare Regelung der Zuständigkeiten, die Festlegung der Ziele und Abweichungstoleranzen, die Definition der Ausnahmefälle sowie ein entsprechendes Berichts- und Kontrollsystem.

Als Vorteile dieses Führungsprinzips gelten:

- eine weitgehende Entlastung der Führungsinstanz von Routineaufgaben (Entscheidungen und Kontrollen) sowie
- eine weitgehende Selbststeuerung der geführten Stelle innerhalb der ex ante definierten Toleranzen und damit
- insgesamt eine Erweiterung der Leitungsspanne.

Demgegenüber werden als nachteilig bezeichnet:

- eine Tendenz zur „Delegation nach oben" bei den wichtigen, interessanten Entscheidungen, damit eine Demotivation der Mitarbeiter, deren Eigeninitiative nicht unbedingt gefördert wird;
- die Notwendigkeit eines umfangreichen Berichtssystems sowie die Gefahr einer Übersteuerung;
- das Fehlen einer Vorkopplung sowie einer Aussage über die Festlegung der Zielausmaße.

Insgesamt gesehen handelt es sich bei dem Management by Exception um ein einfaches Führungsprinzip, das nicht als umfassendes Management-Modell missverstanden werden darf, aber als ein wesentliches Element jedes Führungssystems zu berücksichtigen ist.

Management by Delegation (MbD)
Durch eine weitgehende Delegation von Verantwortung und Kompetenz an nachfolgende Stellen verfolgt auch das „Management by Delegation" das Ziel einer Entlastung der Leitungsinstanz. Im Mittelpunkt steht hier allerdings, insbesondere in der Ausprägung des „**Harzburger Modells**", die Motivation der Mitarbeiter, denen durch klare Beschreibung ihrer Stellen, Aufgaben und Zuständigkeiten ein weitgehend selbstständiges Arbeiten zu ermöglichen ist. Andererseits wird im Harzburger Modell der kooperative Führungsstil propagiert, als Schlagwort gilt die „Führung im Mitarbeiterverhältnis" (Pflicht zur Transparenz und Information).

Voraussetzungen für das Management by Delegation sind einerseits die Bereitschaft zur Delegation durch die Leitungsinstanz sowie die Fähigkeit der geführten Stelle, eigenständige Entscheidungen zu treffen (Verbot einer Rückdelegation nach oben). Andererseits wird vorausgesetzt, dass sich über entsprechende Stellenbeschreibungen alle möglichen Situationen hinreichend erfassen lassen, um jeweils die Entscheidungs- und Handlungskompetenz klar erkennen zu können. Auch wird für dieses Konzept ein streng hierarchischer Aufbau der Organisation zugrunde gelegt.

Als Vorteile dieses Konzepts lassen sich kennzeichnen:

- die Motivation der Mitarbeiter erfolgt durch Zuweisung klarer Kompetenzen und Verantwortung (kein „Durchregieren" möglich);
- durch Information und Mitwirkung wird eine stärkere Akzeptanz der Unternehmensziele durch die geführte Stelle sichergestellt.

Demgegenüber werden folgende Schwächen des Harzburger Modells herausgestellt:

- der Ansatz der Stellenbeschreibung ist zu statisch, er begünstigt bürokratische Tendenzen;
- es besteht die Gefahr einer Begrenzung der Delegation auf uninteressante Routineaufgaben;
- die Handlungsfähigkeit ist bei nicht geregelten Phänomenen eingeschränkt;
- es werden lediglich die vertikalen Hierarchiebeziehungen berücksichtigt, horizontale Koordinationen werden hingegen vernachlässigt;
- moderne, mehrdimensionale Organisationen lassen sich nicht verwirklichen;
- am Zielbildungsprozess selbst werden die geführten Stellen nur unzureichend beteiligt.

Das „Delegationsprinzip" ist ähnlich dem „Ausnahmeprinzip" (beim MbE) nicht als eigenständiges Führungssystem zu bezeichnen, aber als Element in einem solchen zu berücksichtigen.

In der Form des Harzburger Modells wurde dieses angestrebt und bei vielen Unternehmen verwirklicht. Kritiker betrachten dieses Modell als mittlerweile veraltet, weil es nicht flexibel genug sei und viele Aspekte der Personalführung nicht hinreichend verwirklicht würden.

Management by Objectives (MbO)
Grundlage des „MbO" ist die Festlegung bzw. Vereinbarung operationaler Ziele auf jeder Hierarchiestufe. Die Leitungsinstanz verzichtet dabei auf die detaillierte Vorgabe des Weges zur Zielerreichung, zu der sich im Gegenzug die geführte Stelle verpflichtet.

Die Zielbildung wird im Regelfall als ein Prozess des „Aushandelns", damit als **Zielvereinbarung** verstanden. Denkbar ist aber auch eine Zielvorgabe durch die Leitungsinstanz, wobei die Identifikation der geführten Stelle mit den Zielen und damit deren Motivation zur Zielerreichung gefährdet ist.

Voraussetzung für MbO ist ein gut ausgebautes Planungs-, Informations- und Kontrollsystem sowie eine Übereinstimmung zwischen dem organisatorischen Aufbau und der Struktur des Zielsystems. Es müssen sich jeweils operationale Ziele für die einzelnen Subsysteme festlegen lassen. Die Ergebnisverantwortung der geführten Stellen setzt deren persönliche und sachliche Kompetenz zu eigenständigem zielorientierten Handeln voraus.

Als Vorzüge des MbO können genannt werden:

- Motivation der Subsysteme durch Identifikation mit den vereinbarten Zielen;
- Freisetzung des kreativen Potenzials durch die weitgehende Freiheit in der Aktionsplanung;
- die Ziele können als geeignete Maßstäbe zur Leistungsbeurteilung herangezogen werden.

Probleme ergeben sich hingegen bei Anwendung des MbO in folgender Hinsicht:

- es können Tendenzen zur Konzentration auf messbare, quantitative Ziele; entstehen: demgegenüber treten qualitative Ziele in den Hintergrund, sowohl während der Planung als auch bei der Leistungsbeurteilung;
- eine eindeutige Zuordnung von Zielen, Verantwortlichkeiten und Kompetenzen zu einzelnen Subsystemen ist nicht immer möglich, hieraus ergeben sich leicht Streitigkeiten innerhalb der Unternehmung;
- die Führung mit operationalen Zielen stößt dort auf Grenzen, wo sich derartige entweder nicht definieren oder aber nicht beeinflussen lassen;
- ein zu hoch vorgegebenes Zielausmaß kann zur Demotivation führen, da nicht erreichbar, wie umgekehrt ein zu niedriges Ziel eine Begrenzung der möglichen Zielerreichung zur Folge haben kann.

Der Erfolg des MbO steht und fällt mit der Art und Weise der Zielvereinbarung und des tatsächlichen Nicht-Eingreifens der Leitungsinstanz auf dem Weg zur Zielerreichung durch die geführte Stelle.

Kann dieses Problem in Übereinstimmung aller Beteiligten gelöst werden, so kann das MbO als eine umfassende und am weitesten entwickelte **Managementkonzeption** angesehen werden. Dies gilt für die Führung großer, klar abgrenzbarer Subsysteme, die als Profit-Center in der Aufbauorganisation berücksichtigt werden können, sowie für die Führung von einzelnen Mitarbeitern. Auch dieses Konzept ist allerdings um die oben angeführten Prinzipien „Delegation" und „Ausnahme" zu ergänzen, wenn es um die Führung von Abteilungen, Gruppen oder Einzelpersonen geht, denen keine direkt messbaren Ziele vorgegeben werden können bzw. deren Einfluss auf die Zielerreichung nur gering ist.

Ein Management by Objectives kann im Übrigen als geeignete, wenn nicht sogar notwendige Grundlage für die Anwendung des Controllings bezeichnet werden.

1.3.3.4 Controlling

Die Entwicklung des **Controllings** war in den USA weit fortgeschritten, bevor sich in deutschen Unternehmen eine vergleichbare Einrichtung durchsetzen konnte. Bereits in den USA gab es erhebliche Unterschiede hinsichtlich Aufgabeninhalt, der hierarchischen Stellung des Controllers sowie einer mehr zentralen bzw. dezentralen Einordnung der

Controllingorganisation. Somit konnte sich auch hierzulande keine Einheitlichkeit entwickeln, es bestehen nach wie vor Unterschiede, welche sich insbesondere auf Branchenspezifika, die Entwicklungsstufe der jeweiligen Unternehmung, das Alter, den Diversifizierungsgrad aber auch die jeweilige Unternehmensphilosophie zurückführen lassen.

1.3.3.4.1 Phasen des Controllings
Ermittlung des Zielerreichungsgrades
Der Durchsetzung und Realisation folgt im Führungsprozess die Kontrolle bzw. das Controlling. Sie dient prozessual gesehen als Bindeglied zu den nachfolgenden Planungs-, Entscheidungs- und Durchsetzungsprozessen und zugleich als deren Impulsgeber.

Hiermit ist der enge Zusammenhang zwischen Planung und Kontrolle verdeutlicht: Planung ohne Kontrolle ist sinnlos, Kontrolle ohne Planung unmöglich.

Es lassen sich grundsätzlich drei Typen von Kontrollen unterscheiden:

Prämissenkontrollen dienen dem Zweck, zu prüfen, ob und inwieweit die Entscheidungsgrundlagen, wie sie im Rahmen der Planung erarbeitet bzw. zugrunde gelegt waren, noch zutreffen, d. h. mit dem gegenwärtigen Zustand bzw. den gegenwärtigen Einschätzungen noch vereinbar sind.

Ergebniskontrollen knüpfen an den angestrebten Sollzuständen und den realisierten Ist-Zahlen an und stellen etwaige Abweichungen fest. Sie schließen auch die sog. Planfortschrittskontrolle ein, die als eine Art zwischenzeitliche Ergebniskontrolle charakterisiert werden kann.

Verfahrens- bzw. Verhaltenskontrollen sind primär prozessorientiert und konfrontieren die im Planungsprozess verwendeten Techniken und Verfahren, aber auch die Entscheidungs-, Durchsetzungs- und Ausführungsvorgänge mit den ursprünglich erwarteten bzw. vorgesehenen Verhaltens- und Verfahrensweisen.

Die Ermittlung des realisierten bzw. erwarteten Zielerreichungsgrades im Rahmen des Controllings erfolgt überwiegend über die ersten beiden Kontrollformen. Während die Prämissenkontrolle im Rahmen der langfristig ausgerichteten strategischen Unternehmensführung eine erhebliche Rolle spielt, beschäftigt sich das operative Controlling überwiegend mit den Ergebniskontrollen. Die Verfahrens- und Verhaltenskontrollen spielen demgegenüber eine Rolle im direkten Verhältnis zwischen Vorgesetzten und Mitarbeitern.

Durchführung der Abweichungsanalyse
Die Abweichungsanalyse verknüpft verschiedene Planungs- bzw. Führungsprozesse miteinander. Sie ist für eine Steuerung unabdingbare Voraussetzung. Als Teilschritte sind hier auszumachen:

- Feststellung von Art und Ausmaß der Abweichung.
- Analyse nach Ursachen, Einflussgrößen, Herkunftsbereich, Verantwortlichen sowie nach Wirkungsart und -ort.
- Prognose der Abweichungskonsequenzen (d. h. Wirkungen auf die Zielerreichung bzw. Planeinhaltung).

- Ermittlung von Ansatzpunkten zur Abweichungsbeseitigung.
- Planung von Maßnahmen bzw. Rückkopplung an übergeordnete Planungsinstanzen.

Besonders in der Phase der Abweichungsanalyse wird deutlich, dass Controlling nur im Zusammenwirken des Controllers mit weiteren Subsystemen des Unternehmens möglich ist. Für die Analyse sind nicht nur regelmäßige Informationen des Rechnungswesens erforderlich, sondern sehr viele zusätzliche Recherchen über Gespräche und Konferenzen sowie Sonderuntersuchungen. Erst aufgrund einer fundierten Analyse lässt sich dann eine Prognose über die Konsequenzen der ermittelten Zielabweichung anstellen. Je frühzeitiger Zielabweichungen erkannt werden, desto eher kann die nächste Phase des Controllings-Prozesses einsetzen, durch die eine „Gegensteuerung" zur Planabweichung angestrebt wird.

Entwicklung und Durchsetzung von Steuerungsmaßnahmen

Controlling als Steuerungsfunktion setzt voraus, dass Zielabweichungen nicht einfach registriert bzw. hingenommen werden, sondern nach Maßnahmen gesucht wird, die Ursachen einer negativen Zielabweichung, soweit möglich, abzustellen. Darüber hinaus geht es um mögliche Kompensationsmaßnahmen, durch die z. B. ein angestrebtes Periodenergebnis über andere als die ursprünglich ausgewählten Handlungsalternativen realisiert werden kann. Grundsätzlich lässt sich Controlling auf die verschiedensten Ziele beziehen. Im Rahmen des Controllings einer erwerbswirtschaftlichen Unternehmung steht jedoch in aller Regel das Gewinnziel im Mittelpunkt des Interesses. Von daher werden Zielabweichungen bei anderen Zielen in der Regel akzeptiert, wenn dadurch das Gewinnziel im geplanten Ausmaß erreicht werden kann.

Durch die Erarbeitung und Entscheidung zugunsten bestimmter „Gegensteuerungsmaßnahmen" nach einer Bewertung der dadurch möglichen Zielbeiträge wird im Prinzip ein neuer „Durchgang" des Führungsprozesses initiiert – bzw. es wird durch diese Phase deutlich gemacht, dass Unternehmensführung ein permanenter Prozess ist, in dem sich die hier dargestellten Phasen realtypisch überlagern und miteinander verbinden. Eine Abgrenzung einzelner Teilaufgaben ist zwar theoretisch möglich, darf aber nicht so interpretiert werden, als wäre der Führungsprozess irgendwann einmal „abgeschlossen".

Modifikation der Zielsetzung

Sofern das Controlling Zielabweichungen feststellt, strebt er zunächst über die eben erwähnte Gegensteuerung eine Beseitigung der Abweichungsursachen bzw. eine Kompensation durch eine höhere Zielerfüllung an anderer Stelle an. Stellt sich dennoch heraus, dass die geplante Zielsetzung auch über mögliche Maßnahmen der Steuerung im Planungszeitraum nicht mehr realisiert werden kann, so könnte

- die bisherige Zielsetzung weiterhin zugrunde gelegt werden, obwohl bekannt ist, dass sie unerreichbar geworden ist, oder
- die bisherige Zielsetzung, d. h. das Zielausmaß auf ein geringeres, aber realistisches Niveau modifiziert werden.

Für letzteres spricht vor allem die Überlegung, dass nur so für die verbleibenden Teilperioden des Planungszeitraums Ansätze für weitere Controlling-Prozesse gefunden werden können. Es wäre für die Steuerung der Unternehmung wie auch für die Motivation der Subsysteme wenig hilfreich, wenn ein unerreichbares Phantom als Zielsetzung fortgeschrieben würde. Insofern müsste das Controlling mit einer Einschätzung der verbleibenden Möglichkeiten der Gegensteuerung zugleich eine modifizierte Zielvorgabe entwickeln, auf die sich die Beteiligten kurzfristig zu verständigen hätten. Dies gilt grundsätzlich für erhebliche positive wie negative Zielabweichungen, wenngleich in der Praxis Negativabweichungen dominieren dürften – dies schon deshalb, weil Ziele in aller Regel tendenziell optimistisch vereinbart werden, somit eine negative Abweichung wahrscheinlicher erscheint als eine entgegengesetzte Entwicklung.

1.3.3.4.2 Organisation des Controllings
Stellung des Controllers in der Unternehmenshierarchie
Wird der Begriff Controlling als Unternehmenssteuerung verstanden, so kann festgestellt werden, dass das Management diese Funktion auch dann übernimmt, wenn es in einem Unternehmen keine Controllingorganisation i.e. S. gibt. Dies gilt vor allem für kleinere Unternehmen, bei denen der Geschäftsführer neben anderen auch die Controlling-Funktion übernimmt. Insofern ist festzuhalten, dass lediglich bei größeren Unternehmen mit fortgeschrittenen Organisationsformen eine abgegrenzte Controllingorganisation existiert, welche die Aufgaben des Controllings vom Linienmanager abzieht, ihn insofern unterstützt und mit Informationen versorgt. Es erscheint zweifelhaft, ob ein effektives Controllingsystem in einer größeren Unternehmung verwirklicht werden kann, die nicht die personale Ausgliederung eines Controllers bzw. einer Controllingorganisation kennt. (Obwohl einzelne Funktionen des Controllings auch durch das Linien-Management wahrgenommen werden können, dürfte nur eine von diesem losgelöste Controllingorganisation in der Lage sein, die Kontrollfunktion kritisch und die Steuerungsfunktion effektiv auszuüben).

Controlling wurde lange Zeit als eine untergeordnete, i. d. R. dem **Rechnungswesen** zugeordnete Funktion verstanden. Die Anordnung des Controllers auf der dritten oder vierten Hierarchiestufe der Organisation ermöglicht jedoch keine Ausübung der Controlling-Funktion im umfassenden Sinne. Soll ein Controller seine Funktion einer Unterstützung der Leitung wahrnehmen, so ist er organisatorisch der Unternehmensleitung zuzuordnen. Aus diesem Grunde gehen die Unternehmen zunehmend dazu über, den Controller als Mitglied des Vorstandes bzw. der Geschäftsleitung auf der obersten Hierarchie anzusiedeln, entweder ausschließlich in dieser Funktion oder verbunden mit Funktionen wie „Finanz- und Rechnungswesen" bzw. „Betriebswirtschaft". Aus dieser Position heraus ist eine Controlling-orientierte Unternehmensführung möglich, da die Durchsetzung der notwendigen Aktivitäten gewährleistet werden kann.

Controlling als Stab- oder Linienaufgabe
Die Integration des Controllings in die Linienfunktion hätte zur Folge, dass die Linienmanager zugleich Controller wären. Kritisch könnte hier angemerkt werden, dass sie ihre eigene Tätigkeit kontrollieren und steuern müssten. Dennoch gibt es viele Unternehmen,

die für die Controllingfunktion nicht eine separate Controllingorganisation bilden, sondern dem Linienmanager zugleich die Controllingtätigkeit zuordnen. Als Vorteil einer derartigen Organisation wäre die Tatsache zu werten, dass die Durchführung von Anpassungs- und Steuerungsmaßnahmen unmittelbar durch den Verantwortlichen initiiert werden könnte. Der Controller als Linienmanager wäre weisungsberechtigt und befugt, unmittelbar Maßnahmen zu ergreifen, die eine rasche Zielerfüllung begünstigen.

Demgegenüber ist eine klare Abgrenzung der Controllingaufgabe von der Leitungs- und Entscheidungskompetenz des Linienmanagements vorteilhaft im Hinblick auf die Unabhängigkeit dieser Funktion. Der Controller ist somit nicht in der Situation, eigene Entscheidungen und Zielvereinbarungen im Nachhinein in Frage stellen zu müssen. Für die Abgrenzung der Controllingaufgabe spricht auch, dass sie häufig nur schwer neben der unmittelbaren Arbeit des Linienmanagers zu erledigen wäre. So könnten Termine des Linienmanagers diesen daran hindern, wichtigen Controlling-Informationen intensiv nachzugehen, welches für einen unabhängigen Controller problemlos zu erledigen wäre.

Schwierig ist die Durchsetzung der vom Controlling für richtig und notwendig befundenen Maßnahmen, sofern keinerlei Weisungsrechte der Linie gegenüber bestehen. In diesem Zusammenhang ist es sehr wichtig, dass das Controlling unmittelbar an die Unternehmensleitung berichten kann, damit diese im Zweifelsfall die notwendigen Maßnahmen ergreift. Die Machtstellung des Controllings wird zweifellos dann gestärkt, wenn der leitende Controller als Mitglied der Geschäftsleitung notwendige Maßnahmen gegenüber den Teilbereichsleitern direkt durchsetzen kann.

Zentrales vs. dezentrales Controlling
Zumindest in größeren, divisionalisierten Unternehmungen stellt sich die Frage, ob das Controlling in der Unternehmenszentrale zu organisieren wäre, oder ob einzelne Unternehmensbereiche jeweils dezentrale Controller in ihre Organisation integrieren sollten. Ein **zentrales Controlling** hätte den Vorteil, dass eine unmittelbare Zielsteuerung der Gesamtunternehmung angestrebt werden kann. Ein zentraler Controller ist unabhängig von evtl. vorherrschenden Zielkonkurrenzen, welche sich zwischen Bereichs- und Unternehmenszielen entwickeln könnten. Er würde eindeutig die Sichtweise der Gesamtunternehmung bei seiner Tätigkeit in den Vordergrund stellen.

Ein **dezentraler Controller**, insbesondere dann, wenn er der Bereichsleitung unterstellt wäre, müsste zumindest darauf achten, dass die Bereichsziele bei seiner Tätigkeit nicht tangiert werden. So könnten sich für ihn Konflikte ergeben, deren Lösung im Regelfall mehr zugunsten des Teilbereichs ausfallen dürfte, somit eine Gefahr der Suboptimierung vorhanden wäre. Ein dezentraler Controller hat allerdings den entscheidenden Vorteil, dass er „näher am Geschäft" angesiedelt ist, somit die Interna der jeweiligen Bereichsorganisation kennt, auf Anhieb eine bessere Interpretation von Zielabweichungen vornehmen könnte. Ein zentrales Controlling ist hingegen darauf angewiesen, dass genügend Detailinformationen über den jeweiligen Bereich vorliegen, damit nicht „aus der Feme" möglicherweise falsche Schlussfolgerungen gezogen werden.

Häufig sind in der Unternehmensorganisation Kompromisslösungen vorzufinden, die zum einen den zentralen Controller in der Unternehmensleitung vorsehen, zum anderen aber dezentrale Controllingstellen, welche zumindest fachlich diesem zentralen Controller unterstellt sind. Neben einer produktgemäßen Aufgliederung der Unternehmung kommt auch eine regionale Gliederung oder eine funktionale Gliederung in Frage. Die diesbezügliche Aufbauorganisation wird sich dann auch in der entsprechenden Aufgabenstellung des Controllings wiederfinden lassen. Eine funktionale Gliederung wird dazu führen, dass auf der zweiten Controllingebene funktionale Aufgaben im Mittelpunkt stehen.

In international tätigen Unternehmen könnten bspw. jeweils auf Länderebene regional ausgerichtete Controllingstellen existieren, welche wiederum an ein zentrales Controlling in der Konzernleitung angegliedert wären.

1.3.4   Strategisches und operatives Management – ein integriertes Führungssystem

1.3.4.1   Abgrenzung zwischen strategischem und operativem Management

Ein Management- oder auch Führungssystem unterscheidet sich von einem reinen **Planungssystem** vor allem dadurch, dass im Rahmen eines Führungssystems die Durchführung geplanter Prozesse einzubeziehen ist. Notwendig ist insofern eine permanente Kontrolle geplanter und abgeschlossener Vorgänge in einer Unternehmung, die im Sinne fortwährender feed-forward- und feed-back-Prozesse das Unternehmen in seinem Tätigkeitsfeld begleitet. Während ein Unternehmensplanungssystem darauf angelegt ist, in bestimmten Zeitabständen die Führungsaufgabe des Unternehmens zu gestalten, so wird im Rahmen eines Führungs – oder Managementsystems hieraus eine quasi permanente Planungsaufgabe.

Ein Planungs- und Controllingsystem kann durch die zwei wesentlichen Elemente eines solchen Systems kurz charakterisiert werden:

Das strategische Management basiert auf einer mittel- bis langfristigen strategischen Planung, welche ausgerichtet ist auf eine langfristige Verwirklichung der Leitprinzipien der Unternehmung. Dabei geht es insbesondere darum, sog. **Erfolgspotenziale** der Unternehmung in ihrer Entwicklung zu prognostizieren bzw. neue Potenziale zu finden. Hier kommt es in sehr starkem Maße darauf an, die unternehmensrelevante Umwelt in ihrer Entwicklung vorauszusehen und daraufhin ein fundiertes strategisches Marketing zu betreiben. Eine zahlenmäßige Strukturierung der Zukunft der Unternehmung sollte dabei zumindest für einen Planungszeitraum von fünf bis zehn Jahren angestrebt werden. Dabei muss sich die Unternehmensführung bewusst sein, dass die Genauigkeit und der Detaillierungsgrad der zahlenmäßigen Darstellung mit der Ausdehnung des Planungshorizonts abnehmen. Strategisches Controlling im Rahmen des strategischen Managements hat insofern nicht nur die Aufgabe, den Erfolg geplanter strategischer Maßnahmen zu steuern, sondern auch die Gültigkeit der Planprämissen fortlaufend zu überprüfen.

Eine exakte, zahlenmäßige Darstellung des geplanten Geschehens hat hingegen überragende Bedeutung im Zusammenhang mit der kurzfristigen bzw. operativen Planung und Gestaltung der Unternehmensprozesse. Als Hauptelemente der operativen Unternehmensführung lassen sich dabei die „Ausbeutung" der bereitstehenden Erfolgspotenziale durch das operative Marketing (Anwendung der Instrumente des Marketing-Mix), die Budgetierung und das daran anknüpfende operative Controlling kennzeichnen. Notwendigerweise müssen sich dabei operative, d. h. in Zahlen konkretisierte Unternehmensziele herausbilden, welche dem Budgetierungsprozess zugrunde gelegt werden. Die Vereinbarung eines in der Regel für ein Jahr begründeten Budgets ist dann Grundlage für die Kontrolle und Steuerung des Unternehmens in kurzfristiger Hinsicht. Durch einen permanenten Soll-Ist-Vergleich werden dabei die Anknüpfungspunkte gefunden, welche einen Eingriff der Unternehmensleitung verlangen. Steuerung bedeutet in diesem Sinne eine Verfolgung der angestrebten Ziele und einen Versuch, im Falle der Zielabweichung sog. Gegensteuerungsmaßnahmen einzuleiten.

Die Abgrenzung zwischen „**strategisch**" und „**operativ**" wird häufig gleichgesetzt mit einer Differenzierung zwischen „langfristig" und „kurzfristig". Obwohl strategische Aufgaben sich überwiegend auf einen langfristigen Planungshorizont beziehen, ist diese Vereinfachung zu ungenau.

Strategisches Denken und Handeln ist durch drei charakteristische Eigenschaften zu kennzeichnen:

- Relevanz: Strategisches Denken und Handeln bezieht sich auf die für die Unternehmensziele relevanten Tatbestände. Das Wichtige wird in den Mittelpunkt gestellt, wie die Sicherung und Gewinnung von Erfolgspotenzialen.
- Vereinfachung: Es erfolgt eine methodische Beschränkung auf einige wesentliche Gesichtspunkte.
- Proaktivität: Durch ein Streben nach frühzeitigem Handeln werden aus sich abzeichnenden Veränderungen, die erst in Zukunft wirksam werden, bereits zum jetzigen Zeitpunkt strategische Maßnahmen abgeleitet.

Durch strategisches Denken und Handeln wird ein ständiger Anpassungsprozess an den Wandel gefördert, wobei die Geschwindigkeit und die Intensität des Wandels die Anpassungsprozesse determiniert. Demgegenüber erfolgt operatives Denken und Handeln innerhalb eines vorgegebenen Rahmens, der sich im Wesentlichen als Resultat des strategischen Denkens und Handelns ergibt. Dieser Rahmen lässt sich als Summe der Potenziale interpretieren, die einem Unternehmen innerhalb eines vorgegebenen Planungszeitraumes zur Verfügung steht:

- Menschliche Potenziale sind die Führungskräfte und Mitarbeiter mit ihren Kenntnissen und Erfahrungen;
- Sachliche Potenziale werden durch die verfügbaren Betriebsstätten und Aggregate gekennzeichnet;
- Immaterielle Potenziale entstehen durch die Bearbeitung von Märkten, aber auch durch Erfindungen und technisches Know-how.

Insbesondere letzteres stellt die sog. „Erfolgspotenziale" dar, deren Sicherung und Entwicklung als Kernaufgabe der strategischen Unternehmensführung angesehen wird. Die „Ausbeutung" der verfügbaren Erfolgspotenziale im Sinne einer bestmöglichen Zielverwirklichung ist dann wiederum Aufgabe der operativen Unternehmensführung.

Aufgaben der strategischen Unternehmensführung sind die Sicherung bestehender Erfolgspotenziale (Orientierungsgrundlagen sind Marktpositionen, Erfahrungskurven), Gewinnung künftiger Erfolgspotenziale (Orientierungsgrundlagen sind Anwenderprobleme, neue Lösungstechniken, Substitutionszeiten) sowie Sicherung der strukturellen Liquidität (über Kapitalstruktur und langfristige Finanzplanung).

Demgegenüber hat die operative Unternehmensführung die Realisierung des laufenden Erfolgs zu gewährleisten (durch Anwendung des Marketing-Mix und der kurzfristigen **Erfolgsrechnung**) und die dispositive Liquidität zu sichern über die kurzfristige Finanzplanung und Haltung von Liquiditätsreserven.

Diesen Zusammenhang fasst Abb. 1.4 zusammen.

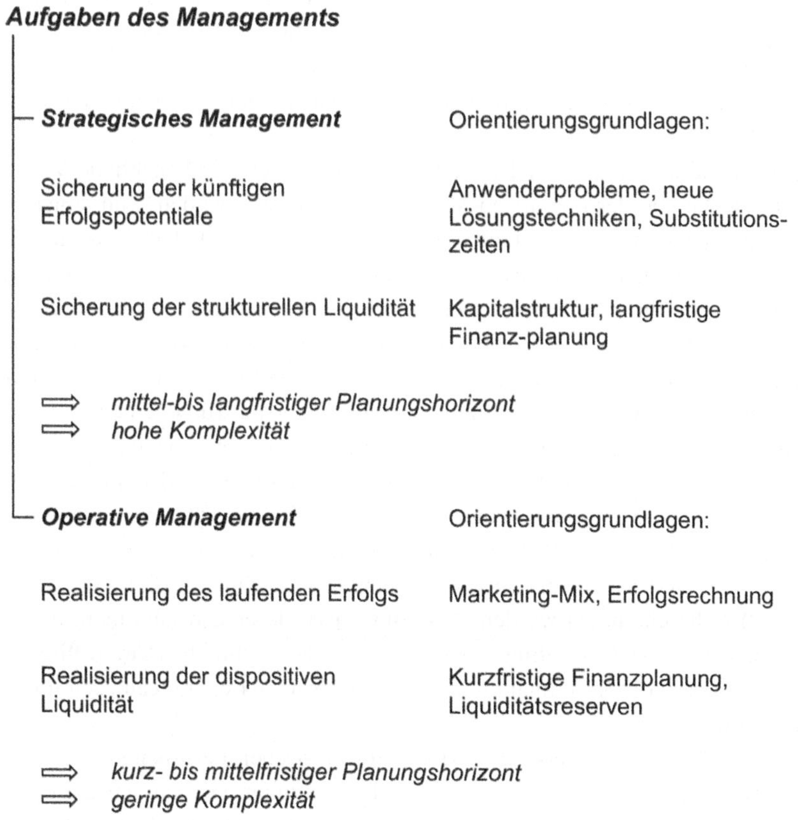

Aufgaben des Managements

Strategisches Management   Orientierungsgrundlagen:

Sicherung der künftigen   Anwenderprobleme, neue
Erfolgspotentiale   Lösungstechniken, Substitutions-
          zeiten

Sicherung der strukturellen Liquidität   Kapitalstruktur, langfristige
          Finanz-planung

⟹   *mittel-bis langfristiger Planungshorizont*
⟹   *hohe Komplexität*

Operative Management   Orientierungsgrundlagen:

Realisierung des laufenden Erfolgs   Marketing-Mix, Erfolgsrechnung

Realisierung der dispositiven   Kurzfristige Finanzplanung,
Liquidität   Liquiditätsreserven

⟹   *kurz- bis mittelfristiger Planungshorizont*
⟹   *geringe Komplexität*

Abb. 1.4 Aufgaben des Managements

1.3.4.2 Koordination zwischen strategischem und operativem Management

Bereits die oben dargestellte Abgrenzung zwischen strategischen und operativen Aufgabenstellungen hat gezeigt, dass es über die Erfolgspotenziale wie auch die Bilanzstruktur Verbindungen zwischen beiden Managementebenen gibt. Die strategische Rahmenplanung geht der operativen Gestaltungsplanung in aller Regel voraus, wobei die Eckdaten zwischen beiden Plänen grundsätzlich abzustimmen sind. Dabei bilden die Eckdaten der strategischen Planung den Rahmen für die **operative Planung**. Auf der anderen Seite münden Erkenntnisse aus dem operativen Geschäft und dem operativen Controlling in den strategischen Planungsprozess ein. Die Koordination verläuft also grundsätzlich in beide Richtungen.

Die strategische Unternehmensführung bildet den Rahmen für das operative Gestalten, umgekehrt werden Erkenntnisse aus der operativen Unternehmensführung für die nächstfolgende strategische Planungsrunde zu berücksichtigen sein. Ein derart gekennzeichnetes Managementsystem ist notwendigerweise zu differenzieren im Hinblick auf die organisatorische Gestaltung der Unternehmung. So werden sich aus den Verantwortungsbereichen der Unternehmung einzelne Planungssubsysteme ergeben, welche wiederum in strategischer und operativer Hinsicht zu führen sind. Neben der zeitlichen Verknüpfung ist somit auch eine sachliche Verknüpfung der eben gekennzeichneten Teilsysteme im Rahmen des Gesamtsystems vorzunehmen. Der Ausgangspunkt muss die Zielbildung des Unternehmens sein, welche strategische und operative Planungs-, Durchsetzungs- und Controllingebenen überlagert.

Abschließend soll über zwei Darstellungen die zeitliche und sachliche Verknüpfung des strategischen und des operativen Managements gezeigt werden. Zum einen wird ein fiktiver Zeitkalender Aufschluss darüber geben, in welchem zeitlichen Zusammenhang die wichtigsten Standardaufgaben des Managements und Controllings im Rahmen des Führungssystems zu ordnen sind. Eine zweite Darstellung erläutert die gedankliche Ordnung und Verknüpfung der Phasen des operativen und strategischen Managements und deren Verknüpfung sowie die dabei grundsätzlich anwendbaren Methoden (Abb. 1.5 und 1.6).

Aus diesen Darstellungen geht, zumindest auf den ersten Blick, eine relativ enge Abgrenzung des Controllings hervor, das in vielen anderen Abhandlungen auch die Planungsprozesse beinhaltet. Die Planungsaktivitäten sollen in der Tat als dem Controlling-Prozess vorgelagert verstanden werden. Zielbildung, Planung, Organisation und Durchsetzung sind demnach Management-Aufgaben, welche durch die Unternehmensleitung bzw. die Leitung diverser Subsysteme einer Unternehmung (das sog. „Linien-Management") wahrgenommen werden. Allerdings darf dieser Umstand nicht darüber hinwegtäuschen, dass vom Controlling-Subsystem über die eigentlichen Controlling-Prozesse hinaus im Regelfall die Koordination der Planung sowie der operativen Zielbildung übernommen wird.

Der Controller fungiert dabei als „Moderator" zwischen Personengruppen bzw. Subsystemen mit unterschiedlichen Interessen und achtet unter anderem auf die Plausibilität der Pläne sowie deren Eignung als Grundlage späterer Controlling-Prozesse.

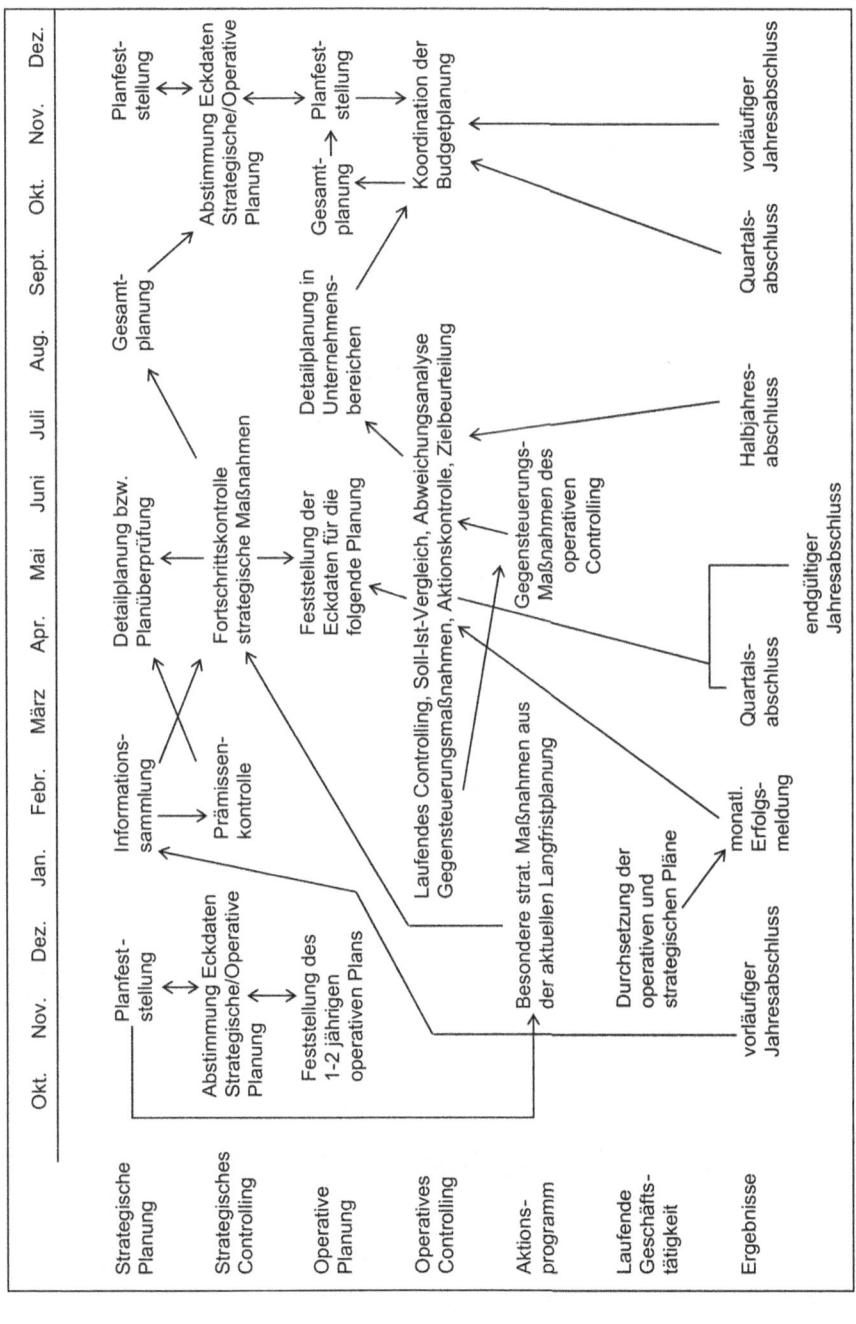

Abb. 1.5 Zeitliche Koordination des Managements

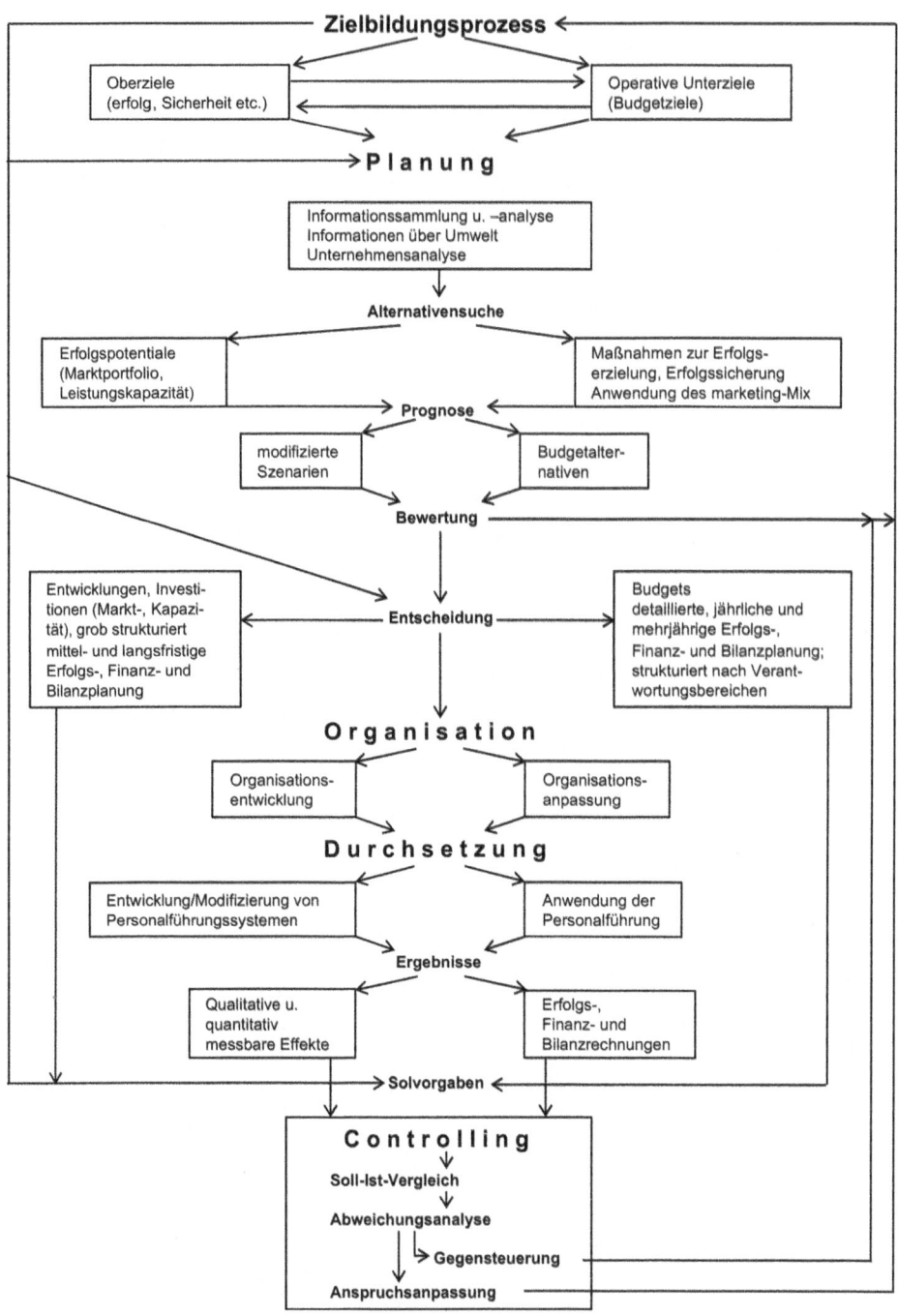

Abb. 1.6 Strategisches und operatives Management

Die Koordinationsaufgabe des Controllers erstreckt sich auch auf die Abstimmung zwischen strategischer und operativer Planung; dies erscheint vor allem in solchen Unternehmen bedeutsam, deren strategischer Planungsprozess organisatorisch von der operativen Planung getrennt verläuft.

Zielbildungsprozess

2

Zusammenfassung

Die Zielbildung erfolgt in den willensbildenden Institutionen eines Unternehmens. Art und Zusammensetzung dieser Institutionen unterscheiden sich in Abhängigkeit von Rechtsform, Größe, Struktur und Branche des Unternehmens. Als **Träger des Zielbildungsprozesses** lassen sich diejenigen Personen bzw. Personengruppen charakterisieren, die jeweils in diesen Institutionen tätig sind.

2.1 Die Träger des Zielbildungsprozesses

Zu den „**Kerngruppen**" sind in jeder Unternehmung die Eigentümer („Shareholder") zu rechnen. In Unternehmen mit verschiedenen Organen der Willensbildung (z. B. Vorstand, Aufsichtsrat und Hauptversammlung in der Aktiengesellschaft) kommen weitere hinzu, insbesondere Mitglieder einer angestellten Unternehmensleitung und Arbeitnehmervertreter. Darüber hinaus ergeben sich direkte und indirekte Einflüsse aus sog. „**Satellitengruppen**", d. h. Personen, welche nicht direkt den willensbildenden Institutionen der Unternehmung angehören. Satellitengruppen im Zielbildungsprozess einer Unternehmung lassen sich vergleichen mit den sog. „**Lobbyisten**" im politischen System eines Staates. Die Erscheinungsformen und das Gewicht derartiger externer Gruppen ist ausgesprochen vielfältig – genannt werden können z. B. Kreditinstitute, Lieferanten, Kunden, Familienmitglieder der Entscheidungsträger einer Unternehmung. Kerngruppen und Satellitengruppen bilden zusammen die „**Stakeholder**" („Interessengruppen") einer Unternehmung.

In Personengesellschaften – Einzelunternehmung, OHG, KG – kommt den vollhaftenden Eigentümern das Recht der Geschäftsführung zu. Sie haben somit zugleich maßgeblichen Einfluss im Willensbildungsprozess der Unternehmung. Den Eigentümern der Kapitalgesellschaften kommen nur indirekte Mitwirkungsrechte an der Unternehmensführung

© Springer Fachmedien Wiesbaden GmbH, ein Teil von Springer Nature 2020   43
K. Amann et al., *Management und Controlling*,
https://doi.org/10.1007/978-3-658-28795-5_2

zu, welche sie im Rahmen einer Hauptversammlung ausüben. Die Gruppen der Eigentümer und der Arbeitnehmer üben ihren Einfluss auf die Zielbildung einer Aktiengesellschaft über den Aufsichtsrat im Wesentlichen durch die Bestellung des Vorstandes aus.
Derartige Entscheidungen bestimmen die mittel- und langfristige Geschäftspolitik stärker
als den Bereich der operativen Unternehmensführung. Letztere und damit die hier anzu-
siedelnde operative Zielbildung wird weitgehend durch den Vorstand bestimmt, wobei die
Mitarbeiter auf den verschiedenen Hierarchieebenen der Unternehmung in unterschiedlichem Maße am Zielbildungsprozess beteiligt werden (z. B. im Rahmen eines Management by Objectives).

2.2   Rahmenbedingungen des Zielbildungsprozesses

Zu den Rahmenbedingungen des Zielbildungsprozesses gehören die Unternehmensphilosophie, die Unternehmensethik, das Unternehmensleitbild und die Unternehmenskultur.

Der Begriff „**Unternehmensphilosophie**" drückt zum einen den Bezug des Unternehmens zur gesamten Gesellschaft aus – etwa im Sinne einer Philosophie über die Funktion
des Unternehmens in der Gesellschaft. Zum anderen geht es um die Philosophie des Unter-
nehmers bzw. der maßgeblichen Entscheidungsträger eines Unternehmens. Dabei stehen die
Wertvorstellungen, die Leitmaximen der jeweiligen Personen bzw. Personengruppen im
Vordergrund. Die Unternehmensphilosophie basiert insofern auf der „individuellen Philosophie" des Einzelnen. Im Rahmen der Zielbildung in der Unternehmung müssen sich diese
„Individualphilosophien" zu einer „Unternehmensphilosophie" integrieren lassen.

Die Unternehmensphilosophie wird vielfach durch die Gründer des Unternehmens und
ihre „Visionen" geprägt – dies auch dann noch, wenn die betreffenden Personen längst
nicht mehr im Unternehmen tätig sind.

Eine **Unternehmensethik** enthält Maßstäbe des guten, sittlichen Handelns einer Unternehmung. Damit wird die Unternehmung in einen größeren Zusammenhang gerückt –
die Volkswirtschaft, die Weltwirtschaft, das politische, das gesellschaftliche und das soziale System eines Staates, etc.

Das Bestehen diverser Konfliktfelder auf diesen Ebenen lässt die eine „allgemeingül-
tige Unternehmensethik" unmöglich erscheinen. Die meisten Autoren sehen in der Unternehmensethik ein Korrektiv des Gewinnstrebens.

Von einem „**Unternehmensleitbild**" bzw. „Unternehmensgrundsätzen" spricht man
dann, wenn das „System der Leitmaximen", in welchen sich die Unternehmensphilosophie konkretisiert, schriftlich fixiert wird. Derartige Unternehmensgrundsätze fungieren
als eine Art „**Grundgesetz der Unternehmensführung**". Sie werden nicht nur für die
Unternehmensleitung, sondern darüber hinaus auch für alle übrigen Mitarbeiter des Unternehmens, ggf. auch für die externen Gruppen (Kunden, Lieferanten, Öffentlichkeit) formuliert. Ein Unternehmensleitbild leistet Orientierungshilfe, weckt aber auch konkrete
Erwartungen hinsichtlich der Unternehmensziele, der Führungsgrundsätze und des Auf-
tretens des Unternehmens nach außen.

Die **Unternehmenskultur** basiert auf der Gesamtheit von Normen, Wertvorstellungen und Denkweisen aller Organisationsmitglieder, die das Erscheinungsbild der Unternehmung prägen. Die Träger der Unternehmenskultur sind damit grundsätzlich alle Mitarbeiter. Aus der Unternehmenskultur entsteht häufig ein einheitliches Erscheinungsbild der jeweiligen Unternehmung (**Corporate Identity**).

2.3 Bestimmung des Oberzielsystems

Bei der gedanklichen Zerlegung des Zielbildungsprozesses in mehrere Phasen kann unterschieden werden zwischen intrapersoneller Zielbildung, intragruppaler Zielbildung und intergruppaler Zielbildung,

Im **intrapersonellen Zielbildungsprozess** werden Handlungsmotive der Mitwirkenden in ökonomische Ziele transformiert, die sich auf die Teilnahme am Unternehmensgeschehen beziehen. Es kann davon ausgegangen werden, dass dabei auch die „individuelle Philosophie" der jeweiligen Person eine erhebliche Rolle spielt, damit diejenigen **Werte** und **Normen**, die das persönliche Verhalten prägen und die auch in den Zielbildungsprozess einfließen.

Sofern mehrere Personen als Unternehmensträger fungieren, muss innerhalb dieser Gruppe eine **intragruppale Zielvereinbarung** getroffen werden. Die Zielbildung innerhalb einer Gruppe wird dabei vorrangig durch die Zielvorstellungen engagierter Gruppenmitglieder bzw. von Zielvorstellungen solcher Gruppenmitglieder bestimmt, die eine besonders starke **Machtposition** besitzen. Letzteres ist gerade im Kreis der Eigentümer häufig auf unterschiedliche Kapitalanteile, aber auch auf unterschiedliche Funktionen im Unternehmen zurückzuführen. Nicht in jedem Fall kommt es zu dieser Phase der Zielbildung. Sofern die Mitglieder der jeweiligen Gruppe sehr heterogene Zielvorstellungen haben, werden diese ggf. beibehalten und die „Teilgruppen" versuchen, andere Koalitionspartner zu finden.

Eine intergruppale Zielbildung ist dann erforderlich, wenn sich verschiedene Gruppen mit unterschiedlichen Vorstellungen in einer willensbildenden Institution begegnen und sich auf gemeinsame Ziele einigen müssen. Eine solche „Einigung" kann als Kompromisslösung gefunden werden, oder aber eine dominierende Gruppe setzt ihre Vorstellungen weitestgehend durch.

Das Ergebnis eines derartigen Zielbildungsprozesses lässt sich als **Oberzielsystem** bezeichnen. Das häufig genannte Oberziel „**Gewinnmaximierung**" (bzw. Maximierung des Shareholder Value) muss u. a. deshalb als fragwürdig erscheinen, weil der Zeithorizont unbestimmt bleibt bzw. bei unterschiedlichen Annahmen zu abweichenden Unterzielen und Handlungen führen muss:

Wird von einem Zeithorizont einer Rechenperiode (ein Jahr) ausgegangen, so müsste die Gewinnmaximierung eine Vielzahl von Maßnahmen nach sich ziehen, die bei Fortexistenz des Unternehmens schädlich wären (z. B. Realisierung aller stillen Reserven, Preissenkungen mit dem Ziel des größtmöglichen Periodengewinns, etc.).

Die häufig genannte „langfristige Gewinnmaximierung" erscheint solange unbestimmt, wie die Existenzdauer des Unternehmens unbefristet ist. Die Annahme von 5 Jahren wäre ebenso falsch wie die Annahme von 20 Jahren. Wird der Zeithorizont jedoch „ins Unendliche" übertragen, so lassen sich keine konkreten Unterziele ableiten. Es wäre sehr viel realistischer, dann gleich vom „Gewinnstreben" als einem wesentlichen Element im Zielsystem (neben anderen) auszugehen, dessen „Maximierung" jedoch kein operationales Ziel sein kann.

Lediglich im Sonderfall einer zeitlich begrenzten Existenz des Unternehmens lässt sich eine Gewinnmaximierung für diesen Zeitraum als operationales Ziel annehmen. Dies gilt aber nur unter der Prämisse, dass der hier angenommene einzige Träger des Zielbildungsprozesses keine weiteren Ziele verwirklichen möchte, die zur Einschränkung des Gewinnstrebens führen. Sofern mehrere Personen am Zielbildungsprozess beteiligt sind, wird nicht nur die Befristung der Unternehmensexistenz, sondern auch die Annahme eines monistischen Oberziels unrealistisch.

Für die Mehrzahl der Unternehmungen darf angenommen werden, dass mehrere Ziele gleichzeitig in der obersten Zielhierarchie stehen und diese Ziele dem Anspruchsniveau der im politischen System der Unternehmung agierenden Personen entsprechen. Damit ist die Festlegung eines allgemeingültigen Zielsystems nicht mehr möglich. Somit ist das Oberzielsystem keine Konstante, sondern es kann sich insbesondere bzgl. des Ausmaßes einzelner Ziele im Zeitablauf verändern.

Innerhalb eines Oberzielsystems kann zwischen Haupt- und Nebenzielen unterschieden werden. Diese beiden Zielarten haben bei erwerbswirtschaftlichen Unternehmen die folgende Bedeutung:

Das **Gewinnstreben** stellt das **Hauptziel** dar, denn über Gewinne möchten Gründer bzw. Eigentümer ihren Lebensunterhalt bestreiten, sofern dies ihre einzige Erwerbsquelle ist, oder doch zumindest eine angemessene Verzinsung ihres Eigenkapitals erreichen („Shareholder Value").

Als **Nebenziele** sind das Streben nach Existenzsicherung, Wachstum, Unabhängigkeit, aber auch soziale und ökologische Verantwortung sowie die Leistungsziele zu nennen. Welche Produkte oder Leistungen das Unternehmen erstellt (Sachziel), ist ein Nebenziel, welches sich im Zeitablauf durchaus ändern kann (als Beispiel mag die Umwandlung der Preussag in die heutige TUI dienen).

Bei öffentlichen Unternehmen hingegen ist der volkswirtschaftliche Bedarf an bestimmten Produkten oder Leistungen ursächlich für deren Existenz. Die Sachziele sind daher **Hauptziele**. In welchem Ausmaße hingegen Gewinne erzielt werden sollen, wird von den Entscheidungsträgern im Einzelfall recht unterschiedlich festgelegt und darf bei öffentlichen Unternehmen als Nebenziel betrachtet werden. Neben dem Streben nach einem bestimmten Kostendeckungsgrad spielt gelegentlich auch die Notwendigkeit von Ablieferungen an den öffentlichen Haushalt eine Rolle.

Die Bewegungen vieler Unternehmen zwischen privatem und öffentlichem Einflussbereich (Bsp. Bahn, Post, Landesbanken, Stadtwerke, Busse und S-Bahnen, Abfallwirtschaft) und die damit einhergehende Wandlung des Zielsystems sind ein Beleg dafür, dass einzelne Ziele sich im Zeitablauf in ihrer Bedeutung von Haupt- zu Nebenzielen und umgekehrt entwickeln können.

Die Verfolgung einzelner Ziele kann die Möglichkeit zur Realisierung weiterer Ziele beeinflussen. Dabei lassen sich grundsätzlich drei **Interdependenzrelationen** unterscheiden:

Zielkomplementarität zwischen Zielen liegt vor, wenn die Verfolgung des Zieles A (bzw. B) die Realisierung des Zieles B (bzw. A) positiv beeinflusst. Komplementäre Ziele begünstigen sich gegenseitig. Als komplementäre Ziele können häufig die Ziele „Umsatz" und „Gewinn" angesehen werden – unter der Voraussetzung, dass ein höherer Umsatz nicht durch gewinnsenkende Preisnachlässe erkauft wird.

Zielkonkurrenz ist hingegen dann gegeben, wenn eine stärkere Verfolgung des Zieles A (bzw. B) nur auf Kosten einer geringeren Zielerreichung beim Ziel B (bzw. A) möglich ist. Konkurrierende Ziele lassen sich am Beispiel der Ziele „Gewinn" und „Sicherheit" darstellen: Eine Geldanlage mit hohen Gewinnchancen (z. B. in Aktien oder Optionsscheinen) ist i. d. R. riskanter als der Kauf von festverzinslichen Staatsanleihen mit geringeren Renditen.

Zielindifferenz besteht in solchen Fällen, in denen sich die Verfolgung des Ziels A (bzw. B) weder positiv noch negativ auf die Zielerreichung bei Ziel B (bzw. A) auswirkt. Indifferente Ziele können unabhängig voneinander verfolgt werden.

Die beschriebenen Interdependenzrelationen Komplementarität (1), Konkurrenz (2) und Indifferenz (3) lassen sich anhand der fiktiven Ziele A und B veranschaulichen (Abb. 2.1).

Die **Interdependenzrelationen** zweier Ziele können nur selten eindeutig einer dieser drei Möglichkeiten zugeordnet werden. Häufig lassen sich sowohl Komplementaritäts- als auch Konkurrenzbeziehungen feststellen. Die Ziele „Gewinn" und „Sicherheit" stehen

Abb. 2.1 Interdepend-
enzrelationen

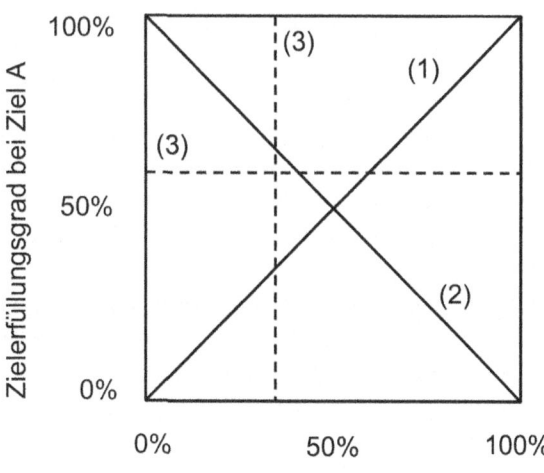

nicht nur in Konkurrenz zu einander, sondern können sich auch gegenseitig begünstigen, denn einerseits ist nur durch Gewinnerzielung für die Unternehmung eine solide Kapitalstruktur mit einem ausreichenden Eigenkapitalanteil erreichbar. Andererseits erlaubt nur eine hinreichende Sicherung der Zahlungsfähigkeit den Fortbestand der Unternehmung und damit die Erzielung von Gewinnen.

2.4   Die Entwicklung eines operationalen Zielsystems

Ein Planungs-, Durchsetzungs- und Controllingsystem setzt die Entwicklung operationaler Ziele voraus. Insofern muss in Abhängigkeit vom Oberzielsystem der Unternehmung ein System konkreter, in Zahlen messbarer, auf einen kurzfristigen Planungshorizont bezogener Ziele festgelegt werden, welches die operative Unternehmensführung anstrebt.

Diese operationalen Ziele können entweder durch die Träger des Oberzielsystems vorgegeben werden oder in Form von Zielvereinbarungen unter Mitwirkung weiterer Entscheidungsträger vereinbart werden.

Durch die Einbeziehung bspw. der Bereichsleitungen bzw. Profit-Center-Verantwortlichen in den Zielbildungsprozess wird eine Identifikation mit den zu findenden Zielen angestrebt. Ein derartiges Vorgehen findet man bei vielen Unternehmen im Zusammenhang mit dem Budgetierungsprozess. In Form des Gegenstromverfahrens werden dabei durch die Unternehmensleitung Rahmenziele vorgegeben, die durch Subsysteme des Unternehmens (Bsp. Bereiche) zu einem periodenbezogenen Zielsystem anzureichern sind. Folgt die Unternehmensleitung den Prinzipien des Managements by Objectives (MbO), so wird sie versuchen, möglichst viele Ebenen des Unternehmens in den Zielbildungsprozess mit einzubeziehen.

2.5   Zielbildung als permanenter Prozess

Insbesondere die Ausmaße der Unternehmensziele sind im Zeitverlauf keine Konstante. Die Entwicklung der Unternehmung und der relevanten Umwelt sind dabei maßgeblich. Veränderungen lassen sich im Zeitablauf sowohl für den strategischen Bereich als auch für den operativen Bereich feststellen. Als Ausgangspunkte für Veränderungen im Zielbildungsprozess lassen sich im Wesentlichen folgende zwei Aspekte herausstellen:

* Veränderung der wirtschaftlich **relevanten Umwelt**, die durch die Träger des Zielbildungsprozesses zum Anlass genommen wird, Ziele bzw. Zielausmaße zu überdenken.
* Veränderungen in der Zusammensetzung der Träger des Zielbildungsprozesses bzw. Veränderungen in den persönlichen Zielvorstellungen der Entscheidungsträger.

Das **Modell des Zielbildungsprozesses** und seiner Einflussfaktoren veranschaulicht Abb. 2.2.

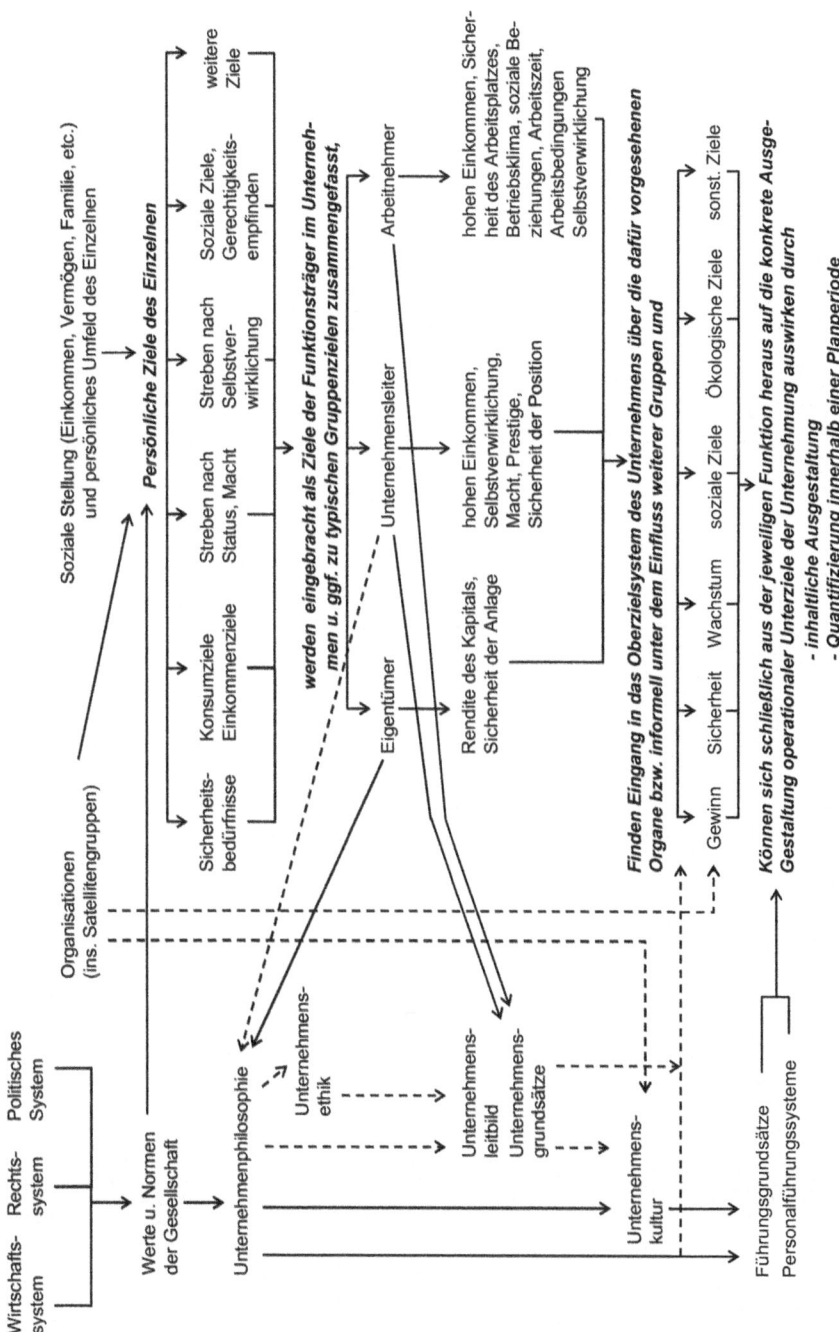

Abb. 2.2   Zielbildungsmodell

Strategisches Management

3

Zusammenfassung

Im Rahmen des strategischen Managements orientiert die Unternehmensleitung ihr Denken, Entscheiden und Handeln an den übergeordneten (obersten) Zielen oder Zielvoraussetzungen der Unternehmung. Strategische Führung bedeutet die Bearbeitung komplexer Problemstellungen, wodurch die Existenz des Unternehmens langfristig zu sichern ist und die übergeordneten Ziele des Unternehmens realisiert werden können.

3.1 Aufgaben und Ziele des strategischen Managements

Der strategische Denkansatz sollte in seinen Schwerpunkten stets weit über den strategisch zu führenden Bereich hinausgehen. Nur so lassen sich die aus dem Umfeld des Unternehmens resultierenden Einflussfaktoren erkennen und wo notwendig, in die Unternehmensstrategie einbeziehen. Die für jede Strategie bestimmenden Elemente liegen stets zu einem erheblichen Maße außerhalb des eigenen strategischen Führungs- und Einflussbereichs. Aus diesem Grunde ist im Rahmen der strategischen Führung den Prognosen bzgl. der Entwicklung der wirtschaftlich relevanten Umwelt ein besonders hoher Stellenwert beizumessen.

Strategische Führung bedeutet eine Konzentration auf das Wesentliche; dies betrifft nicht nur die Inhalte des Führungsprozesses, sondern auch die notwendige quantitative Darstellung der zum Teil nur näherungsweise zu bestimmenden Auswirkungen strategischer Planung und strategischer Maßnahmen.

Damit eine Unternehmung von sich abzeichnenden Entwicklungen nicht unvorbereitet überrascht wird, muss sie

- langfristige Tendenzen möglichst früh identifizieren, um das jeder unternehmerischen Tätigkeit immanente Risiko zu reduzieren,

- Gefahren bzw. Chancen des Marktes durch aktive Beeinflussung zu gestalten versuchen,
- der Unternehmung damit die zum Handeln notwendige Zeitspanne zur Reorganisation von Potenzialen verschaffen (Erhöhung der Reaktionsgeschwindigkeit und Anpassungsfähigkeit),
- durch ein strategisches Konzept der Unternehmensführung zum Aufbau und zur Pflege von Erfolgspotenzialen als Basis der langfristigen Überlebensfähigkeit und Gewinnerzielung beitragen.

Im Mittelpunkt der strategischen Unternehmensführung steht die strategische Planung, deren Dilemma darin besteht, dass heute Entscheidungen getroffen werden müssen, die weit in die Zukunft hineinwirken und dass zugleich die zukünftigen Datenkonstellationen, die für den Erfolg von ausschlaggebender Bedeutung sind, nicht, oder nur mit großer Ungewissheit prognostiziert werden können. Vor allem durch den Ansatz des strategischen Controllings lassen sich die Entscheidungen im Rahmen des strategischen Managements frühzeitig und regelmäßig auf Ihre Realisierbarkeit hin überprüfen und steuern.

3.2   Strategische Planung

3.2.1   Strategische Geschäftsfelder und strategische Geschäftseinheiten

Zur Durchführung der strategischen Planung ist, insbesondere in großen, diversifizierten Unternehmungen, eine Segmentierung in kleinere, überschaubare (plan- und steuerbare) Teileinheiten erforderlich. Die Bildung strategischer Geschäftseinheiten ist über eine Außen- und eine Innensegmentierung zu erreichen.

Als **Außensegmentierung** wird die gedankliche Ordnung der Unternehmensumwelt bezeichnet. Ergebnis dieser Betrachtung ist die Bildung **strategischer Geschäftsfelder (SGF)**. Dieses sind abgrenzbare, voneinander unabhängige Produkt-Markt-Kombinationen. Als typisches Beispiel sind hier Branchen zu nennen, die vornehmlich nach dem Produktbezug abgegrenzt werden. Aber auch eine Kundengruppen- bzw. Regionenorientierung ist bei der Außensegmentierung möglich. SGF beinhalten klar abgrenzbare Produktgruppen, die sich von anderen SGF unterscheiden. Sie weisen im Allgemeinen unterschiedliche Marktchancen und -risiken auf und ermöglichen eine produkt- und zielgruppenorientierte Marktbearbeitung bei raschem Erkennen und Berücksichtigen von Kostensenkungspotenzialen.

Im Rahmen der **Innensegmentierung** geht es darum, **Subsysteme der Unternehmung** mit Harmonisierungsaufgaben bzgl. bestimmter SGF abzugrenzen. Dieses beinhaltet die Festlegung **strategischer Geschäftseinheiten (SGE)**. SGE sind Subsysteme der Unternehmung, die ein bestimmtes SGF zu bearbeiten haben. Bei der Bildung von SGE handelt es sich somit um eine organisatorische Abgrenzung von Unternehmenspotenzialen und nicht nur um eine gedankliche Strukturierung wie im Falle der Bildung von strategischen Geschäftsfeldern (SGF). Ein SGF kann sich mit einer SGE decken, ist aber auch ohne SGE vorstellbar. Hingegen ist eine SGE ohne mindestens ein entsprechendes, aus der Außensegmentierung entwickeltes SGF nicht möglich.

Strategische Geschäftseinheiten (SGE) sind Organisationseinheiten der Unternehmung, in denen die Strategien zur Schaffung bzw. zur Erhaltung von Erfolgspotenzialen realisiert werden. Die Bildung von strategischen Geschäftseinheiten erfolgt nicht unbedingt auf Dauer. Sie kann im Planungsablauf einem Wandel unterliegen, wenn sich bestimmte Bedingungen ändern (z. B. die Ressourcen). Möglich ist aber auch die Weiterentwicklung einer als Team eingesetzten SGE zu einer festen Abteilung in der Aufbauorganisation der Unternehmung – insbesondere bei erfolgreicher Arbeit der SGE.

Die **strategische Planung** ist eine langfristige Planung. Die Aufgabe der strategischen Planung wird vom Top Management wahrgenommen und ist darauf ausgerichtet, strategische Pläne zu erarbeiten und Strategien zu formulieren.

Strategien sind **Handlungsanweisungen** zur Lösung grundlegender langfristiger Probleme der Unternehmung und seiner Funktionsbereiche. Mit ihnen soll den Herausforderungen begegnet werden, denen die Unternehmung in vielfältiger Weise ausgesetzt ist. Wie diese Herausforderungen sind auch die Strategien immer wieder verschieden, d. h. keine Strategie ist mit einer anderen vergleichbar.

Eine Strategie hat die folgenden Grundfragen zu beantworten:

- In welchen Geschäftsfeldern (Branchen) will die Unternehmung tätig sein?
- Wie will die Unternehmung den Wettbewerb in diesen Geschäftsfeldern bestreiten?
- Was ist die langfristige Erfolgsbasis bzw. Kernkompetenz der Unternehmung?

Strategische Entscheidungen beziehen sich auf Branchen und einzelne Produkte, die am Markt angeboten werden. Darüber hinaus liefern sie Aussagen über die Bereiche, die dazu langfristig Beiträge leisten sollen.

Dabei basieren strategische Entscheidungen auf externen und internen Analysen. Es können die in Tab. 3.1 dargestellten Beispiele für **strategische Erfolgsfaktoren** exemplarisch angeführt werden.

Auch diese und andere strategischen Erfolgsfaktoren unterliegen einem Wandel im Zeitablauf.

Tab. 3.1 Strategische Erfolgsfaktoren

Schnelligkeit der Entscheidungen	Einhaltung der Lieferzeiten
Ausmaß der Markt- und Kundennähe	Anzahl der Innovationen
Konzentration auf Kernkompetenzen	Qualität der Produkte
Qualität des Service	Qualität des Personals
Preis der Produkte	Höhe der Kapazitätsauslastung
Höhe des Marktwachstums	Ausmaß der Kundenzufriedenheit

Bei der Suche nach „der richtigen" Strategie muss die Unternehmung sich darüber klar werden, worin die Ursachen für den Erfolg liegen. Diese werden als strategische Erfolgsfaktoren bezeichnet und nehmen eine zentrale Rolle innerhalb der strategischen Planung ein.

3.2.2 Kennzeichnung der Ausgangssituation

Als „Kennzeichnung der **Ausgangssituation**" lässt sich die erste Phase der jährlich wiederkehrenden „strategischen Planungsrunde" einer Unternehmung bezeichnen, die im Folgenden unterstellt werden soll. Dabei geht es insbesondere um die Überprüfung von Planprämissen der Vorjahresplanung, wobei sowohl Informationen aus der wirtschaftlich relevanten Umwelt als auch der Unternehmung selbst zu verarbeiten sind. In diesem Zusammenhang unterstützen Aktivitäten des strategischen Controllings den Planungsprozess.

Strategische Analysen dienen der Bestimmung der strategischen Ausgangssituation bzw. -position einer Unternehmung. Sie sind der Kern eines jeden strategischen Planungsprozesses und eine notwendige Voraussetzung für die Strategieformulierung.

Da strategische Entscheidungen maßgeblichen Einfluss auf die Zukunft einer Unternehmung haben, ist es erforderlich, Veränderungen sowohl im unternehmensinternen Bereich als auch im Unternehmensumfeld möglichst frühzeitig zu erkennen, zu interpretieren und zielgerichtete Maßnahmen einzuleiten. Als strategische Analysen kommen vor diesem Hintergrund sowohl externe Analysen (die Entwicklung der unternehmensrelevanten Umwelt) als auch Interne Analysen (die Unternehmensanalyse) und Kennzahlenanalysen zum Einsatz.

3.2.2.1 Entwicklung der unternehmensrelevanten Umwelt

Die Analyse der Entwicklung der unternehmensrelevanten Umwelt ist die **externe Analyse** im Rahmen der strategischen Planung.

Elemente der unternehmensrelevanten Umwelt sind ökonomische **Umweltbedingungen** (Gesamtwirtschaftliche Entwicklungen, ökonomische Entwicklungen der unternehmensspezifischen Umwelt), gesetzliche Umweltbedingungen, technologische Umweltbedingungen, sozio-kulturelle Umweltbedingungen sowie ökologische Umweltbedingungen.

3.2.2.1.1 Ökonomische Umweltbedingungen

Ein wesentlicher Ausgangspunkt für die strategische Planung einer Unternehmung ist die Prognose der gesamtwirtschaftlichen Entwicklung. Im Vordergrund des Interesses dürfte die erwartete Wachstumsrate stehen; als Indikatoren dienen hier das Bruttosozialprodukt und dessen wesentliche Einflussfaktoren. Daneben ist die Preisniveaustabilität von erheblicher Bedeutung. In diesem Zusammenhang ist die allgemeine Inflationsrate, gemessen als Preisindex der Lebenshaltung, aber auch spezifische Indikatoren, wie das Preisniveau des Imports bzw. bestimmter Wirtschaftsgüter, wie auch die Steigerungsrate des Durchschnittslohnes oder die Zinssätze zu nennen. Für letzteres steht unter anderem die Politik der Europäische Zentralbank, die dabei auch internationale Entwicklungen zu berücksichtigen hat. Vor allem international tätige Unternehmen interessiert nicht nur der Binnen-, sondern auch der Außenwert der Währung sowie die darüber hinaus relevanten Konjunkturentwicklungen bestimmter Partnerländer. Vor allem im Konsumgüterbereich wirkt sich die Höhe des verfügbaren Einkommens der Bevölkerung, das Bevölkerungswachstum und das Beschäftigungsniveau unmittelbar aus und ist in die Betrachtung einzubeziehen.

Die Prognose der gesamtwirtschaftlichen Entwicklung wird üblicherweise nicht von jedem Unternehmen individuell vorgenommen, sondern man stützt sich häufig auf Gutachten der wirtschaftswissenschaftlichen Forschungsinstitute. Dabei ist zu beachten, dass auch gesamtwirtschaftliche Prognosen von einer hohen Ungewissheit ausgehen müssen. Dies gilt zumal dann, wenn man wie im Falle der Bundesrepublik Deutschland in sehr starkem Maße von weltwirtschaftlichen Entwicklungen abhängig ist. Wachstumsprognosen der vergangenen Jahre zeigen darüber hinaus, dass die Prognose des Wachstums in sehr starkem Maße von der jeweils vorhandenen wirtschaftlichen Situation bestimmt wird. In Jahren eines sehr starken Wachstums ist man auch geneigt, die zukünftige Entwicklung sehr positiv einzuschätzen, während in Jahren der Rezession auch die zukünftige Entwicklung eher pessimistisch beurteilt wird.

Zur unternehmensspezifischen Umwelt sind diejenigen Märkte zu rechnen, mit denen das Unternehmen unmittelbar in Kontakt tritt, sowie diejenigen staatlichen Institutionen, mit denen die Unternehmung konfrontiert ist. Von dieser Überlegung ausgehend wird man die Absatzmärkte des Unternehmens daraufhin untersuchen müssen, ob sie sich parallel zur gesamtwirtschaftlichen Entwicklung verändern werden oder ob stärkere bzw. geringere Wachstumsraten dort zu erwarten sind. Desgleichen wird die Frage auftauchen, ob und in welchem Ausmaß das Unternehmen seine Konkurrenten zu beachten hat. Neben dem absoluten Marktwachstum wird auch der Marktanteil des Unternehmens in die Planung einzubeziehen sein; ferner ist an dieser Stelle die voraussichtliche Marktanteilsstrategie der Konkurrenten abzuschätzen. Parallel dazu wird auch der Beschaffungsmarkt zu untersuchen sein, die dort vorzufindende Struktur, welche sich insbesondere auf die Größenstruktur der Lieferfirmen bezieht, deren Anzahl und evtl. auch deren regionale Streuung. Sowohl auf den Beschaffungs- als auch auf den Absatzmärkten wird man mögliche Konzentrationen ganz besonders beobachten müssen, da sie sich ganz erheblich auf die Marktposition des eigenen Unternehmens auswirken können.

Eine derartige spezifische Prognose muss noch weiter differenziert werden, sofern sich das Unternehmen auf mehreren Märkten bewegt, welche z. T. recht unterschiedlichen Entwicklungen erwarten lassen. Derartige Differenzierungen sind sowohl bezogen auf bestimmte Produkte und Leistungen als auch auf Regionen oder Kundengruppen sinnvoll.

3.2.2.1.2 Gesetzliche Umweltbedingungen

Der Einfluss des Staates wird in der marktwirtschaftlichen Wirtschaftsordnung wesentlich durch gesetzliche Rahmenbedingungen ausgeübt. Als Gesetze für den „Innenbereich" der Unternehmung lassen sich z. B. das Gesellschaftsrecht, das Arbeits- und

Tarifvertragsrecht, das Mitbestimmungsgesetz, das Betriebsverfassungsgesetz und Sicherheits- sowie Hygienevorschriften nennen. Damit werden letztlich die Möglichkeiten der Aufbau- und Ablauforganisation einer Unternehmung eingegrenzt.

Für den externen Bereich des Unternehmens sind Gesetze maßgeblich, die die Beziehungen zum Staat bzw. staatlichen Institutionen determinieren – insbesondere ist hier die Steuergesetzgebung zu nennen. Aber auch die gesetzlichen Grundlagen und daran anknüpfende Ausführungsbestimmungen der Finanz-, Außenhandels- und Währungspolitik des Staates sind zu beachten. In diesem Zusammenhang sind auch politische Entwicklungen relevant, die eine Veränderung der Rolle des Staates in der Wirtschaft betreffen. Dies betrifft z. B. die Frage, welche Leistungen im Rahmen eines staatlichen Monopols durch eine Gebietskörperschaft oder öffentliche Unternehmen bzw. welche Leistungen im Wettbewerb mit oder allein durch private Unternehmen zu erbringen sind. Als Beispiel für derartige Problemstellungen kann das Post- und Fernmeldewesen genannt werden.

Der Aspekt der gesetzlichen Rahmenbedingungen gewinnt eine weitergehende Dimension im Falle der international tätigen Unternehmung, insbesondere dann, wenn Direktinvestitionen und Firmengründungen im Ausland durchgeführt wurden bzw. geplant sind. In diesen Fällen ist nicht nur die Gesetzgebung eines Staates, sondern diejenige aller im Rahmen der Unternehmensstrategie möglichen Standorte relevant – eine weltweit operierende Unternehmung müsste demnach grundsätzlich die gesetzlichen Grundlagen der Unternehmenstätigkeit in allen Ländern der Welt beobachten und mögliche Veränderungen prognostizieren.

3.2.2.1.3 Technologische Umweltbedingungen

Technologische Umweltbedingungen sind insofern eng mit den ökonomischen Rahmenbedingungen verknüpft als damit Möglichkeiten der Leistungserstellung und der Leistungsverwertung tangiert werden. Im Leistungserstellungsprozess mögen beispielhaft die Kommunikationstechnologie und die Prozessautomatisierung der Fertigung – menschenleere Fabrik – genannt werden. Die Möglichkeiten derartiger Technologien stellen für viele Unternehmen zugleich einen Zwang zur Implementierung immer kostengünstigerer Prozesse dar, denn nur so ist die Wettbewerbsfähigkeit ggü. Konkurrenten zu sichern. Neue Technologien bewirken zugleich neue Produkte bzw. Leistungen und eine Veralterung aktueller Angebote. Somit ergeben sich für Unternehmen mit technisch führenden Angeboten stets Wettbewerbsvorteile gegenüber solchen, die ihre Produkte nicht bzw. zu spät einer technologischen Entwicklung anpassen.

Die technologischen Umweltbedingungen betreffen in erster Linie Unternehmen, deren Leistungen einem starken technischen Wandel unterliegen. Die gegenwärtige Entwicklung zeigt aber, dass es kaum Unternehmen gibt, deren Leistungsprozesse nicht in irgendeiner Weise vom technischen Fortschritt tangiert würden. Die technologischen Umweltentwicklungen, vor allem deren sehr schwierige Prognose, stellt daher für alle Unternehmen einen wichtigen Bestandteil der Bestimmung ihrer individuellen strategischen Ausgangssituation dar.

3.2.2.1.4 Sozio-kulturelle Umweltbedingungen

Zu den sozio-kulturellen Umweltfaktoren werden im Wesentlichen gerechnet:

- das Bildungs- und Ausbildungsniveau der Bevölkerung.
- die allgemeine Einstellung der Bevölkerung ggü. Bildung und Ausbildung.
- die demografische Entwicklung.
- Arbeitsauffassung und Pflichtbewusstsein.
- Einstellung der Bevölkerung ggü. Besitz und Erwerb materieller Güter.
- Einstellung der Bevölkerung ggü. der Anwendung fortschrittlicher Technologien.
- die Bedeutung der Autorität im Rahmen der Menschenführung.
- die Einstellung von Arbeitnehmern ggü. dem Management und den Eigentümern von Unternehmen.
- die Bereitschaft zur Zusammenarbeit von Individuen mit Unternehmen, Wirtschaftsorganisationen und dem Staat.
- die Bereitschaft zur Risikoübernahme.
- die Mobilität der Bevölkerung.

Selbst für ein in seinen Aktivitäten auf Deutschland beschränktes Unternehmen sind regionale Unterschiede hinsichtlich dieser Faktoren relevant. Sehr viel differenzierter dürften diese Faktoren jedoch zu beurteilen sein bei einer international tätigen Unternehmung, denn sozio-kulturelle Faktoren können in erheblichem Maße Leistungsprozesse und die Akzeptanz bestimmter Produkte beeinflussen. Der Ist-Zustand wie auch die Prognose der Veränderung derartiger Faktoren spielt daher als Grundlage strategischer Planung eine sehr wichtige Rolle.

3.2.2.1.5 Ökologische Umweltbedingungen

Die Bedeutung der ökologischen Umweltbedingungen im Rahmen der Grundlagen strategischer Planung hat im Verlaufe der vergangenen Jahre erheblich zugenommen. Dabei sind weniger die seit jeher relevanten ökologischen Auswirkungen von Leistungsprozessen und Abfallwirtschaft anzusprechen als vielmehr die Tatsache, dass diese Vorgänge verstärkt in das Bewusstsein vieler Menschen getreten sind. Es hat sich insofern ein Wertewandel in der Bevölkerung vollzogen, der auch die im Rahmen der oben genannten sozio-kulturellen Faktoren betrifft. Dies gilt primär für die Bundesrepublik Deutschland, aber in ähnlicher Form für alle industrialisierten Länder der Welt.

Aufgrund des eben genannten Wertewandels muss die strategische Planung vieler Unternehmen davon ausgehen, dass die Akzeptanz mancher Produktionsverfahren in der Öffentlichkeit und beim Gesetzgeber in Frage gestellt ist (z. B. die Verwendung von bestimmten Energiequellen oder Rohstoffen, deren Abbau die Atmosphäre belastet). Ähnliches gilt für Produkte, die sich negativ auf die natürliche Umwelt auswirken (z. B. bleihaltiges Benzin). Auf der anderen Seite bieten sich dem Unternehmen dann Chancen, wenn es als Vorreiter ökologisch verantwortungsvoller Unternehmen agiert und dies durch geschickte Öffentlichkeitsarbeit im Bewusstsein der Bevölkerung verankert.

Mit Hilfe externer Analysen werden u. a. die o. a. Gegebenheiten untersucht, die außerhalb der Unternehmung – aber in der unternehmensrelevanten Umwelt – vorzufinden sind. Dabei lassen sich die folgenden Analysen unterscheiden:

- Umfeldanalyse,
- Marktanalyse,
- Konkurrentenanalyse und
- Branchenstrukturanalyse.

3.2.2.1.6 Umfeldanalyse

Die **Umfeldanalyse** ist eine Untersuchung wesentlicher Faktoren und sich abzeichnender Trends, welche die relevante Umwelt der Unternehmung betreffen. Sie wird daher auch als Umweltanalyse bezeichnet und zielt darauf ab, **Chancenpotenziale** zu erkennen, die mit neuen Strategien realisierbar sind, sowie **Gefahrenpotenziale** festzustellen, die durch neue Strategien vermeidbar, umgehbar oder verminderbar sind.

In der Umfeldanalyse sind auch Interessengruppen zu berücksichtigen, die das Unternehmensgeschehen beeinflussen können, wie z. B. Kunden und Lieferanten, Aktionäre, Regierungen, Parteien, Gewerkschaften und Verbraucherverbände. Die Umfeldanalyse kann sich auf in Tab. 3.2 gezeigten Bereiche beziehen.

Die Ergebnisse der Umfeldanalyse fließen in den **Strategieentwurf** ein.

3.2.2.1.7 Marktanalyse

Die **Marktanalyse** ist die systematische und methodisch einwandfreie Untersuchung eines Marktes mit dem Ziel, **marktbezogene Informationen** zu erlangen. Sie wird einmalig oder fallweise zeitpunktbezogen durchgeführt und dient dem Vergleich von Strukturgröße, wie z. B. Marktstruktur und Konkurrenzverhalten.

Tab. 3.2 Bereiche der Umfeldanalyse

Wirtschaftliches Umfeld	Sozialprodukt, Industrieproduktion, Preis- und Einkommensentwicklungen, Kapitalmärkte, Beschäftigungssituationen
Gesellschaftliches Umfeld	Arbeitszeit- Freizeitänderungen, Arbeitsmentalität, kulturelle Normen, Bildungsniveau, Sparverhalten, Anspruchsniveau, regionale Verschiebungen, Modelströmungen, Wertewandel
Technologisches Umfeld	Stand der Technik, neue Materialien, neue Energien, Stand der Forschung und Entwicklung, Produktveränderungen, Produktinnovationen, Produktionstechnologie, Umwelttechnologie
Rechtliches Umfeld	Zu beachtende Gesetze, erwartete Gesetze bzw. Gesetzesänderungen, neue Verordnungen
Politisches Umfeld	Gegebene politische Lage, erwartete politische Veränderungen, internationale Entwicklungen
Ökologisches Umfeld	Geografische Bedingungen, klimatische Situationen, Umweltschonung, Verfügbarkeit von Energie und Rohstoffen, Entsorgung

Die Marktanalyse kann u. a. die folgenden **Elemente** enthalten: Marktpotenzial (Marktvolumen), Marktwachstum, Marktanteile (eigene und fremde), Preisentwicklung, Gestaltung der Marketingaktivitäten und Beurteilung des Rentabilitätspotenzials.

Die Durchführung einer umfassenden Marktanalyse ist insbesondere für neu gegründete Unternehmen eine wichtige Voraussetzung für die strategische Planung.

3.2.2.1.8 Konkurrentenanalyse

Die **Konkurrentenanalyse** dient dazu, systematisch Informationen über die Mitbewerber zu sammeln, zu analysieren und zu bewerten. Sie erstreckt sich i. d. R nicht auf sämtliche Wettbewerber, sondern nur auf zwei bis drei der wichtigsten Konkurrenten bzw. Wettbewerber (Benchmarking).

Das **Benchmarking** ist ein Analysekonzept zur gezielten Identifikation von Defiziten der eigenen Unternehmung und möglicher Verbesserungsansätze. Kern des Konzeptes ist der Vergleich des eigenen Objektes mit einem Referenzobjekt. Somit ist Benchmarking ein strategisches Planungsinstrument, das die Kosten- und Erlössituation einer Unternehmung verbessern soll, damit sie Wettbewerbsvorteile ggü. den Wettbewerbern nutzen kann.

Benchmarkingobjekte sind die Unternehmung als Ganzes, Produkte, Dienstleistungen, Prozesse, Methoden oder Strukturen in einer Unternehmung oder zwischen mehreren Unternehmen.

Messgrößen sind **Benchmarks.** Hierbei handelt es sich um Referenzpunkte im Sinne einer Bestleistung. Die Vergleichsaktivität wird als Benchmarking bezeichnet. Ziel des Benchmarkings ist es, herauszufinden wer das Benchmarking in der aktuellen Konkurrenzsituation am besten beherrscht. In diesem Zusammenhang wird auch vom sog. „**best practice**" gesprochen. Die Lücke zur „best practice" soll geschlossen und damit Wettbewerbsvorteile gewonnen werden.

Es sollte aber auch auf potenzielle Konkurrenten geachtet werden, die noch nicht in der Branche tätig sind. Zudem sind kleinere Wettbewerber, die erfolgreich Marktnischen besetzt haben, zu berücksichtigen, da sie eine hohe Wachstumsdynamik aufweisen und meistens aggressiv am Markt agieren.

Mithilfe der Konkurrentenanalyse versucht die Unternehmung, die voraussichtlichen strategischen Schritte der Wettbewerber zu erkennen und die Reaktionen der Wettbewerber auf Veränderungen in der Branche sowie auf eigene strategische Maßnahmen herauszufinden.

Als **Informationsquellen** der Konkurrentenanalyse dienen u. a. Jahresabschlüsse, Internetrecherchen, Pressekonferenzen, Verbandsmitteilungen, Bankauskünfte und Auskunfteien, gezielte Befragungen sowie Unternehmenspublikationen in Fachzeitungen und -zeitschriften.

Die Konkurrentenanalyse umfasst **vier Grundelemente**: Kenntnis der Ziele, Annahmen, gegenwärtigen Strategie und der Fähigkeiten des Konkurrenten.

Die Kenntnis der Ziele des Konkurrenten für die Zukunft erlaubt eine Aussage darüber, ob dieser Wettbewerber mit seiner gegenwärtigen Position zufrieden ist oder nicht. Darüber hinaus sind Vorhersagen möglich, wie ein Wettbewerber auf Strategieänderungen der Konkurrenz reagieren wird und inwieweit er eigene bereits eingeleitete Maßnahmen ernsthaft verfolgt.

Die Kenntnis der Annahmen des Konkurrenten ist zu identifizieren. Sie lassen sich in Annahmen eines Wettbewerbers über sich selbst und Annahmen des Wettbewerbers über die Branche sowie die anderen Unternehmen innerhalb dieser Branche aufteilen.

Jedes Unternehmen arbeitet auf der Grundlage von Annahmen über seine eigene Situation. Sie lenken das Verhalten des Unternehmens und seine Reaktionen auf Ereignisse. Wird bei der Analyse festgestellt, dass die Annahmen eines Wettbewerbers über seine Situation nicht zutreffen, so steht ein gewichtiger „strategischer Hebel" zur Verfügung.

Die Kenntnis der gegenwärtigen Strategie des Konkurrenten bedingt, dass sämtliche Funktionsbereiche des Wettbewerbers analysiert werden.

Die Kenntnis der Fähigkeiten des Konkurrenten bewirkt eine Einschätzung des Reaktionsvermögens. Die Fähigkeiten eines Wettbewerbers werden mit einer Stärken-Schwächen-Analyse festgestellt. Sie kann sich beziehen auf Produkte, Händler/Vertrieb, Marketing/Verkauf, Verfahren, Forschung und Technik, Gesamtkosten, finanzielle Stärke oder Schwäche, Organisation und allgemeine Managementfähigkeit.

Verfeinert werden kann diese Untersuchung durch Kernfähigkeiten bzw. -kompetenzen, Wachstumsmöglichkeiten, Fähigkeit zur schnellen Reaktion, Anpassungsfähigkeit, Durchhaltevermögen und Mitarbeiterpotenzial.

Aus den o. a. Grundelementen der Konkurrentenanalyse kann ein sog. Reaktionsprofil des Konkurrenten erstellt werden. Der stärkste Konkurrent wird im Rahmen der Stärken-Schwächen-Analyse sowie der Potenzialanalyse als Benchmark für die Unternehmung herangezogen.

3.2.2.1.9 Branchenstrukturanalyse

Die Formulierung einer Wettbewerbsstrategie wird insbesondere durch die Branche bestimmt, in der die Unternehmung tätig ist. Als **Branche** wird eine Gruppe von Unternehmen bezeichnet, die Produkte herstellt oder Dienstleistungen anbietet, die sich gegenseitig nahezu ersetzen können.

Fünf Wettbewerbskräfte bestimmen die Wettbewerbsintensität und die Rentabilität einer Branche, wobei die stärkste Wettbewerbskraft ausschlaggebend ist:

Die Gefahr des Markteintritts neuer Konkurrenten hängt von der Höhe der existierenden Markteintrittsbarrieren und den erwarteten Reaktionen ab. **Markteintrittsbarrieren** können die in Tab. 3.3 aufgelisteten sein.

Bei den erwarteten Reaktionen handelt es sich um mögliche „Vergeltungsmaßnahmen" der etablierten Wettbewerber. Anzeichen für eine hohe Vergeltungswahrscheinlichkeit sind Erfahrungswerte über harte Vergeltungsmaßnahmen in der Vergangenheit, umfangreiche Möglichkeiten der etablierten Unternehmen zur Vergeltung, z. B. überschüssige Liquidität, starke Position ggü. den Vertriebskanälen, langsames Branchenwachstum und begrenzte Möglichkeiten, Neuanbieter aufzunehmen, ohne die Rentabilität etablierter Unternehmen zu verringern sowie die Höhe der Austrittsbarrieren, z. B. stark spezialisierte Fertigungsanlagen, hohe Fixkosten des Austritts/bestehende Leasingverpflichtungen.

Tab. 3.3 Markteintrittsbarrieren

Betriebsgrößenersparnisse	Sie liegen vor, wenn die Stückkosten bei steigender absoluter Menge pro Zeiteinheit sinken. Neuanbieter haben deshalb wegen der Größenvorteile der etablierten Wettbewerber nur die Option, entweder zu hohen Kosten oder mit hohem Produktionsvolumen in den Markt einzusteigen.
Größenunabhängige Kostenvorteile	Etablierte Unternehmen können über Kostenvorteile verfügen, die für neue Konkurrenten unerreichbar sind. Zum Beispie,. durch den Besitz von speziellen Produktionstechnologien, spezialisiertem Know-how, günstigem Zugang zu Rohstoffen, Standortvorteilen.
Produktdifferenzierung	Etablierte Unternehmen verfügen oft über bekannte Marken, die eine stark ausgeprägte Käuferloyalität bewirken können. Das erschwert es neuen Anbietern, in den Markt einzudringen.
Kapitalbedarf	Ein Markteintritt ist teilweise mit einem hohen Kapitalbedarf (z. B. für Beschaffung von Anlagevermögen, Einführungswerbung) und möglicherweise mit unwiederbringlichen Investitionen (z. B. für Forschung und Entwicklung) verbunden.
Umstellungskosten	Das sind einmalige Kosten, die für einen Abnehmer anfallen, wenn er vom Produkt eines Lieferanten zu dem eines anderen wechselt. Zu ihnen zählen z. B. Kosten für Zusatzgeräte, Umschulungskosten der Mitarbeiter.
Zugang zu Vertriebskanälen	Es können Restriktionen im Zugang zu Vertriebskanälen bestehen, z. B. in Form langfristiger vertraglicher Bindungen ohne Kündigungsmöglichkeit zu bestimmten Absatzmittlern.
Staatliche Politik	Der Staat kann den Markteintritt neuer Unternehmen begrenzen bzw. verhindern, z. B. durch Lizenzzwang, Umweltschutz- vorschriften oder Begrenzung des Zugangs zu den Rohstoffen.

Der Druck durch **Substitutionsprodukte** besteht, da alle Unternehmen einer Branche mit Wettbewerbern konkurrieren, die Ersatzprodukte mit gleichen bzw. ähnlichen Funktionen herstellen. Diese Produkte begrenzen prinzipiell das Gewinnpotenzial einer Branche, da sie eine Preisobergrenze bewirken. Ersatzprodukte von Wettbewerbern sind besonders dann zu beobachten, wenn sich deren Preis-Leistungs-Verhältnis tendenziell verbessert und die Umstellungskosten zu ihnen niedrig sind. Auch erhöht sich der Druck durch Substitutionsprodukte, deren Hersteller damit hohe Gewinne erzielen.

Die Verhandlungsstärke der Abnehmer ist eine weitere Wettbewerbskraft, denn die Abnehmer konkurrieren mit der Branche, indem sie die Preise drücken, höhere Qualität oder bessere Leistung fordern und Wettbewerber gegeneinander ausspielen. Dies geschieht i. d. R auf Kosten der Rentabilität der Branche. Die Stärke der wichtigsten Abnehmergruppen hängt jedoch von ihrer individuellen Situation als Abnehmer und dem Anteil ihrer Käufe an den gesamten Umsätzen der Branche ab. Merkmale für die hohe Marktmacht der Abnehmer sind z. B. die in Tab. 3.4 dargestellten.

Tab. 3.4 Merkmale für hohe Marktmacht der Abnehmer

Konzentrationsgrad der Abnehmergruppe	Die Abnehmer sind bedeutende Unternehmen, die als Großabnehmer über eine erhebliche Einkaufsmacht verfügen. Sie werden mit einem erheblichen Prozentsatz des Absatzes der Branche beliefert. Zum Beispiel, Hersteller in der Automobilindustrie, die erheblichen Druck auf die Preise der Zulieferunternehmen ausüben, oder Discounter im Lebensmittelhandel.
Standardisierung Fehlende Produktdifferenzierung	Die Produkte der Lieferanten einer Branche sind aufgrund hoher Standardisierung fast beliebig austauschbar. Bei Verhandlungen können die Lieferanten gegeneinander ausgespielt werden.
Niedrige Umstellungskosten	Falls die Abnehmer nur schwach an bestimmte Lieferanten gebunden sind, können sie flexibel ihre Lieferanten wechseln.
Niedrige Gewinne	Niedrige Gewinne bewirken, dass die Abnehmer ihre Beschaffungskosten senken wollen.
Drohung mit Rückwärtsintegration	Wenn Abnehmer glaubwürdig damit drohen, die Herstellung von Vorprodukten aufzunehmen, die bisher von Zulieferern gefertigt wurden, können sie oft Zugeständnisse aushandeln.

Tab. 3.5 Merkmale für eine hohe Verhandlungsstärke von Lieferanten

Konzentrationsgrad der Lieferanten	Liegt ein hoher Konzentrationsgrad der Lieferanten vor, können diese bei ihren Abnehmern Einfluss auf Preis, Qualität, Lieferbedingungen und Zahlungsmodalitäten nehmen.
Konkurrenz von Ersatzprodukten	Lieferanten verfügen über eine günstige Wettbewerbsposition, wenn keine Ersatzprodukte vorhanden sind.
Auftragsvolumen für Lieferanten	Lieferanten, die ihre Produkte an mehrere Branchen verkaufen, können ihre Machtposition ausspielen.
Bedeutsamkeit des Produktes	Es besteht eine hohe Lieferantenmacht, wenn die Produkte der Lieferanten für ihre Abnehmer von großer Bedeutung sind.
Möglichkeiten zur Vorwärtsintegration	Wenn Lieferanten glaubwürdig mit Vorwärtsintegration drohen, d. h. sie weiten ihre Aktivitäten auf nachgelagerte Produktions- oder Handelsstufen aus, verschlechtern sich damit die Einkaufskonditionen der Abnehmer.

Die Macht der Abnehmer erhöht sich z. B. mit steigender Konzentration auf der Käuferseite. Deshalb ist eine vorausschauende Abnehmerauswahl notwendig. Die Verhandlungsstärke der Lieferanten verhält sich spiegelbildlich zur Verhandlungsstärke der Abnehmer. Merkmale für eine hohe Verhandlungsstärke von Lieferanten sind z. B. die in Tab. 3.5 angeführten.

Der Grad der Rivalität unter den bestehenden Wettbewerbern in der Branche äußert sich in Positionskämpfen. Sie können über Preiswettbewerb, Werbeschlachten, Produktinnovationen, Verbesserung von Zusatzleistungen, bzw. Service- oder Garantieleistungen ausgetragen werden. Anzeichen für einen hohen Rivalitätsgrad in einer Branche sehen wie in Tab. 3.6 dargestellt aus.

Tab. 3.6 Anzeichen für einen hohen Rivalitätsgrad in einer Branche

Zahlreiche oder gleich ausgestattete Wettbewerber	Die Branche weist einen geringen Konzentrationsgrad auf. Die Wahrscheinlichkeit ist dabei groß, dass einige Wettbewerber Maßnahmen gegenüber Neueinsteigern einleiten.
Langsames Branchenwachstum	Expansionswillige Unternehmen müssen versuchen, ihren Marktanteil deutlich zu erhöhen, sie sollten z. B. eine aggressive **Preispolitik** betreiben.
Hohe Fix- oder Lagerkosten	Sie zwingen zu einer hohen Kapazitätsauslastung, insbesondere vor dem Hintergrund eines hohen Kapitaldienstes (Zins- und Tilgungszahlungen für Fremdkapital).
Fehlende Differenzierung/ niedrige Umstellungskosten	Der Wettbewerb wird hauptsächlich über Preis und Service ausgetragen, da die Wettbewerber eine nahezu gleichartige Produktpalette anbieten.
Große Kapazitäts- erweiterungen	Sie können Überkapazitäten und Preissenkungen in der Branche bewirken, da aufgrund von Kostenremanenzen eine kurzfristige Reduzierung von Fixkosten nicht immer möglich ist.
Heterogene Wettbewerber	Die Wettbewerber unterscheiden sich stark voneinander und sorgen durch ihre Strategien und Beziehungen für ständige „Unruhe am Markt".
Hohe strategische Einsätze	Der Erfolg auf dem spezifischen Markt ist für das Unternehmen z. B. aus Imagegesichtspunkten besonders wichtig.
Hohe Austrittsbarrieren	Sie zwingen zum Verbleib in einem Markt und zu immer neuen Versuchen, dort erfolgreich zu sein. Hierzu zählen u. a. stark spezialisierte Fertigungsanlagen, hohe Fixkosten des Austritts, strategische Wechselbeziehungen, emotionale Barrieren sowie administrative und soziale Restriktionen.

Die Rivalität unter den bestehenden Wettbewerbern scheint die zentrale Triebkraft einer Branche. Sie ergibt sich aus den Ausprägungen der anderen vier Wettbewerbskräfte.

3.2.2.2 Unternehmensanalyse

3.2.2.2.1 Aufgabe der Unternehmensanalyse

Im Rahmen einer Analyse der generellen und speziellen Umwelt einer Unternehmung geht es darum, sich abzeichnende Trends – Chancen und Risiken für die Unternehmung – zu erkennen. Die Analyse der Unternehmung bzw. die interne Analyse zielt darauf ab, eine Identifikation der Stärken und Schwächen dieser Unternehmung speziell zu ergründen. Im Rahmen der Unternehmensanalyse werden somit bereits Ansatzpunkte für strategische Maßnahmen aufgedeckt – in einer groben Vereinfachung sind dies Maßnahmen zur Behebung vorhandener Schwächen und zum Ausbau der Stärken.

Zur Beurteilung der Ausgangslage sind neben einer Einschätzung der aktuellen Situation auch Vergleiche mit dem Vorjahrsstand und der im Vorjahr für heute angestrebten Situation (**Soll-Ist-Vergleich**) durchzuführen. Hierdurch lässt sich ein erster Schluss ziehen, ob die strategische Entwicklung der Unternehmung im Wesentlichen planmäßig erfolgt, oder ob Korrekturen im Rahmen der Alternativensuche anzustreben sind.

Für eine derartige Unternehmensanalyse werden drei Schritte vorgeschlagen:

- Ressourcenanalyse,
- Stärken-Schwächen-Analyse und
- Markpositionsanalyse.

3.2.2.2.2 Ressourcenanalyse

Im Rahmen der Ressourcenanalyse wird eine Untersuchung der in einer Unternehmung vorhandenen sachlichen, finanziellen und personellen Mittel durchgeführt.

Zu den Ressourcen des Unternehmens sind dabei nicht nur quantitativ messbare Ressourcen – Produktionskapazität und Mitarbeiterzahl – zu rechnen, sondern auch die qualitative Ebene gilt es zu ergründen: So ist der technologische Standard sowie das Marketing-Know-how ein besonderer Punkt im Zusammenhang mit der Ressourcenanalyse.

Eine Möglichkeit zur Darstellung und Bewertung der vorhandenen Ressourcen ist die sog. „strategische Bilanz". Im Rahmen dieser Bilanz werden als „Aktiva" die Stärken und als „Passiva" die Schwächen der Unternehmung – oder auch eines Subsystems – in einzelnen Bereichen aufgezeigt und bewertet. Als wesentliche **strategische Bereiche** werden in diesem Zusammenhang unterschieden: (Siehe Tab. 3.7)

- **Kapital:** Dies bezieht sich sowohl auf die Finanzkraft des Unternehmens als auch die Ausstattung mit Sachkapital.
- **Material:** Hierbei werden sowohl Beschaffungs- und Materialwirtschaft als auch die Qualität der Produkte erfasst.
- **Personal:** Dies beinhaltet u. a. die Verfügbarkeit und die Qualität des Humankapitals wie auch Fragen des Führungsstils und der Arbeitnehmervertretungen.
- **Absatz:** Dabei werden z. B. die Wettbewerbspositionen, das Nachfrageverhalten und die Preisqualität herangezogen.
- **Know-how:** Hier geht es z. B. um fertigungstechnisches und Marketing-Know-how sowie die Kreativität im Zusammenhang mit der Entwicklung neuer Produkte.

Tab. 3.7 Strategische Bilanz

Strategische Bilanz einer Unternehmung				
	Aktiva (Vorteile)	Passiva (Nachteile)	Summe	Rang/Dringlichkeit
Kapital	90	40	150	4
Material	100	70	130	3
Personal	50	70	80	1
Absatz	90	20	170	5
Know-how	80	70	110	5

Für jeden dieser Bereiche sind die vorhandenen Aktiva und Passiva aufzuführen und dann in einer Bewertung zusammenzufassen. Dabei werden jeweils zwischen 0 (geringste Ausprägung) und 100 (höchste Ausprägung) Einschätzungen der vorhandenen Vorteile (V) und Nachteile (N) vorgenommen. Anschließend erfolgt die Gesamtbewertung der Bereiche durch die Addition V + (100 – N), wie das folgende Beispiel zeigt. Dabei wird auf die Aufzählung möglicher Stärken und Schwächen sowie deren Umsetzung in einen Gesamtwert verzichtet, zumal dies letztlich immer ein subjektiver Vorgang ist. Die dargestellte Rangfolge ergibt sich als Ordnung nach dem Kriterium des „**strategischen Engpasses**", d. h. derjenige Bereich wird hervorgehoben, in dem die dringendsten strategischen Maßnahmen durchgeführt werden müssen (Tab. 3.7).

Eine Verfeinerung dieses Ansatzes besteht darin, dass die Unternehmung den einzelnen Funktionsbereichen zusätzlich **Bedeutsamkeitsziffern** zuordnen kann (z. B. zwischen 0 und 1), sodass sich daraus ein **Relevanzwert** durch Multiplikation mit der oben ausgewiesenen Summe ergibt.

Hiermit wäre zugleich eine „**relativierte Relevanz**" für den Einsatz der Managementkapazität in einzelnen Bereichen gegeben.

Die Ressourcenanalyse wird von manchen Autoren mit der Potenzialanalyse gleichgesetzt, auf die weiter unten näher eingegangen wird.

3.2.2.2.3 Stärken- und Schwächenanalyse

In einem weiteren Schritt sollen die oben analysierten vergangenheits- und gegenwartsbezogenen Ressourcen des Unternehmens bzw. eines seiner Subsysteme im Vergleich zu anderen – der wichtigsten Konkurrenzunternehmung oder dem durchschnittlich vorhandenen Potenzial anderer Unternehmen der jeweiligen Branche – gesehen werden. Damit ist die Stärken-Schwächen-Analyse eine wichtige Ergänzung der Ressourcenanalyse, die auf den gegenwärtigen Stand der Erfolgsfaktoren der Unternehmung abstellt.

In diesem Zusammenhang werden üblicherweise sog. „**Stärken-Schwächen-Profile**" erstellt, für die eine Beurteilung einzelner Ressourcen im Vergleich zu der jeweiligen Referenzunternehmung (stärkster Konkurrent) bzw. dem durchschnittlichen Marktpotenzial vorzunehmen ist.

Zur Analyse der Stärken und Schwächen einer Unternehmung sollte ein Führungskräfte-Team gebildet werden, deren Mitglieder unterschiedlichen Unternehmensbereichen angehören. Die Auswahl der für eine Stärken-Schwächen-Analyse relevanten Elemente hängt ab von der jeweiligen Unternehmung und ihren Besonderheiten. Um auch künftige Umweltentwicklungen in die Analyse einzubeziehen, sind die **Chancen – und Risikopotenziale** der Unternehmung früh zu analysieren.

Im folgenden Beispiel werden ausgewählte Ressourcen – diese können grundsätzlich identisch sein mit den oben im Rahmen der strategischen Bilanz untersuchten Faktoren – einer strategischen Geschäfteinheit des eigenen Unternehmens sowie die entsprechenden Ressourcen des auf dem relevanten Markt stärksten Konkurrenten bewertet. Für die Bewertung steht eine Skala von + 10 (sehr gut) bis – 10 (sehr schlecht) zur Verfügung. Durch

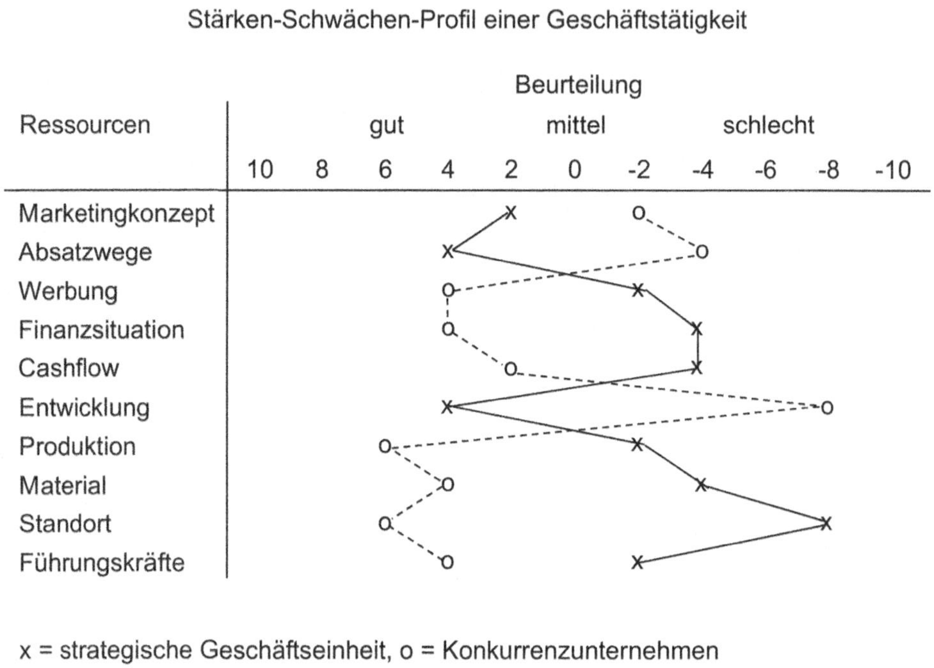

Stärken-Schwächen-Profil einer Geschäftstätigkeit

Ressourcen	Beurteilung		
	gut	mittel	schlecht
	10 8 6 4	2 0 -2	-4 -6 -8 -10
Marketingkonzept			
Absatzwege			
Werbung			
Finanzsituation			
Cashflow			
Entwicklung			
Produktion			
Material			
Standort			
Führungskräfte			

x = strategische Geschäftseinheit, o = Konkurrenzunternehmen

Abb. 3.1 Stärken-Schwächen-Profil einer Geschäftseinheit

eine Verbindung der Bewertungspunkte entstehen dann zwei Profile, deren Vergleich Aufschluss geben soll über Stärken und Schwächen der Geschäftseinheit im Vergleich zum stärksten Konkurrenten (Abb. 3.1).

Diese Darstellung zeigt einige Vorteile der fiktiven SGE ggü. der Konkurrenz im Bereich Marketing sowie in der Entwicklung, aber erhebliche Rückstände in der Leistungserstellung sowie in der Finanzsituation.

Die strategischen Maßnahmen müssen vermutlich bei den gezeigten Schwächen ansetzen, wobei ein Kernproblem der Standort zu sein scheint, von dessen unbefriedigender Lage möglicherweise die übrigen Nachteile abhängen. Eine langfristig angelegte strategische Maßnahme könnte daher die Wahl eines neuen Produktionsstandortes für diese SGE sein.

3.2.2.2.4 Marktpositionsanalyse

Im Rahmen einer Marktpositionsanalyse geht es darum, die Stellung der Produkte des Unternehmens bzw. der SGE im Vergleich zur Konkurrenz – hier zum stärksten Konkurrenten – zu kennzeichnen.

In diesem Zusammenhang sind vor allem folgende Punkte zu nennen:

- Ermittlung des Marktanteils, der Marktmacht und seiner Veränderung
- Größe und Finanzkraft des Unternehmens

- Wachstumsrate
- Rentabilität
- Relation zwischen Stückkosten und Marktpreis
- Produkt- bzw. Innovationsvor- bzw. -nachteile
- Risiko (Etabliert am Markt oder neu)
- Marketing-Potenzial (Image, Abnehmerbeziehungen, Preisvorteile, Qualität, etc.)
- Darstellung der Produkte der Unternehmung im Produktlebenszyklus
- Darstellung des Ist-Portfolios der Produkte bzw. der SGE im Hinblick auf verschiedene Ansätze (z. B. **Boston-Matrix**).

Eine sinnvolle Anwendung der Unternehmensanalyse erfordert eine Differenzierung nach verschiedenen Produkten bzw. Produktgruppen. Insbesondere die große, divisionalisierte Unternehmung wird schwerlich über eine zusammenfassende Unternehmensanalyse zu beurteilen sein. Gerade die Aufspaltung in verschiedene strategische Geschäftseinheiten und verschiedene Märkte kann hier ein Ansatzpunkt für strategisches Handeln sein.

3.2.2.3 Szenarien

Als Szenario bezeichnet man die Zusammenfügung aller erreichbaren Informationen über mögliche Zukunftsentwicklungen eines Prognosegegenstandes.

Als Prognosegegenstand ist primär die Entwicklung der wirtschaftlich relevanten Umwelt der Unternehmung zu betrachten. Dabei wird eine Fortschreibung quantitativer Faktoren über eine Trendprognose in die Zukunft angestrebt. Für die Übernahme qualitativer Faktoren in eine derartige Vorausschau bietet sich der sog. **Cross-Impact-Ansatz** an. Mit dieser Analyse wird versucht, die Wahrscheinlichkeit unternehmensrelevanter Ereignisse und die Stärke ihres Einflusses zu prognostizieren. Ansatzpunkt ist hierbei die Befragung von Experten.

Die Anwendung der **Szenario-Technik** an dieser Stelle der strategischen Planung beinhaltet noch keine strategischen Handlungen des Unternehmens. Die zu entwickelnden Szenarien basieren auf der Annahme, dass die Unternehmung in ihrer derzeitigen Marktstellung mit ihren derzeitigen Potenzialen lediglich fortzuschreiben ist. Als „Fortschreibung" lässt sich dabei auch die weitere Gültigkeit der im Vorjahr verabschiedeten strategischen Planung vorstellen – nunmehr bei Annahme einer aktualisierten Umweltprognose. Da die Entwicklung vieler Variablen ungewiss erscheint, stellt sich damit die Frage, wie viele Szenarien notwendig sind, um als Grundlage strategischer Handlung dienen zu können. Dabei hat sich die Erkenntnis durchgesetzt, dass versucht werden sollte, drei Szenarien zugrunde zu legen:

- eine wahrscheinliche Variante (Trendszenario),
- eine optimistische Variante und
- eine pessimistische Variante.

Mit dieser Vorgehensweise wird versucht, alle möglichen Entwicklungen der für die Unternehmung relevanten Erscheinungen in einem sog. „**Szenariotrichter**" einzufangen.

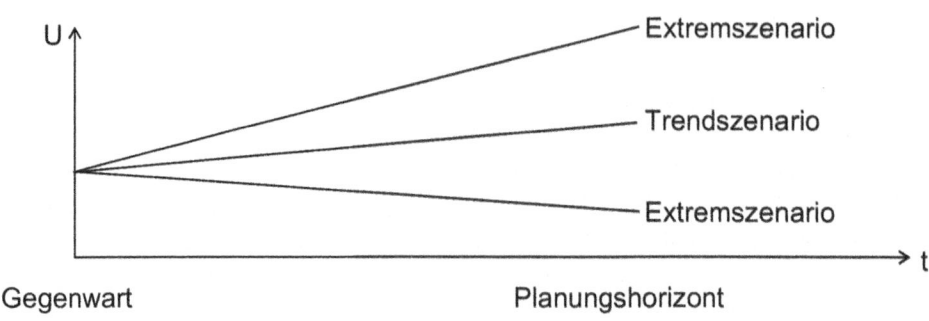

Abb. 3.2 Der „Szenariotrichter"

Eine Fortschreibung der Entwicklung des Unternehmens auf der Basis der drei ausgewählten Szenarien kann dann aufzeigen, zu welchen Zeiten, unter welchen Prämissen
Handlungsbedarf für die Unternehmung besteht. Dabei dürfte deutlich werden, dass die
pessimistische Einschätzung der Zukunft in sehr viel stärkerem Maße defensive strategische Maßnahmen nach sich ziehen muss, während die optimistische Sichtweise Chancen
einer Zielverbesserung für das Unternehmen, somit offensive strategische Maßnahmen
ermöglichen dürfte.

Abb. 3.2 zeigt die mögliche Anwendung der Szenario-Technik im Zusammenhang mit
der Prognose einer Zielgröße, z. B. dem Umsatz einer SGE.

Dieses „Basisszenario" lässt sich weiter differenzieren, indem

1. zum einen bestimmte, besonders wirkungsvolle Ereignisse als sog. „Störgrößen" zu
   verschiedenen Zeitpunkten eingearbeitet werden und
2. zum anderen mögliche Maßnahmen Berücksichtigung finden, die zu vorgegebenen
   Zeitpunkten und/oder in Abhängigkeit von bestimmten Ereignissen angenommen
   werden, wodurch sich weitere Entwicklungen der Zielgröße innerhalb des Szenario-
   trichters ergeben. Letzteres setzt aber bereits die Entwicklung von Handlungsalternativen voraus, gehört also gedanklich zu einer späteren Phase des Planungsprozesses.

3.2.3 Ansätze zur Entwicklung von Handlungsalternativen

In der Literatur und der Managementpraxis hat sich eine Vielzahl von Verfahren herausgebildet, welche als Ansatzpunkte für die Entwicklung von strategischen Handlungsalternativen geeignet sind.

Handlungsalternativen im Rahmen der strategischen Planung richten sich auf die Zu-
kunftspotenziale einer Unternehmung. Dabei stehen die unmittelbar marktbezogenen Erfolgspotenziale, das Produkt- bzw. Leistungsprogramm der Unternehmung, im Vordergrund des Interesses.

3.2.3.1 Potenzialanalyse und SWOT-Analyse

Potenzialanalyse und SWOT-Analyse knüpfen bei der Unternehmensanalyse insofern an, als hier versucht wird, ausgehend von den ermittelten Stärken und Schwächen,

- das Potenzial für Verbesserungen zu evaluieren (Potenzialanalyse)
- bzw. unter Einbeziehung der Rahmenbedingungen aus der Umwelt vier verschiedene Stoßrichtungen zu entwickeln (SWOT-Analyse).

Im Rahmen der Potenzialanalyse wird versucht, ausgehend von den ermittelten Stärken und Schwächen das Potenzial für Verbesserungen zu evaluieren. Es wird geprüft, ob das Leistungsvermögen der Unternehmung die notwendigen Voraussetzungen für eine mögliche geplante Geschäftsfeldstrategie bietet und dies insbesondere im Vergleich zum stärksten Konkurrenten des Unternehmens. Nur das frühe Erkennen und die zielgerichtete Nutzung vorhandener Potenziale ermöglicht eine Strategie, die sich auf die Erfolgschancen bzw. Stärken in der Unternehmung konzentriert und die Schwächen der Mitbewerber „ausnützt". Die Erkenntnisse der Konkurrentenanalyse sollten in die Potenzialanalyse einfließen.

Die Potenzialanalyse erstreckt sich auf sämtliche Unternehmensbereiche, wobei i. d. R bestimmte Schlüsselfaktoren (kritische Erfolgsfaktoren, strategische Determinanten) bestimmt und genauer untersucht werden.

Der Ablauf der Potenzialanalyse erfolgt in mehreren Schritten:

- Zunächst werden z. B. im Rahmen eines „brainstorming" von Führungskräften der Unternehmung ca. 8–10 Schlüsselfaktoren festgelegt. Diese können identisch sein mit jenen aus der Stärken-Schwächen-Analyse; es ist aber auch eine differenzierte Vorgehensweise möglich.
- Anschließen werden die Schlüsselfaktoren des eigenen Unternehmens hinsichtlich ihrer Stärke relativ zum stärksten Mitbewerber dargestellt und beurteilt. Der Konkurrent wird auf der neutralen Position Null eingeordnet, das eigene Unternehmen in einer Skala von +3 bis −3 bewertet.
- Schließlich wird die mögliche Verbesserung der eigenen Position simuliert unter der Voraussetzung, dass die zur Verbesserung erforderlichen Mittel unbegrenzt verfügbar sind. Die Differenz zwischen der gegenwärtigen Position und der bestmöglichen Position stellt damit das mögliche, derzeit nicht genutzte Potenzial dar.

Das Ergebnis der Potenzialanalyse lässt sich grafisch darstellen, wobei das in Abb. 3.3 dargestellte Beispiel von 9 Schlüsselfaktoren ausgeht und „x" für die derzeitige Bewertung sowie „o" für die bestmögliche eigene Position steht.

Als Ergebnis einer Potenzialanalyse lassen sich solche Faktoren aufzeigen, bei denen ein besonderes Potenzial zur Verbesserung vorhanden ist. Dieses kann wiederum Ausgangspunkt für strategische Maßnahmen der Unternehmung sein.

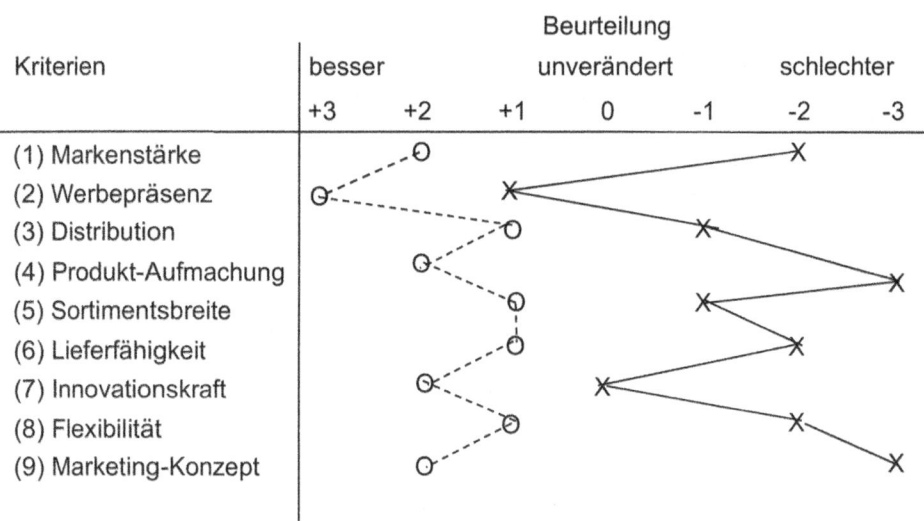

Abb. 3.3 Potenzialanalyse

Problematisch erscheint die notwendigerweise subjektive Auswahl und Bewertung der Faktoren; dabei ist unbedingt eine Einbeziehung von Sachverständigen mehrerer Bereiche, ggf. externer Personen (Bsp. Berater), erforderlich.

Der mögliche Erfolgsbeitrag der aufgezeigten Potenziale wird nicht deutlich; ein nach dem Schaubild vermeintlich großes Potenzial kann sich evtl. nur im Zusammenwirken mit anderen Faktoren entfalten, oder aber seine Realisierung wäre bei einer kritischen Kosten-Nutzen-Betrachtung nicht empfehlenswert.

Die Potenzialanalyse kann aufgrund der Identifizierung vorhandener oder zukünftiger Erfolgsfaktoren der Unternehmung eine wichtige Voraussetzung für die Lücken- bzw. GAP-Analyse sein. (Vgl. hierzu weiter unten.)

Die SWOT-Analyse (Strengths, Weaknesses, Opportunities, Threats) ist eine Weiterentwicklung der Stärken- und Schwächen-Analyse unter Einbeziehung der Umweltsituationen und ihrer prognostizierten Entwicklung. Kombiniert man Stärken und Schwächen des betrachteten Subsystems mit den jeweiligen Rahmenbedingungen, so lassen sich vier grundlegende Strategiesituationen unterscheiden:

- **SO-Strategien** ermöglichen den Einsatz der eigenen Stärken, um die sich bietenden Gelegenheiten optimal auszunutzen.
- **ST-Strategien** suchen nach Möglichkeiten, die eigenen Stärken zwecks Abwehr von Bedrohungen aus dem Umfeld einzusetzen.
- **WO-Strategien** verlangen eine Überwindung bestehender Schwächen, damit die gegebenen Chancen genutzt werden können.
- **WT-Strategien** sind dann zu entwickeln, wenn die Bedrohungen aus dem Umfeld auf eigene Schwächen stoßen – letztere sind daher dringend zu vermindern, will man das betreffende Geschäftsgebiet mit Aussicht auf Erfolg weiterführen.

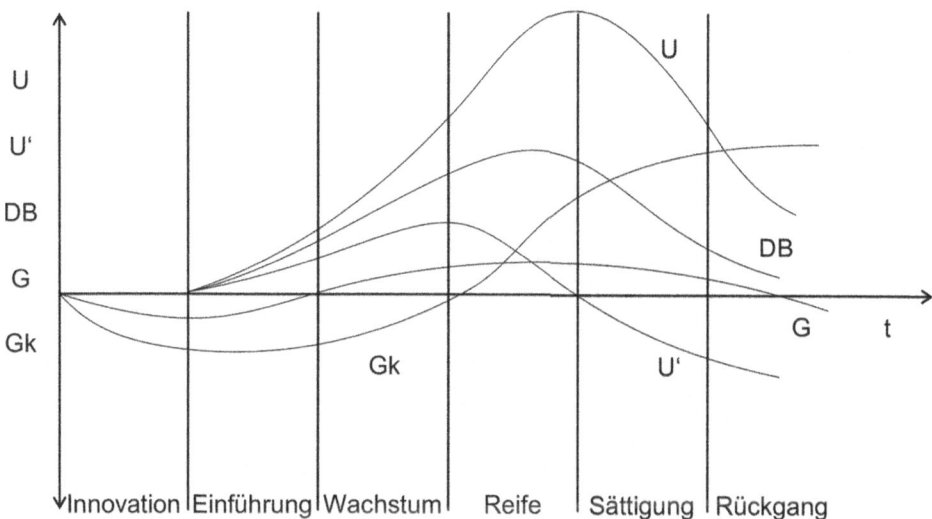

Abb. 3.4 Produktlebenszyklus

3.2.3.2 Produktlebenszyklus

Das Konzept des Produktlebenszyklus basiert auf der klassischen Annahme, dass jedes Produkt zum einen nur eine endliche Zeit existieren kann und zum anderen während der Zeitdauer seiner Existenz mehrere, voneinander abgrenzbare Phasen durchläuft.

Der **Produktlebenszyklus** dient dazu, die Entwicklung von Produkten, Märkten Technologien, Unternehmen und Branchen zu untersuchen.

Weder für die Kennzeichnung der Phasen noch für deren Abgrenzung können eindeutige Festlegungen gemacht werden. Im Allgemeinen werden die folgenden Phasen unterschieden:

Innovations-, Einführungs-, Wachstums-, Reife-, Sättigungs- und Rückgangsphase.

Mit dem Produktlebenszyklus-Konzept werden die Entwicklung der Kosten sowie der idealtypische durch die verschiedenen Phasen gekennzeichnete Verlauf des Umsatzvolumens von Produkten oder Märkten beschrieben. Dieser idealtypische Phasenverlauf bietet die Möglichkeit einer Einordnung der Leistungen (Produkten) der Unternehmung bzw. der SGE, sodass sich im Ist-Zustand eine bestimmte Verteilung auf die einzelnen Phasen ergibt. Ferner bietet das Konzept Ansatzpunkte für die Auswahl von Marketinginstrumenten, die sich gezielt in bestimmten Phasen des **Lebenszyklus** eines Produktes bzw. einer Dienstleistung anwenden lassen.

Abb. 3.4 zeigt den typisierten Ablauf des Lebenszyklus eines imaginären Standardprodukts.

Die **Innovationsphase** (auch als **Entwicklungsphase** oder Entstehungszyklus bezeichnet) ist dadurch gekennzeichnet, dass umfangreiche Aufwendungen der Unternehmung unternommen werden müssen, um ein Produkt zur Marktreife zu bringen. Es fallen ausschließlich Kosten an.

Ausgehend von Marktanalyse und -prognose geht es darum, in einer Innovations-phase aus einer Idee ein fertiges Produkt zu konzipieren. In diesem Zusammenhang sind auf der einen Seite sowohl die Produktplanung und die Produktentwicklung als auch die technologische Vorbereitung zur Produkteinführung zu gestalten, sowie auf der anderen Seite die markttechnischen Voraussetzungen dafür zu schaffen, dass ein solches Produkt in den Markt eingeführt werden kann. In der Entwicklungsphase werden keinerlei Um-sätze realisiert, d. h. es fallen erhebliche negative Erfolgsbeiträge und ungedeckte Aus-gaben an, die durch die Cash Flow-Beiträge etablierter Produkte aufgebracht werden sollten. Andernfalls wären die finanziellen Mittel nur im Rahmen der Außenfinanzie-rung aufzubringen.

An die Innovationsphase bzw. den Entstehungszyklus schließt sich der **Marktzyklus** an mit den oben dargestellten weiteren Phasen. Im Marktzyklus werden Umsatzerlöse mit dem Ergebnis erzielt, wobei die Umsatzkurve s-förmig verläuft. Die Produktlebensdauer umfasst die o. g. Phasen, die jedes Produkt unterschiedlich durchläuft, je nach individuel-ler Vermarktungsdauer und dem jeweiligen Marktvolumen:

In der **Einführungsphase** müssen noch erhebliche Anstrengungen unternommen wer-den, um das neue Produkt am Markt durchzusetzen, sodass erhebliche Werbeaufwendun-gen und weitere Einführungskosten entstehen, wohingegen die Umsätze erst allmählich spürbar werden.

Im Regelfall kann davon ausgegangen werden, dass bei steigenden Umsätzen gegen Ende der Einführungsphase der sog. „Break-Even-Point" erreicht wird, d. h. zu diesem Zeitpunkt können die Erlöse die Kosten des Produkts decken. Es sollte hier davon aus-gegangen werden, dass es sich dabei um „Vollkostendeckung" handelt, also trotz aller Zurechnungsprobleme eine Verteilung aller Fixkosten auf die Produkte vorgenom-men wird.

AIs **Wachstumsphase** wird die Phase eines generellen, sich beschleunigenden Aus-breitungsprozesses für das neue Produkt bezeichnet. Dieser Prozess ist nicht zuletzt auch das Ergebnis von Ausstrahlungseffekten der Einführungsphase – Werbemaßnahmen wir-ken vielfach erst mit einem sog. time-lag (carry-over-Effekt). Die Absatz- bzw. Umsatz-entwicklung vollzieht sich häufig in Schüben und zwar aufgrund eines kaum steuerbaren Wechselspiels von Absatzimpulsen und Absatzhemmnissen. Dieses Wechselspiel ist vor allem durch das Auftreten neuer Konkurrenten wie auch vom Aufnahmeverhalten des Handels geprägt. Ggf. sind neue Distributionskanäle zu erschließen, um das Wachstum zu beschleunigen. Insgesamt ist die Wachstumsphase durch ein überdurchschnittliches Um-satzwachstum gekennzeichnet. Am Ende der Phase erreicht diese Entwicklung ihren Gip-felpunkt, d. h. der Grenzumsatz erreicht hier sein Maximum, die Umsatzkurve ihren Wen-depunkt. Dabei wird generell angenommen, dass an dieser Wendemarke auch die höchste Umsatzrendite realisiert werden kann. Dies ist darauf zurückzuführen, dass durch den Umsatzboom zum einen Stückkostensenkungen realisiert werden können, zum anderen Absatzwiderstände weitgehend abgebaut sind, und schließlich die Konkurrenz noch nicht in dem Maße wirksam geworden ist, dass sie erheblich bekämpft werden müsste. Die Dauer der Wachstumsphase ist entscheidend dafür, ob die kumulierten negativen Erfolgsbeiträge der Entwicklungs- und Einführungsphase kompensiert werden können. Damit ist letztlich auch der Erfolg des gesamten Produktes vom Verlauf der Wachstumsphase abhängig.

Die **Reifephase** wird auch als Phase des relativen Wachstums gekennzeichnet. Hier erfolgt eine gezielte Marktpflege, um Sättigungs- oder gar Rückgangstendenzen aufzuhalten bzw. hinauszuschieben. Die Unternehmung muss sich mit einem schärferen Wettbewerb auseinandersetzen, da immer weitere Anbieter auftreten; evtl. ist hier eine Produktdifferenzierung notwendig. Ein Ausbau der Produktionskapazitäten ermöglicht und erfordert erhebliche Kosten- und Preissenkungen. Die Reifephase ist dann beendet, wenn der absolute Umsatzzuwachs aufhört. Insgesamt ist die Reifephase durch eine weitere absolute Absatzausdehnung gekennzeichnet, zugleich aber durch ein deutliches Absinken der Zuwachsraten. Wegen der Wettbewerbsverschärfung ergibt sich hier regelmäßig ein deutliches Absinken der Umsatzrendite. Ob sich zugleich ein absoluter Rückgang des Produktgewinns einstellt, hängt insbesondere davon ab, ob der gegenläufige Effekt einer Umsatzausweitung zur Kompensation ausreicht.

Formal beginnt die **Sättigungsphase** dort, wo die Umsatzkurve ihr Maximum erreicht hat. In der Sättigungsphase gehen die Periodenumsätze zurück und die Grenzumsätze werden negativ. Ferner ist diese Phase durch sinkende Gewinne gekennzeichnet, da zusätzliche Marktanteile wegen des nicht mehr wachsenden Marktes von Konkurrenten erkämpft werden müssen bzw. mit Kampfpreisen zu verteidigen sind. Typische **Marketing-Strategien** zielen in dieser Phase auf eine Verlängerung des Produktlebenszyklus bzw. in Richtung auf eine Produktmodifikation (Relaunching). Durch eine derartige Strategie der Extension des Lebenszyklus kann die Sättigungsphase (sehr) lange andauern. Produktmodifikationen lassen sich dabei auch als Einstieg in jeweils neue Produktlebenszyklen interpretieren. Diese sind dann durch wesentlich kürzere, mit geringeren Aufwendungen behaftete Entwicklungs- und Einführungsphasen gekennzeichnet. Durch Modifikation kann das Gesamtprojekt sogar in die Reife- bzw. Wachstumsphase „zurückversetzt" werden. Häufig reagiert das ursprünglich innovative Unternehmen mit Modifikationen auf „metoo-Produkte" der Konkurrenz, von denen es sich dadurch erneut abheben kann. Es wird an dieser Stelle deutlich, dass eine klare Trennung zwischen „Anpassungsmaßnahmen" zugunsten bestehender Produkte und der Einführung „neuer" Produkte nicht immer vollzogen werden kann (Beispielhaft seien hier die verschiedenen „Golf-Versionen" von VW genannt).

Die **Degressionsphase** (auch als **Rückgangsphase** bezeichnet) tritt dann ein, wenn der Verfall des Produktes nicht mehr aufgehalten werden kann Eine Abgrenzung dieser Phase ist, im Vergleich zu anderen Phasen, ziemlich willkürlich. So gilt mitunter, dass die Degressionsphase dort ansetzt, wo keine Gewinne mehr erzielt werden. Der „negative Break-Even-Point" wird jedoch, je nach Sichtweise, auch in die Sättigungsphase oder in die Mitte der Degressionsphase gelegt. Eine Beibehaltung von Produkten in der Degressionsphase ist üblicherweise nur durch die gesamte Produktprogrammpolitik zu erklären. Isoliert betrachtet ist dieses Produkt durch ein neues zu ersetzen, es sei denn, es handelt sich um ein sog. „Traditions- oder Prestigeprodukt", dessen Name aus Imagegründen beizubehalten ist. Wenn für die betreffende Problemstellung jedoch kein „Nachfolger" an den Markt gebracht werden soll – das Unternehmen sich aus diesem Geschäftsfeld zurückzieht – ist allein das Kriterium „Deckungsbeitrag" entscheidend für den Zeitpunkt des Rückzugs. Dies gilt jedenfalls solange keine umfangreichen Ersatzinvestitionen notwendig wären.

Im Sinne einer langfristigen Sicherung von Erfolgspotenzialen sollte eine Konzentration der aktuellen Produkte auf die Endphasen des Lebenszyklus vermieden werden. In der Literatur findet man folgende Kennzeichnung einer „**idealen Umsatzverteilung**", die allerdings in Abhängigkeit von der jeweiligen Branche zu differenzieren ist:

- Je 10–15 % Einführungs- und Degressionsphase.
- Je 15–25 % Wachstums- und Sättigungsphase.
- Ca. 40–50 % Reifephase.

Somit eröffnet sich mit dem Instrument der Produktlebenszyklus die Möglichkeit, frühzeitig Fehlentwicklungen zu erkennen und ihnen z. B. durch eine forcierte Kreation junger Produkte entgegenzuwirken.

Ob die Konzeption des Produktlebenszyklus für die jeweilige Unternehmung einen hohen Erkenntniswert hat, hängt u. a. von den Betrachtungsobjekten ab. Handelt es sich um „echte neue" Produkte oder lediglich um Produktvariationen bzw. -differenzierungen? Im Übrigen sind Dauer und Verlauf des Produktlebenszyklus von der Branche und von der Art des Produktes abhängig – so werden ausgesprochene Modeartikel einen sehr kurzen Produktlebenszyklus aufweisen, während es andererseits Produkte mit einem über mehrere Jahrzehnte reichenden Lebenszyklus gibt. Kritiker sprechen davon, dass der Kurvenverlauf zum großen Teil Ergebnis des Einsatzes absatzpolitischer Instrumente und somit nicht ein Datum für das Management sei. Auch wird angezweifelt, ob man für jedes Produkt feststellen kann, in welcher Phase der Umsatzentwicklung es sich befindet, und wie lange es noch vermarktbar ist. Empirische Umsatzverläufe orientieren sich durchaus nicht immer an den hier angenommenen Gesetzmäßigkeiten – d. h. Phasen werden übersprungen (z. B. „Flops") oder wiederholt („Mehrfachspitze" des Umsatzes), Substitutionsprozesse werden schon vor Erreichen der Sättigungsphase wirksam.

Der für die Praxis relevante Wert dieses Konzeptes besteht darin zu erkennen, dass ein Produkt üblicherweise nicht unendlich angeboten werden kann und somit ein Zwang zur ständigen Neuentwicklung von Produkten bzw. Märkten existiert. Auch dient dieses Konzept als Beleg für die Notwendigkeit unterschiedlicher Marketing-Strategien bei Produkten unterschiedlicher Reifegrade und Konkurrenzsituationen.

Beachtenswert ist, dass die kostenintensive Entstehungsphase von Produkten in Zukunft immer länger werden wird und der umsatzwirksame Marktzyklus sich zunehmend verkürzt. Die Unternehmen versuchen, die Lebenszyklen ihrer Produkte und Dienstleistungen positiv zu beeinflussen. Dies ist z. B. in der Automobilindustrie zu beobachten: Vorstellung von Sondermodellen bspw. mit Klimaanlage oder „Winterpaket" oder besonderem Design in der Reifephase.

Je nach Lebenszyklusphase leiten sich unterschiedliche **strategische Maßnahmen** ab:

- **Einführungsphase:** Markt abschöpfen und durchdringen.
- **Wachstumsphase:** Neue Segmente/Distributionskanäle erschließen.
- **Reife-/Sättigungsphase:** Produkt und Markt modifizieren.
- **Degenerationsphase:** Investieren, Abwarten, Selektieren, Ernten, Eliminieren.

Einsatzbereiche des Produktlebenszykluskonzeptes sind z. B.

- Prognose von Absatzmöglichkeiten eines Produktes.
- Planung des Einsatzes absatzpolitischer Instrumente.
- Beurteilung der Erfolgsträchtigkeit eines Produktes.
- Ableitung von Forschungs- und Entwicklungsaktivitäten.
- Grundlage für die Planung von Strategien.
- Instrumente der strategischen Programmplanung im Produkt-Markt-Bereich.

3.2.3.3 Substitutionszeitkurve

Der Druck durch **Substitutionsprodukte** besteht, da alle Unternehmungen einer Branche mit Wettbewerbern konkurrieren, die Ersatzprodukte mit gleichen bzw. ähnlichen Funktionen herstellen. Die Produkte begrenzen prinzipiell das Gewinnpotenzial einer Branche, da sie eine Preisobergrenze bewirken. Substitutionsprodukte gehören zu den fünf Wettbewerbskräften, die die Wettbewerbsintensität und die Rentabilität einer Branche bestimmen.

Ersatz- bzw. Substitutionsprodukte von Wettbewerbern sind besonders dann zu beobachten, wenn sich deren Preis-Leistungs-Verhältnis tendenziell verbessert und die Umstellungskosten zu ihnen niedrig sind. Auch erhöht sich der Druck durch Substitutionsprodukte, wenn Hersteller damit hohe Gewinne erzielen können.

Ausgangspunkt der Substitutionszeitkurve ist die Beobachtung, dass nahezu alle Substitutionen „alter Produkte" durch neuere nach einem ähnlichen Verlaufsmuster erfolgen. Hat eine Substitution ihre Einsatzfähigkeit als neue Problemlösung durch die Gewinnung von Marktanteilen bewiesen, so wird sie mit der anfänglich beobachteten Geschwindigkeit ihren Marktanteil ausbauen. Aus diesem Grunde erscheint die Substitutionszeitdauer vorhersagbar. Ein derartiger Prozess wird allerdings unter- bzw. abgebrochen, wenn es zu weiteren Innovationen kommt, die dem „Erstinnovator" ihrerseits Marktanteile abnehmen, weil sie die neuere, bessere Problemlösung anbieten.

Die in Abb. 3.5 dargestellte Kurve zeigt die allmähliche Eroberung des Marktes durch ein neues Produkt nach dem skizzierten Grundschema.

Die Kenntnis der Substitutionszeitkurve kann sowohl für die Bestimmung des geeigneten Zeitpunkts für den Ausstieg aus einem Markt von Bedeutung sein (dabei wird der Wendepunkt der Kurve empfohlen), als auch für den besten Termin des Marktzutritts verwendet werden (hier erscheint die erste Hälfte der Substitutionszeit am besten geeignet).

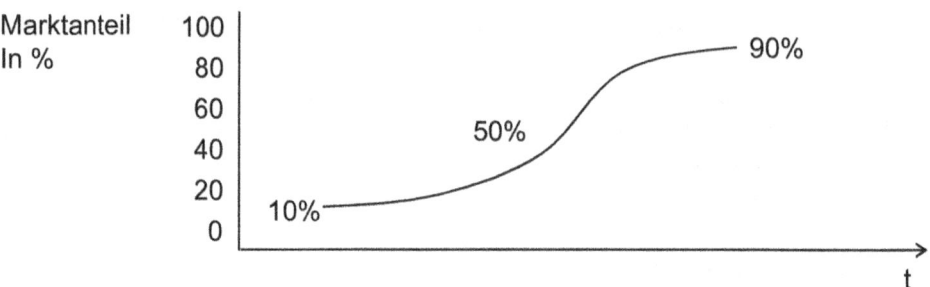

Abb. 3.5 Substitutionszeitkurve

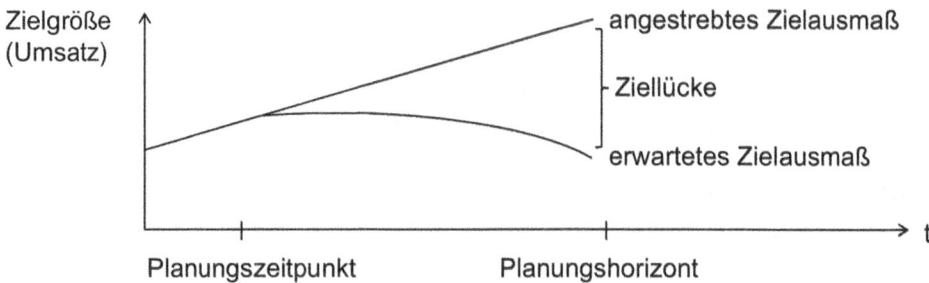

Abb. 3.6 Grundmodell der GAP-Analyse

Eine derartige Prognose der **Substitutionsgeschwindigkeit** kann das oben gezeigte Phasenschema (Produktlebenszyklus) ergänzen. Für den Fall einer Innovation seitens der Mitbewerber betrifft dies sowohl die grundsätzliche Entscheidung über Verbleib, Modifikation oder Rückzug in der Sättigungs- bzw. Rückgangsphase als auch die Auswahl geeigneter Marketingmaßnahmen, um ggf. den Substitutionsprozess zu bremsen. Sofern eigene Innovationen eine Rolle spielen, geht es demgegenüber um die Auswahl von Maßnahmen zur Beschleunigung der Substitutionsgeschwindigkeit.

3.2.3.4 GAP-Analyse

Die **GAP-Analyse (Lückenanalyse)** ist ein klassisches Instrument zur **Früherkennung** von strategischen Problemen. Grundsätzlich wird versucht, die angestrebte Entwicklung einer Zielgröße – im Regelfall Umsatz oder Gewinn – der aufgrund des zum Betrachtungszeitpunkt vorhandenen Produkt- bzw. Leistungsspektrums erwarteten Entwicklung gegenüberzustellen. Sofern die erwartete Entwicklung eine negative Abweichung von dem angestrebten Zielausmaß aufweist, ergibt sich eine sog. „(strategische) Lücke (Gap)", welche es durch strategische Maßnahmen zu schließen gilt.

Das Instrument der GAP-Analyse kann als eine „zukunftsorientierte Schwachstellenanalyse" interpretiert werden, da auf diese Weise erkennbar wird, ab welcher Periode bspw. zusätzliche Maßnahmen ergriffen werden müssen, damit der angestrebte Umsatz realisiert werden kann. Abb. 3.6 zeigt das Grundmodell der GAP-Analyse.

Die **einfache Lückenanalyse** ist das Ergebnis des Vergleiches der oben gezeigten Entwicklungslinie als einer von der Unternehmensleitung formulierten Soll-Vorgabe („angestrebtes Zielausmaß"), z. B. als Zielkurve des erwünschten Umsatzes, mit einer zweiten Kurve, die den erwarteten Umsatzverlauf des Basisgeschäfts („erwartetes Zielausmaß") darstellt.

Die Werte der gewünschten **Entwicklungslinie** ergeben sich aus den Vorstellungen der Unternehmensleitung über die in der Zukunft erforderlichen Umsätze unter fiktiver Nutzung aller Potenziale des Marktes. Die Entwicklungslinie zeigt an, ob alle Potenziale der Unternehmung genutzt werden, um zukünftige Chancen wahrzunehmen und Gefahren zu umgehen.

Beim erwarteten Basisgeschäft wird unterstellt, dass der Umsatzverlauf bei bestehenden Produkten auf den gegenwärtigen Märkten durch einen Produktlebenszyklus beschreibbar ist und das unternehmerische Konzept weitgehend unverändert bleibt. Das Basisgeschäft stellt die Extrapolation von Vergangenheitswerten bei gegebenen Erfolgspotenzialen und Beibehaltung der bisherigen Unternehmenspolitik dar. Werden beide Kurven bis zum Planungshorizont verfolgt, ist eine Ziellücke als Abstand zwischen beiden Linien erkennbar. Sie bildet den Ansatzpunkt für die Lückenanalyse, mit der die Ursachen der Lücke identifiziert werden.

Ergibt sich aus der einfachen Lückenanalyse die Notwendigkeit, Änderungen in der Strategie vorzunehmen, wird eine **differenzierte Lückenanalyse** erforderlich, die eine operative und eine strategische Lücke sein kann. Die **operative Lücke** kann durch unterstützende Maßnahmen geschlossen werden, um die „alten Produkte" auf den bisherigen Märkten besser zu positionieren, z. B. durch Kapazitätsanpassungen, Investitionsprojekte, Rationalisierungsmaßnahmen, Motivation, Ausweitung des Einsatzes der absatzpolitischen Instrumente.

Zur Schließung der strategischen Lücke sind zusätzliche strategische Maßnahmen erforderlich. Sie werden auch Hauptstoßrichtung genannt und sind Bestandteil des Strategieentwurfs. Je weiter die Linien voneinander entfernt sind, umso notwendiger ist eine Strategieänderung, z. B. ein „Angriff auf Konkurrenzunternehmen" durch eine deutliche Preissenkung oder die Generierung zusätzlicher Umsätze (resp. Gewinne) durch neue Produkte.

Die Schließung der strategischen Lücke lässt sich bei Bedarf in mehrere Projektphasen unterteilen, u. a. um recht zeitnah erste Teilerfolge zu realisieren (Abb. 3.7).

3.2.3.5 GAP-Analyse in Verbindung mit der Produkt-Markt-Matrix

Für die von Ansoff entwickelte **Produkt-Markt-Matrix** stellt die GAP-Analyse die Grundlage dar. Kann eine Unternehmung nämlich seine Ziele mit der bisher verfolgten Strategie nicht erreichen, ergibt sich die oben diskutierte Ziellücke. Zur Schließung dieser Lücke bzw. zur Realisierung von Wachstumschancen muss die Unternehmung geeignete strategische Maßnahmen einleiten, die auch als Wachstumsstrategien bezeichnet werden. Mit ihrer Hilfe sollen die Wachstums- und Gewinnziele erreicht werden. Es gibt vier verschiedene strategische Stoßrichtungen, die in wachsenden Märkten bzw. in wachsenden Branchen verfolgt werden können (Abb. 3.8).

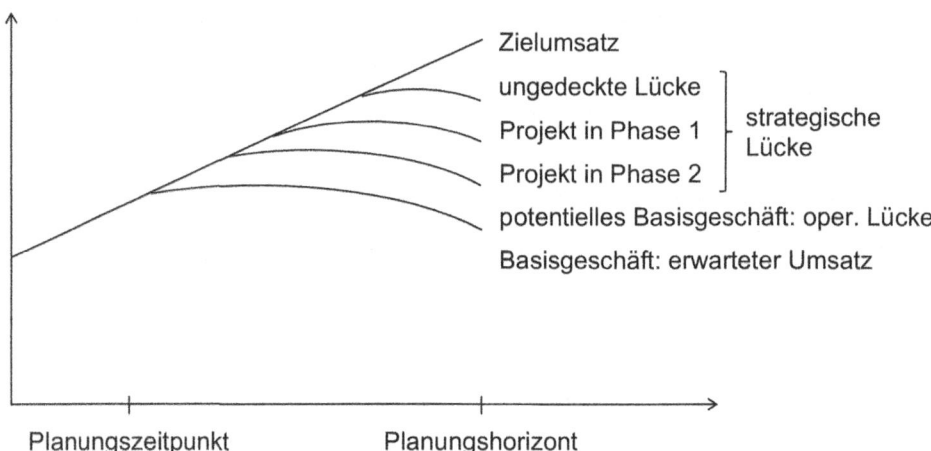

Abb. 3.7 Schließung der strategischen Lücke

Abb. 3.8 Produkt-Markt-
Matrix (nach Ansoff)

		Märkte	
		bekannt	neu
Produkte	bekannt	Marktdurchdringung	Marktentwicklung
	neu	Produktentwicklung	Diversifikation

Da sich die Schwierigkeitsgrade der Realisierung dieser Grundstrategien in der Praxis recht unterschiedlich darstellen, ist deren Umsetzung in strategische Maßnahmen oftmals daran gebunden, dass die Unternehmung vom gegenwärtigen Betätigungsfeld ausgeht (bekannte Produkte in bekannten Märkten = **Marktdurchdringung**) und versucht, in neue Dimensionen vorzudringen (neue Produkte in neuen Märkten = Diversifikation). Diese Abfolge, der noch die **Marktentwicklung** und **Produktentwicklung** zwischengeschaltet sind, lässt sich wie in Abb. 3.9 gezeigt grafisch darstellen.

Die **Marktdurchdringungsstrategie** dient der Ausschöpfung des Marktpotenzials von existierenden Produkten in bestehenden Märkten durch eine Intensivierung der Marketing-anstrengungen mit dem Ziel, das Marktvolumen und den eigenen Marktanteil zu vergrößern. Sie wird auch **Marktintensivierungsstrategie** oder **Marktpenetrationsstrategie** genannt. Aus der Marktdurchdringungsstrategie ergeben sich die übrigen Grundstrategien. Mit ihr ist ein hohes Synergiepotenzial verbunden. Die mit dieser Strategie einhergehenden Risiken stellen sich als gering dar.

Die **Marktentwicklungsstrategie** zielt darauf ab, für die gegenwärtig existierenden Produkte neue Märkte zu erschließen. Ansatzpunkte dazu können sein: Die Erschließung zusätzlicher geografischer Marktgebiete, z. B. durch den Absatz von Produkten in bislang unerschlossenen regionalen, nationalen und internationalen Märkten.

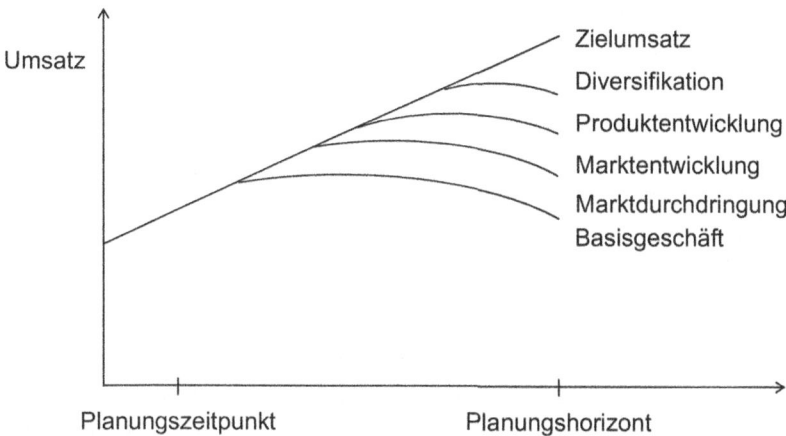

Abb. 3.9 GAP-Analyse in Verbindung mit der Produkt-Markt-Matrix

Das Eindringen in zusätzliche Marktsegmente, z. B. durch die Entwicklung neuer Anwendungsmöglichkeiten für die bestehenden Produkte oder neue Dienstleistungen, die bisherige Produkte ergänzen. Damit werden die Eintrittsbarrieren für mögliche neue Konkurrenten erhöht.

Die Erschließung neuer Teilmärkte, z. B. durch Produktvariationen mit zielgruppenspezifischen Problemlösungen oder „psychologische" Produktdifferenzierung über den gezielten marktsegmentspezifischen Einsatz von Werbemaßnahmen. Die Marktentwicklungsstrategie ermöglicht nicht nur die Nutzung der vorhandenen Ressourcen, sie bietet auch hohe Synergieeffekte bei begrenztem Risiko.

Die **Produktentwicklungsstrategie** dient dazu, neue Produkte für bestehende Märkte zu entwickeln. Sie wird insbesondere von Unternehmen praktiziert, deren Produkte kurze Lebenszyklen aufweisen. Ihre Realisierung erfordert die Innovation von Produkten, die erfolgen kann als:

- Echte Produkt-Innovationen, die noch nie da gewesene Marktneuheiten, d. h. völlig neue Produkte auf dem Markt darstellen.
- **Quasi-Innovationen**, die in enger Beziehung mit bereits vorhandenen Produkten stehen bzw. eine Modifikation bisheriger Produkte sind.
- **Me-too-Produkte**, die Imitations-Produkte sind, welche einem Original-Produkt in vielen Eigenschaften und Fähigkeiten gleichen. Sie sind nur Innovationen innerhalb des Unternehmens und werden ohne bestimmte Vorteile ggü. einem bereits bestehenden, meist erfolgreichen Produkt eines anderen Anbieters auf den Markt gebracht.

Bei der Innovation neuer Produkte wird vielfach auf Bekanntes zurückgegriffen. Bezugspunkte können sein:

- Vorhandene Produkte,
- Verwandte Problemstellungen,

- Bereits eingesetzte Rohstoffe,
- Bisherige Kunden,
- Bekannte Technologien,
- Bisherige Zulieferer.

Langfristiges Ziel einer Unternehmung sollte es sein, eine systematische Innovations-politik zu betreiben. Dabei ist zu berücksichtigen, dass mit echten Innovationen im Allge-meinen höhere Gewinnchancen verbunden sind als mit Me-too-Produkten, allerdings aber auch ein höherer Zeit- und Kostenbedarf sowie höhere Risiken.

Bei der Diversifikationsstrategie verlässt die Unternehmung seine bisherigen Betäti-gungsfelder, um neue Produkte in neuen Märkten zu platzieren. Sie ist die anspruchsvollste Strategie, bei der verschiedene Arten der Diversifikation unterschieden werden können:

Die horizontale Diversifikation, bei der Produkte auf der gleichen Leistungsstufe wie die bisherigen Erzeugnisse aufgenommen werden, d. h. sie stehen im engen sachlichen Zusammenhang mit dem bisherigen Produktionsprogramm. Dabei werden z. B. gleiche Werkstoffe, verwandte Technologien oder das bestehende Vertriebssystem genutzt.

Die vertikale Diversifikation, bei der Produkte in das Leistungsprogramm integriert werden, die zu einer dem Unternehmen vor- und/oder nachgelagerten Wirtschaftsstufe gehören. Sie kann erfolgen als:

- Rückwärtsintegration: Dabei wird die Herstellung von Vorprodukten aufgenommen, die bisher von einem Zulieferer gefertigt wurden.
- Vorwärtsintegration: Die Unternehmung weitet seine Aktivitäten auf nachgelagerte Stufen der Produktion oder des Handels aus.

Die laterale Diversifikation, bei der sich die Unternehmung in völlig neuen Produkten und Märkten engagiert, d. h. es besteht keinerlei Zusammenhang zwischen den bereits vorhandenen und den neuen Produkten.

Es sind die folgenden Formen von Diversifikationsstrategien zu unterscheiden:

Die Akquisition (Konzernierung) von Unternehmen, die am häufigsten vorkommt, da sie recht einfach und schnell zu vollziehen ist, indem das notwendige Know-how, die Pro-duktionsanlagen sowie der Kundenkreis zugekauft werden. Im Verlauf des Akquisitions-prozesses und der Einbindung des gekauften Unternehmens in die eigene Organisations-struktur ergeben sich aber oftmals Probleme, sodass die Akquisition nicht den gewünschten Erfolg bringt.

Die Errichtung eines eigenen Betriebs erfolgt seltener. Wichtige Gründe liegen in un-zureichendem Know-how und einem insgesamt zu hohen Risiko. Allerdings verspricht dieser Schritt im Falle der Realisierung gute Erfolgschancen.

Die Kooperation mit anderen Unternehmen wird häufig gewählt, z. B. über Lizenznah-men oder Joint Ventures. Dabei vermindert sich die Unabhängigkeit des Unternehmens. Erfolgschancen bestehen vor allem, wenn getrennt entwickeltes Know-how gemeinsam vermarktet wird.

3.2.3.6 Erfahrungskurve

Beim Phänomen der **Erfahrungskurve** geht es um die Abhängigkeit der Kosten von der produzierten Menge. Es wird behauptet, dass mit zunehmender Produktion eines Produktes die Stückkosten sinken, Insbesondere die Unternehmensberatungsgesellschaft „Boston-Consulting-Group" hat – bezogen auf diese Erkenntnis – den daraufhin nach ihr benannten „**Boston-Effekt**" (Erfahrungsgesetz) formuliert:

Dieses Gesetz besagt, dass mit jeder Verdoppelung der kumulierten Ausbringungsmenge eines Produktes die gesamten direkt oder indirekt zurechenbaren Kosten potenziell um durchschnittlich 20–30 % zurückgehen. Ein derartiger **Kostendegressionseffekt** ist zum großen Teil Ergebnis von Managementmaßnahmen, die durch das größere Produktionsvolumen technisch möglich und ökonomisch sinnvoll werden:

- Auslastung der bestehenden und Aufbau neuer Kapazitäten (**economies of large scales**), wodurch eine Degression der Stückkosten zu erreichen ist.
- Ausnutzung des **Lernkurveneffektes** (Fertigungszeiten nehmen aufgrund von Erfahrungen sowie Lernprozessen der Mitarbeiter ab und Ausschusszahlen sinken).
- Technischer Fortschritt und Rationalisierung (menschliche Arbeit wird durch Maschinen substituiert, EDV -gestützte Fertigungssteuerung, Arbeitsorganisation, verstärkte Arbeitsteilung).
- Materialverbesserung (Verringerung der Toleranzen, Reduzierung von Ausschuss, Qualitätssteigerung).
- Standortanpassungen.
- Verbesserte Unternehmensführung, Verbesserte Ausbildung der Mitarbeiter.
- Produktstandardisierungen.

Nach dem Erfahrungskurven-Konzept bewirkt ein hoher Marktanteil ein hohes kumuliertes Produktions- und Absatzvolumen, wodurch die Stückkosten sinken und die Rentabilität ansteigt.

Die o. a. Faktoren stellen **Kostensenkungspotenziale** im Unternehmen dar. Der Erfahrungskurven-Effekt stellt sich allerdings nicht automatisch ein, sondern erfordert ein Management, das die vorhandenen Potenziale erkennt und ausschöpft.

Eine derart hohe Kostensenkung sollte heute vielfach nicht mehr zu realisieren sein. Es ist anzunehmen, dass sie sich inzwischen halbiert hat. Die Einsatzgebiete des Konzeptes liegen in der strategischen Planung sowie der Kosten-, Preis-, Wachstums- und Marktanteilspolitik.

Die Bedeutung der Erfahrungskurve für das strategische Management ist vor allem darin zu sehen, dass eine Unternehmung das Kostensenkungspotenzial jederzeit im Auge haben muss, insbesondere im Hinblick darauf, dass Mitbewerber sonst möglicherweise kostengünstiger produzieren könnten. In welchem Ausmaß die Erfahrungskurve tatsächlich auszunutzen ist, hängt auch davon ab, inwieweit ein Kapazitätsausbau im Hinblick auf die Absatzchancen überhaupt zu rechtfertigen ist. So wird sich bei kurzlebigen Gebrauchsgütern kaum die Möglichkeit ergeben, in sehr starkem Maße auf die

Erfahrungskurve zurück zu greifen. Des Weiteren ist die Gefahr der einseitigen Konzentration auf wenige Produkte zu sehen, wodurch zwar eine Degression der Stückkosten erreichbar wäre, aber das Absatzvolumen möglicherweise nicht in dem geplanten Maße realisiert werden kann.

Auch das Ausmaß des Kostendegressionseffektes dürfte unterschiedlich zu beurteilen sein: So lassen sich steile Erfahrungskurven bei Fertigungsprozessen mit standardisierten Produkten sowie in Branchen mit einem hohen Grad an Innovationen nachweisen, wohingegen flachere Erfahrungskurven im Zusammenhang mit anderen Branchen und anderen Leistungsprozessen gegeben sein dürften. Dabei ist vor allem an diejenigen Dienstleistungsbetriebe zu denken, deren Leistungen personenbezogen und personalintensiv erfolgen, somit neben dem „Lerneffekt" nur wenige Ansätze zur Stückkostendegression eröffnen.

Weitere Kritikpunkte sind:

- Eine Kostenprognose ist nur auf Basis des Einzelfalls möglich.
- Produktveränderungen müssen berücksichtigt werden.
- Später eintretender Mitbewerber können z. B. modernere Fertigungsverfahren einsetzen und haben daher niedrigere Stückkosten.
- Ein Verhalten bzw. der Einfluss der Nachfrager, Märkte und der Umwelt wird nicht berücksichtigt.
- Die strategische Positionierung eines Produktes muss nicht allein durch geringe Kosten bedingt sein. Ggf. versprechen auch Differenzierungen und/oder die Konzentration auf bestimmte Marktnischen einen langfristigen Wettbewerbsvorteil.
- Die zur Realisierung des Erfahrungskurven-Effektes notwendige Kapazitätserweiterung kann ggf. zu einem Marktdruck führen. Möglicherweise wird dadurch auch die Flexibilität der Unternehmung eingeschränkt.

3.2.3.7 Kosten- und Wertschöpfungsanalyse

Die **Kosten- und Wertschöpfungsanalysen** sind ähnlich der Erfahrungskurve auf den Innenbereich der Unternehmung gerichtet. Sie stellen ein Instrument dar, mit dem systematisch mögliche Einsparungseffekte erkannt und nutzbar gemacht werden können. Im Wesentlichen lassen sich dabei folgende Zielrichtungen unterscheiden:

Die „**funktionsorientierte Wertanalyse**" hinterfragt die Zusammensetzung, die Komponenten des Produktes bzw. der Dienstleistung hinsichtlich ihrer Notwendigkeit für die von den Kunden erwartete Problemlösung. Es geht primär darum, die Marktleistung um Elemente „abzuspecken", für die kein Bedarf besteht bzw. die von den Kunden nicht durch einen höheren Preis bezahlt werden. Die Wertanalyse kann sich auf die Materialart (Kunststoff oder Metall), die Materialstärke (4 oder 5 mm Bleche), bestimmte Funktionen des Produktes, aber auch auf die Art des Angebotes (Zweigstellen, Direktvertrieb oder Vertreter) beziehen.

Die „**Gemeinkosten-Wertanalyse**" geht von vergleichbaren Fragestellungen hinsichtlich der innerbetrieblichen Serviceleistung aus. Die im Verwaltungsbereich geleistete Arbeit soll dabei in regelmäßigen Zeitabständen auf Ihre Notwendigkeit und Kostengünstigkeit hin untersucht werden.

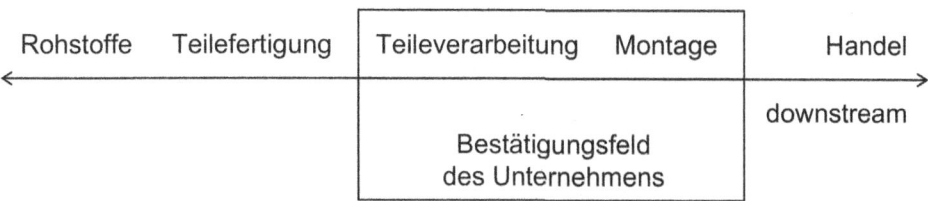

Abb. 3.10 Wertschöpfungskette

Die Durchführung einer Gemeinkosten-Wertanalyse, häufig in Zusammenarbeit mit externen Beratern, zielt strategisch auf eine Reduzierung der Gemeinkosten, um damit die Wettbewerbsfähigkeit der Unternehmung zu verbessern. Eine systematische Durchführung erfordert vier Schritte:

Zunächst werden die innerbetrieblichen Leistungen und die dabei entstehenden Kosten strukturiert. Zu diesem Zweck müssen die Kostenstellenleiter die für andere Stellen erbrachten Leistungen definieren und ihnen jeweils, ggf. nach einem Schätzverfahren, die Kosten ihrer Kostenstelle zuordnen.

In einem zweiten Schritt werden Ideen für ein verbessertes Nutzen-Kosten-Verhältnis entwickelt. Die Kostenstellen-Leiter müssen gemeinsam mit ihren Leistungsabnehmern festlegen, welche Leistungen aufgegeben bzw. „billiger" bereitgestellt werden könnten, ohne dass dadurch die Funktionsfähigkeit des Abnehmers erheblich beeinträchtigt wird. Häufig wird dieser Arbeitsgang mit Vorgaben versehen, z. B. eine Einsparung von z. B. 30–40 % der Kosten zu realisieren.

Die dabei gesammelten Ideen sind anschließend (gemeinsam mit Experten) auf ihre Tauglichkeit (Wirtschaftlichkeit) und ihre unternehmenspolitische Realisierbarkeit hin zu prüfen. Dabei werden evtl. weitere Analysen durchgeführt.

Schließlich müssen die realisierbaren Ideen in konkrete Aktionsprogramme umgesetzt werden. Zu diesem Zweck sind i. d. R. mittelfristige Pläne erforderlich. Man spricht von einem Zeitraum zwischen einem und drei Jahren, in dem die verabschiedeten Maßnahmen wirksam werden.

Unternehmensberatungsgesellschaften schätzen den Erfolg einer systematischen Gemeinkosten-Wertanalyse auf durchschnittlich 10–20 % Einsparung der untersuchten Gemeinkosten-Bereiche.

Eine weitergehende Analyse der „Wertschöpfungskette" in einer Unternehmung ist auf die **optimale Fertigungstiefe** gerichtet. **Wettbewerbsvorteile** ggü. der Konkurrenz können sich dabei sowohl durch geringere Fertigungstiefe ergeben – Fremdbezug günstiger als Eigenfertigung von Produktkomponenten – als auch bei höherer Fertigungstiefe, wenn nämlich die eigene Vorfertigung kostengünstiger und rationeller arbeitet als potenzielle Fremdlieferanten. Neben den Kosten spielen dabei auch Qualitäts- und Flexibilitätsargumente eine Rolle – auch diesbezüglich ist keine generelle Aussage für oder gegen Eigenfertigung möglich. Grundsätzlich ist eine Betrachtung der gesamten Wertschöpfungskette zwischen der Rohstoffgewinnung und dem Endverbrauch vorzunehmen (Abb. 3.10).

Ausgehend vom derzeitigen Betätigungsfeld „Teileverarbeitung und Montage" wäre eine strategische Integration von vorgelagerten („**upstream**") Stufen, z. B. Teilefertigung oder nachgelagerten („**downstream**") Stufen – hier die Einbeziehung des Handels-, zu überlegen. Gleichzeitig könnte aber auch eine Abgabe der Teileverarbeitung, d. h. eine Konzentration auf die Montage, ins Auge gefasst werden. Jede Veränderung der Aufgabenvielfalt innerhalb der Wertschöpfungskette ist mit erheblichen Konsequenzen verbunden, denn es sind Unternehmenspotenziale (Menschen, Anlagen) zu integrieren oder aber freizusetzen.

3.2.3.8 PIMS-Projekt und Space-Analyse

Ein weiteres strategisches Planungskonzept ist das sog. „**PIMS-Projekt**" (auch als PIMS-Konzept bezeichnet). Das PIMS-Projekt (für **Profit-Impact-of-Market-Strategies** = Gewinnwirksamkeit von Marktstrategien) wurde von der Unternehmensgruppe General Electric in den siebziger Jahren initiiert, um zu ergründen, welche Faktoren den Erfolg einzelner Geschäftseinheiten beeinflussen können.

Hieraus hat sich ein empirisches Forschungsprogramm entwickelt, an dem mehrere Mitgliedsunternehmen partizipieren, welche dem daraufhin gegründeten Strategie Planning Institut (SPI) in Cambridge/Massachusetts in regelmäßigen Zeitabständen je Geschäftseinheit über zweihundert Daten bzw. Kennziffern zur Auswertung übertragen. In einer Datenbank dieses Instituts wurden die jeweils aktualisierten Daten von über 3000 strategischen Geschäftseinheiten aus über 450 Unternehmungen gespeichert.

Konzentrierte sich das PIMS-Projekt zunächst nur die USA, so sind in den 1980er-Jahren gut 40 % der Mitgliedsunternehmen außerhalb der Vereinigten Staaten angesiedelt. Hauptziel dieser empirischen Forschung ist die Ermittlung von Einflussfaktoren auf den **Return on Investment** (ROI) einer Geschäftseinheit.

Als **ROI** wird dabei der Gewinn einer Geschäftseinheit vor Steuern und Fremdkapitalzinsen (entspricht dem EBIT) bezogen auf das Anlagevermögen zum Buchwert zuzüglich Working Capital (= Umlaufvermögen – kurzfristige Verbindlichkeiten) verstanden. Als Ergebnis konnte das SPI mehr als 30 Faktoren identifizieren, die rund 70 % der ROI-Varianz erklären.

Werden diese Faktoren verdichtet, so lassen sich 7 Haupteinflussgrößen des ROI herausstellen:

- Stärke der Wettbewerbsposition: Durch einen hohen absoluten und einen hohen relativen Marktanteil (im Vergleich zu dem/den stärksten Konkurrenten) ergibt sich ein stark positiver Einfluss auf den ROI.
- Attraktivität des Marktes (z. B. Marktwachstum): Auch das Marktwachstum korreliert positiv zum absoluten Gewinn, während bzgl. des ROI (hohe Investitionen) und des Cash Flows keine eindeutigen Ergebnisse ermittelt wurden.
- Investitionsintensität (Anlagevermögen + Working Capital bezogen auf den Umsatz): Diese Kennziffer korreliert überwiegend negativ mit dem ROI. Geschäftsbereiche mit hohem Investitionsbedarf verfügen daher häufig über einen niedrigeren ROI als andere.

- Produktivität (Wertschöpfung je Mitarbeiter): Eine hohe Produktivität wirkt sich positiv auf den ROI aus. Allerdings wird dieser Einfluss im Fall hohen eines Investitionsbedarfs durch denjenigen der Investitionsintensität häufig überkompensiert, d. h. es zeigt sich ein vergleichsweise schwacher ROI.
- Innovation, Abgrenzung von Konkurrenten (z. B. neue Produkte): Insbesondere bei einer starken Marktposition ergibt sich ein positiver Einfluss auf den ROI.
- Produktqualität (aus der Sicht des Kunden): Dieser Faktor ist typischerweise stark positiv mit dem ROI korreliert. Es erscheint aber offenbar möglich, die Elemente „Produktqualität" und „Marktanteil" zumindest teilweise zu substituieren. So kann eine SGE mit geringem Marktanteil aber hoher Produktqualität ähnlich erfolgreich sein wie eine SGE mit schwächerer Qualität aber hohem Marktanteil.
- Vertikale Integration (Wertschöpfung zu Umsatz): Ein hoher vertikaler Integrationsgrad (Wertschöpfungstiefe) zeigt positive Auswirkungen auf den ROI, insbesondere bei Geschäftseinheiten, die in ausgereiften oder stabilen Märkten tätig sind.

Die Kernaussage des PIMS-Projekts ist, dass eine Unternehmung mit hohem Marktanteil eine hohe Rentabilität erzielt, da es zumeist über eine hohe kumulierte Erfahrung verfügt, die realisierbare Kostendegressionseffekte bewirkt.

Vorteile des PIMS-Projekts:

- Die beteiligten Unternehmen liefern ständig Daten, Veränderungsprozesse werden transparent gemacht, Forschungsergebnisse (z. B. das Erfahrungskurven-Konzept) lassen sich empirisch belegen.

Nachteile sind:

- Die herangezogenen Bilanz- bzw. Jahresabschlussdaten sind zeitpunktbezogen, wegen der Freiwilligkeit der Teilnahme besteht keine repräsentative Datenbasis, Interdependenzen der Erfolgsfaktoren bleiben unberücksichtigt, auch Unternehmen mit einem geringen Marktanteil können rentabel arbeiten.

Trotz dieser Nachteile sind die Aussagen aus der PIMS-Studie nach wie vor für die strategische Planung von großer Bedeutung, weil in konkreten Entscheidungssituationen aus den Erfahrungen anderer Unternehmen in vergleichbaren Wettbewerbs- bzw. Marktsituationen entsprechende Lehren gezogen werden können. Allerdings sind möglich Schlussfolgerungen immer vor dem Hintergrund der Tatsache zu sehen, dass die PIMS-Reports lediglich eine Aufbereitung von Ist- bzw. Vergangenheitsdaten sind. Prognosen über die Auswirkungen bestimmter Maßnahmen in bestimmten Geschäftsfeldern basieren auf Erfahrungswerten, stellen aber keine zukunftsbestimmende Gesetzmäßigkeit dar.

Eine Weiterentwicklung der aus der PIMS-Studie entwickelten Erkenntnisse stellt die sog. **„Space-Analyse"** dar. Dabei wird nach einer strategischen Grundhaltung des Unternehmens gesucht, welche intern durch die bestehenden Wettbewerbsvorteile und die verfügbare Finanzkraft, extern durch die Leistungsstärke der jeweiligen Branche und die gegebene Umweltstabilität geprägt wird.

Einflussgrößen der Wettbewerbsvorteile sind dabei Marktanteil, Produktqualität, Produktlebenszyklus, Innovationszyklus, Kundenloyalität, Ausnutzung des Wettbewerbspotenzials, technisches Know-how und vertikale Integration.

Als Einflussgrößen der Finanzkraft gelten ROI, Leverage, Liquidität, Kapitalbedarf und Kapitalbestand, Cash Flow; Möglichkeiten des Marktaustritts und Risiko des Geschäftsfeldes.

Einflussgrößen der Umweltstabilität sind technischer Wandel, Inflationsrate, Nachfrageverschiebungen, Preisniveau, Markteintrittsbarrieren, Wettbewerbsdruck und Preiselastizität der Nachfrage.

Als Einflussgrößen der Branchenstärke werden angenommen Wachstums- und Gewinnpotenzial, finanzielle Stabilität, technisches Know-how, Ressourcennutzung, Kapitalintensität, Hindernisse bei der Markterschließung, Produktivität und Kapazitätsauslastung.

Durch eine Gewichtung dieser vier Schlüsselvariablen kann man ein sog. „Space-Chart" für das jeweilige Unternehmen und ggf. seine Konkurrenten erstellen. Das Schwergewicht der sich aus den jeweiligen Gewichtungen ergebenden Zuordnung bestimmt demnach die strategische Grundhaltung des Unternehmens:

- Risikostreuer mit konservativer Grundhaltung bei gegebener hoher Wettbewerbsstärke und hoher Finanzkraft,
- Prospektor mit aggressiver Grundhaltung bei starker Finanzkraft und hoher Leistungsstärke der Branche,
- Verteidiger mit defensiver Grundhaltung bei hohen Wettbewerbsvorteilen und hoher Umweltstabilität oder
- Anpasser mit wettbewerbsorientierter Grundhaltung bei hoher Umweltstabilität und hoher Leistungsstärke der Branche.

3.2.3.9 Portfolio-Analyse

Als **Portfolio** bzw. **Portefeuille** wurde ursprünglich ein Wertpapierdepot bezeichnet, dessen Zusammensetzung unter Berücksichtigung bestimmter Kriterien, insbesondere Rendite und Risiko der Anlagen, optimiert werden sollte.

Der Grundgedanke der **Portfoliotechnik** (Risikoverminderung durch Streuung der Wertpapiere) wurde in den 70er-Jahren auf ganzheitliche Problemstellungen bei diversifizierten Unternehmen übertragen. Sie bestehen aus einer Vielzahl von Elementen, z. B. aus Produkten oder Produktlinien, die zu strategischen Geschäftseinheiten (SGE) zusammengefasst werden und durch einen eindeutigen Kreis von Wettbewerbern gekennzeichnet sind.

Die Unternehmensleitung hat dabei über die Verteilung der Ressourcen auf die strategischen Geschäftseinheiten sowie die Festlegung des Verhältnisses strategischer Geschäftseinheiten zueinander zu entscheiden.

Portfoliotechniken unterstützen das Top Management bei seiner komplexen strategischen Führungsaufgabe und umfassen vor allem:

- Definition eines Maßstabes zum Vergleich der unterschiedlichen Geschäfte.
- Aufzeigen der Erfolgspotenziale der einzelnen strategischen Geschäftseinheiten.
- Beschreiben der strategischen Situation einer jeden strategischen Geschäftseinheit.
- Abgabe einer Strategieempfehlung für einzelne strategische Geschäftseinheiten.

Der Portfolio-Ansatz betrachtet zum einen die Gesamtunternehmung, die aus einzelnen strategischen Geschäftseinheiten(SGE) besteht; sie bearbeiten unterschiedliche strategische Geschäftsfelder (SGF) oder strategische Geschäftsbereiche (SGB) und sind ein isolierter Ausschnitt aus dem Markt eines Unternehmens. Zum anderen kann das Portfolio einer SGE betrachtet werden; als Elemente sind dabei die dem SEG zuzurechnenden Produkte anzusehen.

Standardisierte Portfoliokonzepte basieren zumeist auf einer zweidimensionalen Matrix, in der die strategischen Geschäftseinheiten oder Produkte als Kreise dargestellt werden, wobei die jeweilige Größe der Kreise deren Bedeutung für das Unternehmen ausdrückt. Auf der vertikalen Achse findet sich eine vom Top Management nicht beeinflussbare Umweltkomponente (z. B. das Marktwachstum), auf der horizontalen Achse ist eine dem Einfluss des Top Management unterliegende Unternehmenskomponente ausgewiesen (z. B. der relative Marktanteil).

Die bekanntesten Portfolio-Modelle sind die Vier-Felder-Matrix der Boston-Consulting-Group und das Multifaktoren-Konzept der Unternehmensberatung McKinsey. Diese werden zunächst dargestellt und bewertet. Im Anschluss folgen weitere mögliche Portfolio-Ansätze.

3.2.3.9.1 Marktwachstums-Marktanteils-Portfolio

Das Marktwachstums-Marktanteils-Portfolio wurde von der Unternehmensberatungsgesellschaft Boston Consulting Group entwickelt. Es wird auch als **Vier-Felder-Matrix** oder **BCG-Matrix** bezeichnet und berücksichtigt die Erkenntnisse der PIMS-Studie, der Lebenszyklus-Analyse sowie des Erfahrungskurven-Konzeptes.

Die Darstellung des Marktwachstums-Marktanteils-Portfolios erfolgt in Form eines **Vier-Felder-Koordinatensystems**. Die Achsen der Matrix beziehen sich auf die wichtigsten Erfolgsfaktoren einer strategischen Geschäftseinheit und sind:

Das **Marktwachstum**, das die zukunftsbezogene Komponente repräsentiert, die das Unternehmen nicht beeinflussen kann; es verkörpert alle umweltbedingten Chancen und Risiken bzw. die **Marktattraktivität** einer strategischen Geschäftseinheit. Die Festlegung einer Trennlinie zwischen geringem und hohem Marktwachstum ist dabei in Abhängigkeit von den relevanten Märkten festzulegen; häufig wird eine Grenze von 10 % angegeben.

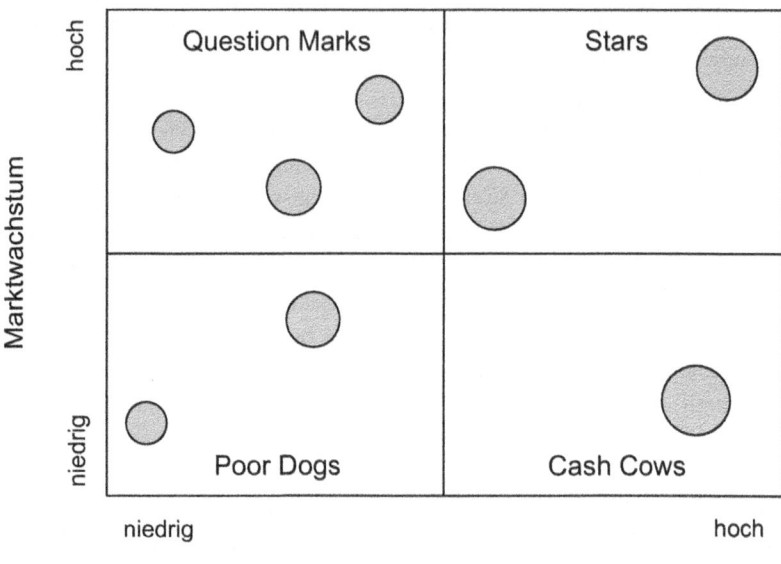

Abb. 3.11 Marktwachstums-Marktanteils-Portfolio

Der **relative Marktanteil**, der die internen Stärken und Schwächen des Unternehmens darstellt. Er drückt das Verhältnis des eigenen Marktanteils zum Marktanteil des größten Konkurrenten aus. In der ursprünglichen Version wurde ein relativer Marktanteil von über 1,5 als „hoch" angesehen; heute verwendet man meistens den Wert von 1,0, weil mehr als dies bereits die Marktführerschaft bedeutet.

In Abhängigkeit von den beiden Einflussfaktoren lassen sich für die zur Diskussion stehenden Produkte oder SGE vier grundsätzliche Positionen unterscheiden, die aus der Darstellung (Abb. 3.11) ersichtlich sind. Die Abbildung ermöglicht ferner eine Information über den Umsatzanteil des Elements (Größe des Kreises).

Im Einzelnen werden zu den vier Grundpositionen in der Literatur folgende Trendaussagen gemacht:

- „**Question Marks**" (Nachwuchs, Fragezeichen, Problemkinder, Babys, Wildcats) sind charakterisiert durch ein hohes Marktwachstum, aber einen niedrigen relativen Marktanteil. In diesem Quadranten wird von der Unternehmung eine Entscheidung gefordert: Es sollte entweder der Versuch gemacht werden, den niedrigen Marktanteil entscheidend zu verbessern, oder aber dies Produkt ist zu eliminieren. Dies gilt vor allem dann, wenn eine Auswahl zwischen verschiedenen Fragezeichen getroffen werden muss. Bei einer offensiven Strategie sind erhebliche Investitionen zur Stärkung der Wettbewerbsvorteile notwendig. Ziel ist hier eindeutig die Gewinnung von Marktanteilen und der Übergang in den Quadranten der Stars.

- „**Stars**" (Sterne oder Spitzenprodukte) sind durch hohes Marktwachstum und hohen Marktanteil definiert. Hier ist die Unternehmung als Marktführer auf einem schnell wachsenden Markt darauf angewiesen, durch weitere Investitionen die Marktposition zu festigen. Es kommt darauf an, im Rahmen der **Normstrategien** die Position zu halten oder sogar auszubauen und Wettbewerbsvorteile zu verstärken. Die Star-Position gilt als beste Voraussetzung, um auf lange Sicht Gewinnbeiträge liefern zu können. Sofern sich im Portfolio dort kein entsprechendes Produkt ausweisen lässt, müssen unbedingt „Fragezeichen" in diese Position gebracht werden.
- „**Cash Cows**" (Melkkühe) sind durch einen hohen Marktanteil in einem Markt mit niedrigem Wachstum gekennzeichnet. Hier hat sich bei gegebener Marktführerschaft das Wachstum verlangsamt; es ist daher kein großer Investitionsbedarf mehr gegeben und die Unternehmung kann eine positive Cash-Flow-Situation realisieren. Die in diesem Segment erwirtschafteten finanziellen Überschüsse dienen zur Finanzierung der Question-Marks und evtl. der Stars. Die Normstrategie sieht hier eine Abschöpfung der finanziellen Ressourcen vor, angestrebt wird ein Halten der gegenwärtigen Position.
- „**Poor Dogs**" (arme Hunde, Problemprodukte) weisen ein niedriges Marktwachstum und einen niedrigen Marktanteil auf. Es würde hier einen unverhältnismäßig hohen Aufwand erfordern, auf dem gesättigten Markt bei relativ schlechter Kostensituation eine Ausdehnung des eigenen Marktanteils zu erreichen – somit sind diese Geschäftseinheiten mittel- bis langfristig abzubauen. Allerdings gilt auch hier ein „Halten", solange positive Deckungsbeiträge erwirtschaftet werden (vorsichtige Desinvestitionsstrategie). In Abweichung von skizzierter Normstrategie werden mitunter auch sog. Dogs mit positiven Cash Flows beobachtet, d. h. neben dem Cash-Cow-Segment können auch die Dogs zur Finanzierung von Nachwuchs- und Star-Produkten herangezogen werden.

In Anlehnung an die vier skizzierten Quadranten wird davon gesprochen, dass ein Produkt im Verlaufe seines Produktlebenszyklus diese in der Weise durchläuft, dass, beginnend als Fragezeichen über die Stars zu den Cash-Cows bis zu den Dogs, idealtypisch ein Weg beschritten wird, der sich näherungsweise am Produktlebenszyklus orientiert. Dies ist jedoch kein Naturgesetz, denn nicht alle Produkte entwickeln sich zu Stars und Cash-Cows; manche müssen als Flops eliminiert werden.

Auch bleibt festzuhalten, dass die Wirkung der beiden hier unterstellten Haupteinflussgrößen des Erfolgs nicht zwingend sind – bildlich gesprochen sind auch „eine Cash-Cow ohne Cash Flow", ein „ewig defizitärer Star" oder ein „reicher Hund" denkbar.

3.2.3.9.2 Marktattraktivitäts-Wettbewerbsvorteils-Portfolio

Das Marktattraktivitäts-Wettbewerbsvorteils-Portfolio wurde von der Unternehmensberatung McKinsey entwickelt, weshalb es auch als **McKinsey-Matrix** bezeichnet wird. Ihr Ziel ist es, in die Bestimmung der Matrix-Achsen mehrere Faktoren einfließen zu lassen, um differenziertere strategische Geschäftseinheiten analysieren und Normstrategien ableiten zu können als beim Marktwachstums-Marktanteils-Portfolio.

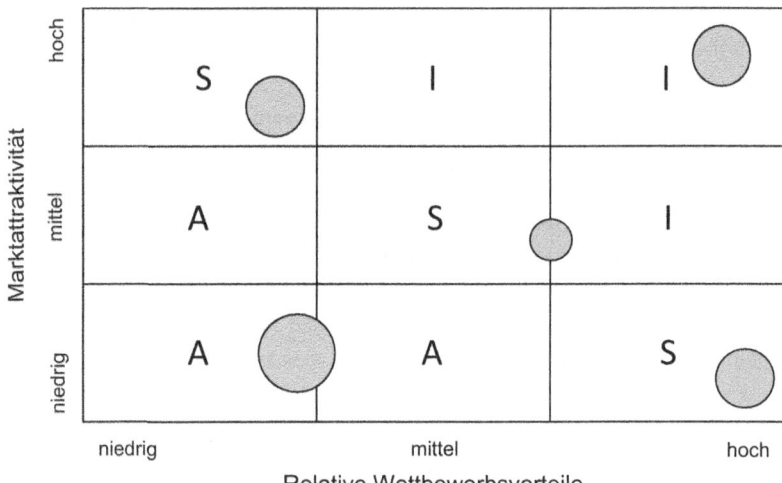

Abb. 3.12 Multifaktoren-Portfolio

Als Beurteilungsfaktoren verfügt das Marktattraktivitäts-Wettbewerbsvorteils-Portfolio über die **Marktattraktivität**, die auch **Branchenattraktivität** genannt wird und die relativen Wettbewerbsvorteile, die auch „Wettbewerbsposition" und „Wettbewerbsstärke" genannt werden.

Die Marktattraktivität lässt sich bestimmen durch Marktwachstum und – größe, Marktqualität, Versorgung mit Produktionsfaktoren sowie Umweltsituation. Der relative Wettbewerbsvorteil ergibt sich aus Faktoren wie relative Marktposition, relatives Produktionspotenzial, relatives Forschungs- und Entwicklungspotenzial sowie relative Qualifikation der Führungskräfte und Mitarbeiter.

Aufgrund der zahlreichen Kriterien, die auch noch gewichtet werden können, ergibt sich eine insgesamt recht hohe Komplexität. Diese Komplexität kann bewältigt werden, indem die einzelnen Matrix-Felder jeweils mit „niedrig", „mittel" und „hoch" bezeichnet werden, woraus dann eine **Neun-Felder-Matrix** entsteht (Abb. 3.12).

Je nach Matrix-Feld sollte es verschiedene Empfehlungen für Normstrategien geben; de facto werden die neun Felder aber zu drei grundsätzlichen Strategieempfehlungen zusammengefasst:

I steht für Investitions- und Wachstumsstrategien: Sie dienen dem Aufbau und der Sicherung künftiger strategischer Erfolgspotenziale der Unternehmung sowie der Erschließung neuer Abnehmergruppen oder Verwendungsmöglichkeiten.

A steht für Abschöpfungs- bzw. Desinvestitionsstrategien. Diese Produkte können zur Deckung des gegenwärtigen Finanzbedarfs beitragen, sollten aber strategisch durch andere Produkte ersetzt werden (Zone der Mittelfreisetzung) (Abb. 3.13).

S steht für Selektive Strategien: Hier wird unterschieden zwischen

- **Defensivstrategie** zur Verteidigung der erreichten Position (hoher Wettbewerbsvorteil, geringe Marktattraktivität).

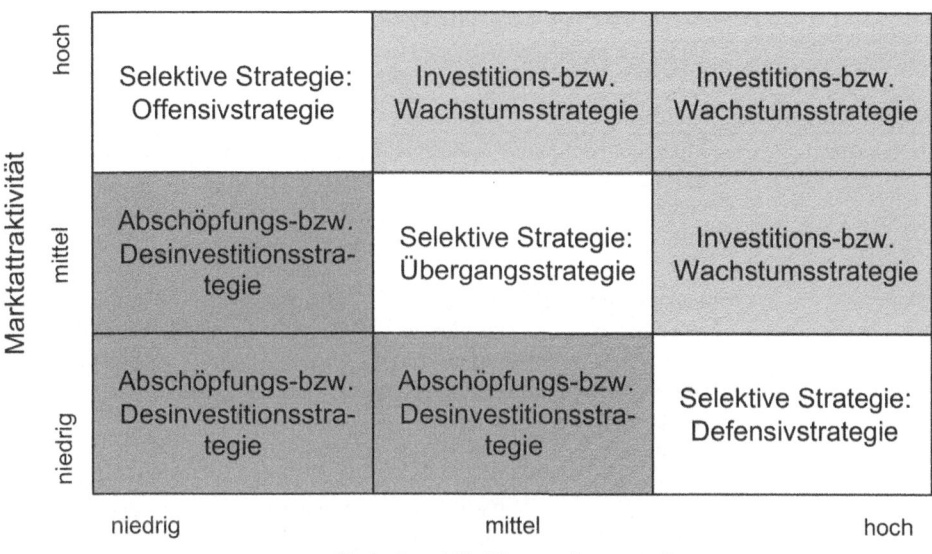

Abb. 3.13 Normstrategien (Multifaktoren-Portfolio)

- **Übergangsstrategie** zur Konsolidierung (mittlere Werte).
- **Offensivstrategie** zur Expansion der erreichten Position (hohe Marktattraktivität, niedriger Wettbewerbsvorteil).

Wegen seiner hohen Differenziertheit wird das Marktattraktivitäts-Wettbewerbsvorteils-Portfolio bei Unternehmen mit relativ komplexer betrieblicher Situation genutzt.

Ein Vergleich von Boston- und McKinsey-Portfolio führt zu dem Ergebnis, dass McKinsey sich um eine breitere Basis für die relevanten Einflussfaktoren bemüht, dies aber mit einem erheblichen Aufwand bei der Einbeziehung teilweise qualitativer Faktoren „erkauft". Auch der vermeintliche Vorteil, über nunmehr neun statt bei Boston nur vier Strategiefelder zu verfügen, wird dadurch aufgegeben, dass am Ende nur drei Strategiealternativen herausgestellt werden.

3.2.3.9.3 Lebenszyklus-Wettbewerbspositions-Portfolio

Das Lebenszyklus-Wettbewerbspositions-Portfolio wurde von der Unternehmensberatung Arthur D. Little entwickelt. Es ist stark absatzmarktorientiert und ermöglicht die Ableitung strategischer Handlungsempfehlungen unter besonderer Berücksichtigung des Lebenszyklus-Konzeptes.

Aus ihm können die folgenden **Erkenntnisse** abgeleitet werden: Die jeweilige **Stellung** einer strategischen Geschäftseinheit bzw. eines Produktes **im Lebenszyklus** entscheidet über die Absatzchancen bzw. Marktbedeutung. Die Unternehmung sollte unter dem Gesichtspunkt der Risikostreuung versuchen, seine strategischen Geschäftseinheiten möglichst ausgewogen im Portfolio zu positionieren, was auch durch eine ausreichende Anzahl von Nachwuchsprodukten erreicht werden kann.

Tab. 3.8 Lebenszyklus-Wettbewerbspositions-Portfolio

Wettbewerbsposition	Phase des Produktlebenszyklus			
	I. Einführung	II. Wachstum	III. Reife/Sättigung	IV. Degeneration
Dominierend	Mit voller Kraft um Marktanteil kämpfen	Position halten	Position halten	Position halten
	Position halten	Marktanteil halten	Mit der Branche wachsen	
Stark	Versuchen, Position zu verbessern	Versuchen, Position zu verbessern	Position halten	Position halten oder abschöpfen
	Mit voller Kraft um Marktanteil kämpfen	Um Marktanteil kämpfen	Mit der Branche wachsen	
Günstig	Selektiv oder offensiv um Marktanteil kämpfen	Versuchen Position zu verbessern	Verwalten oder Halten	Abschöpfen oder schrittweiser Rückzug
	Selektiv um Positions-verbesserung kämpfen	Selektiv um Marktanteil kämpfen	Nische finden und verteidigen versuchen	
Mäßig	Selektiv um Positionen kämpfen	Nische finden und verteidigen	Nische finden und ausharren oder schrittweiser Rückzug	Schrittweiser Rückzug oder Aufgabe
Schwach	Verbessern oder Aussteigen	Umschwung oder Aussteigen	Umschwung oder schrittweiser Rückzug	Aufgabe

Das Lebenszyklus-Wettbewerbspositions-Portfolio betrachtet

- den **Lebenszyklus** einer strategischen Geschäftseinheit bzw. eines Produktes mit seinen Phasen „Einführung, Wachstum, Reife/Sättigung, Degeneration",
- die **Wettbewerbsposition** einer strategischen Geschäftseinheit bzw. eines Produktes ggü. den Konkurrenten als zukünftige Marktstellung.

Für die Darstellung der Wettbewerbsposition gibt es die fünf Stufen „dominierend, stark, günstig, mäßig, schwach". Als 20-Felder-Matrix vermittelt das Portfolio eine Vielzahl von Normstrategien, die aber teilweise nur geringfügig voneinander abweichen (Tab. 3.8).

3.2.3.9.4 Technologie-Portfolio

Das Technologie-Portfolio betrachtet die Technologie als Schlüsselgröße für die Zukunft einer Unternehmung. Es ist insbesondere für Unternehmen bedeutsam, die einen beträchtlichen Teil ihres Umsatzes im Forschungs- und Entwicklungsbereich investieren. Im

Gegensatz zu Produkt-Markt-Portfolios setzt es nicht am Erzeugnis bzw. an Erzeugnisgruppen an, sondern an zu Grunde liegenden Technologien.

Während das Produkt-Markt-Portfolio sich ausschließlich auf den Marktzyklus eines Erzeugnisses beschränkt, greift das Technologie-Portfolio auf einen wesentlich längeren Zeithorizont zurück (Beobachtungs-, Entstehungs-, Markt- und Entsorgungszyklus). Das Technologie-Portfolio sensibilisiert das Unternehmen für Rationalisierungsprozesse.

Mithilfe des Technologie-Portfolios werden betrachtet:

- Die **Technologieattraktivität** als die vom Unternehmen weitgehend unbeeinflussbare Umweltsituation im Technologiebereich. Sie ist die Summe aller technischwirtschaftlichen Vorteile, die durch das Ausschöpfen der in einem Technologiegebiet steckenden strategischen Weiterentwicklungsmöglichkeiten noch gewonnen werden können. Die Bestandteile der Technologieattraktivität sind Weiterentwicklungspotenzial, Anwendungsbreite/Kompatibilität von Technologien (Chancen/Risiken einer Verbesserung der Technik).
- Die Ressourcenstärke, welche die technische und wirtschaftliche Stärke bzw. Schwäche der Technologie des Unternehmens in Relation zum wichtigsten Konkurrenten misst. Sie ist vom Unternehmen selbst steuerbar. Je nach Matrix-Feld gibt es verschiedene **Normstrategien**, insbesondere für den Bereich der Forschung und Entwicklung:
- **Investitionsstrategien**, wonach diejenigen Technologien am stärksten zu fördern sind, die sowohl eine hohe Technologieattraktivität als auch eine hohe Ressourcenstärke haben. Es muss konsequent in Nachwuchs- und Spitzentechnologien investiert und das Know-how in Wettbewerbsvorteile umgesetzt werden.
- **Selektive Strategien**, die bei Technologien mit einer hohen Technologieattraktivität und einer geringen Ressourcenstärke, einer geringen Technologieattraktivität und einer hohen Ressourcenstärke sowie einer durchschnittlichen Technologieattraktivität und einer durchschnittlichen Ressourcenstärke angebracht sind. Damit soll der technologische Vorsprung gehalten oder ausgebaut bzw. aus diesem Bereich ausgestiegen werden.
- **Desinvestitionsstrategien**, die bei Technologien angewandt werden, die eine geringe Technologieattraktivität und auch eine geringe Ressourcenstärke haben. Sie sind für das Unternehmen von nur geringem Wert, Forschungs- und Entwicklungsprojekte wenig Erfolg versprechend. Ggf. könnte ein Zukauf fremder Technologie oder der Verkauf von eigenem Know-how sinnvoll sein.

Die kombinierte Anwendung des Technologie-Portfolios und des Produkt-Markt-Portfolios führt zu einer Verbesserung des Erkenntniswertes, da sowohl Markt- als auch Technologiegesichtspunkte in die Strategieformulierung eingehen.

3.2.3.9.5 Beschaffungsportfolio

Mithilfe des Beschaffungs-Portfolios soll das Unternehmen in seinem Verhalten am Beschaffungsmarkt unterstützt werden, der durch die Machtpositionen sowohl des Einkäufers als auch des Lieferanten geprägt ist. Erzeugnisse, die mit einem hohen Beschaffungsrisiko und einer großen Auswirkung auf das Ergebnis verbunden sind, haben eine hohe

Tab. 3.9 Beschaffungsportfolio

Einkäufermacht	Lieferantenmacht
Kenntnis der Angebotsseite bzgl. Preis, Qualität und weltweiter Liefermöglichkeiten	Keine Substitutionsmöglichkeit, da Alleinanbieter
Einkaufsvolumen hat einen hohen Anteil am Lieferantenumsatz	Wegen des geringen Einkaufsvolumens gilt das Unternehmen als C-Kunde
Kaufteile haben Vielfachverwendung	Kaufteile sind wichtige Bestandteile des gefertigten Endproduktes
Geringe Kosten bei Lieferantenwechsel	Hohe Kosten (z. B. neue Werkzeuge oder Maschinen) bei Lieferantenwechsel
Freie Kapazitäten und Kostensenkungspotenziale erlauben die Übernahme von Kaufteilen in die Eigenfertigung	Kapazitätsauslastung beim Lieferanten und/oder Kunden

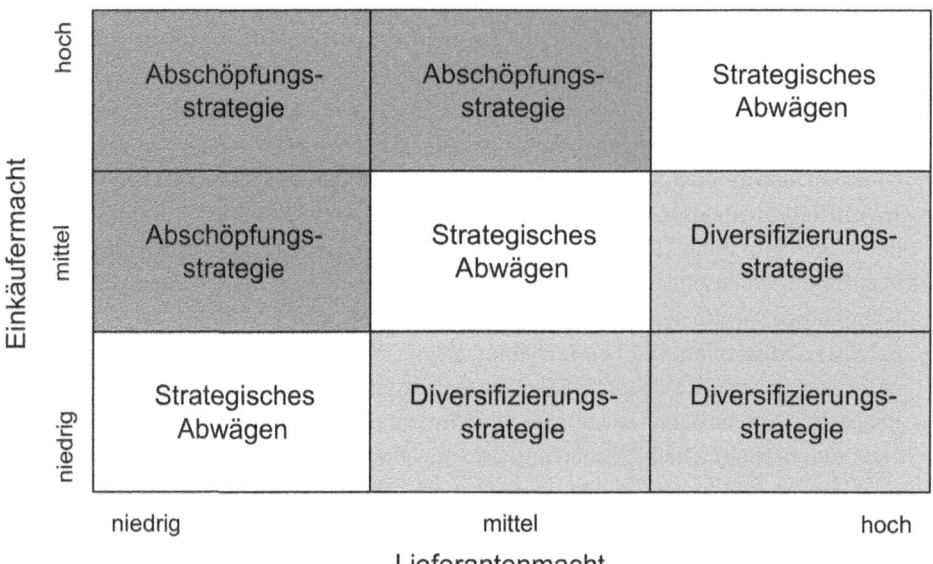

Abb. 3.14 Normstrategien (Beschaffungsportfolio)

strategische Bedeutung für das Unternehmen. In Abhängigkeit von der Verhandlungsmacht des Lieferanten und der eigenen Position als Einkäufer werden verschiedene Normstrategien für den Beschaffungsbereich vorgeschlagen (Tab. 3.9 und Abb. 3.14).

Die **Abschöpfungsstrategie** bewirkt ein aktives Vorgehen am Markt. Das einkaufende Unternehmen versucht seine Macht auszuspielen, z. B. über niedrige Preise oder gute Vertragskonditionen. Dabei sollte die starke Marktposition des Unternehmens nicht dazu führen, dass die Lieferantenbeziehungen gefährdet und/oder Gegenmaßnahmen ausgelöst werden.

Die **Diversifizierungsstrategie** ist eine Defensivstrategie, welche die Suche nach Alternativen beinhaltet. Der Lieferant hat eine besonders günstige Stellung auf dem Beschaffungsmarkt, die Macht des Einkäufers ist nur gering bis mittel. Der Einkäufer muss versuchen, seine Aktivitäten auf dem Beschaffungsmarkt zu intensivieren.

Die **Strategie des Abwägens** stellt eine Strategie des Haltens dar. Sie ist bei Produkten ohne hohes Beschaffungsrisiko und ohne große Ergebnisauswirkung sinnvoll.

3.2.3.9.6 Kritische Würdigung der Portfolio-Analyse

Als Hilfsmittel für die Geschäftsfeldplanung, als Kern der strategischen Planung, kommt der Portfolio-Analyse besondere Bedeutung zu. Durch die Darstellung einer auf vier bzw. neun Segmente unterteilten Matrix kann man die wesentlichen Elemente der jeweils gewünschten Analyse veranschaulichen. Es wird damit den „Zahlenfriedhöfen" der Ist- und Planungsrechnung ein visuelles Medium an die Seite gestellt. So gelingt eine Darstellung der Positionen einzelner SGE sowie deren Gesamtspektrum in einer anschaulichen Form, durch die Probleme sichtbar werden, die ohne diese Art der Darstellung möglicherweise verborgen geblieben wären. Die Anwendung des Portfolio-Konzepts erleichtert die Kommunikation zwischen den Führungskräften einer Unternehmung im Zusammenhang mit Analyse, Prognose und Planung.

Problematisch erscheint die Anwendung der Portfolio-Modelle dann, wenn dies unkritisch erfolgt, d. h. der Anwender

- berücksichtigt nicht die Prämissen der Aussagen,
- beschränkt seine strategischen Überlegungen auf nur zwei Faktoren, die das betreffende Konzept zu Grunde legt,
- übernimmt eine „Normstrategie als Rezept" und führt die vorgesehenen Maßnahmen mechanisch durch, ohne die Spezifika seiner Situation zu berücksichtigen,
- hält allein den Marktanteil für einen Erfolgsindikator und ein erstrebenswertes Ziel mit dem Effekt, dass Manager in schwach wachsenden Geschäftsfeldern demotiviert werden.

Die Portfolio-Analyse stellt ein im Ansatz schlüssiges Instrument dar. Bei sachgerechter Anwendung werden dabei Erfolgspotenziale des Unternehmens offengelegt und man erkennt grundsätzliche Möglichkeiten für strategische Maßnahmen, mit denen sich die Geschäftseinheiten des Unternehmens weiterentwickeln lassen. Allerdings kann die Portfolio-Analyse keine Aussagen darüber machen, welche funktionalen Maßnahmen, speziell im Marketing, im Einzelnen eingesetzt werden müssten. Eine konkrete Marketing-Strategie ist erst im Anschluss an die durch Portfolio-Analyse und die übrigen vorgestellten Ansätze entwickelten Handlungsalternativen abzustimmen. Hiermit ergibt sich die Möglichkeit, aber auch die Notwendigkeit, im Rahmen des strategischen Managementprozesses mehrere alternative Strategien zu durchdenken.

3.2.4   Entscheidungen über die strategische Planung

3.2.4.1   Vorauswahl geeigneter Alternativenbündel

Eine strategische Planungsrunde wird abgeschlossen mit einer Entscheidung über die im Regelfall für ein Jahr gültige Planung. Dazu gehören Entscheidungen über die Auswahl und Fortentwicklung der zukünftig anzubietenden Leistungen sowie Entscheidungen über Umfang, Qualität und regionale Verteilung der zur Leistungserstellung notwendigen Personal- und Sachkapazitäten.

Eine „Verabschiedung" der strategischen Planung setzt voraus, dass man aus den zuvor entwickelten Handlungsalternativen Bündel konsistenter Maßnahmen zusammenstellt; diese werden von den Entscheidungsträgern für grundsätzlich geeignet angesehen, der Zielerfüllung des Unternehmens zu dienen. Mit dieser Überlegung sind zwei „Vorabentscheidungen" angesprochen, die dem eigentlichen Prozess der Entscheidungsfindung vorausgehen:

1. Es werden solche Handlungsalternativen ohne detaillierte Untersuchung „unterdrückt", denen die Entscheidungsträger keinen wesentlichen Beitrag zur Zielerfüllung zutrauen. Damit besteht die Gefahr, dass aufgrund subjektiver Abneigungen oder Fehleinschätzungen mitunter geeignete Maßnahmen nicht zum Einsatz kommen.
2. Die strategische Planung muss von konsistenten Maßnahmenbündeln ausgehen; es können z. B. nicht beliebig viele Produktentwicklungen zur Marktreife geführt werden, ohne dass parallel die notwendigen Kapazitäten zur Leistungserstellung und Leistungsverwertung bereitgestellt werden.

Die gewissermaßen „in die engere Auswahl" genommenen **Alternativenbündel** müssen dann bezüglich ihrer Auswirkungen auf das bzw. die relevanten Ziele prognostiziert werden. Schließlich erfolgt die Bewertung und damit im Regelfall zugleich die Entscheidung, womit dann die strategische Planung abgeschlossen wäre.

3.2.4.2 Prognose der Auswirkungen strategischer Maßnahmen

Um eine rationale Entscheidung treffen zu können, ist zunächst eine Prognose über die Entwicklung des Unternehmens auf der Basis der herausgearbeiteten Handlungsalternativen zu treffen. Die Prognose beschränkt sich dabei auf die oben skizzierten Alternativenbündel, welche in die engere Auswahl genommen wurden.

Im Zusammenhang mit der Kennzeichnung der Ausgangssituation ging es darum, eine Status quo-Entwicklung zu prognostizieren – d. h. man ging davon aus, dass das Unternehmen keine weiteren strategischen Handlungen ergreift bzw. dass die Vorjahresplanung unverändert fortgeführt wird. In ähnlicher Weise können nunmehr alternative Szenarien unter Einbeziehung der zur Diskussion stehenden Alternativenbündel entwickelt werden. Hierzu ist es notwendig, Prognosen zu treffen über die Entwicklung des Unternehmens unter Berücksichtigung der alternativen Handlungsstrategien. Zur Prognose werden in der Literatur verschiedene Verfahren angeboten:

1. Qualitative Verfahren beruhen auf subjektiven Einschätzungen der Entscheidungsträger bzw. ausgewählter Experten. Um derartige subjektive Einschätzungen in geeigneter Weise in die Prognose einbinden zu können, hat man diverse Methoden entwickelt. Am bekanntesten sind in diesem Zusammenhang das „Brainstorming" und die „**Delphi-Methode**". Beim Brainstorming geht man davon aus, dass sich eine Gruppe von Experten zusammensetzt, um die Entwicklung der relevanten Größen abzuschätzen und durch Diskussion, ggf. auch Austausch divergierender Gedanken zu einer plausiblen Einschätzung kommen zu können. Es sei darauf verwiesen, dass das Verfahren des Brainstormings auch im Zusammenhang mit der Entwicklung von Alternativen zur Anwendung kommen kann. Die Delphi-Methode ist ein exakt vorgegebenes Verfahren, bei dem über einen Fragebogen ausgewählte Experten getrennt nach ihrer Meinung bzgl. der Entwicklung gefragt werden. Ihre Einschätzungen werden den übrigen Beteiligten ohne Namensnennung zugeleitet. Nach zwischenzeitlicher Auswertung und Erörterung der als Mittelwert der Experteneinschätzungen erwarteten Entwicklung können die Experten ihre eigene Meinung revidieren bzw. vom Durchschnitt abweichende Auffassungen begründen, sodass ihre Kenntnis der Sachlage in die Gesamtprognose einbezogen werden kann. Der Effekt dieser Methoden ist selbstverständlich davon abhängig, ob es gelingt, die geeigneten Experten heranzuziehen. Im Übrigen ist auch die Auswahl der gestellten Fragen mitentscheidend für den Erfolg eines derartigen Projekts.

2. Quantitative (mathematisch-statistische) Verfahren basieren auf der Annahme, dass man aus der Vergangenheitsentwicklung bestimmter Größen auf deren zukünftige Entwicklung schließen kann. Zu nennen ist hier die Zeitreihenanalyse, bei der es darum geht, Trends zu ermitteln und fortzuschreiben. Problematisch ist dabei freilich die Einbeziehung von strategischen Handlungen des Unternehmens – nur wenn ähnliche Maßnahmen in der Vergangenheit zu beobachten waren, ist es möglich, über ein derartiges Verfahren auf zukünftige Entwicklungen zu schließen. Ein zweiter Ansatz in diesem Zusammenhang ist die **Korrelationsanalyse**. Hier geht es darum, die zu prognostizierende Größe über die vorliegende Entwicklung einer Kontrollgröße einzuschätzen. Zeigt sich in der Vergangenheit eine eindeutig positive bzw. negative Korrelation, so lässt sich darauf schließen, dass eine entsprechende Entwicklung fortbesteht. Hat man jetzt für die gesuchte Größe nur wenig statistisches Material, für die Kontrollgröße hingegen liegt dieses vor, so ist damit über die Korrelationsanalyse ein Rückschluss auf die zukünftige Entwicklung möglich.

Die Qualität einer Prognose ist bestimmt durch ihren Informationsgehalt und ihren Sicherheitsgrad; dies gilt grundsätzlich unabhängig davon, ob ein qualitatives oder ein quantitatives Prognoseverfahren zur Anwendung kommt:

- Einflussfaktoren des Informationsgehalts sind dabei die Allgemeinheit, die Präzision und die Bedingtheit der Prognose. Mit steigender Allgemeinheit und Präzision sowie mit abnehmender Bedingtheit nimmt die Qualität der Prognose zu.

- Der Sicherheitsgrad einer Prognose wird demgegenüber bestimmt durch den Informationsgehalt und die Qualität der empirischen Begründung. Während ein hoher Informationsgehalt die Sicherheit der Prognose negativ beeinflusst, steigt diese mit der Qualität der empirischen Begründung. Diese nimmt wiederum zu mit der Zahl positiver Evidenzen, zunehmender Aktualität, steigendem Informationsgehalt, zunehmender Varietät der Beobachtungsbedingungen, besserer theoretischer Begründung der Evidenzen und abnehmender Prognosereichweite.

Durch Anwendung eines oder mehrerer der gezeigten Prognoseverfahren lässt sich nun versuchen, wie bereits oben geschildert, einen „Trichter" der möglichen Entwicklung der geschätzten Zielgröße anzugeben. Im Regelfall wird man dabei nicht nur eine, sondern mehrere Zielgrößen verwenden, deren Entwicklung von den Entscheidungsträgern zu beurteilen ist. Im Folgenden sollte nun dargestellt werden, wie unter Bezugnahme auf die klassische Entscheidungstheorie bei monistischer Zielsetzung Entscheidungshilfen gegeben werden können und wie man evtl. unter Berücksichtigung mehrerer Ziele ein rationales Entscheidungsverhalten darstellen kann.

3.2.4.3 Bewertung und Entscheidung

Zunächst ist darzustellen, wie bei Anwendung sog. „**Entscheidungsregeln**" eine rationale Entscheidung getroffen werden kann. Dabei dient im Regelfall eine Zielgröße als Entscheidungskriterium. Sofern man dennoch, wie unter 2.3 dargestellt, mehrere Ziele für relevant erachtet, wäre bei Anwendung dieser Entscheidungsregeln vorab eine Konzentration auf eine Zielgröße vorzunehmen, ggf. als gewichtetes Mittel des Zielerfolgs aller Ziele.

3.2.4.3.1 Entscheidung bei monistischer Zielsetzung und fehlenden Wahrscheinlichkeiten

Gibt es für den Eintritt bestimmter zukünftiger Entwicklungen keine **Wahrscheinlichkeiten**, so lassen sich für eine Zielgröße möglicherweise zwei oder mehrere quantitative Einschätzungen angeben. Vergleicht man nun mehrere Handlungsalternativen und die auf sie entfallenden möglichen Zukunftsentwicklungen, so lassen sich grundsätzlich mehrere mögliche Entscheidungsformen herausarbeiten; vier bekannte Verfahren sollen im Folgenden auf der Grundlage eines einfachen Beispiels demonstriert werden:

Erfolg bei Datenkonstellationen			
Alternativen	(1)	(2)	(3)
A	52	70	60
B	100	25	50
C	75	50	80

(1) Das sog. **Minimax-Kriterium** (Neumann/Morgenstern/Wald): Der Entscheidende wird diejenige von mehreren Alternativen wählen, bei der das schlechteste mögliche Ergebnis besser ist als die schlechtesten Ergebnisse aller anderen. Es wird daher die Alternative A gewählt, da deren schlechtestes Ergebnis (52) über denjenigen bei B (25) und C (50) liegt.

(2) Das sog. **Minimax-Risiko-Kriterium** (Savage/Niehans) unterstellt, dass der Entscheidende diejenige Maßnahme wählt, bei der die maximale Enttäuschung am geringsten wäre; damit käme, wie folgende Berechnung zeigt, C zum Zuge:

Enttäuschung bei Datenkonstellation				
	(1)	(2)	(3)	Summe
A	48	–	20	48
B	–	45	30	45
C	25	20	–	25

(3) Das Kriterium des unzureichenden Grundes (Laplace): Hier errechnet man ein einfaches arithmetisches Mittel aus den Prognosewerten und wählt die Alternative, bei der dieser Durchschnittswert am höchsten ist. Dies wäre bei diesem Beispiel C (68,33) gegenüber A (60,66) und B (58,33).

(4) Beim Pessimismus-Optimismus-Kriterium (Hurwicz) werden die minimalen und maximalen erwarteten Erfolge der Alternativen mit einem Pessimismus-Optimismus-Index gewichtet. Hier wird angenommen, dass die Minima mit 0,3 und die Maxima mit 0,7 gewichtet werden sollen; dabei stellt sich B als die zu wählende Alternative heraus:

Bewertung nach dem Hurwicz-Kriterium			
	Minimum	Maximum	Summe
A	$52 \times 0,3 = 15,6$	$70 \times 0,7 = 49$	64,6
B	$25 \times 0,3 = 7,5$	$100 \times 0,7 = 70$	77,5
C	$50 \times 0,3 = 15,0$	$80 \times 0,7 = 56$	71,0

3.2.4.3.2 Entscheidung bei monistischem Ziel und vorliegenden Wahrscheinlichkeiten

Lassen sich für den Eintritt der prognostizierten Ereignisse bekannte objektive, ggf. auch subjektive Wahrscheinlichkeiten angeben, so lässt sich die o. g. Entscheidungssituation verbessern. Für jede Alternative ist nunmehr der mathematische Erwartungswert zu bilden, das ist die Summe der mit den zugehörigen Wahrscheinlichkeiten gewichteten Zielbeiträge. Danach ist dann diejenige Alternative mit dem höchsten Gesamterwartungswert auszuwählen. Für die oben gezeigten Datenkonstellationen sollen Wahrscheinlichkeiten von 50 % für (1), 30 % für (2) und 20 % für (3) angenommen werden:

Gewichteter Erfolg bei Datenkonstellation				
	(1)	(2)	(3)	Summe
A	26	21	12	59
B	50	7,5	10	67,5
C	37,5	15	16	68,5

Damit wäre der Alternative C der Vorzug zu geben. Eine derartige Entscheidung ist allerdings nur dann plausibel, wenn man bei den Entscheidungsträgern von Risikoindifferenz ausgehen kann – d. h. ein Erfolg von 100 mit einer Wahrscheinlichkeit von 0,1 ist genauso wertvoll wie ein Erfolg von 50 mit einer Wahrscheinlichkeit von 0,2. Geht man davon aus, dass Entscheidungsträger üblicherweise risikoscheu sind, so wird eine Verringerung der Eintrittswahrscheinlichkeiten nur dann als gleichwertig angesehen, wenn die zugehörigen Gewinnwerte überproportional steigen. Es ergeben sich damit für die Entscheidungsträger unterschiedliche, die Risiko- und Chancenpräferenz ausdrückende Nutzenindifferenzkurven.

3.2.4.3.3 Entscheidung bei multivariabler Zielsetzung

Rückt man von der Hypothese ab, dass nur ein Ziel maßgeblich ist im Entscheidungsprozess, so lassen sich die oben genannten entscheidungstheoretischen Grundlagen kaum noch verwenden. Dies gilt insbesondere dann, wenn im Rahmen des relevanten Zielsystems auch qualitative Ziele eine Rolle spielen. Bei qualitativen Zielen entfällt die Möglichkeit, durch quantitative Messung des Zielausmaßes eine Entscheidung herbeizuführen. Dennoch gibt es die Möglichkeit, in eine Entscheidungssituation sowohl quantitative als auch qualitative Ziele einzubringen. Die sog. „**Nutzwertanalyse**" setzt allerdings voraus, dass vorab die Gewichtung zwischen den relevanten Zielgrößen entschieden wurde. Somit ist es dann möglich, ein Zielbündel aus z. B. fünf Zielen heranzuziehen, bei dem etwa das Ziel A ein Gewicht von 50 % besitzt, Ziel B, C und D jeweils 10 % und Ziel E 20 %. Zur Kombination quantitativer und qualitativer Ziele ist hier grundsätzlich ein einheitliches System zur Bewertung der möglichen Handlungsalternativen bzgl. der Zielerreichung festzulegen, z. B. eine Punktbewertung zwischen 0 (kein Zielerfolg) und 10 (vollständige Zielerreichung). Diese Punkte gilt es dann mit der zuvor festgelegten Gewichtung zu multiplizieren, sodass am Ende für eine der Handlungsalternativen eine bestmögliche gewogene Zielerreichung ermittelbar ist; dies wird an folgendem Beispiel demonstriert:

Zielerfolg mit Gewichtung						
	A (0,5)	B (0,1)	C (0,1)	D (0,1)	E (0,2)	Summe
I	8 ≥ 4	5 ≥ 0,5	4 ≥ 0,4	3 ≥ 0,3	6 ≥ 1,2	6,4
II	6 ≥ 3	6 ≥ 0,6	5 ≥ 0,5	8 ≥ 0,8	4 ≥ 0,8	4,7
III	7 ≥ 3,5	8 ≥ 0,8	9 ≥ 0,9	6 ≥ 0,6	5 ≥ 1	6,8
IV	9 ≥ 4,5	3 ≥ 0,3	5 ≥ 0,5	7 ≥ 0,7	6 ≥ 1,2	7,2

Die Alternative IV weist den höchsten gewichteten Zielerreichungsgrad auf und erscheint deshalb vorteilhaft. Dieses Verfahren wirkt auf den ersten Blick bestechend; wenn man jedoch daran denkt, dass letztendlich eine Bewertung der Zielerreichung bzgl. der einzelnen Ziele wie auch deren Gewichtung durch den bzw. die Entscheidungsträger erfolgt, so ist auch dieses Verfahren subjektiven Einflüssen ausgesetzt. Um die Nutzwertanalyse sinnvoll anwenden zu können, wird insbesondere gefordert, dass nicht nur einer, sondern mehrere Entscheidungsträger unabhängig voneinander diese Bewertungen durchführen. Würde man nunmehr die Ungewissheit bzgl. der Zielerfüllung berücksichtigen, müsste bei einer derartigen Nutzwertberechnung zuvor der über Wahrscheinlichkeiten gewichteten Erfolg bzgl. der Einzelziele ermittelt werden; sofern keine Wahrscheinlichkeiten angegeben werden können, käme eine Anwendung der o. g. Entscheidungsregeln bzgl. der für jede Datenkonstellation ermittelten Nutzwerte in Frage.

Als Ergebnis des Entscheidungsprozesses soll nunmehr angenommen werden, dass sich das Unternehmen – gleichgültig auf welchem Wege – zu einer Handlungsstrategie entschieden hat, die aus einem Maßnahmenbündel bestehen kann, welches in der Folgezeit umzusetzen ist.

3.2.5 Der strategische Plan als Ergebnis einer Planungsrunde

Die im Regelfall jährlich durchzuführende Planungsrunde einer Unternehmung wird üblicherweise abgeschlossen durch einen Beschluss der Leitungsinstanz (Vorstand, Geschäftsführung). Die strategische Planung findet dabei ihren Niederschlag in der Langfristplanung, wobei ein Planungshorizont zwischen 5 und 15 Jahren angenommen werden kann. Die Langfristplanung enthält im Wesentlichen zwei Elemente:

1. Es wird ein Katalog der strategischen Maßnahmen aufgestellt, durch die sich strategische Ziele verwirklichen lassen, z. B. der Aufbau neuer Geschäftsgebiete, die Ausdehnung des Absatzes der Produkte auf zusätzliche Regionen, die Entwicklung bzw. Einführung neuer Fertigungsverfahren oder die Verlagerung von Produktionsstätten. Zu jeder dieser Maßnahmen gehört ein Detailplan, über den unter anderem der zeitliche Ablauf, die benötigten Komponenten und die Interdependenzen zwischen den Arbeitsgängen geregelt werden. Als geeignetes Planungsinstrument kommt dabei insbesondere die Netzplantechnik in Betracht. Die hier angenommenen strategischen Maßnahmen sind zunächst als qualitative Elemente zu verstehen; eine Produkteinführung oder eine Produktionsverlagerung wird erfolgreich durchgeführt oder nicht. Daneben sind mit diesen Maßnahmen aber auch quantitative Auswirkungen verbunden; zum einen werden im Regelfall finanzielle Mittel für die Durchführung von Investitionen benötigt, zum anderen resultieren aus diesen Maßnahmen Mittelrückflüsse, durch die sich letztlich ein Erfolg im Sinne der Wirtschaftlichkeit ergeben müsste. Nicht alle strategischen Maßnahmen führen sofort zu konkreten Handlungen; es könnte etwa im Jahre

2015 beschlossen werden, ab dem Jahre 2020 ein zur Zeit in Europa angebotenes Produkt in einer anderen Region anzubieten, wobei erste Vorbereitungen für das Jahr 2018 vorgesehen sind. Nur diejenigen Maßnahmen, die im Folgejahr bereits bearbeitet werden sollen, finden ihren Niederschlag in der parallel durchzuführenden operativen Planung des Jahres 2016, andere in den Plänen späterer Jahre.

2. Darüber hinaus wird die Gesamtunternehmung im Rahmen der strategischen Langfristplanung auch quantitativ darzustellen sein, indem die Annahmen über den Geschäftsverlauf einschließlich der unter (1) geschilderten Effekte in ihren Eckdaten erfasst werden bezüglich der einzelnen Planperioden durch
   – Plan-Gewinn- und Verlustrechnungen,
   – Plan-Leistungs- und Kostenrechnungen,
   – prospektive Bewegungsbilanzen bzw. Kapitalflussrechnungen,
   – Planbilanzen zum Ende der jeweiligen Perioden und
   – ausgewählte Erfolgs- und Bilanzkennzahlen.

Zwar wird häufig das qualitative Element der strategischen Planung in den Vordergrund gestellt, doch kommt einer Analyse der quantitativen Auswirkungen in der Praxis häufig eine sehr große Bedeutung zu. Dies hängt damit zusammen, dass als Hauptziel einer erwerbswirtschaftlichen Unternehmung das Gewinn- bzw. Rentabilitätsstreben anzunehmen ist – jede strategische Planung wird hinsichtlich ihrer erfolgswirtschaftlichen Auswirkungen beurteilt. Eine Planverabschiedung ist daher meistens nur möglich, wenn die Plangewinne und -renditen auch späterer Perioden den Zielvorstellungen der Entscheidungsträger entsprechen. Dass damit die Versuchung einhergeht, die zukünftige Entwicklung „schönzurechnen", um die Planungsrunde abschließen zu können, sei als eine mögliche Gefahrenquelle an dieser Stelle erwähnt. Als weitere Gefahren bei der Durchführung und Umsetzung einer strategischen Planung werden genannt:

• unzureichende Verankerung in der Organisationsstruktur der Unternehmung.
• keine genügende Anbindung an das operative Management, welches sich deshalb nicht mit strategischen Plänen identifiziert und diese nur widerwillig umsetzt.
• fehlende Konsistenz mit der Unternehmenskultur und der Führungsphilosophie des Unternehmens.
• Segmentierung des Unternehmens in strategische Geschäftseinheiten wird bereits als Strategie verstanden.
• durch Segmentierung wird der Blick auf eine integrative Gesamtkonzeption verstellt, durch viele Teilstrategien besteht die Gefahr der Suboptimierung.
• die Anwendungsmöglichkeiten bestimmter Konzepte (Portfolio, Erfahrungskurve) werden überschätzt, man sucht ein „Patentrezept" (Normstrategien) anstelle einer individuellen Bemühung.
• Zeitbedarf der strategischen Änderungen und das Beharrungsvermögen bestehender Organisationen werden unterschätzt.
• strategische Planung wird vom Management nicht ernst genommen und als lästige Routine bzw. Beschäftigungstherapie für Stäbe betrachtet.

Trotz aller Schwierigkeiten und Fehlerquellen lässt sich als Quintessenz empirischer und theoretischer Forschung festhalten, dass die strategische Planung zwar allein nicht die Existenz des Unternehmens sichern kann, aber wesentlich dazu beiträgt, frühzeitig die Notwendigkeit von Veränderungen zu erkennen und Handlungsalternativen zu entwickeln; damit ist sie als ein sehr hilfreiches Instrument zur langfristigen Existenz- und Erfolgssicherung des Unternehmens gekennzeichnet.

3.2.6 Der Businessplan als Instrument zur Steuerung des Unternehmenserfolgs

Der **Businessplan** (BP) ist ein weiteres Instrument der strategischen Planung und damit der Steuerung des Unternehmenserfolgs.

Was ist ein Businessplan?

Stellen Sie sich vor, Sie wollen in Ihrem nächsten Urlaub mit zwei Freunden zu Fuß die Alpen überqueren. Wie gehen Sie dieses Vorhaben an? Einige werden sagen: Ich nehme mir 14 Tage Urlaub und dann laufen wir mal los. Das ist mögliches Herangehen an die Alpenüberquerung. Aber ob Sie in der vorgesehenen Zeit und gesund auf der anderen Alpenseite ankommen, darf bezweifelt werden. Erfahrene Manager, Controller aber auch Alpinisten werden sich erst einmal erkundigen: Nach der besten Strecke, dem Wetter, nach Schwierigkeitsgraden, Unterkünften, und, und, und. Kurz gesagt: Sie informieren sich zunächst, um anschließend eine Route auszuarbeiten, auf der Sie gehen wollen. Wenn Sie dann starten, haben Sie einen genauen Plan im Kopf oder sogar auf Papier oder in Ihrem Smartphone. Sie können jeden Abend überprüfen, ob Sie noch im „Soll" sind oder ob es, z. B. durch schlechtes Wetter, zu Verzögerungen gekommen ist, die Sie wieder reinholen müssen.

Genauso wie bei dieser fiktiven Urlaubsvorbereitung verhält es sich auch bei einem Businessplan. Nur dass hier der Ausgangspunkt keine Reise, sondern Ihre Geschäftsidee ist. Indem Sie sich gründlich vorbereiten, überlegen, was Sie bei der Umsetzung alles berücksichtigen müssen und wie Sie genau vorgehen wollen, schließen Sie Risiken aus bzw. minimieren diese. Außerdem können Sie immer wieder überprüfen, wo eventuell Abweichungen vorliegen, deren Ursachen analysieren und frühzeitig gegensteuern.

Ein Businessplan (BP) (dt. Geschäftsplan) ist eine schriftliche Zusammenfassung eines unternehmerischen Vorhabens. Basierend auf einer **Geschäftsidee** werden im Businessplan die Strategie und die Ziele dargestellt, die mit der Produktion, dem Vertrieb und der Finanzierung eines Produktes oder einer Dienstleistung verbunden sind. Zudem muss ein Businessplan genaue Angaben zu allen betriebswirtschaftlichen und finanziellen Aspekten eines Vorhabens beinhalten.

Somit ist ein Businessplan einerseits ein Werkzeug, um Ziele und die Strategie eines unternehmerischen Vorhabens für die Verfasser selbst zu formulieren. Er verhilft zu einer systematischen Vorgehensweise und durch die schriftliche Fixierung müssen konkrete Entscheidungen getroffen werden. Der Businessplan ist wiederum kein starres Dokument, sondern entwickelt sich ständig weiter.

Er ist andererseits ein Verkaufspapier, das eine Geschäftsidee nach außen verkauft und deutlich macht, dass mit dem beschriebenen Produkt oder der Dienstleistung Geld verdient werden kann. Er bildet auch die Grundlage der Kommunikation für die Gespräche mit Banken, der öffentlichen Hand, Förderinstitutionen, Risikokapitalgebern, Business Angels, Beratern und Kooperationspartnern.

Immer dann, wenn eine Geschäftsidee konkret in ein Gründungsvorhaben (auch innerhalb einer bereits existierenden Unternehmung) umgesetzt werden soll, wird ein Businessplan benötigt. Dabei ist es egal, wie umfangreich das Gründungsvorhaben ist. Die Fragen sind die gleichen. Nur der Umfang des Plans wird abweichen.

Unternehmensgründungen sind entgegen weit verbreiteter Meinung inzwischen längst nicht mehr der einzige Anwendungsbereich für einen Businessplan. Gerade in großen Konzernen ist es inzwischen üblich, bei Produkteinführungen, Expansionen oder Firmenkäufen mit dem Werkzeug Businessplan zu arbeiten.

Ein Businessplan wird u. a. bei folgenden Anlässen eingesetzt:

- Neugründung
- Nachfolgeregelung
- Firmenverkauf oder -übernahme
- Strukturänderung und Neuausrichtung
- Fusion
- Kooperation
- Neuprodukteinführung
- Expansion in andere Märkte
- Kapitalerhöhung
- Börsengang
- Beantragung von öffentlichen Fördermitteln
- Erlangung von Erweiterungskrediten bei der Bank

Der Nutzen eines Businessplans ist vielfältig:

Einen Businessplan zu erstellen und ihn als Arbeitsinstrument dann jederzeit zur Hand zu haben hat folgende Vorteile:

Er hilft, andere von dem geplanten Vorhaben zu überzeugen: Wenn jemandem einen Businessplan vorgelegt wird, wurde schon zum ersten Mal bewiesen, dass der Verfasser mit der Komplexität einer Idee umgehen kann. Den Lesern wird aufgezeigt, dass das Vorhaben ernst gemeint ist.

Er ist zwingende Voraussetzung zur Kapitalbeschaffung: Denn ohne die quantitative und qualitative Darstellung der Geschäftsidee kann weder ein Investor zum Einstieg bewegt werden noch wird eine Bank eine Kreditzusage geben.

Er gibt die Möglichkeit zur Erfolgskontrolle: Der Businessplan ist Ausgangspunkt für das Controlling. Jeder Schritt kann nachvollzogen werden. Jede Abweichung bedarf einer Bewertung und einer eventuellen Anpassung des Planes. Bei Schieflagen können frühzeitig entsprechende Maßnahmen zur Gegensteuerung eingeleitet werden.

Der Businessplan zwingt zu einer systematischen Vorgehensweise: Bei der Erstellung eines Businessplans ist der Verfasser gezwungen, jeden Schritt logisch und mit System zu durchdenken. Wissenslücken werden sichtbar. Probleme werden erkennbar. Entscheidungen müssen getroffen werden. Alternativen müssen überlegt werden.

Er gibt einen Gesamtüberblick: Der fertige Businessplan fügt alles zu einem Ganzen zusammen. Alle Teile müssen passen. Die Dimension des geplanten Vorhabens wird sichtbar.

Er erhöht die Erfolgsaussichten: Einen Hausbau würde niemand ohne Bauplan beginnen. Das heißt: Ein vorab ausgearbeiteter Businessplan macht die Umsetzung einer Geschäftsidee sehr viel einfacher. Dass die Erfolgsaussichten durch die Erstellung eines Businessplans steigen, ist inzwischen durch die Praxis bestätigt. Denn ein fehlerhafter Plan, gravierende Planabweichungen oder ein nicht vorhandener Plan sind die häufigsten Ursachen für das Misslingen von Unternehmensgründung in Deutschland.

Ein Businessplan hilft, Risiken besser abzuschätzen: Die Umsetzung einer Geschäftsidee ist immer mit Risiken verbunden. Risiken können im Unternehmen selbst oder vom Markt entstehen. Risiken lassen sich nicht ausschließen. Aber eine genaue Planung und das Bewusstsein, dass im einen oder anderen Fall ein Risiko besteht, mildern die negativen Folgen erheblich ab. Erkannte Risiken können, z. B. durch finanzielle Reserven gemildert oder ausgeschlossen werden.

Er hilft, Abhängigkeiten aufzuzeigen: Auch wenn ein Businessplan in einzelne Bausteine gegliedert ist, so ist es doch wichtig, dass alle Kapitel inhaltlich zusammenpassen und das Vorhaben in sich stimmig ist. So haben Aussagen zur Zielgruppe Auswirkungen auf den Marketingplan. Die Kommunikationsplanung muss sich mit entsprechenden Zahlen im Finanzplan wieder finden. Geplante Erlöse beeinflussen den Kapitalbedarf. Wenn der Businessplan fertig ist, zeigt sich, ob am Ende alle Kapitel eines Businessplans zusammenpassen.

Entsprechend dieser Entwicklung wird häufig aus dem Businessplan ein **Unternehmenshandbuch** für das spätere unternehmerische Handeln konzipiert.

Bei der Analyse der unterschiedlichen Anwendungsbereiche eines Businessplans wird klar, dass nicht alle Pläne die gleichen Schwerpunkte setzen. So hat ein firmeninterner Businessplan andere Inhalte als ein Plan für eine Neugründung.

Bei **firmeninternen Plänen** muss bspw. das Managementteam nur kurz oder gar nicht beschrieben werden. Beim Zahlenwerk kann meist auf die internen Controllinginstrumente zurückgegriffen werden. Ein Plan zur Neuprodukteinführung hat seinen Schwerpunkt bei den Themen Markt, Wettbewerb, Marketing und Vertrieb.

Bei **Nachfolgeplänen** muss die Übernahmefinanzierung und die Kompetenz des Nachfolgers fokussiert werden.

Auch bei **Neugründungsvorhaben** unterscheiden sich die Geschäftspläne je nach Phase der Unternehmensgründung.

Da gibt es den **Kurzplan** der Startphase und einen ausführlichen Plan in der Gründungsphase. Im allgemeinen Sprachgebrauch ist aber immer der ausführliche Plan gemeint, wenn von einem Businessplan gesprochen wird.

Welche Kapitel oder **Bestandteile ein Businessplan** exakt enthalten soll, wurde bisher noch nicht eindeutig definiert. Beeinflusst durch amerikanische Vorbilder, Risikokapitalgeber, Unternehmensberatungen, Businessplan-Wettbewerbe und die Vorstellungen von Banken oder öffentlichen Fördereinrichtungen hat sich in den letzten Jahren ein „Quasi-Standard" eines Businessplanes herausgebildet. Die Reihenfolge der Gliederungspunkte oder die Kapitelaufteilung kann dabei im Einzelfall abweichen. Die relevanten Inhalte sind dagegen fast überall gleich definiert.

Ein professioneller Businessplan sollte daher folgende Kapitel enthalten:

- Zusammenfassung (Executive Summary): Hier stehen die wichtigsten Punkte des Vorhabens, kurz und prägnant formuliert.
- Produkt- und Unternehmensidee: Hier wird die Produktidee vorgestellt. Außerdem muss der Kundennutzen, auch im Vergleich zu den Wettbewerbern, deutlich werden.
- Management- bzw. Gründerteam: Hier werden alle Teammitglieder mit ihren spezifischen, für das Vorhaben, meist eine Unternehmensgründung, wichtigen Qualifikationen vorgestellt.
- Markt und Wettbewerb: An dieser Stelle wird mit Hilfe von Markt- und Branchendaten ein vertiefter Einblick zu Konkurrenten und Kunden gegeben.
- Marketing und Vertrieb: Hier wird zur Markteintrittsstrategie und zu konkreten Werbe- und Vertriebsüberlegungen ausführlich Stellung genommen.
- Unternehmensform: Die Gesellschaftersituation, die gewählte Rechtsform und andere formale Punkte werden hierin beschrieben.
- Finanzplanung: In der Finanzplanung wird u. a. die Gewinn- und Verlustrechnung, die Liquiditätsplanung und der Kapitalbedarf aufgeführt.
- Risikobewertung und Alternativszenarien: Hier werden Risiken aufgezeigt. Außerdem werden Angaben über alternative Entwicklungen mit Hilfe von best-case- und worst-case-Szenarien dargestellt.

Manche Investoren verlangen in Geschäftsplänen noch einen Ablaufplan. Dieser sollte zwar erstellt werden, er ist aber nicht zwingend Bestandteil des Businessplans an sich. Durch die häufige Aktualisierung ist es oft nicht sinnvoll, diesen in den Businessplan zu integrieren.

Welchen Umfang ein Geschäftsplan haben soll, lässt sich nicht allgemein festlegen.

Sofern ein Geschäftsplan für ein Gründungsvorhaben mit einem starken lokalen Bezug erstellt wird (z. B. Handwerksbetrieb, Gaststätte, Ladengeschäft, Internet-Café) ist ein Umfang von 5–10 A4-Seiten richtig.

Handelt es sich um eine Gründung mit regionalem Bezug (z. B. IT-Dienstleistung, Spedition, Landwirtschaft, Handel) sollten 10–20 A4-Seiten ausreichen.

Bei nationalem oder internationalem Bezug und der Notwendigkeit, größere externe Investoren zu involvieren, sollten die Ausführungen auf 20–40 A4-Seiten gemacht werden.

Mehr als 50 A4-Seiten sind kritisch, da kaum ein Investor oder anderer Entscheider bereit ist, so detailliert in einen Plan einzutauchen. Sofern jemand vertieftes Interesse hat, wird er sich notwendige Zusatzinformationen aus einem persönlichen Gespräch holen.

3.3 Implementierung der Strategie

Während die kontinuierliche Fortführung des Unternehmens im Rahmen der bestehenden Organisationsstruktur im Regelfall unproblematisch sein dürfte, müssen strategische Maßnahmen, die auf Veränderung des Bestehenden zielen, gegen Widerstände durchgesetzt werden. Für diese Maßnahmen ist dabei eine „**Implementierungsstrategie**" zu verwenden, damit sich der geplante Erfolg realisieren lässt. Im Folgenden sollen einige ausgewählte Gesichtspunkte angesprochen werden, die in diesem Zusammenhang relevant sind.

3.3.1 Rahmenbedingungen einer erfolgreichen Implementierung

Damit sich strategische Entscheidungen durchsetzen und strategische Handlungsalternativen implementieren lassen, sind in der Unternehmung für eine derartige **Unternehmenspolitik** geeignete Rahmenbedingungen zu schaffen. In diesem Zusammenhang ist die Unternehmensphilosophie zu nennen, die über entsprechende **Unternehmensleitbilder** bzw. **Unternehmensgrundsätze** ein innovations- und wandlungsfreundliches Klima bei den Mitarbeitern der Unternehmung schaffen kann. In diesem Zusammenhang mag folgende These diskussionswürdig erscheinen:

Solange die **Unternehmensphilosophie** nicht über Unternehmensgrundsätze bzw. -leitlinien schriftlich fixiert ist, wird sie im Wesentlichen in den Köpfen der Unternehmensleitung getragen. Da den übrigen Gruppen in einer Unternehmung diese Grundsätze nicht bekannt sind, können sie sich nur schwer an ihnen orientieren. Erst durch eine schriftliche Fixierung unternehmensphilosophischer Grundsätze gibt es die Möglichkeit, zum einen weitere Gruppen an der Formulierung der Grundsätze teilhaben zu lassen, zum andern ihnen über diese Grundsätze Mitsprache- bzw. Mitwirkungsrechte einzuräumen. Wenn davon gesprochen wird, dass Unternehmensleitbilder einerseits den Rahmen setzen für die strategische Unternehmensführung, andererseits als Klammer für die strategische Unternehmensführung dienen, so ist hier in erster Linie eine schriftliche Formulierung der Unternehmensgrundsätze gemeint.

In diesem Zusammenhang ist auch die „**Unternehmenskultur**" zu erwähnen, deren Bedeutung seit einiger Zeit sehr intensiv diskutiert wird. Da auch eine von den Organisationsmitgliedern gewünschte Unternehmenskultur durch schriftliche Fixierung von Unternehmensgrundsätzen beeinflusst werden kann, kommt diesen im Einzelfall eine erhebliche Bedeutung zu. Die Unternehmensphilosophie ließe sich allgemein als ein System von Werten und Normen verstehen, das sich durch die Vorgabe bestimmter Verhaltensweisen auf die Unternehmenskultur überträgt. Zugleich wird die Unternehmenskultur aber beeinflusst durch vielfältige Beziehungen der Organisationsmitglieder zu Außenstehenden. Unternehmensphilosophie und Unternehmenskultur stehen somit in einem ähnlichen Verhältnis zueinander wie Oberziele und operative Ziele eines Unternehmens. Somit könnte man den Schluss wagen, dass die Unternehmensphilosophie eine wesentliche Rolle spielt bei der Schaffung von Rahmenbedingungen für die Entwicklung von Strategien, die Unternehmenskultur hingegen vor allem bei der Umsetzung zu beachten ist.

Im Regelfall wird von der Überlegung ausgegangen, dass sich strategische Entscheidungen nur dann erfolgreich in einer Unternehmung implementieren lassen, wenn die Subsysteme der Unternehmung diese Entscheidung mittragen, d. h. über eine allgemein akzeptierte Unternehmensphilosophie in den Gestaltungsprozess der Unternehmung eingebunden sind. Ob diese Überlegung letztlich für alle denkbaren Situationen richtig ist, kann jedoch durchaus in Frage gestellt werden – für den Fall, dass die Unternehmensstrategie z. B. die Ausgliederung von Teilbereichen des Unternehmens zum Gegenstand hat, wird sicherlich die Mitwirkung dieser Teilbereiche nicht zu erwarten sein. Damit soll deutlich gemacht werden, dass unpopuläre Maßnahmen nicht in jedem Fall bestmöglich unter Mitwirkung der Betroffenen durchzusetzen sind. In diesen Situationen muss die Strategie einer formalen Anordnung gewählt werden, d. h. einer Durchsetzung gegen Widerstände, die sich nicht durch Überzeugung abbauen lassen. Solange allerdings die Beteiligten einen Konsens erzielen können, d. h. alle einen (größeren oder kleineren) Vorteil aus der gewünschten Strategie erwarten, wird die genannte Auffassung richtig sein, dass eine möglichst breite Abstützung der strategischen Entscheidung im Unternehmen, getragen von einer entsprechenden Unternehmensphilosophie und Unternehmenskultur, die besten Erfolgschancen in sich birgt.

Versteht es die Unternehmensleitung, **Unternehmensleitlinien** und damit auch die Unternehmenskultur so zu beeinflussen, dass ein Klima der Aufgeschlossenheit ggü. Veränderungen entsteht, erleichtert dies die Implementierung strategischer Maßnahmen. Damit lassen sich wesentliche Rahmenbedingungen dafür schaffen, dass die meisten Strategien in Kooperation mit den betroffenen Organisationseinheiten – und damit weitgehend konfliktfrei – umgesetzt werden können.

3.3.2 Strategische Personalwirtschaft

Bereits vor der Formulierung bestimmter Strategien wird es entscheidend von der Unternehmensphilosophie bzw. dem Unternehmensleitbild abhängen, in welchem Ausmaß derartige Strategien allein in der Unternehmensspitze oder aber unter Mitwirkung des gesamten Unternehmens entstehen. Wird über die Auswahl eines geeigneten Führungs- und Organisationssystems letzteres angestrebt, so ist damit bereits eine Basis für die anschließende Implementierung der Strategie geschaffen. Aufgaben der strategischen **Personalwirtschaft** resultieren zum einen aus der im Regelfall zeitlich vorgelagerten Produkt- und Leistungserstellungsplanung – in diesem Sinne ist das Humanpotenzial dem Bedarf aufgrund strategischer Maßnahmen anzupassen; zum anderen gehören Aufgaben der strategischen Personalwirtschaft zu den oben skizzierten Rahmenbedingungen für eine erfolgreiche Implementierung strategischer Maßnahmen – indem nämlich die

Grundlagen für ein entwicklungsfähiges, aufgeschlossenes und flexibles Humanpotenzial gelegt werden. In diesem Sinne kann die strategische Personalwirtschaft parallel zur strategischen **Produktpolitik** eigenständig bemüht sein, Erfolgspotenziale im Human-Ressourcen-Bereich zu entwickeln. Als Instrumente lassen sich z. B. Portfolio-, GAP- oder Potenzialanalyse verwenden.

Grundsätzlich gilt, dass bei der Formulierung und Umsetzung strategischer Pläne die personellen Voraussetzungen zu schaffen sind, insbesondere bei der Ausrichtung auf neue Strategien bzw. einer Reorganisation. Primär ist daran zu denken, dass die strategische Entscheidung nur implementiert werden kann, wenn die zur Erfüllung der Strategie erforderlichen Arbeitsleistungen durch Mitarbeiter in der benötigten Zahl mit der benötigten Qualifikation zur Verfügung stehen. Für die Personalwirtschaft bedeutet dies, dass eine Übereinstimmung bestehen muss zwischen Unternehmensstrategie und personalwirtschaftlicher Entwicklung. Im Einzelnen können hier genannt werden:

- Personalbedarfs- und Personaleinsatzplanung in Abstimmung mit der strategischen Produkt- und Leistungserstellungsplanung.
- Ausbildung und Förderung der Mitarbeiter, insbesondere der Führungskräfte (Personalentwicklungsplanung).
- Auswechslung von Mitarbeitern, die ihren zukünftigen Aufgaben nicht genügen und nicht hinreichend entwicklungsfähig sind (Freistellungsplanung).
- Sicherstellung des benötigten Nachwuchses auf allen Stufen (Personalbeschaffungsplanung).
- Schaffung der Voraussetzungen zur Förderung der Leistungswilligkeit aller Mitarbeiter durch eine Gestaltung des Arbeitssystems und der Unternehmensorganisation mit einem möglichst weiten Entwicklungsspielraum (Personalgrundsatzplanung).
- Entwicklung von Belohnungssystemen, die Anreize für ein zukunftsgerichtetes unternehmerisches Handeln beinhalten (Personalanreizplanung).

Die Anforderungen an Führungskräfte der Unternehmung können situativ bestimmt sein; eine Sanierung erfordert einige andere Eigenschaften als der Aufbau eines neuen Geschäftsgebietes. Bestimmte Managertypen und personalwirtschaftliche Maßnahmen sind auch in Abhängigkeit vom Lebenszyklus einer Branche zu favorisieren. In diesem Zusammenhang wird es als Ziel eines systematischen „Management-Development" angesehen, laufend die Übereinstimmung zwischen Eigenschaften der Führungskräfte und Anforderungen der jeweiligen Positionen zu überprüfen. Ferner ist die Schaffung einer „strategischen Mentalität" bei den Führungskräften für strategische Probleme zu initiieren. Schließlich sollte das „strategische Bewusstsein" in eine Unternehmenskultur eingebettet sein, da sonst die Ausrichtung auf strategische Signale zum Scheitern verurteilt ist. Sofern die Kultur eines Unternehmens nicht mit den Erfordernissen eines strategischen Managements übereinstimmt, ist über das Management-Development eine kulturelle Transformation durchzuführen.

Über ein strategisch orientiertes Anreiz- und Entgeltsystem kann man ferner für die Erreichung der durch eine Unternehmensstrategie angestrebten Ziele besondere Belohnungen (Prämien, organisatorische Maßnahmen) vorsehen. Dies kann im Zusammenhang stehen mit dem Reifegrad des Marktes bzw. Produktes, aber auch an andere, z. B. technische Kriterien anknüpfen.

Unter einem Personalführungssystem bzw. einem Führungskonzept versteht man ein System von Handlungsempfehlungen für den Manager mit Personalverantwortung bezüglich seiner Personalführungsaufgaben. Derartige Systeme basieren auf einer oder mehreren Führungstheorien. Derartige Führungstheorien gehen davon aus, dass es grundsätzlich mehrere mögliche Führungsstile in einer Unternehmung geben kann. Bekannt ist in diesem Zusammenhang etwa die Spannweite zwischen autoritärem und kooperativem Führungsstil – mit üblicherweise mehreren Zwischenstufen. Derartige Führungstheorien gehen grundsätzlich von bestimmten Menschenbildern aus, welche Grundlage sind für die Frage, wie Menschen am besten zieladäquat zu führen wären. Die Umsetzung derartiger Grundkonzepte in ein Führungssystem ist wiederum Voraussetzung dafür, dass strategische Entscheidungen in geeigneter Weise in die Unternehmung implementiert werden können. Dabei ist zu beachten, dass die Personalführungssysteme Ausfluss der Unternehmenskultur bzw. der Unternehmensphilosophie sind.

Management by Objectives (MbO) kann als ein geschlossenes, partizipatives Führungskonzept angesehen werden, das auch andere Führungstechniken integriert, wie z. B. **Management by Exception (MbE)** oder **Management by Delegation** (MbD). Andere „Management-by-Konzepte", wie sie vielfältig angeboten werden, eignen sich überwiegend nicht als vollständige Führungssysteme. Grundsätzlich ist zu sagen, dass neben der eben genannten Funktion – MbO als ein motivationstheoretisch fundiertes Führungskonzept – hierin auch ein Verfahren zur Generierung operationaler, akzeptabler Ziele gesehen werden kann. MbO stellt insofern auch eine Managementtechnik dar. Beide Funktionen erscheinen in diesem Zusammenhang wichtig: Sowohl die motivationsfördernde Funktion des MbO als auch der Ansatz einer Zielvereinbarung tragen dazu bei, dass durch ein derartiges Konzept strategische Entscheidungen durch die Unternehmung und ihre Mitarbeiter unterstützt werden, und darüber hinaus eine Umsetzung strategischer Entscheidungen in operationale Ziele ermöglicht wird.

3.3.3   Organisationsentwicklung

Für die Gestaltung der Organisation einer Unternehmung stehen sowohl eindimensionale Modelle – nach dem Verrichtungs-, Objekt- oder Regionalprinzip – als auch mehrdimensionale Modelle – Matrix- oder Tensoransätze – zur Verfügung. Auf die Vor- und Nachteile dieser grundsätzlichen Organisationsmodelle soll an dieser Stelle nicht Bezug genommen werden. Vielmehr geht es hier darum, der Frage nachzugehen, wie ein strategiegerechter Organisationsansatz auszusehen hat. Gegenüber der strategischen Planung besitzt das Organisationssystem in zweierlei Weise eine wesentliche Funktion:

- Für die Planungsphase muss das Organisationssystem trotz der daraus resultierenden Ausrichtung auf die bisherige Struktur eine genügende Elastizität für strategische Neuorientierungen gewährleisten. „**Strategy follows structure**" wäre unter dieser Voraussetzung sicherlich akzeptabel; allerdings steht in der Realität häufig das Beharrungsvermögen bestehender Strukturen einem mitunter notwendigen weitreichenden Wandel entgegen.

- In der Umsetzungsphase muss das Organisationssystem einen Beitrag zur Umsetzung der ausgewählten Strategie leisten. „**Structure follows strategy**" erfordert insofern nicht nur eine Umsetzung von Strategien innerhalb bestehender Organisationsstrukturen, sondern auch die strategiegerechte Veränderung bestehender Strukturen.

Wird davon ausgegangen, dass die strategische Planung in erster Linie auf den Ausbau von Erfolgspotenzialen innerhalb von strategisch relevanten Geschäftsfeldern ausgerichtet ist, so muss die Unternehmung derartige Geschäftsfelder bearbeiten. **Geschäftsfelder** sind ein Phänomen der sog. **Außensegmentierung**, d. h. Ausgangspunkt hierfür sind Marktaufgaben des Unternehmens. Offen bleibt die Frage, wie differenziert eine Unternehmung strategische Geschäftsfelder gliedern sollte. So ermöglicht eine relativ feine Segmentierung eine ausreichende Spezifizierung erforderlicher unterschiedlicher Strategien, führt aber unter Umständen zu einem Verlust an Entscheidungsautonomie. Demgegenüber ermöglicht eine relativ grobe Segmentierung autonome Entscheidungen, steht aber einer genauen Anpassung der Strategien an spezielle Gegebenheiten entgegen.

Um diesem Dilemma der strategischen Segmentierung die Schärfe zu nehmen, kann man sich bemühen, im Rahmen der sogenannten Innensegmentierung Organisationseinheiten zu bilden, die nach Art eines Profit-Center organisiert sind und gegebenenfalls eine Vielzahl strategischer **Geschäftseinheiten** führen.

Der Aufbau langfristig verteidigungsfähiger und profitabler Vorteilspositionen setzt die Existenz flexibler Organisationen voraus. Dabei ist es notwendig, dass die Organisation gegebenenfalls einer Strategie angepasst wird. Eine derartige Anpassung der Organisationsstruktur erfordert eine erhebliche Kraft der Führungsspitze, insbesondere dann, wenn sie gegen offenen oder verdeckten Widerstand der bisherigen Funktionsträger durchzusetzen ist. Theoretisch ist die Organisationsentwicklung auf der Basis einer partizipativen Einbeziehung der Betroffenen und im Rahmen einer offenen Kommunikationsbeziehung anzulegen. Will man im Rahmen der Organisationsentwicklung notwendig werdende Änderungsprozesse so durchführen, dass sowohl die Qualität des Arbeitslebens als auch die Effizienz der Organisation gesteigert werden kann, so setzt dieses einen Zielkompromiss der Beteiligten voraus. Geht man davon aus, dass die Unternehmenskultur eine möglichst große Selbstverantwortung und Selbstorganisation der Betroffenen beinhaltet, die ihre Probleme weitgehend selbst zu lösen haben, so sind damit ggf. längere Anpassungsprozesse verbunden als im Falle einer durch die Unternehmensführung kraft Amtes durchgesetzten Organisationsveränderung.

Grundsätzlich ist davon auszugehen, dass jede Strategie, die mit einer Veränderung verbunden ist, Widerstand in irgendeiner Form hervorruft. Als die vier Hauptursachen für den Widerstand gegen Veränderung gelten

- der Wunsch, nichts zu verlieren, was für die Betroffenen einen Wert darstellt,
- eine falsche Vorstellung von den Veränderungen und ihren Folgen,
- der Glaube, dass die Veränderungen keinen Sinn für die Organisation ergeben und
- eine niedrige Toleranzschwelle gegenüber jeglichen Veränderungen.

Verhaltenswiderstände lassen sich auf eine tatsächliche oder vermeintliche Bedrohung der Machtposition einzelner Führungskräfte zurückführen: Durch Beeinträchtigung der Einkommens- bzw. Aufstiegschancen durch Beschneidung der Entscheidungsgewalt sowie durch Prestigeverlust. Auch von ganzen Gruppen bzw. Subsystemen in einer Unternehmung kann der Widerstand getragen werden, wenn etwa deren Machtposition bedroht oder allgemein akzeptierte Wertvorstellungen beeinträchtigt werden könnten. Aufgabe des Managements ist es dabei, die möglichen Verhaltenswiderstände rechtzeitig zu erkennen und durch antizipative Maßnahmen zu vermindern. Ansätze dafür finden sich im Rahmen der oben angesprochenen strategischen Personalwirtschaft, die insofern mit der Aufgabe einer Organisationsentwicklung eng verbunden ist.

3.3.4   Implementierung der Strategie im Rahmen einer kontinuierlichen Unternehmensentwicklung

3.3.4.1   Einbeziehung strategischer Maßnahmen in die operative Planung

Viele strategische Entscheidungen sind durchaus dem Tagesgeschäft des Managements zuzuordnen (z. B. eine regelmäßige Fortentwicklung produktpolitischer Strategien). Die Verbindung dieser Maßnahmen mit dem operativen Management muss daher kontinuierlich erfolgen.

Zu einer Standardaufgabe der Koordination zwischen strategischem und operativem Management ist die Überleitung aller in der strategischen Planung vorgesehenen Zahlungsströme in die jährliche Finanzplanung anzusehen. Vereinfacht könnte man sagen, es ist sicherzustellen, dass der strategische Plan keinesfalls „neben" dem operativen Plan steht, sondern in diesen zu integrieren ist. Dies bedeutet, dass diejenigen Teile des strategischen Plans einer unmittelbaren Umsetzung bedürfen, die dem folgenden Jahr ganz oder teilweise zugeordnet werden müssen. Demgegenüber sind für die weiter in der Zukunft angesiedelten Prozesse zunächst keine operativen Planungen vorzunehmen – ggf. kann sich diesbezüglich durch eine Revision der strategischen Planung sogar eine Streichung bzw. Modifikation der zunächst vorgesehenen Maßnahmen ergeben. Grundsätzlich sind aber alle strategischen Prozesse in den jeweiligen Perioden ihrer Verwirklichung in operative Prozesse zu transformieren.

3.3.4.2 Balanced Scorecard

Das von Kaplan und Norton entwickelte Konzept der „**Balanced Scorecard**" war ursprünglich darauf angelegt, die Strategieimplementierung zu beschleunigen und zu vereinfachen. In der Praxis wird das Konzept heute aber auch zur Strategieentwicklung und als Instrument des strategischen Controllings bzw. zur Steuerung der Umsetzung von Strategien erfolgreich eingesetzt.

Kaplan und Norton haben 4 Gründe für eine mangelhafte Strategieumsetzung herausgearbeitet. Hiernach werden Strategien nicht von all jenen im Unternehmen verstanden, die diese Strategien umsetzen sollen. Dies liegt u. a. daran, dass die Strategien nicht in operationale und mess- bzw. steuerbare Ziele übersetzt werden. Kaplan und Norton nennen dies die **Visions- und Konkretisierungsbarriere**. Die zweite Barriere ist die **Managementbarriere**. Dies bedeutet, dass die Managementsysteme der Unternehmungen in der Regel operativ und nicht strategisch ausgerichtet sind. Zudem sind die Schlüsselprozesse nicht so konzipiert, dass sie eine erfolgreiche Strategieumsetzung wirkungsvoll unterstützen. Dies wird von den Autoren als **operative Barriere** bezeichnet. Als viertes wird die **Mitarbeiterbarriere** angeführt. Sie besagt, dass die persönlichen Ziele und Kenntnisse der Mitarbeiter nicht der Strategie entsprechen.

Ausgehend von einem „ausbalancierten" Mehrzielsystem wird mittels der Balanced Scorecard eine Transformation der Oberziele in „quantitativ messbare" Unterziele angestrebt, für die jeweils konkrete Maßnahmen zur Zielerfüllung festzulegen sind und deren Zielerfüllung über das Controllingsystem gesteuert werden sollte. Hier liegt die Schnittstelle zur Strategieumsetzung. Die Ziele sollten zahlenmäßig begrenzt bleiben, um alle wesentlichen Eckdaten „auf einer Karte" sammeln zu können – dies insbesondere zwecks Erleichterung der Führungsinformationen. In der ursprünglichen Konzeption werden Vision und Strategie in vier Perspektiven übersetzt – die finanzielle Perspektive, die Kundenperspektive, die Prozessperspektive und die Lern- bzw. Potenzialperspektive (Abb. 3.15).

Dieser ursprüngliche Ansatz ist grundsätzlich offen ggü. Erweiterungen und Modifikationen, welche aus Sicht der jeweiligen Unternehmung sinnvoll sein könnten.

In der finanziellen Perspektive wird vor allem die Generierung von Profit als Oberziel gesehen; dies setzt in erster Linie eine am Markt erfolgreiche Unternehmung voraus (Kundenperspektive), was eine bestmögliche Abwicklung der Leistungsprozesse notwendig macht (Prozessperspektive), welches wiederum durch die innovative Anwendung von Neuerungen (Lernperspektive) erleichtert wird. In dieser Darstellung erscheinen die Perspektiven als interdependent und auf die zentrale Zielgröße Profit bezogen.

Jedes strategische Ziel (Bsp. Profit erhöhen, Umsatzzuwachs generieren und Kosten reduzieren) wird mit entsprechenden Messgrößen („Key Performance Indicators" (KPIs)) konkretisiert. Zur weiteren Operationalisierung der Ziele werden konkrete Zielwerte bestimmt und Maßnahmen zur Zielerreichung definiert. Abgerundet wird die Balanced Scorecard durch ein Budget für jedes strategische Ziel.

„Ausbalanciert" heißt nicht notwendigerweise gleichwertig, sondern lässt Raum für eine entsprechende Zielgewichtung innerhalb der Unternehmung.

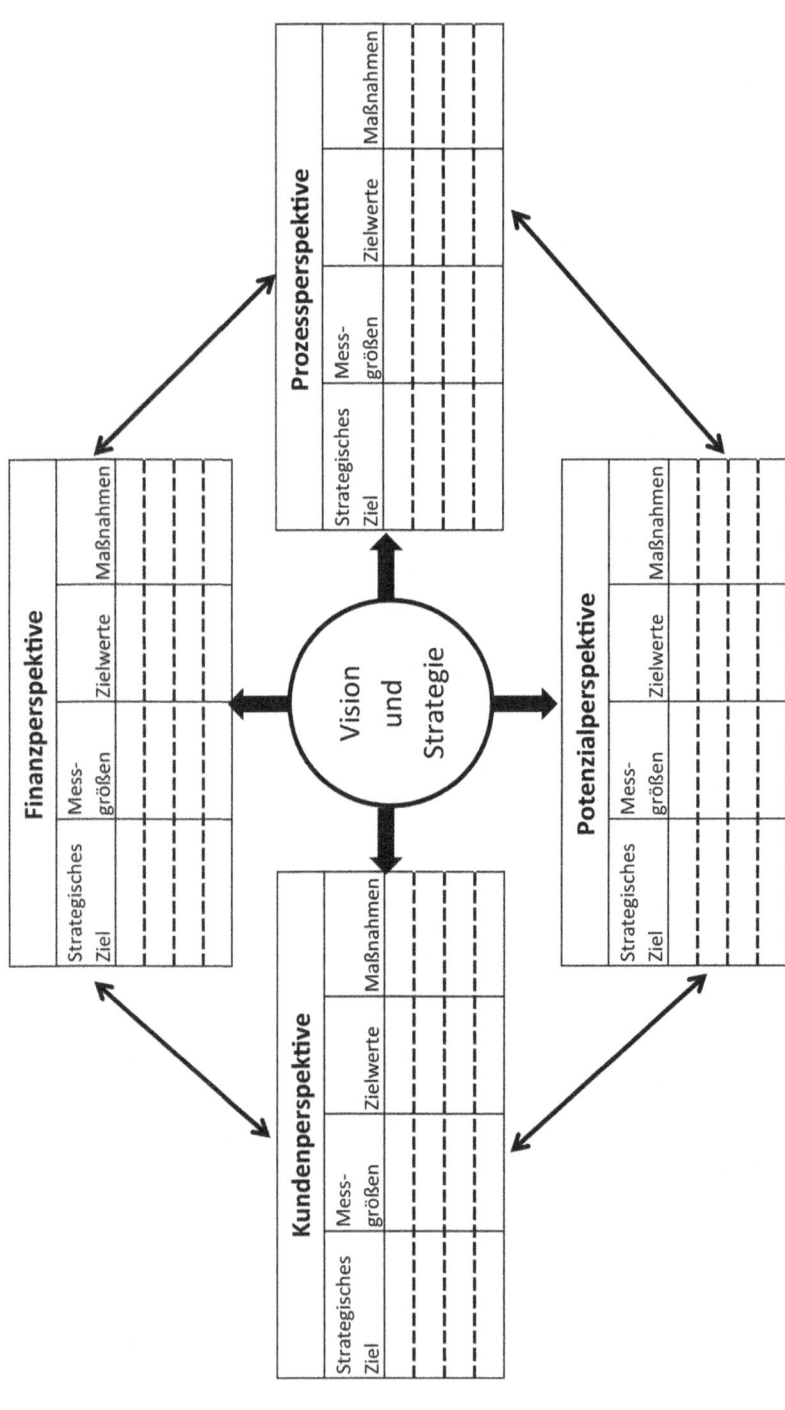

Abb. 3.15 Die Perspektiven der Balanced Scorecard

Das Vorgehen zum Aufbau einer Balanced Scorecard lässt sich in 5 Arbeitsschritte gliedern:

1. Klärung von Vision und Strategie: Hierdurch wird die strategische Stoßrichtung bestimmt bzw. die Frage „Wo wollen wir hin" beantwortet.
2. Festlegung und Verknüpfung der strategischen Ziele: Dies sind in der klassischen Variante Finanz-, Kunden-, Prozess- und Potenzial- bzw. Mitarbeiterziele.
3. Bestimmung von Messgrößen: Ziel dieses Schrittes ist es, die definierten strategischen Ziele mess- und damit steuer- und kontrollierbar zu machen.
4. Abstimmung der konkreten Zielwerte: Diesem Arbeitsschritt liegt die Annahme, was gemessen wird, wird auch getan („What gets measured gets done") zugrunde.
5. Selektion von Maßnahmen: An dieser Stelle werden die zur Erreichung der strategischen Ziele erforderlichen strategischen Aktionen festgelegt. Kaplan und Norton nennen diesen Schritt „From Strategy to action".

Als strategische Ziele einer Balanced Scorecard eignen sich in erster Linie jene Ziele, die eine hohe Wettbewerbsrelevanz haben und für die ein hoher strategischer Handlungsbedarf besteht. Dies sind in der Regel die Ziele, von denen der Erfolg einer Strategie abhängt. Also diejenigen Ziele, deren Umsetzung einen wettbewerbsentscheidenden Unterschied zu den Mitbewerbern ausmacht. Gleichzeit sind zur Durchsetzung bzw. zur Verteidigung gegenüber dem Wettbewerb derartiger strategischer Ziele zum Teil erhebliche Anstrengungen seitens der eigenen Unternehmung erforderlich.

Bei der Auswahl geeigneter Messgrößen sind folgende Kriterien zu beachten:

• Das Erreichen des gewünschten Zieles muss an der gewählten Messgröße eindeutig ablesbar sein.
• Inputgrößen sind nur dann zu verwenden, wenn keine geeigneten Outputgrößen gefunden werden können.
• Messgrößen müssen dazu beitragen, das Verhalten der Mitarbeiter in die gewünschte Richtung zu lenken.
• Messgrößen müssen eine eindeutige Interpretation zulassen.
• Sie müssen prinzipiell erhebbar sein.

Bei der Erstellung einer Balanced Scorecard sollte davon ausgegangen werden, dass prinzipiell jedes Ziel messbar ist und dass nicht-monetäre Ziele auch nicht-monetäre Auswirkungen haben.

Ausgehend von einer Top-Scorecard auf Gesamtunternehmensebene bietet sich das Herunterbrechen dieser Scorecard unter Anwendung des Gegenstromverfahrens auf die nachgelagerten Unternehmenseben an. Auf diese Weise entstehen bspw. Balanced Scorecards für die einzelnen strategischen Geschäftsfelder und Geschäftseinheiten (Bsp. Abteilungen) sowie für Funktionsbereiche, Tochterunternehmen und Regionen.

Abb. 3.16 Strategy Map

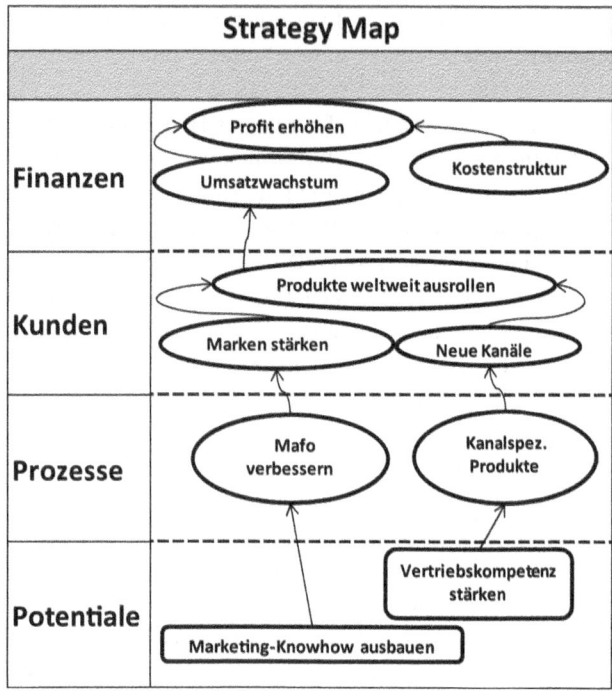

3.3.4.3 Strategy Map

Neben der Balanced Scorecard kommt die **Strategy Map** im Rahmen der Strategieimplementation aber auch bereits bei der Strategiebestimmung und der anschließenden Strategieumsetzung und im Rahmen des strategischen Controllings zum Einsatz.

Die Strategy Map ist ein Instrument zur Visualisierung des Übergangs vom Status Quo eines strategischen Ziels bzw. Zielsystems zur gewählten Zielposition über die verschiedenen Perspektiven der Balanced Scorecard (Abb. 3.16).

Eine Strategy Map veranschaulicht die Auswirkungen eines angestrebten Ziels auf das nächstfolgende Ziel und letztendlich auf das korrespondierende Ziel der Finanzperspektive. Sie zeigt somit auf, welche Rolle ein einzelnes strategisches Ziel für die Gesamtstrategie der Unternehmung bzw. des strategischen Geschäftsfeldes spielt. Dabei werden redundante Zusammenhänge ohne eigenen Erklärungsgehalt nicht berücksichtigt, um die Übersichtlichkeit der Strategy Map nicht zu gefährden (Abb. 3.17).

Um den strategischen Erfolg zu gewährleisten, sollten beide Instrumente – die Balanced Scorecard und die Strategy Map – in den Steuerungsprozess der Unternehmung eingebunden werden. Dies bedeutet die Integration in:

• das Reporting u. a. durch die Erstellung von auf die Strategierealisierung fokussierten Berichten.

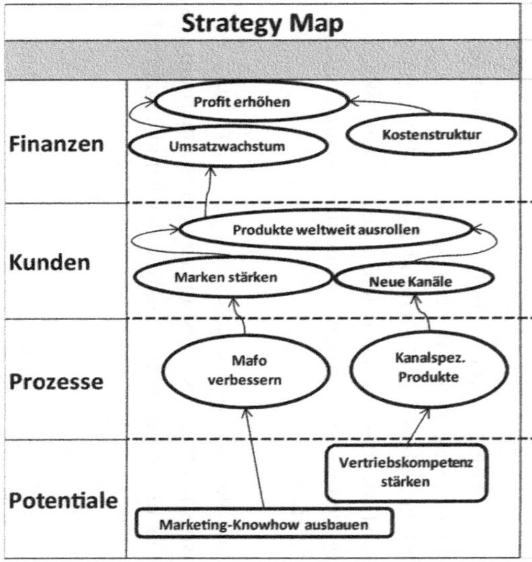

Strategy Map

Finanzen — Profit erhöhen, Umsatzwachstum, Kostenstruktur

Kunden — Produkte weltweit ausrollen, Marken stärken, Neue Kanäle

Prozesse — Kanalspez. Produkte, Mafo verbessern, Vertriebskompetenz stärken

Potentiale — Marketing-Knowhow ausbauen

Balanced Scorecard

Strategische Ziele	Messgrößen (KPI)	Zielwerte	Maßnahmen (Actions)	Budget
Finanzen • Profit erhöhen • Umsatzwachstum fortsetzen • Kostenstruktur halten	• EVA • Bruttoumsatz gesamt • Nettoumsatz gesamt • Strukturkostenanteil	• 20 Mio. € • 150 Mio. €		
Kunden • Produkte weltweit ausrollen • Marken stärken • Neue Kanäle aufbauen	• Umsatzanteil Ausland • Anzahl neuer Kanäle	• 20 Mio. € • 3	• Projekt "Auslandsgeschäft" • Zielkundenliste erstellen	• 10 T€ • 5T€
Prozesse • Marktforschung modernisieren • Kanalspezifische Produkte gestalten	• Assessment • Portfolo-Ziel			
Potentiale • Vertriebskompetenz stärken • Marketing Knowhow ausbauen	• Vertriebskompetenz - Index • Anzahl Mafo-Experten			

Abb. 3.17 Strategie Map und Balanced Scorecard

- die Planung und Budgetierung zur Sicherstellung einer strategiegerechten Ressourcen-allokation.
- Zielvereinbarungen und Anreizsysteme zur Förderung der individuellen Bemühungen aller Mitarbeiter in Richtung der Strategierealisierung.
- die Kommunikationssysteme mit dem Ziel der Unterstützung Strategiekommunikation.
- die Tagesordnungspunkte von Managementmeetings zur Umsetzung eines unterneh-menseinheitlichen Vorgehens im Rahmen der Strategieumsetzung.

3.3.4.4 7 K Modell

Ein Instrument zur Analyse von Geschäftsmodellen und zur Ableitung, Implementierung, Umsetzung und Überprüfung von Strategien ist das **7 K Modell** (Von Greiner/Wolf als 7-K-Prinzip bezeichnet).[1]

Ein **Geschäftsmodell** beschreibt das Zusammenwirken der wesentlichen strategischen Grundsatzentscheidungen einer Unternehmung, mit denen sie am Markt erfolgreich sein möchte. Grundsatzentscheidungen umfassen dabei wesentliche Festlegungen hinsichtlich der Produkte und Dienstleistungen, der Kunden, der Märkte, der Positionierung, der Ver-triebswege, der Einnahmequellen, der Wertkettengestaltung, etc.

Im Zentrum des 7 K Modells steht der **strategische Kern**. Dieser umfasst alle Basisent-scheidungen einer Unternehmung. Dazu gehören u. a. die Festlegung des Produkt- bzw. Dienstleistungsportfolios, die Auswahl von Zielkunden und -märkte sowie die Nutzung von Kernkompetenzen. Alle weiteren Elemente „bewegen" rund um den strategischen Kern. Sie sind in ihrer wechselseitigen Beziehung und hinsichtlich ihrer Wirkung auf den strategischen Kern zu untersuchen bzw. festzulegen (Abb. 3.18).

Im Folgenden werden wesentliche Inhalte der sieben Dimensionen des Modells dargestellt.

1. **Strategische Kern**

   Der Kern jeder Unternehmung liegt in den angebotenen Produkten bzw. Dienstleistun-gen. Dies wird zusammenfassen als das Leistungsangebot bezeichnet.

   Zur Überprüfung der Zukunftsfähigkeit eines Geschäftsmodells und damit der ent-sprechenden Strategie gilt es zunächst die Fragen nach dem Leistungsangebot, den Zielkunden und Zielmärkten, den eigenen Kernkompetenzen und der Finanzierungssi-tuation der Unternehmung zu beantworten.

2. **Kundenwahrnehmung**

   Jedes Produkt und jede Dienstleistung hat ein individuelles Nutzenversprechen. Was jedoch ist das gemeinsame Nutzenversprechen des Leistungsangebots innerhalb des Geschäftsmodells? Diese Frage gilt es um Rahmen der Analyse der Kundenwahrneh-

---

[1] Vgl. hierzu und im Folgenden: Greiner, Oliver, Wolf, Tim (Horváth & Partners (Hrsg.)), Strategi-sches Management und Innovationen, Das 7-K-Prinzip – Geschäftsmodelle gestalten – Strategien entwickeln, Stuttgart, 2010.

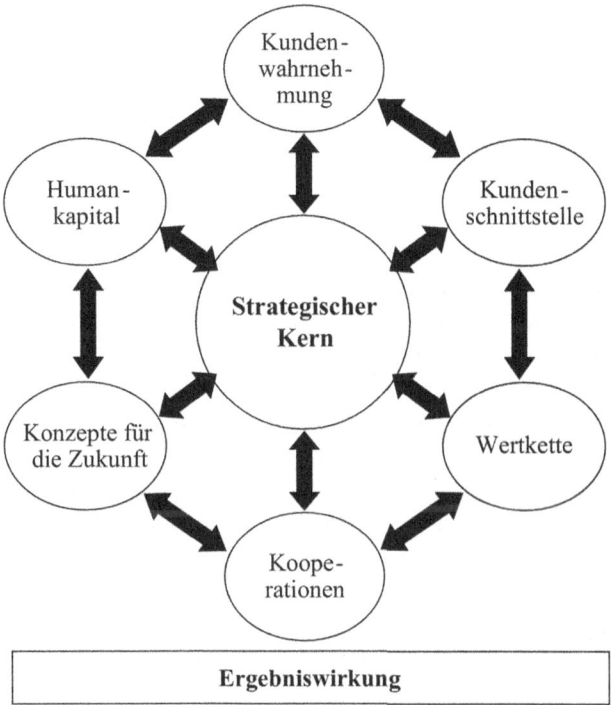

Abb. 3.18 7-K-Modell

mung zu beantworten. Neben dem Nutzenversprechen gehören zur Kundenwahrnehmung die Positionierung bzw. das Image der Unternehmung (z. B. Premium- oder Bil-
liganbieter), die Ausgestaltung der Marke als Träger der Positionierung sowie
Grundsatzentscheidungen zu Corporate Design und Marketing.

3. **Kundenschnittstelle**

   Es wird untersucht, wie die eigene Unternehmung mit seinen Kunden interagiert An
   der Kundenschnittstelle werden alle Geschäftsmodellentscheidungen getroffen, die
   den Kundenkontakt beeinflussen. Dazu gehören sowohl die Vertriebskanäle als auch
   die Kundenbindungsform, das Erlösmodell, die Preispolitik und die Gestaltung des
   Kundendienstes.

4. **Wertkette**

   Im Rahmen der Analyse der Wertkette, als eine der klassischen Perspektiven der Unter-
   nehmensgestaltung, wird das Engagement der eigenen Unternehmung entlang der
   Wertschöpfungskette untersucht. So werden Aspekte wie die Kernprozesse und Leis-
   tungstiefe („Was machen wir selber?"), die Leistungsstandorte („Wo?"), Leistungsver-
   fahren („Wie?"), das Logistikkonzept, die IT-Infrastruktur und die Organisationsform
   betrachtet.

5. **Kooperationen**

   Insbesondere in zunehmend globalisierten und dynamischen Märkten spielt die Kooperationsfähigkeit und -bereitschaft für Unternehmungen eine zentrale Rolle. Gesucht wird nach Allianzen, Beteiligungen, Merger & Acquisition Strategien sowie nach verschiedenen Formen der Zusammenarbeit mit Lieferanten.

6. **Konzepte für die Zukunft**

   Es geht darum, bereits in der Gegenwart an Ideen und Konzepten zu arbeiten, die der Unternehmung den Erfolg in der Zukunft sichern. Hierbei stehen Entscheidungen bzgl. der einzusetzen Technologien genauso eine Rolle, wie Antworten auf Fragen nach den Innovationsschwerpunkten, dem Innovationsportfolio und der Organisation des Prozesses zur Erarbeitung neuer Ideen.

7. **Humankapital**

   Dies ist einer der wichtigsten Faktoren in jedem Geschäftsmodell. Was unterscheidet das Humankapital der eigenen Unternehmung von dem der direkten Wettbewerber? Welche Kompetenzen braucht das gewählte Geschäftsmodell? Welche Unternehmenskultur soll die Unternehmung leben? Welche Mitarbeiterstruktur braucht das konkrete Geschäftsmodell? Wie ist bspw. die Relation zwischen nationalen und internationalen Führungskräften? Diese und weitere Grundsatzentscheidungen werden in der Dimension „Humankapital" getroffen.

Das 7 K Modell fördert „das Denken in Geschäftsmodellen". Erfolgreiche Geschäftsmodelle haben in der Vergangenheit herausfordernde Marktveränderungen als Chance genutzt und aktiv gestaltet. Als Beispiele seien hier die Unternehmen Dell, Puma, Fielmann und Hilti angeführt. Das Management dieser Unternehmen hat es geschafft, ihre Geschäftsmodelle und Strategien geänderten Marktanforderungen rechtzeitig anzupassen.

3.3.5   Implementierung erheblicher Veränderungen

3.3.5.1   Kennzeichnung erheblicher Veränderungen

Das Herausheben strategischer Maßnahmen als „erhebliche Veränderungen" setzt einen Bezug zur Unternehmensgröße voraus; so könnte das gleiche **Projekt** bei einer kleinen Unternehmung von erheblicher Tragweite sein, während es bei einer Großunternehmung als „normale strategische Entwicklung" zu kennzeichnen ist.

Grundsätzlich zeichnen sich „erhebliche Veränderungen" durch maßgebliche Modifikationen der Unternehmensstruktur aus. Dabei kommen sowohl expansive Strategien in Betracht, wie die Übernahme eines Konkurrenten oder die Ausweitung des Unternehmens durch ein „Greenfield Investment", als auch eine zur Zeit häufig genannte „Beschränkung auf die Kernkompetenzen", verbunden mit einer Ausgliederung oder Verkauf erheblicher Unternehmensteile. Auch massive organisatorische Veränderungen können hier genannt werden – wenn z. B. die Zahl der Hierarchien im Unternehmensgefüge von 10 auf 4 reduziert wird oder ein Unternehmen von der funktionalen zur Spartenorganisation umgebaut werden soll.

Zu nennen wären hier u. a. Strategien im Zusammenhang mit Kooperationen und Akquisitionen. Die Zusammenarbeit mehrerer Unternehmen im nationalen und internationalen Kontext kann zu sog. „Strategischen Allianzen", „Wertschöpfungspartnerschaften" oder „Strategischen Netzwerken" führen mit höchst unterschiedlichen Auswirkungen für die Subsysteme der beteiligten Partner. Während die Strategische Allianz überwiegend auf das Marktgeschehen Einfluss nehmen will (gegen die Nichtmitglieder bzw. anderen Allianzen), sind die übrigen Kooperationsformen vorrangig auf die Nutzung von Kostensenkungspotenzialen angelegt. Wird eine Kooperation rechtlich verselbstständigt, so führt dies i. d. R zu einem „Joint Venture", einer von zwei oder mehreren Partnern gleichberechtigt geführten Einheit, die solange erfolgreich sein kann, wie sich alle Partner daraus Vorteile versprechen.

Intensivere Formen der Zusammenarbeit bezeichnet man als „Unternehmenszusammenschlüsse" bzw. „Mergers und Acquisitions". Hierunter fallen alle Formen des externen Unternehmenswachstums eines (starken) Unternehmens durch Konzernierung oder vollständige Übernahme (Fusion durch Aufnahme) bisher selbstständiger (kleinerer) Unternehmen. Auch der (freiwillige) Zusammenschluss von Unternehmungen zu einer größeren Rechtseinheit im Wege der Fusion ist hier zu nennen. Dies ist insbesondere bei kleinen Unternehmen zu beobachten, deren vorherige Größe als zu gering erschien, um auf dem Markt bestehen zu können (Beispiele sind Genossenschaftsbanken), aber auch Weltmarktakteure haben diesen Weg beschritten – nicht immer erfolgreich, wie das Beispiel Daimler-Chrysler zeigt. Alle Zusammenschlüsse werden mit dem Ziel vollzogen, sog. „Synergieeffekte" nutzbar zu machen durch die Vermeidung von Doppelarbeiten, die Nutzung von Größenvorteilen etc. Gleichzeitig ist regelmäßig eine Integration bisher teilweise sehr unterschiedlich geprägter Subsysteme zu vollziehen – möglichst ohne dabei leicht auftretende „Reibungsverluste" zu erleiden, was ein entsprechend angelegtes Projektmanagement erfordert.

Die Implementierung weitreichender strategischer Projekte erfordert i. d. R besondere Maßnahmen, die über die oben aufgezeigten Vorgehensweisen hinausreichen. Im Folgenden sollen zwei Ansätze gezeigt werden, die helfen können, derartige Veränderungen erfolgreich im Unternehmen zu verwirklichen.

3.3.5.2 Projektmanagement

Durch ein Projektmanagement kann die Implementierung erheblicher Veränderungen erleichtert werden. Dabei sind im Einzelnen Teilziele des Projekts abzugrenzen, die sich auf bestimmte Leistungselemente, Ressourceneinsatz, Termine sowie Kosten und Erlöse beziehen. Das Projekt wird in Phasen zerlegt, die zeitlich Planjahre, Quartale oder Monate betreffen können. Zu Beginn jeder Phase sind konkret Ressourceneinsatz, Termine, Finanzmittelbedarf etc. festzulegen. Am Ende der Phase folgt dann, beginnend mit dem Soll-Ist-Vergleich, das Projektcontrolling und die Überleitung zur nächsten Phase. Letzteres könnte an der Schnittstelle zwischen zwei jährlich rollierenden, aufeinander folgenden strategischen Mehrjahresplänen angesiedelt sein. Damit sind die strategischen Projekte wiederum in den auf die Gesamtunternehmung bezogenen Planungs- und Steuerungsprozess integriert.

Bei komplexen Projekten bietet sich dabei die Netzplantechnik als Hilfsmittel an, weil auf diesem Wege die sachliche und zeitliche Verknüpfung der Teilprozesse transparent gemacht werden kann. Ein derartiger Netzplan ermöglicht die schrittweise und doch sachlich verknüpfte Führung und Steuerung des Projekts. Auch ist auf diese Weise eine gute Grundlage für das Projektcontrolling gelegt, durch welches sich die Steuerung des Wandels begleiten lässt.

3.3.5.3 Change Management

In der Literatur wird „Change Management" recht unterschiedlich definiert; so kann man zum einen die Auffassung vertreten, dass eigentlich jedes Managements zugleich Change Management darstellt, da der Wandel mittlerweile etwas Alltägliches geworden ist, es zum anderen aber als eine spezifische Form der Organisation und Durchsetzung weitreichender Veränderungsprozesse ansehen. Letzteres ist hier gemeint.

Ausgangspunkt ist i. d. R erwarteter oder beobachteter Widerstand gegen geplante strukturelle Veränderungen, der sich aus Unkenntnis, Überforderung oder erwartete Schlechterstellung innerhalb einer Organisation entwickeln kann. Zur Überwindung derartiger Barrieren gilt es, Akzeptanz fördernde Anreize zu setzen, oder aber in der Organisation eine grundsätzliche Offenheit ggü. Veränderungen zu entwickeln, die sich in jeder beliebigen Situation bewähren muss.

Akzeptanzförderung wird überwiegend mit der Forderung nach verstärkter Kommunikation verbunden; auch die Abfolge der Teilschritte Information und Kenntnis, Erklärung und Verständnis, Überzeugung und Akzeptanz sowie Einbeziehung und Commitment wird an dieser Stelle genannt. Externe oder interne Berater/Teams können dabei den geplanten Wandel begleiten und positiv beeinflussen.

Erheblich anspruchsvoller sind die in der Literatur diskutierten Ansätze einer grundlegenden Veränderung der Organisation und ihrer Mitglieder in Richtung auf Lernbereitschaft, Offenheit und Flexibilität. In diesem Zusammenhang werden Begriffe wie „fortschrittsfähige Organisation" oder „lernende Organisation" entwickelt. Auch das „ganzheitliche und vernetzte Denken" gehört in diesen Zusammenhang. Dabei wird zum einen ein Managementansatz propagiert, der alle Organisationsmitglieder einbezieht und auf der anderen Seite die Bereitschaft aller voraussetzt, für alle Neuerungen offen zu sein, sich in alle Projekte des Wandels einzubringen – unabhängig von der aktuellen Position im Unternehmen. Ob auf diese Weise zukunftsorientierte Unternehmen entstehen werden, deren Veränderungen von allen Organisationsmitgliedern als etwas Selbstverständliches angesehen wird und nicht als Bedrohung, wird sich erweisen.

3.3.6   Instrumente des strategischen Kostenmanagements

Zu den Instrumenten des strategischen Kostenmanagements gehören insbesondere das Zielkostenmanagement, das Lebenszykluskostenmanagement und das Fixkostenmanagement.

Diese Instrumente unterstützen die Unternehmen dabei, regelmäßig ihre strategischen (langfristigen) Kosten zu überprüfen und neu auszurichten.

3.3.6.1 Zielkostenmanagement

Im Folgenden werden die Begriffe „**Zielkostenmanagement**", „**Target Costing**" und „**Zielkostenrechnung**" als Synonyme verwendet.

Beim Zielkostenmanagement handelt es sich um einen umfassenden Prozess der marktorientierten Kostenplanung, -steuerung und -kontrolle. Zielkostenmanagement ist ein ganzheitlicher und durchgängiger Ansatz des Kostenmanagements, der für eine marktorientierte Steuerung der Kosten-informationen in Abhängigkeit von Unternehmensstrategie und -kontext sorgt. Dabei werden traditionelle Instrumente (z. B. die Wertgestaltung) ebenso eingebunden wie neuere (z. B. die Prozesskostenrechnung).

Das Konzept stammt aus Japan und wird dort als „**Genka Kikaku**" bezeichnet. Hintergrund der Konzeptentwicklung war der Verlust der Wettbewerbsfähigkeit japanischer Unternehmen Mitte der siebziger Jahre. Es wurde als Managementmethode konzipiert, um die Wettbewerbsfähigkeit und damit die Gewinnsituation japanischer Unternehmen wieder zu festigen.

Ausgangspunkt sind die vom Kunden gewünschten Produktmerkmale, gewonnen aus der Marktforschung. Beim Zielkostenmanagement handelt sich folglich um einen Ansatz des produktbezogenen Kostenmanagements.

Ausgangspunkt zur Reduktion der Stückkosten war die Umkehr der bisher im Rahmen der traditionellen Kostenrechnung üblichen Frage: Was wird ein Produkt kosten? (**Technology-Driven Costing**) in die Frage: Was darf ein Produkt kosten? (**Market-Driven Costing**)

Die traditionelle Selbstkosten – Plus – Kalkulation wird in eine **Erlös – Minus – Kalkulation** umgewandelt. Dabei wird von dem vom Markt abgeleiteten Preis der Gewinnaufschlag abgezogen. Auf diese Weise ergeben sich die Zielkosten für das Produkt. Diese gilt es zu erreichen.

Der sich anschließende Produktentwicklungsprozess besteht u. a. aus der Zielkostenfestlegung (der Aufteilung der Gesamtzielkosten eines Produktes auf seine Komponenten). Dadurch ergeben sich auf der untersten Ebene die Zielkosten für die einzelnen Materialien und Prozesse, die zur Beschaffung, zur Produktion, zum Marketing und zum Vertrieb, etc. anfallen.

Können die gesetzten Kostenziele (**Cost Targets**) nicht erreicht werden, wird das Projekt nicht durchgeführt (bzw. das Produkt/die Dienstleistung nicht hergestellt und angeboten), wenn es sich um ein Projekt/ein Produkt/eine Dienstleistung ausschließlich zur Gewinnerzielung handelt. Dies ist die **goldene Regel des Target Costing**.

Es wird an dieser Stelle deutlich, dass Target Costing kein Kostenrechnungsverfahren ist, sondern ein umfassender Kostenplanungs-, -steuerungs- und -kontrollprozess, der in den Gesamtmanagementprozess der Produkt-, Dienstleistung- und Projektentstehung einzubetten ist.

Das Target Costing arbeitet dabei nicht einfach mit Sollkosten, sondern es geht um restriktive Vorgaben. Die goldene Regel bezieht sich auf das Gesamtprodukt/-projekt/die Gesamtdienstleistung und nicht auf jede einzelne Komponente. Falls eine Komponente oder ein Subelement seine Targets überschreitet, kann dies ggf. an anderer Stelle ausgeglichen werden. Besonders deutlich wird dies bei der Betrachtung sicherheitsrelevanter Elemente, bei denen kaum Einsparpotenziale bestehen. Wenn an dieser Stelle gespart werden sollte, kann dies später zu Entschädigungsforderungen der Kunden oder zu Rückrufaktionen größeren Umfangs führen.

Zielkostenmanagement wurde entwickelt, um über die Konzentration auf die Gestaltung und Herstellung der einzelnen Produkte und Dienstleistungen die gesamte Unternehmung auf den Markt auszurichten und Produkt- respektive Dienstleistungsrentabilitäten auch bei steigender Wettbewerbsintensität zu erhalten bzw. zu steigern.

Das Wesentliche am Zielkostenmanagement ist die umfassende Marktorientierung. Diese wird im Wesentlichen durch eine stärkere Orientierung des Kostenmanagements am Marketing (über dessen Komponente der Marktforschung) und an den verfolgten Unternehmensstrategien gesichert. Kernelement ist dabei in beiden Fällen die Ausrichtung der Aktivitäten an den vom Markt gewünschten Produkt-/Dienstleistungsmerkmalen und -eigenschaften, die sich wiederum in Produkt-/Dienstleistungsfunktionen ausdrücken lassen.

Vor diesem Hintergrund lassen sich folgende Gründe sich für die Einführung des Target Costings anführen:

- Kostenüberlegungen müssen schon in der frühen Phase des Produktplanungsprozesses mit einbezogen werden.
- Im Wettbewerb legt der Markt und nicht das produzierende Unternehmen die Preise fest.
- Größere Marktorientierung.
- Die Zahl internationaler Wettbewerber nimmt weiter zu.
- Konkurrenzprodukte sind qualitativ gleichwertig oder sogar besser.
- Konkurrenzprodukte sind oft preisgünstiger.
- Die Einführung von Produkt-/Dienstleistungsinnovationen erfolgt in immer kürzer werdenden Zyklen.
- Es besteht Anpassungsbedarf bei der Produkt-/Dienstleistungsgestaltung.
- Der steigende Kostendruck zwingt zur Optimierung der Vorgehensweise.
- Verloren gegangene Profitabilitäten von Produktlinien sollen wiedererlangt werden.

Die folgenden Chancen einer erfolgreichen Implementierung des Target Costings sind offensichtlich:

- Die erwarteten Kosten eines Produktes oder einer Dienstleistung sind bereits im Vorfeld vorherzubestimmen.
- Es entsteht eine größere Kosteneffizienz und -transparenz.
- Finanzielle Mittel (Bsp. in Form von Investitionen) werden dort eingesetzt, wo sie die größten Einflüsse/Nutzen haben.
- Die Kundenzufriedenheit steigt.
- Die Mitarbeiter haben ein besseres Verständnis von den bestehenden Kostenzielen.
- Die Mitarbeiter wirken beim Setzten von Qualitäts-, Kosten- und Zeitzielen mit.

An dieser Stelle stellt sich die Frage, ob die einzelne Unternehmung weiß, was ihre Kunden wünschen. Zur Beantwortung dieser Frage, stehen verschiedene Instrumente zur Erfassung und Umsetzung der Marktanforderungen in Zielpreise zur Verfügung. Die Grundfrage des Target Costings lautet: „Wie viel darf ein Produkt/eine Dienstleistung kosten?" Diese Frage wird im Rahmen der Marktforschung z. B. durch die **Conjoint-Analyse** oder die **Hand-am-Markt-Analyse** .beantwortet.

Ausgangspunkt einer produktfunktionalen Betrachtung im Rahmen der **Conjoint-Analyse** ist die subjektive Kundensicht von Produktmerkmalen und -eigenschaften. Die Conjoint-Analyse dient der Quantifizierung des Kundennutzens. Sie ist somit ein Instrument der Marktforschung zur Analyse von subjektiven Produktmerkmalspräferenzen der Kunden.

Bereits im Entwicklungsstadium eines neuen Produktes werden konkrete Produktmodelle mit unterschiedlichen Merkmalskombinationen ausgewählten potenziellen Kunden zur Beurteilung vorgelegt. Dabei ist nicht nur die objektive, sondern auch die subjektive Kundensicht von Interesse und Bedeutung, da die Technik häufig überschätzt und der Einfluss der Kundenwahrnehmung unterschätzt wird. Aus der Kundenbefragung gewinnt die Unternehmung Präferenzprofile über die Produkt-/Dienstleistungseigenschaften und die damit verbundenen Einschätzungen der Kunden bezüglich des Gebrauchs- (Funktion) und des Geltungsnutzens (Marke, Image).

Der schrittweise Ablauf der Conjoint-Analyse stellt sich wie folgt dar:

1. Das Produkt respektive die Dienstleistung wird in seine/ihre Komponenten zerlegt (Die Tiefe der ‚Zerlegung' richtet sich nach der wahrscheinlichen Wahrnehmungsfähigkeit der potenziellen Kunden).
2. Die verschiedenen Ausprägungen der einzelnen Komponenten werden erfasst.
3. Die verkaufsrelevanten Kombinationen werden eingegrenzt; Das Ergebnis sind vollständige Produkte/Dienstleistungen mit unterschiedlich ausgeprägten Komponenten.
4. Paarweise Bewertung durch einen repräsentativen (Test-)Personenkreis (Die Testpersonen entscheiden, welche Kombination sie bevorzugen Die Entscheidungen erfolgen schnell und subjektiv (intuitiv) ohne die Anwendung spezieller Bewertungsmaßstäbe).
5. Ableitung von Präferenzen durch einen mathematischen Prozess, in der Form von Nutzwerten (Input für die Funktionenmatrix) (siehe weiter unten).

Für alle möglichen Produkt-/Dienstleistungsvarianten werden zusätzlich die Preisvorstellungen der (Test-)Kunden abgefragt, denn der Kundennutzen ist nur unter Berücksichtigung des Preis-Leistungsverhältnisses sinnvoll zu bestimmen. Die akzeptierten Preisvorstellungen bilden den zulässigen Zielverkaufspreis für die Ermittlung der Zielkosten nach er Subtraktionsmethode.

Die Durchführung einer Conjoint-Analyse ist zeitlich und finanziell aufwendig. Aus diesem Grund wird sich in der Praxis häufig auf die Hand-am-Markt-Analyse beschränkt.

Auch die **Hand-am-Markt-Forschung** dient dem Zweck der Analyse von stark individualisierten Kundenwünschen. Sie soll z. B. unter Einbeziehung von Marktforschungsinstituten durch Befragungen Informationen über die Nutzen-, Wert- und Preisvorstellungen der potenziellen Kunden liefern. Dies geschieht ohne die Entwicklung und Fertigung von alternativen Produktmodellen.

Die Hand-am-Markt-Forschung ist ein laufender Informationsrücklauf über die Kundenwirkungen der aktuell am Markt präsenten Produkte. Sie lässt sich allerdings nicht für neue Produkte einsetzen.

Die Hand-am-Markt-Forschung bedeutet bzw. beinhaltet die Analyse der laufenden Verkäufe und Analyse der Marktentwicklung, die Weitergabe von Informationen aus Kundenreaktionen, -beobachtungen und -interviews an die Entwicklungsabteilung durch das Verkaufspersonal (Kommunikation und Information als Voraussetzung) und eine hohe Bereitschaft bei den Produkt-/Dienstleistungsentwicklern und Ingenieuren, die gewonnenen Informationen auch umzusetzen.

Im Gegensatz zur Conjoint-Analyse, die mit (Test-)Kunden unter „Laborbedingungen" durchgeführt wird, erhebt die Hand-am-Markt-Forschung den tatsächlichen Produktnutzen bei der praktischen Anwendung (im Alltag). Die Informationen werden somit im Kontext zu Gebrauchssituation gewonnen.

3.3.6.2 Lebenszykluskostenmanagement

Instrumente der traditionellen Voll- und Teilkostenrechnung dienen in erster Linie der kostenmäßigen Beurteilung eines kurzen Zeitraums (Monat, Quartal, Jahr). Sie liefern dadurch Informationen zur kurzfristig wirksamen Steuerung und unterstützen die Herbeiführung kurzfristig wirksamer Entscheidungen.

Die kurzfristige Erfolgsrechnung gibt Auskunft darüber, welches Produkt/welche Dienstleistung innerhalb eines bestimmten Zeitraums welchen Erfolgsbeitrag geliefert hat bzw. liefern soll. Zu den Aufgaben der traditionellen Voll- und/oder Teilkostenrechnung zählen dabei u. a. die Dokumentation (BE-Rechnung), die Kontrolle und die Vorbereitung kurzfristiger Entscheidungen. Es ist aber keine Aussage möglich, ob sich die Entwicklung eines Produktes/einer Dienstleistung lohnt und wie hoch der Erfolgsbeitrag des Produktes beziehungsweise einer Dienstleistung bezogen auf seine/ihre Lebenszeit ist respektive sein wird. Diese Aussage ist aber entscheidend für die Aufnahme eines Produktes/einer Dienstleistung in das Entwicklungs- bzw. Produktionsprogramm einer Unternehmung.

Es ist daher erforderlich den Lebenszyklen der Unternehmensprozesse besondere Aufmerksamkeit zu schenken, um die langfristigen strategischen Ziele eines Unternehmens von der Quelle her zu beeinflussen. Für Aufgaben und Entscheidungen dieser Art stellt die **Lebenszykluskostenrechnung** geeignete Informationen zur Verfügung.

Lebenszykluskostenrechnung (auch „**Life Cycle Costing**", „**Lebenszykluskonzept**" oder „**Lebenszykluskosten-Management**" genannt), zielt darauf ab, die gesamten Kosten und Erlöse eines Systems und der damit verbundenen Aktivitäten und Prozesse, die über dessen gesamten Lebenszyklus entstehen, zu optimieren.

Die Lebenszykluskostenrechnung ist keine eigenständige Methode, sondern sie besteht aus einer Vielzahl von Methoden, die vor allem aus der Investitionsrechnung bekannt sind (z. B. Methoden der Systembewertung, Verfahren der Kostenprognose, Methoden zur Berücksichtigung des Risikos und der Inflation). Lebenszykluskostenrechnung ist eine periodenübergreifende Vollkostenrechnung. Sie erfasst sämtliche Kosten, die während der Lebenszeit des Produktes/der Dienstleistung entstanden sind bzw. entstehen werden, und stellt die kumulierten Kosten den kumulierten Erlösen des Produktes/der Dienstleistung gegenüber. Die Lebenszykluskostenrechnung kann wie jede Kostenrechnung als Vor-, mitlaufende oder Nachrechnung durchgeführt werden.

Die **Vorrechnung** dient der Entscheidungsunterstützung. Sie soll Informationen liefern für die Produkt-/Dienstleistungsentwicklung, für Fragen nach dem Zeitpunkt der Produkt-/Dienstleistungseinführung und den Rückzug aus dem Markt.

Die **mitlaufende Rechnung** ist während des gesamten Produkt-/Dienstleistungslebenszyklus durchzuführen, um die Deckung der noch ausstehenden prognostizierten Produktkosten (z. B. Entsorgungskosten) durch die prognostizierten Erlöse zu überprüfen. Ist die Deckung nicht wahrscheinlich, so stehen dem Unternehmen zwei Möglichkeiten offen:

- Die Entwicklung bzw. Herstellung des Produktes/der Dienstleistung abbrechen.
- Kostensenkungsmaßnahmen und/oder Erlössteigerungsmaßnahmen ergreifen.

Die **Nachrechnung** dient der Kontrolle, z. B. des Amortisationszeitpunktes insbesondere zur Gewinnung von Erfahrungen für die nächsten Lebenszykluskostenrechnungen.

Die im Rahmen der Lebenszykluskostenrechnung geforderte ganzheitliche Sichtweise gewinnt in Zeiten stetig steigender Investitions-, Forschungs- und Marketingaufwendungen zunehmend an Bedeutung gleichzeitig werden die Lebenszyklen von Produkten und Märkten immer kürzer.

Lebenszykluskosten sind sämtliche Kosten, die ein System (bzw. Produkt oder Dienstleistung) während seines/ihres gesamten Lebenszyklus verursacht. Dies sind Kosten für die Initiierung, Planung, Realisierung, den Betrieb und die Stilllegung eines Systems (bzw. Aufgabe eines Produktes/einer Dienstleistung). Von Interesse für die Lebenszykluskostenrechnung sind insbesondere die Beeinflussung der wiederkehrenden und der Folgekosten. Lebenszykluskosten werden außerdem danach unterschieden, ob sie aus der Sicht des Herstellers, der wettbewerbsfähige und profitable Produkte/Dienstleistungen auf den Markt bringen will, betrachtet werden (Produzentensicht) oder aus der Sicht des Kunden, der vor einer Beschaffungsentscheidung steht (Kundensicht).

Die Lebenszykluskostenrechnung kann überall dort Anwendung finden, wo relevante dynamische Informationen, die die aktive Gestaltung der Entscheidungsvariablen Kosten, Zeit und Leistung eines Systems betreffen, notwendig sind.

Typische Entscheidungen aus Kundensicht bestehen zwischen alternativen Produkten, Maschinen, Großanlagen, Dienstleistungen oder die Auswahl konkurrierender Anbieter.

Typische Entscheidungen aus Produzentensicht bestehen in Bezug aus alternative Logistikkonzepte, Preisfestsetzung oder Make-or-Buy-Entscheidungen.

Die Hauptaufgabe des Lebenszykluskostenmanagements ist konkret die frühzeitige Kostenbeeinflussung. Es wird davon ausgegangen wird, dass bereits in den Phasen der Entwicklung und Konstruktion ca. 70–85 % der späteren Kosten eines Produktes verbindlich festgelegt werden und dass mit zunehmender Entwicklungsreife der Spielraum der Kostengestaltung deutlich abnimmt. In diesen Phasen werden Konfiguration und Funktion des Systems bzw. des Produktes/der Dienstleistung sowie die zur Herstellung benötigten Materialien, Zukaufteile und Prozesse der Produktion festgelegt. Diese Kosten fallen aber größtenteils erst in der Produktionsphase und den nachfolgenden Lebenszyklusphasen an und werden auch erst dann verbucht und gesteuert. Dies kann dazu führen, dass das Kostensenkungspotenzial früherer Lebenszyklusphasen nicht erkannt und genutzt wird. Die Beeinflussbarkeit der Kosten nimmt mit steigender System- bzw. Produktkonkretisierung im Verlauf des Lebenszyklus immer weiter ab, während die Kostenbindung immer weiter zunimmt. Mit wachsender Produktkonkretisierung steigen daher die Kosten für nachträgliche Änderungen bzw. Anpassungen.

Eine Lebenszykluskostenrechnung stellt eine Kombination zwischen Investitions- und Kostenrechnung dar und soll die einmaligen – mit der Investition verbundenen – und die periodischen – mit dem laufenden Betrieb verbundenen Kosten – und alle Erlöseinflussgrößen berücksichtigen. Die dabei gewonnenen Erkenntnisse über alle Phasen hinweg „von der Wiege bis zum Grab" (from cradle to grave) sollen die Entscheidungen über die Produktgestaltung, Produktvermarktung, Produktionsverfahren, etc. unterstützen sowie für neu geplante Entwicklungen eine verlässliche Entscheidungsgrundlage liefern.

3.3.6.3 Fixkostenmanagement

Fixkosten sind in der Regel nicht (komplett) vermeidbar. Das Hauptproblem besteht darin, dass Fixkosten nicht problemlos abgebaut werden können. Eine einmal angeschaffte Maschine, eine gebaute Fabrikhalle, Zinsen für langfristige Darlehen, Mitarbeiter im Management und in der Verwaltung etc. verursachen Kosten, die auf keinen Fall kurzfristig abgebaut, ja nicht einmal nachhaltig reduziert werden können. Daraus resultiert automatisch, dass Fixkosten die Unternehmungen unflexibel machen.

Wenn sich aber Fixkosten nicht in Gänze vermeiden lassen, so sollte jede Unternehmung zumindest bestrebt sein, diesen Kostenblock aktiv zu managen, im Sinne eines Fixkostenmanagements.

Fixkostenmanagement besteht zu einem großen Teil aus der Erstellung, Pflegen und Auswertung von Datenbanken. Fixkostenmanagement ist in der heutigen Zeit eine überlebenswichtige Maßnahme für Unternehmungen. Dabei reicht nicht aus, sich allein auf die bisherige Definition von Fixkosten zu stützen. Die Fixkosten sind um den Anteil der variablen Kosten zu erweitern, der nicht kurzfristig reduziert werden kann. Längerfristige Abnahmevereinbarungen und Mietverträge zählen hier ebenso hinzu wie Kosten für Lohnempfänger, die unter Beschäftigungs-garantien stehen.

Fixkostenmanagement und Fixkostencontrolling umfassen die Planung, Steuerung und Kontrolle der fixen und langfristigen variablen Kosten im Hinblick auf die Unternehmungsziele. Fixkosten werden somit explizit zum Controllingobjekt erklärt. Es geht um die aktive Gestaltung statt Verwaltung von Fixkostenpotenzialen. Das Motto muss lauten: Gestaltung statt Verwaltung von Fixkostenpotenzialen!

Zielsetzungen des Fixkostenmanagements ist neben einer Erhöhung der Fixkostentransparenz eine an den Zielen der Unternehmung ausgerichtete Gestaltung des Fixkostenblocks. Grundlage für ein erfolgreiches Fixkostenmanagement ist eine entsprechend differenzierte Kostenrechnung, die neben den reinen Kosteninformationen weitere Informationen bereitstellt. Hierzu gehören insbesondere Informationen:

- Eingegangenen Bindungsdauern bei Verträgen und Eigentumsverhältnissen.
  Eine bindungsdauerbezogene Differenzierung der Fixkosten könnte wie folgt aussehen:
    Fixkosten = 3 Monate abbaufähig.
    Fixkosten $\leq$ 6 Monate abbaufähig.
    Fixkosten $\leq$ 1 Jahr abbaufähig.
    Fixkosten > 1 Jahr abbaufähig.
- Zeitliche Lage der Bindungsdauern im Kalenderjahr.
- Kündigungsfristen und Kündigungszeitpunkte.
- Bindungsintervalle, wenn man Kündigungstermine verstreichen lässt.
- Restbindungsdauern.
- Verpflichtungen und Nutzungsdauern bei Eigentumspotenzialen.

Fixkostenmanagement umfasst Kostenanalysen und Kostenkontrollen. Es schafft Transparenz hinsichtlich der Fixkostensituation in der Unternehmung. Es plant und gestaltet den Auf- und Abbau von Fixkosten in Abhängigkeit von den erwarteten Auslastungsschwankungen. Dies impliziert eine frühzeitige Gestaltung der Fixkostensituation im Rahmen der Absatzprognosen. Fixkostenmanagement umfasst eine Bewertung der Unternehmensaktivitäten hinsichtlich wertschöpfender, notwendiger und nicht mehr zeitgemäßer Tätigkeiten sowie Maßnahmen zur Variabilisierung von Fixkosten. Zudem schafft es ein verschärftes Kostenbewusstsein bei den Mitarbeitern/innen bzw. bei allen Beteiligten.

3.4   Strategisches Controlling

3.4.1   Aufgaben des strategischen Controllings

Während sich der Begriff des (operativen) Controllings seit längerem durchgesetzt hat, ist der Begriff „**strategisches Controlling**" nach wie vor umstritten. Insbesondere wird angeführt, dass das Controlling sich ganz überwiegend quantitativ orientiere, der strategische Planer hingegen vorwiegend mit qualitativen Informationen arbeite. Versteht man Controlling als eine Führungstätigkeit, die die übrigen Führungsprozesse des Unternehmens koordiniert, insbesondere die Erreichung angestrebter Ziele steuert, so lässt sich sehr wohl auch die strategische Unternehmensführung durch ein strategisches Controlling anreichern.

Fehler oder Versäumnisse in der strategischen Planung lassen sich normalerweise nicht mehr korrigieren bzw. nachholen, wenn die negativen Auswirkungen bereits im laufenden Geschäft spürbar oder erkennbar sind. Eine Überprüfung der strategischen Planung im Rahmen eines operativen Soll-Ist-Vergleichs bringt i. d. R. nur die Erkenntnis, wie man hätte handeln müssen – für die Einleitung von Maßnahmen der Gegensteuerung zur Zielerreichung ist es zu spät. Damit das Controlling im Zusammenhang mit der strategischen Unternehmensführung Steuerungsfunktion übernehmen kann, sind Verfahren erforderlich, mit denen man frühzeitig Versäumnisse, Fehler oder Abweichungen feststellen kann. Derartige strategische Kontrollen sind wiederum Basis für Abweichungsanalysen und Steuerungsmaßnahmen. Im Rahmen der strategischen Unternehmensführung wurde bislang herausgearbeitet, dass strategische Entscheidungen auf der Basis von Annahmen über die Umweltentwicklung sowie die Ressourcenentwicklung des Unternehmens erfolgen. Ein Ansatzpunkt des strategischen Controllings könnte darin bestehen, die Entwicklung der relevanten Prämissen, d. h. insbesondere die Prognosen der externen und internen Variablen, zu überprüfen. Des Weiteren setzen Strategien die Implementierung bestimmter Maßnahmen voraus. Strategisches Controlling hat insofern die Aufgabe, den Zeitplan bzgl. derartiger strategischer Maßnahmen zu kontrollieren und im Abweichungsfalle steuernd einzugreifen.

Strategisches Controlling wird als eine Teilfunktion der strategischen Unternehmensführung angesehen, die einen eigenständigen Aufgabenbereich neben der strategischen Planung bildet, jedoch eng mit ihr vernetzt ist. Beim strategischen Controlling handelt es sich um eine Führungstätigkeit mit vier Hauptfunktionen:

1. Die Koordination der einzelnen Unternehmensstrategien, aber auch der strategischen Planungen einzelner Unternehmensbereiche nimmt das Controlling als Organisator des Planungsablaufs bzw. Begleiter der Planungsinstanzen wahr; dazu gehört auch die Koordination von strategischen und operativen Planungen.
2. Über den Aufbau und die Durchführung von strategischen Kontrollen und die Nutzung von Früherkennungs- und Frühwarnsystemen lassen sich Trends und Veränderungen frühzeitig aufzeigen.
3. Die Durchführung einer Abweichungsanalyse im unternehmensexternen wie unternehmensinternen Bereich schafft Grundlagen für die (jeweils folgende) strategische Planung, die sich mit den Ursachen und Folgewirkungen von Abweichungen auseinandersetzen muss. Die Informationen eines strategischen Berichtswesens dienen grundsätzlich allen Unternehmensbereichen, sodass auch operative Entscheidungen unter Berücksichtigung strategischer Gesichtspunkte getroffen werden können.

4. Zur zielbezogenen Steuerung des Unternehmens unter Berücksichtigung des Wandels sind im Falle von Abweichungen geeignete Maßnahmen zu entwickeln. Das strategische Controlling wird dabei i. d. R. lediglich Empfehlungen für Korrekturmaßnahmen in den Planungsprozess einbringen. Die Entscheidung und Durchsetzung erfolgt im Rahmen des oben geschilderten Führungsprozesses.

3.4.2 Koordination der Unternehmensstrategien

Die Koordinationsaufgabe erfüllt das Controlling im Rahmen der Entscheidungsvorbereitung; insofern könnte man diese Funktion auch als Bestandteil der Planung betrachten. Es handelt sich im Grunde um eine Controllingaufgabe innerhalb des Planungsprozesses, als nämlich Controller und Planer gemeinsam dafür zu sorgen haben, dass ein widerspruchsfreier, Controlling gerechter Plan entsteht.

Hauptsächlich ist dabei die „Konsistenzkontrolle" durchzuführen. Darunter versteht man die Überprüfung der strategischen Pläne in Bezug auf ihre Vollständigkeit und ihre formale und materielle Konsistenz. Dazu gehört die Frage, ob alle strategisch relevanten Gegebenheiten berücksichtigt wurden, aber auch eine Kontrolle, ob Widerspruchsfreiheit und Harmonie der strategischen Pläne untereinander gegeben sind. Die materielle Konsistenzprüfung ließe sich wiederum in eine qualitative (berücksichtigt der strategische Personalplan den Bedarf an Führungskräften in Südamerika?) und eine quantitative Komponente untergliedern (reicht die vorgesehene Fertigungskapazität im Jahre 2017 aus, um den geplanten Absatz realisieren zu können?).

Als weiterer Aspekt käme die „Leitbildkontrolle" in Betracht. In diesem Zusammenhang sind die vorgesehenen Unternehmensstrategien hinsichtlich ihrer Kompatibilität mit dem Unternehmensleitbild bzw. der Unternehmensphilosophie zu überprüfen. Ausgangspunkt ist die Überlegung, dass Alternativen entwickelt werden könnten, die zu Konflikten führen, weil sie den bisher für wesentlich erachteten Normen widersprechen. Dabei wäre jedoch zugleich die Frage aufgeworfen, ob das bisherige Leitbild reformationsbedürftig ist, weil sich eventuell die Ansichten der für die Unternehmenspolitik maßgeblichen Kern- und Satellitengruppen und/oder gesellschaftlich relevante Werte und Normen verändert haben. Controlling hat sicherlich nicht die Aufgabe, Unternehmensphilosophie und Unternehmensleitbild maßgeblich zu bestimmen, wohl aber sollte auf Widersprüche zwischen (noch) formal bestehenden Grundsätzen und sich abzeichnenden faktischen Veränderungen hingewiesen werden.

Eine wesentliche Koordinierungsaufgabe besteht in der Verknüpfung zwischen strategischen und operativen Plänen. Dabei ist sowohl eine Abstimmung der Eckdaten strategischer und operativer Pläne relevant als auch die Berücksichtigung spezifischer strategisch ausgerichteter Maßnahmen im Rahmen des operativen Planansatzes einzelner Perioden.

Inwieweit diese Koordinierungsaufgaben von einer Controlling-Instanz wahrgenommen bzw. einer Planungsabteilung oder einer Stabsstelle der Unternehmensleitung übertragen werden, hängt von der gewählten Organisationsform und der Bedeutung der Controlling-Funktion ab.

3.4.3   Strategische Kontrolle

Für die **strategische Kontrolle** bieten sich zwei Anknüpfungspunkte der strategischen Planung:

1. Kontrolle der strategischen Maßnahmen – dies wäre als eine „Projektkontrolle" zu verstehen, wobei sowohl die jeweiligen Prämissen als auch die zu bestimmten Zeitpunkten durchzuführenden Aktionen bzw. Teilziele zu kontrollieren wären.
2. Kontrolle der Rahmenbedingungen, unter denen die strategische Planung des Gesamtunternehmens entwickelt wurde.

Prämissenkontrolle
Als Ziel der Prämissenkontrolle ist die Sicherstellung der Realitätsnähe strategischer Pläne durch antizipative Anpassungsmaßnahmen anzusehen. Dabei ist die Prämissenkontrolle als permanenter Prozess zu verstehen; er setzt bereits mit der Strategieformulierung ein. Eine Betrachtung wesentlicher Rahmenbedingungen der strategischen Planung zeigt zudem, dass gerade externe Einflüsse häufig einen diskontinuierlichen Verlauf nehmen, sodass eine bloße Trendprognose unzureichend wäre.

Planungsprämissen sind somit der Planung zugrunde liegende strategische Faktoren, die Aufschluss geben über die für das Unternehmen relevanten Umweltfaktoren bzw. die den Zustand der Unternehmung zum Zeitpunkt der Planung beschreiben. Diese Annahmen bilden auf der anderen Seite auch die Basis der Prämissenkontrolle. Die gewählten Prämissen sollten daher für das Unternehmen kontrollierbar sein und eine strategische Bedeutung haben. Sinnvoll erscheint dabei eine Differenzierung in extern vorgegebene, somit vom Unternehmen nicht oder nur schwer beeinflussbare Prämissen, und interne Faktoren, die gegebenenfalls vom Unternehmen durch eigene Anstrengungen verändert werden können.

Bei der Vielzahl an Planungsprämissen erscheint es wirtschaftlich nicht sinnvoll, sämtliche Prämissen mit der gleichen Kontrollintensität zu beobachten. Zur expliziten Prämissenkontrolle bzgl. einzelner strategischer Maßnahmen werden Faktoren ausgewählt, durch deren Veränderung einschneidende Konsequenzen für das betreffende Projekt befürchtet werden müssen. Die übrigen Einflussfaktoren unterliegen einer „allgemeinen Prämissenkontrolle", wie sie im Rahmen der strategischen Überwachung durch Früherkennungssysteme vorgenommen wird.

Durchführungskontrolle

Der zum Teil recht lange Zeitraum für die Umsetzung strategischer Pläne und die damit verbundene schlechte Prognostizierbarkeit der Planungsdaten setzt die Unterteilung der strategischen Pläne in Zwischenschritte, sog. Meilensteine, voraus. So wird, wie oben geschildert, die Implementierung einer Strategie diverse Teilaufgaben im organisatorischen Bereich als auch im Bereich der Investitionen erfordern. Geht das Unternehmen, wie zu empfehlen, bei derartigen Entwicklungen nach einem Netzplan vor, so hat das strategische Controlling damit einen Ansatzpunkt, um die Einhaltung des strategischen Plans zu überprüfen. Die Durchführungskontrolle betrifft sowohl

- eine zeitliche Kontrolle (wurden die Teilschritte im gesteckten Zeitrahmen erreicht?) als auch
- eine **Kostenkontrolle** (sind die für die Teilabschnitte kalkulierten Kosten eingehalten worden, ist das Projekt bei den bis jetzt aufgelaufenen Kosten noch wirtschaftlich?) und eine
- Wirkungskontrolle (erfüllen alle bisher erstellten Funktionen die Erwartungen?).

Insbesondere im Zusammenhang mit diversen marketing- oder auch produktionstechnischen Maßnahmen kann dies Aufgabe des Controllings sein – hier im Sinne eines Projektcontrollings. Für die Informationsgewinnung kann dabei auf das Rechnungswesen zurückgegriffen werden. Der Unterschied zur operativen Kontrolle, die sich häufig des gleichen Zahlenmaterials bedient, ist darin zu sehen, dass die für strategische Durchführungskontrollen verwendeten Daten erst durch einen Bezug auf einzelne Strategien relevant werden, im Übrigen dem operativen Bereich zuzurechnen sind.

Strategische Überwachung der Rahmenbedingungen: Grundlage der strategischen Unternehmensplanung ist sowohl die Einschätzung der unternehmensexternen Umwelt als auch der internen Stärken und Schwächen der Unternehmung. Diese Annahmen oder Prämissen basieren auf der Situation zu Beginn der Planung und können bisherige Trends miteinbeziehen.

Da die Zukunft schwer einzuschätzen ist und sich bestimmte Annahmen, z. B. über die Wettbewerbsstärke von Konkurrenten, grundlegend ändern können, müssen die Planungsprämissen ständig überwacht werden; ggf. ist daraufhin die Planung zu korrigieren. Bei starken Abweichungen ist sogar ein völlig neuer strategischer Plan auf der Basis der geänderten Planungsprämissen erforderlich.

Die strategische Überwachung wird in der Literatur bisweilen als „ungerichtete Beobachtungsaktivität" von sog. „**Frühwarn-** bzw. **Früherkennungssystemen**" abgegrenzt. Beides ist im Gegensatz zur „Kontrolle strategischer Maßnahmen" nicht unmittelbar projektbezogen, liefert aber durchaus Ansatzpunkte für Projektkontrollen. Im Übrigen aber weisen alle unternehmensintern wie -extern gerichteten Beobachtungen grundsätzlich einen Bezug zur Unternehmensstrategie auf, denn sie beziehen sich stets auf die Rahmenbedingungen aktueller oder potenzieller strategischer Maßnahmen.

Insofern können **Früherkennungssysteme** auch als Instrumente der strategischen Überwachung interpretiert werden, da sie die Möglichkeit einer organisierten, kontinuierlichen Überwachung aller wesentlichen Rahmenbedingungen strategischen Handelns erleichtern.

Früherkennungssysteme haben für die Unternehmung eine doppelte Funktion:

- Zum einen sind sie Ausgangspunkt der strategischen Planung, als sie Aufschluss geben über die für das Unternehmen relevanten Umweltfaktoren und den Zustand des Unternehmens zum Zeitpunkt der Planung,
- zum anderen sind sie, da sie Veränderungen ggü. früheren **Phasen der Planung** zeigen, Ausgangspunkt für einen strategischen Soll-Ist-Vergleich, somit Ausgangspunkt für das strategische Controlling.

Gerade durch die zweite Funktion wirkt das strategische Controlling als Bindeglied zwischen zwei Planungsrunden einer Unternehmung. Die Beobachtung von aktuellen Veränderungen wie veränderten Prognosen über den zukünftigen Verlauf der Rahmenbedingungen strategischer Entscheidungen ist zugleich Prämissenkontrolle der aktuellen Unternehmensplanung und Ausgangspunkt der folgenden Planungsrunde. Früherkennungssysteme werden dem strategischen Informationssystem der Unternehmung zugerechnet. Sie sind aber zugleich als Element der strategischen Kontrolle zu verstehen, da durch Signale bestimmter Indikatoren Kontrollfunktionen im Prämissenbereich der Unternehmensplanung erfüllt werden.

Frühwarn- bzw. Früherkennungsinformationen kommt insofern eine erhebliche Bedeutung im Rahmen des strategischen Führungsprozesses zu; sie können grundsätzlich die Form haben von

- bloßen Vermutungen,
- mehr oder weniger gesicherten Prognosen,
- sich abzeichnenden Trends und Entwicklungen oder
- bereits eingetretenen Ereignissen.

Im Rahmen der unternehmensexternen Faktoren sind vor allem die gesamtwirtschaftlichen Faktoren, wie Konjunkturentwicklung oder Steuerpolitik der Regierung, von sehr großer Bedeutung für die Zukunftsentwicklung des Unternehmens. Das gleiche gilt für die Entwicklung der Zinsen und der allgemeinen Preisniveaustabilität, insbesondere für Beschaffungs- und Absatzmärkte des Unternehmens. Eine speziell außenwirtschaftlich aktive Unternehmung wird darüber hinaus auch die politischen und wirtschaftlichen Rahmenbedingungen für Exporte berücksichtigen.

Zu den unternehmensexternen Beobachtungsbereichen gehört auch die Beobachtung der Konkurrenz sowie der Anbieter auf den Beschaffungsmärkten. Im Rahmen der strategischen Planung geht man hier von bestimmten Annahmen aus über die Entwicklung dieser Unternehmungen, sodass eine Veränderung in diesem Bereich sich zwangsläufig auf die eigenen Stärken niederschlagen muss.

Im Rahmen der unternehmensinternen Beobachtungsbereiche ist zum einen die Stellung des Unternehmens am Markt ständig neu zu evaluieren. In Abhängigkeit von o. g. Veränderungen kann sich der Marktanteil des eigenen Unternehmens sowie deren Stärken- und Schwächenpositionen deutlich gegenüber der Vorjahresplanung verändert haben. Aus diesem Grunde ist gegebenenfalls auch eine Überarbeitung oder Neuformulierung der Unternehmensstrategie vorzunehmen.

Neben den Marktbeziehungen des Unternehmens sind auch die Potenziale einer Unternehmung der ständigen Neueinschätzung zu unterziehen. Insbesondere technologische Umweltentwicklungen können dafür sorgen, dass bestimmte Anlagen, bestimmte Fertigungsverfahren sehr schnell als veraltet gelten müssen.

Die Auswahl geeigneter Indikatoren muss allerdings unternehmensspezifisch vorgenommen werden, da die Bedeutung einzelner Faktoren nicht generalisiert werden kann. Sowohl das Produkt- bzw. Leistungsprogramm als auch die Streuung von Produktion und Absatz sowie die Unternehmensgröße und -struktur sind dabei wesentliche **Einflussfaktoren**.

3.4.4   Strategische Abweichungsanalyse

Nach Durchführung des Soll-Ist-Vergleichs im Rahmen einer Prämissen- oder Durchführungskontrolle ist vom strategischen Controlling nunmehr eine Abweichungsanalyse durchzuführen. Dabei gilt es, Ausmaß und Ursache der Zielabweichungen festzuhalten, um damit die Voraussetzungen für entsprechende Anpassungsmaßnahmen zu schaffen.

Im Gegensatz zur operativen Abweichungsanalyse stehen Rechenoperationen nicht so sehr im Vordergrund. Gegenstand der strategischen Abweichungsanalyse kann es z. B. sein, Ursachen für eine Veränderung der Wettbewerbsstärke von Konkurrenten herauszufinden und die zu erwartenden Auswirkungen auf die Erfolgschancen der eigenen Unternehmensstrategien abzuschätzen. Die Ergebnisse der strategischen Abweichungsanalyse haben damit eine wichtige Informationsfunktion für mögliche Anpassungsmaßnahmen, die im Rahmen der nächsten Planungsrunde eingebracht werden müssen.

Betrachtet man die beiden wesentlichen Elemente strategischer Kontrolle – Prämissenkontrolle und Durchführungskontrolle -, so wird die Abweichungsanalyse unterschiedliche Schwerpunkte aufweisen:

- Im Falle der Durchführungskontrolle ist eine auf Einzelmaßnahmen bezogene Analyse vorzunehmen vor dem Hintergrund der Frage, ob das betreffende Projekt noch wirtschaftlich ist.
- Die Prämissenkontrolle kann einzelne Projekte tangieren, aber auch eine umfassende Auswirkung auf die strategische Planung des Unternehmens zum Vorschein bringen, dies in positiver wie in negativer Hinsicht; einzelne bisher favorisierte strategische Maßnahmen erscheinen möglicherweise nicht mehr akzeptabel, während neue Projekte nunmehr erfolgversprechend werden.

Kurzfristige Veränderungen führen i. d. R. nicht sofort zur Aufgabe einer Strategie, sondern es müssen die strategischen Auswirkungen der Veränderungen abgeschätzt und überprüft werden. Erste Ansätze für die Abweichungsanalyse können unterschiedliche Planungsverfahren bieten, die eine Bewertung der Unternehmenssituation aus unterschiedlichen Gesichtspunkten heraus ermöglicht.

3.4.5 Anpassungsmaßnahmen im Rahmen des strategischen Managements

Im Anschluss an die Abweichungsanalyse sind drei Reaktionen möglich:

1. Es ist kein Eingreifen erforderlich, wenn die Abweichungsanalyse zu dem Ergebnis kommt, dass die Abweichungen unwesentlich und ohne erhebliche strategische Bedeutung sind. Wenn die angestrebten Ziele nach dem jeweiligen Kenntnisstand erreichbar bleiben, sind keine Anpassungsmaßnahmen notwendig.
2. **Aktionen** zur Realisation strategischer Ziele können mit Aussicht auf Erfolg eingeleitet werden. Sofern die Abweichungsanalyse zum Ergebnis kommt, dass durch gezielte Gegensteuerungsmaßnahmen die Erreichung der ursprünglich festgelegten Ziele möglich ist, sind derartige Aktionen zu entwickeln und vorzuschlagen. Dem strategischen Controlling kommt hier üblicherweise nicht die Entscheidungskompetenz zur Festlegung konkreter Aktionen zu, sondern letzteres ist Aufgabe des strategischen Managements, im Wesentlichen getragen durch die Unternehmensleitung (z. B. Vorstand einer AG). Das Controlling hat im Rahmen seiner Koordinationsfunktion lediglich auf der Basis der vorgenommenen Abweichungsanalyse zielfördernde Aktionen vorzuschlagen (Ausgangspunkt ist die Überlegung, dass „Controlling" und „Management" weder begrifflich noch personell identisch sind). Da die strategische Unternehmensführung üblicherweise nicht kurzfristig ausgerichtet ist, sondern langfristig die Sicherung von Erfolgspotenzialen zum Gegenstand hat, wird die Durchführung derartiger Aktionen nur im Ausnahmefall unmittelbar nach dem durchgeführten Soll-Ist-Vergleich umgesetzt werden. Häufiger ist hier die Sammlung derartiger Reaktionsmöglichkeiten auf die Änderung von Umwelt- und Unternehmensfaktoren, um diese bei der nächsten Planungsrunde zu verwirklichen.
3. Eine Revision strategischer Ziele und Maßnahmen ist notwendig, sofern das strategische Controlling aufgrund der Abweichungsanalyse zu der Überzeugung kommt, dass ursprünglich genannte strategische Ziele nicht zu verwirklichen sind – falls bspw. eine Produktentwicklung nicht erfolgreich abgeschlossen werden kann, falls erhebliche Technologieveränderungen bisherige Produkte überflüssig machen oder ein starker Konkurrent einen bisher von ihm nicht besetzten Markt in Angriff nimmt. In diesen oder ähnlichen Fällen kann eine gänzliche Neuausrichtung des strategischen Managements gefordert werden – wenn man frühzeitig eine derartige Notwendigkeit erkennt, kann das strategische Controlling bereits unmittelbar darauf hinwirken, dass im Rahmen der alten Strategie vorgesehene Maßnahmen unterbleiben, wenn diese keinen Er-

folg versprechen. Im Einzelfall ist hier zu prüfen, ob eine unmittelbare Gegensteuerung bzw. Revision zu erfolgen hat, oder ob ein Abwarten bis zur nächsten Planungsrunde für die Zielsetzung der Unternehmung unschädlich wäre.

Es sollte ferner darauf hingewiesen werden, dass das strategische Controlling einerseits eng mit den übrigen Elementen des strategischen Managements korrespondiert, andererseits aber auch in enger Verbindung mit dem operativen Controlling steht. So können Beobachtungen und Entscheidungen im Rahmen des strategischen Managements für die operative Unternehmensführung bedeutsam sein, wie umgekehrt aufgrund von operativen Erkenntnissen auch strategisches Handeln ausgelöst wird.

3.4.6 Risikomanagement und Risikocontrolling

Das Handeln des Managements ist immer mit Chancen und Risiken verbunden. Um Managemententscheidungen treffen zu können, ist es daher erforderlich, die mit diesen Entscheidungen verbundenen Chancen und Risiken zu kennen und gegeneinander abzuwägen. Als Folge u. a. eines sich schnell entwickelnden technischen Fortschritts und der zunehmenden Internationalisierung der Kapitalmärkte ist die Umwelt der Unternehmen komplexer und dynamischer geworden. Dadurch werden die Einschätzung zukünftiger Entwicklungen und die daraus abgeleiteten Entscheidungen immer schwieriger. Um trotz dieser Herausforderungen die (Über-)Lebensfähigkeit der Unternehmung auch in Zukunft sicherstellen zu können, bedarf es der Integration eines Risikomanagements und Risikocontrollings. **Risikomanagement** und **Risikocontrolling** zusammen schaffen die Voraussetzungen für wesentliche langfristige Entscheidungen des Managements und verbessern, im Sinne einer wertorientierten Unternehmensführung, die Nutzung von Chancen. Dabei werden nicht nur Einzelrisiken betrachtet, sondern vielmehr diese Einzelrisiken mit ihren Abhängigkeiten zu einer Gesamtrisikoposition der Unternehmung aggregiert.

In der Literatur sind, abhängig vom jeweiligen Betrachtungsgegenstand, unterschiedliche Definitionen des Begriffs „**Risiko**" zu finden. Manche Autoren betrachten Risiko als die Gefahr, dass durch externe und interne Faktoren, die definierten Unternehmensziele nicht, oder nicht vollständig erreicht werden. Andere Autoren erweitern diese Definition um die Chance, die die Gewinnmöglichkeit ausdrückt, als Gegenstück zum Risiko, welches die Verlustmöglichkeit meint. Damit wird das eingegangene Risiko mit den daraus resultierenden Renditemöglichkeiten verknüpft und dem Grundgedanken der wertorientierten Unternehmensführung entsprochen. Zudem wird dem Umstand Rechnung getragen, dass die Abweichung zwischen den Zielen und den tatsächlich erreichten Ergebnissen sowohl negativ als auch positiv ausfallen kann.

Basierend auf diesen Merkmalen, soll im Folgenden Risiko folgendermaßen verstanden werden: Risiko drückt die Gefahr zukünftiger Verlustmöglichkeiten aus, die sowohl durch externe als auch durch interne Faktoren beeinflusst werden und die Erreichung der Unternehmensziele gefährden. Dabei steht das Risiko im engen Zusammenhang mit den Renditemöglichkeiten der Unternehmung (Chance).

Ausgehend von diesem Risikobegriff, lassen sich unterschiedliche Risikoarten klassifizieren. Dabei ist zu beachten, dass die Bedeutung der Risiken stark von der jeweiligen Unternehmung abhängt, wie bspw. von der jeweiligen Branche, aber auch vom Standort und von der Unternehmensgröße. Grundsätzlich lassen sich dennoch die folgenden **Risikofelder** unterscheiden:

- Marktrisiken
- Managementrisiken
- Ökologische Risiken
- Strategische Risiken
- Operative Risiken
- IT-Risiken
- Finanzielle Risiken

Risikomanagement und Risikocontrolling stehen in einer engen Verbindung. Es ist nicht möglich, das Risikocontrolling alleine zu betrachten, da sich die Funktionen, Aufgaben und Ziele zum größten Teil aus den jeweiligen Risikomanagementbereichen ableiten. Die allgemeinen wissenschaftlichen Überlegungen zur Abgrenzung von Management und Controlling können auf das Risikomanagement und das Risikocontrolling angewendet werden. Auch hier gibt es, in Abhängigkeit von der gewählten Controllingkonzeption unterschiedliche Ansatzpunkte. Aufbauend auf der Controllingkonzeption von Horváth, kann das Risikomanagement als Subsystem des Führungssystems angesehen werden.

Das Risikomanagementsystem besteht aus den zwei Komponenten Risikocontrolling und internes Überwachungssystem, die wiederum untergeordnete Teilsysteme umfassen. Für die Teilsysteme Früherkennung und risikoorientierte Planung ist das Risikocontrolling allein verantwortlich. Zusätzlich hat das Risikocontrolling Einfluss auf die risikoorientierte Kontrolle und auf organisatorische Sicherungsmaßnahmen. Neben dem Risikomanagement als Subsystem des Führungssystems kann das Risikocontrolling als Subsystem des Controllings und als Konsequenz als Subsystem des Führungssystems angesehen werden. Dabei integriert das Risikocontrolling insbesondere die Risikoaspekte. Folglich stehen, bezogen auf das Teilsystem der Informationsversorgung, Informationen über Risiken im Zentrum der Betrachtung. Auch innerhalb des Planungs- und Kontrollsystems beschäftigt sich das Risikocontrolling mit der Planung und Kontrolle von Risiken.

Der Risikomanagementprozess setzt sich aus vier Phasen zusammen:

1. Risikoidentifikation,
2. Risikobeurteilung,
3. Risikobewältigung und
4. Risikokontrolle.

Die Grundlage für den Prozess bilden das Risikoziel bzw. die Risikostrategie der Unternehmung.

Bei dem Risikomanagementprozess handelt es sich um einen kontinuierlichen Prozess handelt, d. h., der Prozess ist laufend zu vollziehen, damit eine ständige Anpassung an sich ändernde Gegebenheiten sichergestellt werden kann. Der Prozess selbst ist dabei in den Managementprozess eingegliedert.

Das Risikocontrolling stellt dem Risikomanagement alle relevanten Informationen zur Verfügung und unterstützt in diesem Sinne das Risikomanagement bei der Erfüllung seiner Aufgaben. Die Informationsversorgungsfunktion beinhaltet dabei auch die Berichterstattung. Während für die Berichte an die Unternehmensführung die Einzelrisiken aggregiert werden müssen, sind die Berichte für einzelne Organisationseinheiten des Unternehmens detaillierter zu gestalten. Die Informationsversorgung ist somit vom Risikocontrolling an den Bedarfen der jeweiligen Adressaten auszurichten.

Ferner obliegt dem Risikocontrolling die Überwachung der Umsetzung von Managementvorgaben. Durch diese Kontrollfunktion soll die wirksame Risikosteuerung gewährleistet werden. Zunächst bestimmt das Risikocontrolling den Ist-Zustand der Risiken, um anschließend einen Soll-Ist-Vergleich, also eine Gegenüberstellung der geplanten mit den tatsächlichen Werten, vorzunehmen. Eventuelle Abweichungen sind auf ihre Ursachen hin zu analysieren.

Das Risikomanagement muss das Ziel verfolgen, zukünftige Entwicklungen, die sich auf die Risikolage der Unternehmung auswirken, frühzeitig zu erkennen, zu bewerten und zu steuern. Unterstützt wird das Risikomanagement durch das Risikocontrolling, das seine klassischen Aufgaben der Planung, Informationsversorgung und Kontrolle, bezogen auf die Risiken (und Chancen) der Unternehmung wahrnimmt. Die Aufgaben des Risikocontrollings dienen auch in diesem Zusammenhang der Zielerreichung.

Im Rahmen der Wahrnehmung seiner Aufgaben setzt das Risikocontrolling u. a. die folgenden **Instrumente** ein:

- (Risiko-)Früherkennungs-, Frühaufklärungs- und Frühwarnsysteme
- (Risiko-)Kennzahlen und Kennzahlensysteme
- Diverse Instrumente zur Risikoidentifikation (z. B.: Balanced Scorecard, Chancen/ Risiken-Analyse, Fehlerbaumanalyse, Portfolio-Methode, Sensitivitätsanalyse, Stärken/Schwächen-Analyse, Szenario-Analyse)
- Balanced Chance- & Risk-Card
- Diverse Instrumente zur Risikoberichterstattung (z. B.: Risikoinventar, Risiko-Portfolios)

Operatives Management

4

Zusammenfassung

Ist das strategische Management auf die Entwicklung, Erhaltung und Schaffung von Erfolgspotenzialen sowie die strukturelle Liquidität ausgerichtet, so geht es in der operativen Unternehmensführung darum, diese Erfolgspotenziale zu nutzen und die jederzeitige Zahlungsfähigkeit (dispositive Liquidität) zu gewährleisten. Es sind somit Maßnahmen zur Erfolgserzielung und Erfolgssicherung im Rahmen der vorhandenen Erfolgspotenziale, der vorhandenen Kapazitäten zu ergreifen. Die einer operativen Unternehmensführung zugrunde liegenden Ziele lassen sich in ihrer Gesamtheit sicherlich auf das Oberzielsystem zurückführen, sind jedoch in ihrer speziellen Ausprägung Ergebnis eines weiterführenden Zielbildungsprozesses, in den in wesentlich stärkerem Maße auch weitere Subsysteme des Unternehmens einbezogen werden. Das System operativer Unterziele ist mit den Budgetzielen weitgehend gleichzusetzen – somit lässt sich der operative Unternehmensplan, zumindest in seiner quantitativen Darstellung, auch als ein Budget bezeichnen.

4.1   Aufgaben und Ziele des operativen Managements

Ist das strategische Management auf die Entwicklung, Erhaltung und Schaffung von Erfolgspotenzialen sowie die strukturelle Liquidität ausgerichtet, so geht es in der operativen Unternehmensführung darum, diese Erfolgspotenziale zu nutzen und die jederzeitige Zahlungsfähigkeit (dispositive Liquidität) zu gewährleisten. Es sind somit Maßnahmen zur Erfolgserzielung und Erfolgssicherung im Rahmen der vorhandenen Erfolgspotenziale, der vorhandenen Kapazitäten zu ergreifen. Die einer operativen Unternehmensführung zugrunde liegenden Ziele lassen sich in ihrer Gesamtheit sicherlich auf das Oberzielsystem zurückführen, sind jedoch in ihrer speziellen Ausprägung Ergebnis eines weiterführenden

Zielbildungsprozesses, in den in wesentlich stärkerem Maße auch weitere Subsysteme des Unternehmens einbezogen werden. Das System operativer Unterziele ist mit den Budgetzielen weitgehend gleichzusetzen – somit lässt sich der operative Unternehmensplan, zumindest in seiner quantitativen Darstellung, auch als ein Budget bezeichnen.

Im Folgenden sollte nun erörtert werden, wie die operative Unternehmensführung planerisch zu gestalten ist. Dabei sind zunächst die möglichen Maßnahmen zur Nutzung vorhandener Erfolgspotenziale als Planungsalternativen zu skizzieren. Die durch strategische Entscheidungen festgelegte Ausstattung des Unternehmens mit Personal- und Sachkapazität sowie die im Rahmen des strategischen Marketings eröffneten Erfolgspotenziale auf den verschiedenen Märkten bilden den Hintergrund für die Auswahl geeigneter operativer Maßnahmen. Primär geht es um die Auswahl des „optimalen Marketing-Mixes", d. h. eines Maßnahmenbündels, durch das sich die Unternehmensziele in dem vorgegebenen Rahmen bestmöglich realisieren lassen. Weiterhin muss das Unternehmen bestrebt sein, die über den Einsatz diverser Marketing-Maßnahmen mögliche Absatzmenge verschiedener Produkte so kostengünstig wie möglich bereitzustellen; dies erfolgt im Wesentlichen über die Kapazitäts- und Programmplanung sowie die Ablaufplanung der Leistungserstellung. Ggf. wäre allerdings der Verzicht auf eine allzu intensive Marktbearbeitung geboten, wenn etwa das Überschreiten einer bestimmten Absatzmenge zu überproportionalen Kosten bzw. einer Gewinnminderung führen würde. Dies zeigt, dass auch die operativen Pläne des Absatz- und Produktionsbereichs aufeinander abzustimmen sind, um eine ansonsten wahrscheinliche Suboptimierung (der Teilbereiche unter Verzicht auf das Gesamtoptimum) zu vermeiden. Neben der Beachtung des strategischen Rahmens dürfen aber auch langfristige Auswirkungen operativer Maßnahmen nicht vernachlässigt werden – eine Preissenkung könnte z. B. kurzfristig den Erfolg erhöhen, langfristig das Gewinnziel negativ beeinflussen. Dieses einfache Beispiel verdeutlicht die vielfältige Verknüpfung zwischen dem operativen und dem strategischen Management, die bei allen Entscheidungen zu berücksichtigen ist.

Parallel zur Diskussion möglicher Handlungsalternativen verläuft der **Budgetierungsprozess**, bei dem operative Ziel- und Mittelentscheidungen getroffen werden. In diesen Prozess werden üblicherweise alle Subsysteme des Unternehmens einbezogen, während dies im Rahmen der strategischen Planung nur selten erfolgt. Nicht nur Bereichsleitungen, sondern auch Führungskräfte der nachgeordneten Ebenen (Gruppenleiter, Meister) werden vielfach bzgl. ihres Verantwortungsbereichs am Budgetierungsprozess beteiligt. Als Ergebnis des operativen Planungsprozesses ist schließlich das Budget zu kennzeichnen, das üblicherweise für ein bis zwei Geschäftsjahre verabschiedet und anschließend vom Controlling steuernd begleitet wird. Budgets erfüllen mehrere Funktionen im Prozess der Unternehmensführung; im Wesentlichen sind dabei zu nennen

- die **Prognosefunktion**, d. h. eine in Zahlen abgebildete Vorausschau des Unternehmensgeschehens der Budgetperiode,
- die **Koordinationsfunktion**, denn das Budget zwingt die Subsysteme zu einer quantitativen Abstimmung des Faktoreinsatzes und ihrer Aktivitäten,

- die **Bewilligungsfunktion** insofern, als mit der Verabschiedung des Budgets eine Mittelzuweisung für die Subsysteme (Finanzrahmen) verbunden ist, und
- die **Motivationsfunktion** im Rahmen des Prozesses der Festlegung von Budgetzielen, wobei der Stellenwert dieser Funktion in erheblichem Maße von der gewählten Organisation des Budgetierungsprozesses abhängig ist.

Bereits in der Phase der Budgetierung wird das Controlling koordinierend tätig. Die Budgeterstellung als solche ist freilich eine Aufgabe des sog. Linienmanagement, d. h. der jeweils für die Budgeterfüllung Verantwortlichen.

Über die Festlegung der Aufgaben des Controllings innerhalb der operativen Unternehmensführung gibt es recht unterschiedliche Begriffsauslegungen – so wird Controlling in einer sehr weiten Definition mit Management gleichgesetzt, in einer sehr engen Definition erscheint Controlling lediglich als eine etwas umfassender verstandene Funktion des Rechnungswesens. In letzterer Definition wird das Controlling üblicherweise auch als bloßer „**Registrator**" bezeichnet, während das weitergehende Verständnis den Controller als „**Navigator**" sowie „Innovator" des Unternehmens kennzeichnet. Sollen die zuletzt genannten Funktionen entscheidendes Gewicht gewinnen, so kommt dem Controlling eine entscheidende Aufgabe im System der Unternehmensführung zu. Controlling unterstützt die Führung bei ihrer Lenkungsaufgabe durch eine Koordination des Führungsgesamtsystems. Controlling bezieht sich damit schwerpunktmäßig auf das Planungs-, Kontroll- und Informationssystem, ist aber nicht auf dieses beschränkt. Um Controlling wirkungsvoll ausführen zu können, muss ein dezentrales, planungs- und kontrolldeterminiertes Führungsparadigma vorausgesetzt werden. Die Koordinationsform des Controllings ist damit gleichfalls planungs- und kontrolldeterminiert. Mit zunehmender Komplexität und Dynamik des Unternehmens und seiner Umwelt steigt die Bedeutung der Koordinationsaufgabe und macht eine Aufgabenspezialisierung mit nachfolgender aufbauorganisatorischer Implementierung sinnvoll. Letzteres ist jedoch nicht entscheidend für die Existenz eines Controllingsystems.

4.2   Operative Unternehmensplanung

4.2.1   Handlungsalternativen zur Realisierung von Erfolgspotenzialen

4.2.1.1   Ansätze zur Optimierung des operativen Marketing-Mixes

4.2.1.1.1 Instrumente des operativen Marketings

Die **Marketingplanung** ist sicherlich bei den meisten Unternehmungen Ausgangspunkt der strategischen Planung; dies wurde im dritten Kapitel erörtert, wo es um die langfristige Ausrichtung der Unternehmensaktivitäten ging – „Defining the Business" umschreibt diese Aufgabenstellung sehr treffend. Zur Realisierung der Erfolgspotenziale kommt es aber entscheidend auf die Auswahl der geeigneten Maßnahmen des „operativen

Marketing-Mixes" an. Dabei geht es um eine Konkretisierung der vorgesehenen strategischen Marktbearbeitungsmaßnahmen, d. h. es sind die Marketingaktivitäten im Einzelnen festzulegen. Dies schlägt sich z. B. in der Vorgabe bestimmter Absatzpreise und den Budgets für Werbe- und Verkaufsförderungsmaßnahmen nieder. Die folgende Darstellung versucht, die wesentlichen Instrumente der vier Marketing-Mix-Bereiche in strategische und operative Aufgabenstellungen zu unterteilen, wobei dies nur eine tendenzielle Aussage sein kann, die branchen- und unternehmensspezifisch zu modifizieren wäre:

Instrumente des Marketing-Mix		Strategisch	Operativ
(1) Produkt-Mix			
	Sortiment (technisch)	xxxx	x
	Produktdifferenzierung	x	xxxx
	Marke	xxx	xx
	Produktqualität	xxx	xx
	Kundendienst	xxx	xx
(2) Distributions-Mix			
	Absatzkanäle	xxx	xx
	Logistik	xx	xxx
(3) Kontrahierungs-Mix			
	Preis	x	xxxx
	Kredite	xxx	xx
	Rabatte	x	xxxx
	Zahlungsbedingungen	xx	xxx
(4) Kommunikations-Mix			
	Public Relations	xxx	xx
	Persönlicher Verkauf	x	xxxx
	Verkaufsförderung	x	xxxx
	Werbung	x	xxxx

Ausgangspunkt für die folgenden Überlegungen sollte die Planung eines Geschäftsjahres sein. Das Unternehmen muss sich daher für einen operativen Marketing-Mix entscheiden, das sowohl von der strategischen Ausgangssituation der Produkte als auch von den konkreten Zielen innerhalb des Geschäftsjahres bestimmt wird. Zugleich sollte darauf hingewiesen werden, dass die Marketingpolitik nicht mit der Budgeterstellung endet, sondern im Gegenteil sehr häufig gezwungen ist, die im Jahresplan angenommenen Maßnahmen im Verlauf eines Geschäftsjahres zu modifizieren.

4.2.1.1.2 Maßnahmen im Bereich der Produktpolitik

Abgesehen von kurzlebigen, auswechselbaren Modeartikeln kommt der Sortimentspolitik überwiegend strategische Bedeutung zu. Als operative, kurzfristig wirkungsvolle Marketingmaßnahme lässt sich hier lediglich eine Produktdifferenzierung im Rahmen der technischen Möglichkeiten (z. B. unterschiedliche Motorenstärke, Zubehör, Sondermodelle beim PKW) oder auch der optischen Gestaltung (Form, Farbe, Verpackung) vornehmen.

Die technisch bedingte Produktqualität gehört in den Bereich der strategischen Entscheidungen; allerdings lässt sich dieser Bereich kurzfristig durch Garantiezusagen hinsichtlich Haltbarkeit, Funktionsfähigkeit etc. anreichern. Derartige Maßnahmen schließen häufig den angebotenen Kundendienst mit ein, der zur Verbesserung der Gesamterscheinung des Produkts genutzt werden kann. Im Gegensatz zu Maßnahmen der Produktdifferenzierung gibt es dabei i. d. R. „kein zurück"; eine Rücknahme bestimmter Garantiezusagen könnte sich als sehr schädlich erweisen, da die dann erfolgende negative Kundenreaktion den positiven Einführungseffekt vermutlich überkompensieren würde. Aus diesen Überlegungen heraus sind derartige Maßnahmen primär in den Katalog der strategischen Maßnahmen einzubeziehen.

Die Markenpolitik eines Markenartikelherstellers ist kaum kurzfristig zu gestalten. Allenfalls käme hier das Angebot zusätzlicher Handels- oder „No-Name"- Marken in Betracht, um operativ eine günstigere Kapazitätsauslastung zu erreichen. Derartige Maßnahmen beinhalten aber die Gefahr möglicher strategischer Rückwirkungen auf das Kernsortiment des Unternehmens, sodass deren Vor- und Nachteile sorgfältig abzuwägen sind.

4.2.1.1.3 Maßnahmen im Bereich der Distributionspolitik

Die Auswahl der Absatzkanäle gehört üblicherweise ebenso in den strategischen Bereich wie die Ausstattung der Unternehmung mit Lager- und Transporteinrichtungen. Dennoch lassen sich hier einige operative Gestaltungsmöglichkeiten aufzeigen. Eine Nutzung atypischer Vertriebswege – z. B. bestimmte Filialisten – wird mitunter in Verbindung mit einer „Zweitmarken-Politik" gewählt, um Produktionsüberschüsse nach Möglichkeit ohne allzu große Gefährdung des Standardmarktes abzusetzen. Auch die Belieferung von Regionen, die üblicherweise nicht bedient werden, kommt dabei in Betracht.

Im Rahmen der betrieblichen Logistik spielen neben strategischen Rahmenbedingungen – Produktionsstandorte, Beschaffungs- und Absatzmärkte, Lagerstätten, eigene Transportmittel – auch vielfältige operative Entscheidungen eine Rolle. Für die physische Distribution der Produkte und ggf. der Beschaffungsobjekte steht das Ziel der Kostenminimierung im Vordergrund. Hauptsächlich geht es um die Auswahl der geeigneten Transportmittel und der günstigsten Transportwege. Bestimmungsfaktoren sind dabei die Menge und die Beschaffenheit der zu bewegenden Güter (Verderblichkeit, Zerbrechlichkeit etc.) sowie die bei den verschiedenen Alternativen anfallenden Transport-, Lagerhaltungs-, Verpackungs- und Verwaltungskosten. Sofern Entscheidungen zugunsten von Fremdspediteuren zu treffen sind, ist dabei keineswegs von konstanten Frachttarifen auszugehen; vielmehr sind im Zeitablauf durchaus unterschiedliche Konditionen auszuhandeln mit der Konsequenz, dass im operativen Bereich durchaus Veränderungen im Sinne einer Kostenminimierung vorzunehmen sind.

Diese Situation ist nicht in dem gleichen Umfang gegeben, wenn das Unternehmen über eigene Transporteinrichtungen verfügt, die im Rahmen einer strategischen Entscheidung beschafft wurden. In diesem Falle ist der Einsatz der unternehmenseigenen Transportmittel jedenfalls solange vorgegeben, wie deren qualitative und quantitative Leistungskapazität ausreicht, um die gestellten Aufgaben zu bewältigen (Ausnahme: extrem niedrige Preise fremder Anbieter, die z. B. unterhalb der variablen Kosten für eigene Transporte liegen). Auf der anderen Seite müssen für die Durchführung der Transporte nunmehr die Wege optimiert werden; Rahmenbedingungen dafür sind vor allem

- das mengen- und gewichtsmäßige Transportaufkommen,
- die Möglichkeiten zur Konzentration von Beförderungsleistungen (abhängig u. a. vom Grad der gewünschten Lieferbereitschaft, der Lagerfähigkeit der Güter und dem Kostenvergleich zwischen Transport- und Lagerkosten),
- die fixen und insbesondere die variablen Kosten je km bzw. „Tonnenkilometer" und
- Zahl und Streuung der zu bedienenden Orte.
- In der Praxis muss man sich im Regelfall mit Näherungslösungen begnügen, wenn eine erhebliche Zahl an Variablen vorliegt; diese werden auf heuristischem Wege, über rechnergestützte Verfahren, gesucht.

4.2.1.1.4 Maßnahmen im Bereich der Preis- und Konditionenpolitik

Zur Bestimmung einer im Sinne des Gewinnziels optimalen Preis- und Konditionenpolitik existieren diverse theoretische Ansätze, die auf bestimmte Marktformen zugeschnitten sind. Problematisch erscheint in jedem konkreten Fall die Einordnung der gegebenen Situation, aber auch die Abstimmung zwischen strategischer (langfristig ausgerichteter) und operativer Politik. Zur strategischen Preis- und Konditionenpolitik muss man Entscheidungen über das angestrebte Marktsegment in Verbindung mit anderen Elementen des Marketing-Mixes rechnen – Hochpreispolitik für ein exklusives Produkt oder Niedrigpreispolitik für einen Massenartikel; ferner könnte hier das Streben nach einer kostenorientierten Preispolitik verankert werden in Verbindung mit einem Zieldeckungsbeitrag pro Produkt. In nahezu allen Märkten benötigt das Unternehmen aber eine hinreichende Flexibilität in der Preis- und Konditionenpolitik, um

- entweder selbst preispolitische Maßnahmen zur Gewinnung von Marktanteilen zu ergreifen
- oder aber reagieren zu können auf mögliche Preiskämpfe der Konkurrenz.

Als Grundlage für die Erstellung eines Jahresbudgets gilt es, ein Kontrahierungs-Mix auszuwählen, das der konkreten marktpolitischen Situation in Verbindung mit den anderen Elementen des Marketings angemessen erscheint. Für die Preispolitik ergibt sich im Regelfall dann nur ein geringer Spielraum, wenn sich bei einer Vielzahl von Anbietern und Nachfragern ein relativ fester Marktpreis entwickelt hat. Demgegenüber sind preispolitische Maßnahmen erforderlich bei Markteinführungen und spezifischen Märkten, die durch einen intensiven Preiswettbewerb gekennzeichnet sind. Eine solche Situation kann sich im Übrigen auch dann ergeben, wenn infolge eines massiven Nachfragerückgangs ein bis dahin stabiler Marktpreis „zusammenbricht", sobald einzelne Anbieter die Nerven verlieren und über Kampfpreise versuchen, ihren Planumsatz zu sichern.

Die Konditionenpolitik spielt vor allem dort eine erhebliche Rolle, wo die Preispolitik wegen des stabilen Marktpreises nur wenig Handlungsspielraum eröffnet. Die einzelnen Elemente der Konditionenpolitik sind dabei recht unterschiedlich im strategischen bzw. operativen Marketing einzusetzen. Als Absatzkreditpolitik bezeichnet man Maßnahmen, die darauf gerichtet sind, potenzielle Kunden mittels der Gewährung oder Vermittlung von Absatzkrediten zum Kauf bzw. zu einer längerfristigen Geschäftsbeziehung zu veranlassen. Die Entscheidung zugunsten einer grundsätzlichen Bereitstellung von Absatzkrediten, z. B. über konzerneigene Kreditinstitute, gehört dabei in den Bereich der strategischen Geschäftspolitik, während die Bestimmung der Kreditkonditionen operativen Charakter besitzt. Bei bestimmten Geschäftszweigen, z. B. Großanlagenbau, gehört die Bereitstellung eines Absatzkredites allerdings auch in den Bereich der operativen Politik, wenn dies nicht generell geschieht, sondern um dadurch bei bestimmten Kunden Präferenzen zu erzielen.

Rabatte sind als ein „indirektes Mittel zur selektiven Preisvariation" einzusetzen. Dabei lassen sich

- Funktionsrabatte (z. B. Großhandelsrabatt),
- Mengenrabatte (z. B. Jahresumsatzrabatt, Einzelauftragsrabatt) und
- Zeitrabatte (z. B. Einführungsrabatt, Saisonrabatt)

unterscheiden. Rabattsysteme werden vor allem dort eingesetzt, wo man bestimmte Kundengruppen ggü. dem (künstlich hoch gehaltenen) Listenpreis bevorzugen bzw. ihnen einen entsprechenden Eindruck vermitteln möchte. Die Auswahl des bzw. der anzuwendenden Rabattsysteme gehört überwiegend zum strategischen Marketing, während die konkrete Ausgestaltung (Rabatthöhe, Bedingungen) operativ vorzunehmen ist.

Lieferungs- und Zahlungsbedingungen spezifizieren über einen Vertrag den Inhalt und die Abgeltung der zu erbringenden Leistung. Im Einzelnen sind dabei

- der Gefahrenübergang,
- Garantien und Umtauschrechte,
- Konventionalstrafen,
- die Aufteilung der beim Transport anfallenden Kosten
- Spediteur, Versicherung etc.,
- die Zahlungsweise,
- die Festlegung der Zahlungstermine und Zahlungsziele,
- die Zahlungsabwicklung und
- die Gewährung von Skonto

zu regeln. Jedes Unternehmen muss sich bei diesen Konditionen an den Geschäftsusancen der jeweiligen Branche orientieren, entwickelt aber auch eigene Vorstellungen von den durchzusetzenden Konditionen. Diese sind bei größeren Geschäftsabschlüssen Verhandlungsgegenstand; ggü. Kunden im Massengeschäft lässt sich das „Kleingedruckte" im Regelfall leichter durchsetzen. Speziell die Zahlungsbedingungen und die Gewährung von

Skonto können dabei als operativ einsetzbare Instrumente der Absatzpolitik bezeichnet werden, wobei aber strategische Rückwirkungen zu beachten sind.

4.2.1.1.5 Maßnahmen im Bereich der Kommunikationspolitik

Der Kommunikations-Mix eines Unternehmens kann als das überwiegend operativ ausgerichtete Element des Marketings bezeichnet werden. Lediglich der PR-Bereich ist tendenziell strategisch angelegt und damit kurzfristig nur in Nuancen veränderbar. Über die Öffentlichkeitsarbeit versucht man, „Goodwill" gegenüber der Unternehmung aufzubauen. Über ein positives Image (Corporate Identity) lässt sich dann indirekt auch der Markterfolg der Leistungen des Unternehmens verbessern.

Der persönliche Verkauf (Außendienst) verfolgt das Ziel, durch Verkaufsgespräche entsprechende Abschlüsse zu bewirken; damit wird eine direkte Kommunikation zwischen dem Kunden und der Unternehmung sichergestellt. Eine Steuerung des Außendienstes durch organisatorische und pekuniäre Maßnahmen gehört in vielen Branchen zu den wirkungsvollsten, aber zugleich zu den kostspieligsten Instrumenten, die zur Realisierung der Erfolgspotenziale eingesetzt werden können. Aufgaben des Außendienstes sind vor allem

- Sammlung von Informationen über aktuelle und potenzielle Kunden, Ermittlung von Kundenwünschen,
- Abgabe von Offerten und Abschluss von Kaufaufträgen,
- Unterstützung des Verkaufs durch Beratung, Instruktion und Warenrepräsentation,
- Mitwirkung an Corporate Identity und
- Übernahme logistischer Funktionen.

Zur Optimierung des Einsatzes von Außendienstmitarbeitern sind daher

- die Formen des persönlichen Verkaufs festzulegen (z. B. Verkaufsbesuche, Messeverkauf, Telefonverkauf),
- die Zahl und Qualifikation der Außendienstmitarbeiter festzulegen, ggf. Schulungen durchzuführen,
- eine effektive Verkaufsorganisation zu schaffen (Gliederung nach Gebieten, Kundengruppen oder Produkten, gegebenenfalls Kombinationen) und
- Verkaufsbudgets zu vereinbaren, die nach Organisationseinheiten und Produkten gegliedert werden können.

Insbesondere der zuletzt genannte Aspekt verdeutlicht die Interdependenzen zwischen der operativen Marketing-Planung und der Budget-Planung.

Durch die Verkaufsförderung (Sales Promotion) sollen entweder die Endverbraucher direkt angesprochen oder aber das eigene Verkaufspersonal bzw. die Absatzmittler in ihren Verkaufsbemühungen unterstützt werden. Es handelt sich in der Regel um operative Maßnahmen, die sich punktuell oder flächendeckend einsetzen lassen. Man kann im Einzelnen unterscheiden zwischen

- konsumentenorientierter Verkaufsförderung (z. B. Proben, Sonderpreisaktionen, Gutscheine, Produktdemonstrationen),
- handelsorientierter Verkaufsförderung (z. B. Verkaufswettbewerbe, Händlerschulung, Prämien für besondere Verkaufsanstrengungen, Preisnachlässe) sowie
- mitarbeiterorientierte Maßnahmen (z. B. Außendienst-Wettbewerbe, Incentives und Bonifikationen, Verkäufertreffen).

Auch die Werbeplanung nimmt eine bedeutende Stellung ein im operativen Marketing einer Unternehmung. Sie steht in einem sehr engen Zusammenhang zu den anderen Segmenten des Kommunikations-Mixes, aber auch zur Produkt- und Kontrahierungspolitik, deren Maßnahmen letztlich dem potenziellen Kunden zu übermitteln sind. Werbung soll zu Kaufentscheidungen bei dem umworbenen Kundenkreis führen; Werbeziele stehen somit in einem Mittel-Zweck-Verhältnis zu den ökonomischen Zielen Umsatz und Gewinn. Die Werbewirkung besteht nach dem sog. AIDA-Schema aus den vier Phasen Aufmerksamkeit (**attention**), Interesse (**interest**), Wunsch (**desire**) und Aktion (**action**). Eine Bestimmung der Zielgruppen, die als potenzielle Nachfrager in Betracht kommen, muss der Auswahl möglicher Werbemaßnahmen vorangehen, damit diese durch eine gezielte Botschaft angesprochen werden können; nur so lassen sich die gewünschten Wirkungen, damit letztlich die Kaufentscheidung, auslösen.

Der Werbeerfolg ist abhängig von Höhe und Verteilung des Werbeetats, der wiederum als negative Erfolgskomponente zu budgetieren ist. Das optimale Volumen des Werbeetats ist theoretisch leicht zu bestimmen – solange nämlich der Grenzertrag zusätzlicher Werbemaßnahmen höher ist als die dafür notwendigen Grenzaufwendungen, trägt die zusätzliche Maßnahme zur Gewinnsteigerung bei. Da aber die Prognose der Werbewirkungen mit einem erheblichen Maß an Ungewissheit behaftet ist, behilft man sich in der Praxis meistens mit Lösungen, deren Zielbezug häufig nur undeutlich zu erkennen ist, z. B.

- Festlegung des Werbeetats als Prozentsatz vom Umsatz oder Gewinn (Produktinnovationen?),
- Ausrichtung an den verfügbaren finanziellen Mitteln (geht es dem Unternehmen schlecht, verzichtet es auf die Werbung),
- Orientierung an den Werbeaufwendungen der Konkurrenten (jeder verteidigt seinen Marktanteil) oder
- Festlegung in Abhängigkeit von bestimmten Werbezielen (unbestimmte, damit aber zumindest flexible Lösung, die dem Gedanken Rechnung trägt, dass Werbung situationsspezifisch zu gestalten ist).

Neben der Budgethöhe ist die zeitliche und sachliche Verteilung der Werbemaßnahmen entscheidend für den Werbeerfolg. Dabei ist primär zu entscheiden, welche Werbeobjekte (Produkte) mit welcher Dringlichkeit durch Werbemaßnahmen zu unterstützen sind. In Abhängigkeit von den dabei relevanten Zielgruppen sind anschließend geeignete

Werbemittel (Plakate, Anzeigen, Filme, Veranstaltungen etc.) und Werbeträger auszuwählen (Zeitschriften, Zeitungen, Fernsehen, Plakatsäule etc.). Auswahlkriterien sind
dabei z. B. Kosten, Reichweite, Streuung, Darstellungsmöglichkeiten und Verfügbarkeit.

4.2.1.1.6 Entscheidung für einen operativen Marketing-Mix

Die kurzfristige **Marketing-Mix-Planung** orientiert sich an dem strategischen Marketing.
Die operative Planung stellt zum einen die notwendige Konkretisierung der Strategien dar,
zum anderen lassen sich quantitative Folgerungen für die Budgetierung ziehen. Aus den
oben dargestellten Handlungsalternativen muss daher ein Marketing-Mix der Komponenten Produktpolitik, Distributionspolitik, Preis- und Konditionenpolitik sowie Kommuni-
kationspolitik ausgewählt werden, das

- mit den strategischen Vorgaben korrespondiert und
- zu den angestrebten Periodenzielen bestmöglich beiträgt.

   Als Ergebnis aus der Konkretisierung von vorgesehenen Marketingmaßnahmen gehen
in erster Linie der Absatzmengenplan und der Umsatzplan des Unternehmens hervor. Dabei sind Einschätzungen der Wirkungszusammenhänge zwischen den Marketingmaßnahmen und den relevanten Zielgrößen erforderlich. Neben subjektiven Expertenschätzungen
kommen dabei statistische Auswertungen vergleichbarer Vergangenheitsdaten oder auch
regional begrenzte Tests in Betracht; das Ungewissheitsproblem der Planung kann dadurch allerdings nur bedingt eingeschränkt werden.

   Der organisatorische Aufbau der operativen Marketingplanung orientiert sich weitgehend an der Organisationsstruktur des Unternehmens. Dabei können sich, wie schon
oben angedeutet, Produktverantwortlichkeit (zentraler Produktmanager sowie Geschäftsbereiche bzw. strategische Geschäftseinheiten) und regionale Verkaufsorganisation über-
schneiden. Vielfach wird bereits der Entwurf einer operativen Marketingplanung, damit
die dabei festzulegenden Absatz- und Umsatzziele sowie die zentral und regional einzu-
setzenden Maßnahmen, das Ergebnis eines intensiv geführten Abstimmungsprozesses
sein, in dessen Verlauf auch kontroverse Ansichten unterschiedlicher Subsysteme zu dis-
kutieren sind.

4.2.1.2 Ansätze zur Optimierung des Leistungserstellungsprozesses

Ausgangspunkt für eine Optimierung der **Leistungserstellung** ist die Einschätzung des im
Planjahres vorgesehenen Absatzvolumens und seiner zeitlichen, regionalen und produkt-
mäßigen Struktur. Auf der Basis der vorhandenen Kapazitätsausstattung ist dann der Pro-
duktionsbedarf auf den Anlagen des Unternehmens, zeitlich gegliedert, zu planen. In diesem Zusammenhang ist die Kapazitätsauslastung ebenso zu überprüfen wie die Frage, ob
es zu bestimmten Zeiten bei bestimmten Potenzialfaktoren Engpässe geben könnte. Die
Budgetierung des Leistungsvolumens ist daher nur im Zusammenwirken von Marketing
und Produktion möglich.

4.2.1.2.1 Kapazitäts- und Programmplanung

Sofern die Leistungskapazität für die absetzbare Produktmenge nicht ausreicht, müssen ggf. Anpassungsmaßnahmen diskutiert und deren erfolgswirtschaftliche Wirkung eingeschätzt werden. Im Rahmen der operativen Entscheidungen stehen dabei nur solche Maßnahmen zur Verfügung, die nicht zu einer dauerhaften Kapazitätsveränderung führen. In erster Linie ist dabei an Veränderungen der Leistungskapazität durch eine zeitliche oder intensitätsmäßige Anpassung zu denken, was aber nur in vorgegebenen Grenzen erfolgen kann. Ferner ist die vorübergehende Beschaffung von Potenzialfaktoren über Miete bzw. Leasing von Betriebsmitteln oder die Einstellung von Aushilfskräften möglich, z. B. für die Bewältigung saisonaler Spitzen. Produktionsbetriebe könnten darüber hinaus die Verlagerung von Teilfunktionen in Fremdbetriebe ins Auge fassen, sofern dort entsprechende Fertigungsmöglichkeiten gegeben sind. Dienstleistungsbetriebe haben in begrenztem Umfang die Möglichkeit, bei Nachfragespitzen eine Anpassung der Leistungsqualität vorzunehmen – geringerer Zeitaufwand für Beratungen, Verlagerung von Bearbeitungsterminen. Diese Möglichkeit ist aber vor allem dort begrenzt, wo die Nachfrager diesbezüglich sehr sensibel reagieren und sehr rasch zur Konkurrenz abwandern. Ein besonderes Problem ergibt sich dann, wenn das Volumen der Leistungsprozesse nicht planbar, sondern nur aufgrund von Erfahrungswerten zu schätzen ist. Derartige „fremddeterminierte Leistungsprozesse" sind in vielen Dienstleistungsbetrieben zu beobachten, deren Leistungsbereitschaft über die bereitgestellte Kapazität im Vergleich zur tatsächlichen Leistungsnachfrage zu gering (Umsatz lässt sich nicht realisieren) oder zu hoch ausfallen kann (nicht genutzte Leerkosten). Da ein Ausgleich über die Lagerhaltung nicht möglich ist, kommt der möglichst bedarfsgerechten Kapazitätsplanung für den Verlauf der Planperiode hier erhebliche Bedeutung zu.

Im Rahmen der operativen Programmplanung wäre ggf. dasjenige Leistungsprogramm auszuwählen, das unter Beachtung der Kapazitätsbeschränkungen zum höchsten Deckungsbeitrag führt. Voraussetzung für die Anwendbarkeit diesbezüglicher Rechenverfahren ist allerdings, dass die sich dabei ergebende Volumenbegrenzung einzelner Produkte keine negativen Folgewirkungen auf andere Leistungen des Unternehmens bewirkt – potenzielle Kunden erwerben mehrere Produkte möglicherweise nur gekoppelt, sodass das Leistungsangebot nur gebündelt reduziert werden kann. Schließlich sind operative Programmentscheidungen mit der strategischen Produktpolitik abzustimmen; es wäre wenig sinnvoll, eine neu in den Markt einzuführende Leistung volumensmäßig zu begrenzen, trotz einer dadurch möglichen kurzfristigen Ergebnisverbesserung.

4.2.1.2.2 Ablaufplanung

Eine Optimierung der Leistungserstellungsprozesse orientiert sich grundsätzlich an der Minimierung der variablen Kosten. Derartige Aufgaben fallen vor allem dort an, wo mehrere Produkte bzw. Komponenten ein mehrstufiges Fertigungsverfahren durchlaufen. Im Einzelnen ist dabei

- im Rahmen der Produktionsaufteilungsplanung festzulegen, welche Produktionsfaktoren in welchen Mengen, wie lange und mit welcher Intensität eingesetzt und ggf. beschafft werden müssen, um ein geplantes Produktionsprogramm kostenoptimal zu realisieren,
- im Rahmen der Auftragsgrößenplanung bei Sorten- und Serienfertigung eine Gegenüberstellung der Vor- und Nachteile einer zeitlichen Streuung oder Konzentration im Rahmen des Problems der Losgrößenoptimierung (Lagerkosten und Rüstkosten) vorzunehmen,
- bei Auftragsfertigung die bestmögliche Auftragsreihenfolge festzulegen, wobei mehrere Prioritätsregeln heranzuziehen sind; grundsätzlich gilt es hier, im Rahmen eines mehrstufigen Produktionsprozesses die Kosten für die Zwischenlagerung der Erzeugnisse und für die ablaufbedingten Stillstandzeiten der Anlagen zu minimieren,
- im Rahmen der zeitlichen Produktionsverteilungsplanung die Produktionsmengen in den einzelnen Teilzeiträumen der Planperiode so mit den Absatzmöglichkeiten abzustimmen, dass die Kosten für Produktion und **Lagerhaltung** insgesamt minimiert werden; dabei können die Fertigungsprozesse grundsätzlich synchron zum (schwankenden) Absatz gestaltet werden oder aber bei entsprechender Lagerhaltung auf einem einheitlichen (kostenoptimalen) Auslastungsniveau verbleiben.

Derartige Aufgaben werden i. d. R. von der Arbeitsvorbereitung vorgenommen, teilweise in Zusammenarbeit mit der Materialwirtschaft. Als Ergebnis einer Planung der Leistungserstellung in Verbindung mit der Beschaffungsplanung konkretisiert sich schließlich der quantitative Bedarf an Produktionsfaktoren, sodass hieraus eine Kosten- bzw. Aufwandsplanung abzuleiten ist, die wiederum in das Jahresbudget der Unternehmung eingebracht wird.

4.2.2 Budgeterstellung

Die **Budgeterstellung** (auch als **Budgetierung** bezeichnet) gehört zu den Management-Techniken – speziell zu den Techniken der Planung.

Budgetierung bedeutet die konkrete wertmäßige Vorgabe von Leistungszielen und den dadurch notwendigen Kosten.

Die Kostenvorgaben haben für die Verantwortungsträger (z. B. Abteilungsleiter oder Kostenstellenleiter) die Funktion von Steuerungs- und Zielgrößen, die nicht überschritten werden sollten.

Die Budgetierung ist ein Mittel zur Delegation von Kosten- und Leistungsverantwortung auf die einzelnen Abteilungen und Kostenstellen der Unternehmung; daher sollte jeder Verantwortungsbereich eines Unternehmens über ein eigenes Budget verfügen.

Die Planung des Budgets richtet sich an der hierarchischen Gliederung der Unternehmung aus. Es wird zwischen Bereichsbudgets (z. B. Abteilungs- oder Kostenstellenbudgets) und dem Gesamtbudget unterschieden, das sich aus der Summe der Bereichsbudgets ergibt.

Ein weiteres wichtiges Unterscheidungskriterium stellt auf die Flexibilität der Plandaten ab, berücksichtigt also unterschiedliche Ausprägungen der Anpassungsfähigkeit der Plangrößen an aktuelle Einflüsse. Hinsichtlich ihrer Flexibilität lassen sich drei mögliche Ausprägungen des Budgets unterscheiden:

Absolut starre Budgets
Die vorgegebenen Wertgrößen sind, wie z. B. beim Staatshaushalt (Etat), unbedingt einzuhalten. Die budgetierten Zahlen hängen im Wesentlichen von der freien Entscheidung der Unternehmensleitung ab und haben somit Zuteilungscharakter. In der Praxis verwendet man absolut starre Budgets z. B. bei Forschungs- und Entwicklungsbudgets oder Werbebudgets.

Relativ starre Budgets
Veränderungen bei den der Budgetplanung zugrunde liegenden Bezugsgrößen (z. B. Beschäftigungsänderungen) werden fallweise durch so genannte Nachtragsbudgets berücksichtigt.

Flexible Budgets
Das flexible Budget wird in einer funktionalen Abhängigkeit von Einfluss- und Bezugsgrößen erstellt. Für unterschiedlich realisierte Einfluss- und Bezugsgrößen kommen also jeweils unterschiedliche Budgetansätze zur Geltung. Einflussgrößen können z. B. die Konjunkturlage, die Entwicklung der Konkurrenzsituation und andere Umwelteinflüsse sein; Bezugsgrößen sind z. B. die Beschäftigung und die Ausbringung.

4.2.2.1 Organisation des Budgetierungsprozesses

Bei der Durchführung der Budgetierung wird i. d. R bei den Bereichsbudgets „von unten nach oben" (**bottom-up-Prinzip**) begonnen. Es werden also z. B. zuerst die Kostenstellenbudgets geplant bzw. erstellt. Eine andere Möglichkeit besteht in der Vorgabe von Budgets durch die Unternehmensleitung (**top down-Prinzip**).

Beide Verfahren haben ihre Vor- und Nachteile, daher wird in der Praxis versucht, eine Kombination dieser Planungsmöglichkeiten zu realisieren, indem z. B. vor der detaillierten Budgetierung nach dem bottom-up-Prinzip die wichtigsten Eckdaten von der Unternehmensleitung vorgegeben (top down-Prinzip) und in einem Verhandlungsprozess mit den nachgelagerten Instanzen abgestimmt werden. Hierbei kommt das sog. **Gegenstromverfahren** zur Anwendung.

Als Zeithorizont wird üblicherweise ein Geschäftsjahr gewählt, doch sind auch zwei- oder dreijährige Budgets, untergliedert in mehrere Zeitabschnitte, möglich.

Die jährliche Budgetplanung wird sich vor allem auf das Ziel Gewinn ausrichten, sofern es sich um ein erwerbswirtschaftliches Unternehmen handelt. Des Weiteren sind die wesentlichen Umsatz- und Leistungskomponentenfestzuhalten, sowie die zur Erstellung der Leistung bzw. des umsatzrelevanten Aufwands- bzw. Kostenkomponenten.

Es ist jedem Kostenstellenverantwortlichen ein Budget der innerhalb einer Periode zu verursachenden Kosten bzw. der durch ihn zu erbringenden Leistung vorzugeben.

Parallel zur Budgetierung, wie sie hier vereinfacht dargestellt wurde, verläuft der Prozess der oben dargestellten strategischen Planung. Die Koordination zwischen strategischer und operativer Planung wird vor allem dann erschwert, wenn sich der Abstimmungsprozess im Rahmen der Budgetierung sehr lange hinzieht; die Eckdaten des ersten Planjahres der strategischen Planung hängen dann zwangsläufig bis zur endgültigen Entscheidung über das Budget für dieses Jahr „in der Luft". So ist eine Verabschiedung der wesentlichen Elemente in der operativen und der strategischen Planung grundsätzlich zeitgleich vorzunehmen, denn letztlich darf das Budgetjahr in seinen Eckdaten nicht von den entsprechenden Annahmen der strategischen Planung abweichen.

4.2.2.2 Vorgehensweise bei der Budgetierung

Als Ausgangspunkte für die Budgetierung lassen sich im Regelfall verwenden:

- der Planansatz des Vorjahres (z. B. Budget für 2012).
- der aus dem mittel- bzw. langfristigen Plan des Vorjahres stammende Ansatz für das Budgetjahr 2013.
- die bis zum Ende der Budgetierungsphase erkennbaren Soll-Ist-Abweichungen der ersten zwei bis drei Quartale des laufenden Jahres (hier 2013).

4.2.2.2.1 Budgetierung von Leistungen und Einzelkosten

Materiell beginnt jede Planung mit dem sogenannten **Mengengerüst**, welches sich im Absatzbereich durch die Anzahl der zu verkaufenden Produkte bzw. Dienstleistungen sowie im Bereich der Leistungserstellung durch die benötigten Produktionsfaktoren charakterisieren lässt. Durch eine entsprechende Bewertung mit den angenommenen Absatzpreisen ergibt sich daraufhin der geplante Umsatz bzw. die Gesamtleistung des Budgetjahres.

Bei der **Kostenbudgetierung** wird unter Berücksichtigung der anzunehmenden Preise auf den Beschaffungsmärkten dabei zwischen den Einzel- und Gemeinkosten bzw. den fixen und variablen Kosten differenziert.

Diese Ermittlung geschieht im Regelfall unter Berücksichtigung des Anteils der Einzelkosten an der Leistung eines Produktes, wie er in der Vergangenheit zu beobachten war.

Wichtig ist, dass nicht nur eine globale Umsatz- bzw. Leistungsgröße, sondern die **Verteilung** zwischen Produkten mit hohen/niedrigen Anteilen an Einzelkosten bzw. hoher/ niedriger Wertschöpfung zu berücksichtigen ist. Problematisch ist die Budgetierung der Einzelkosten von Produkten, für die noch keine Erfahrungswerte vorliegen. Hier wird man sich weitgehend auf die Ansätze der Produktentwicklung und der Fertigungsplanung verlassen müssen.

Eine Budgetierung auf der Grundlage der **Teilkostenrechnung** würde als Differenz zwischen Umsatz bzw. Leistung und den variablen Einzelkosten den Deckungsbeitrag I ausweisen, den man üblicherweise produktspezifisch ermittelt. Im Rahmen der **flexiblen Plankostenrechnung** könnte diese Vorgehensweise verfeinert werden, indem das

Ausmaß der Mengenabhängigkeit einzelner Kostenarten durch eine Verbrauchsfunktion angegeben wird.

Produktspezifische Fixkosten liegen dort vor, wo sich Potenzialfaktoren (Menschen, Anlagen, Gebäude) eindeutig einem Produkt bzw. einer Produktgruppe zuordnen lassen. Die für diese Faktoren anfallenden Kosten (Gehälter bzw. Abschreibungen, Zinsen etc.) sind unabhängig von der vorgesehenen Leistungsmenge zu budgetieren, indem die Faktormenge mit dem entsprechenden Wertansatz multipliziert wird.

Als Differenz zwischen dem **DB I** und den produktspezifischen Fixkosten wäre der **DB I I** zu budgetieren. Das ist derjenige Beitrag, den das einzelne Produkt zur Deckung der nicht direkt zurechenbaren Kosten im Budgetjahr erbringen soll.

Bei vielen Unternehmen gibt es Fixkosten, die zwar nicht einzelnen Produkten, wohl aber abgrenzbaren Produktgruppen zugeordnet werden können. Nach den Grundsätzen der **Deckungsbeitragsrechnung** lässt sich in diesen Fällen zwischen dem Produktdeckungsbeitrag und der Betrachtung des Gesamtunternehmens der Deckungsbeitrag einer Produktgruppe (**DB III**) definieren.

4.2.2.2.2 Budgetierung von Gemeinkosten
1. Fortschreibung des Budgets

Die Fortschreibung der Gemeinkosten ist rechnerisch eine einfache Aufgabe, wenn man das Mengengerüst konstant lässt und lediglich eine Preisanpassung vornehmen muss.

Da im Zuge einer bloßen Fortschreibung nicht jährlich erörtert werden kann, aufgrund welcher Aufgabe welche **Gemeinkosten** entstehen und welche Funktionen evtl. zu überdenken wären, gestaltet sich ein derartiges Vorhaben sehr schwierig. In der Praxis erfolgt eine Senkung des **Gemeinkosten-Budgets** entweder durch Verhandlungen mit den betroffenen Kostenstellen bzw. Funktionsbereichen oder durch Anordnungen der Unternehmens- bzw. Bereichsleitung (Bsp. Budgetvorgabe: Senkung des Gemeinkostenpersonals um 5 %). Neben den bereits genannten Personalkosten sind hier insbesondere die kurzfristig inflexiblen Abschreibungen und Zinsen bzw. Mieten als Kostenarten zu nennen.

Die Fortschreibung eines Budgets aus Vergangenheitswerten birgt grundsätzlich das Risiko, dass **Budgetfehler** der Vergangenheit übernommen werden. Dies kann sich zum einen darin auswirken, dass einzelne Kostenstellen in erheblichem Umfang „Reserven" gebildet haben, indem z. B. mehr Stellen als notwendig für einen bestimmten Arbeitsgang eingerichtet wurden; zum anderen können aber auch zu geringe Plansätze über Jahre hinweg zu einer Beeinträchtigung der Leistungsfähigkeit einzelner Subsysteme führen.

2. Zero-Base-Budgetierung

Im Gegensatz zur Fortschreibung geht das Prinzip des Zero-Base-Budgetings davon aus, alle anfallenden Aufgaben zunächst auf ihre Notwendigkeit hin zu überprüfen, um erst dann den Kostenbedarf für die als notwendig akzeptierten Aufgabenträger zu ermitteln.

Man könnte dieses Konzept auch als eine Art „Wertanalyse" aller Aufgaben einer Unternehmung verstehen. Ein „Budgetieren auf der Nullbasis" bedeutet, dass man von allen vorhandenen Aufgabenträgern und organisatorischen Gegebenheiten zunächst abstrahiert und stattdessen analytisch feststellt, welche Arbeiten im Einzelnen zur Erfüllung einer bestimmten Aufgabe notwendig sind.

Die **Budgetverhandlungen** werden in der betrieblichen Praxis häufig dadurch geprägt, dass früher gültige Budgetansätze von geschickt verhandelnden Kostenverantwortlichen auch dann noch durchgesetzt werden, wenn die Begründung für die Höhe dieser Budgets längst nicht mehr existiert. Die Kostenvorgaben werden also häufig nicht aufgrund aktueller Plandaten, sondern auf der Basis „traditionell" gewachsener Budgetansprüche festgelegt.

Diesem Umstand versucht man mit dem in den sechziger Jahren bei Texas Instruments entwickelten Zero-Base-Budgeting zu begegnen.

Zero-Base-Budgeting bedeutet in der wörtlichen Übersetzung „Null-Basis-Budgetierung". Es werden alle Gemeinkostenbereiche auf ihre Notwendigkeit, auf die Art und den Umfang ihrer Leistungen und auf die Wirtschaftlichkeit der Leistungserstellung untersucht, wobei alles Bestehende in Frage gestellt wird. Man geht also von der „Basis Null" aus so vor, als ob ein Unternehmen vollständig neu geplant würde.

Die Vorgehensweise des Zero-Base-Budgetings orientiert sich an den folgenden neun Schritten (a–i)

a. Formulierung der strategischen und operativen Ziele des Unternehmens durch die Unternehmensleitung.
b. Festlegung der Aktivitäten und Teilziele für die Entscheidungseinheiten.
c. Entscheidungseinheiten können bestehende Abteilungen, Gruppen, Stäbe und Kostenstellen, aber auch völlig neue Funktionsgruppen, die aus der Zusammenfassung oder Aufsplittung bisheriger Organisationseinheiten entstehen, sein. Kennzeichen einer Entscheidungseinheit sind die gemeinsamen Funktionsmerkmale und Teilziele der beteiligten Organisationseinheiten.
d. Festlegung von Leistungsniveaus für alle Entscheidungseinheiten unter Berücksichtigung der Unternehmensziele.
e. Festlegung geeigneter Verfahren der Leistungserstellung und Ermittlung der zugehörigen Kosten; Auswahl der rationellsten Verfahrensalternative.
f. Zusammenfassung der gesammelten Informationen über Leistungen, Kosten und Nutzen der ausgewählten Verfahren zu so genannten Entscheidungspaketen.
g. Alle Entscheidungspakete im Betrieb werden unter Verwendung des bottom-up-Prinzips nach ihrer Priorität geordnet und in einer Prioritätenliste zusammengestellt.
h. Die Unternehmensleitung entscheidet über die Verteilung der verfügbaren Mittel auf die Entscheidungspakete entsprechend der Prioritätenliste.
i. Planung von evtl. nötigen Umstrukturierungsmaßnahmen auf der Basis der gefällten Entscheidungen (z. B. Entlassungen, Versetzungen, Umschulungen, Einstellungen).
j. Umsetzung der festgelegten Maßnahmen in Budgets durch das Controlling: Koordination, Steuerung und Kontrolle der Durchführung der Maßnahmen im Rahmen eines Controlling-Systems.

Der Vorteil des Zero-Base-Budgeting besteht darin, dass das Management auf allen Hierarchieebenen zu einer klaren Definition der Unternehmensziele und den daraus abgeleiteten Zielen gezwungen wird. So wird vermieden, dass Unwirtschaftlichkeiten ungeprüft von Jahr zu Jahr fortgeschrieben werden.

Der Aufbruch und die Durchleuchtung von verkrusteten Gemeinkostenstrukturen durch das Zero-Base-Budgeting können jedoch zu einer erheblichen Unruhe im Unternehmen führen, da grundsätzlich alles in Frage gestellt wird und daher ein Konflikt mit den persönlichen Interessen der Mitarbeiter entstehen kann.

Die Durchführung des Zero-Base-Budgetings muss als sehr zeit- und arbeitsaufwendig bezeichnet werden, sodass ein jährlich wiederkehrender Einsatz dieses Instruments in allen Gemeinkostenbereichen für kaum ein Unternehmen in Betracht käme.

3. Budgetierung auf der Grundlage der Prozesskostenrechnung
Die **Prozesskostenrechnung** verfolgt das Ziel, im Gegensatz zur traditionellen Vollkostenrechnung eine „verursachungsgerechtere" Zurechnung der Gemeinkosten auf die Kostenträger zu ermöglichen. Ausgangspunkt jeder Prozesskostenrechnung ist daher, wie im Rahmen des Zero-Base-Budgetings oder der Gemeinkosten-Wertanalyse, eine Tätigkeitsanalyse innerhalb der Gemeinkostenbereiche. Dabei sind die Bezugsgrößen, die sogenannten „**Kostentreiber**", die Prozessmengen und die Prozesskosten ausfindig zu machen. Die daraus abgeleiteten Prozesskostensätze dienen letztlich zur Gemeinkostenkontrolle und zur Verrechnung auf die Kostenträger.

Zwar ist die Prozesskostenrechnung primär zum Zwecke einer gerechteren Zuordnung der Kosten, insbesondere im Rahmen einer Produktkalkulation, entwickelt worden, doch stellt sie auch einen Ansatz im Rahmen der Budgetierung dar.

Über ein derartiges Instrument können die Abhängigkeiten verschiedener Teil- und Hauptprozesse von Leistungsmengen und ggf. auch bestimmten Wertgrößen zu definiert werden. Sofern sich aus dem Leistungsbudgeteiner Unternehmung die daraufhin durchzuführenden Prozesse im Gemeinkostenbereich quantifizieren lassen, wäre auch eine Budgetierung der notwendigen Leistungskapazität möglich.

Hierzu ein einfaches Beispiel: Die Abteilung X führte mit 10 Mitarbeitern 1,5 Mio. Teilprozesse durch; aus den Budgets der Leistungsnachfrager ergeben sich insgesamt 1,7 Mio. durchzuführende Teilprozesse. Danach wäre die Beschäftigung mindestens eines zusätzlichen Mitarbeiters zu budgetieren, um die angeforderten Teilprozesse erbringen zu können. Umgekehrt könnte die Budgetierung einer geringeren Nachfrage nach Teilprozessen zu einer geringeren Mitarbeiterzahl bei der betreffenden Abteilung führen.

Die über eine Prozesskostenrechnung verbesserte **Kostentransparenz** ermöglicht zudem ein verbessertes Gemeinkosten-Management bzw. Gemeinkosten-Controlling, da nunmehr über die Anzahl der Prozesse Ansätze zu einer Wirtschaftlichkeitskontrolle, auch im Rahmen einer Soll-Ist-Betrachtung gegeben sind. Dies erscheint umso wichtiger, je größer der Anteil der Gemeinkosten an den Gesamtkosten bzw. der Wertschöpfung einer Unternehmung ist.

4.2.2.3 Anforderungen an ein Budget

Die Umsetzung der Unternehmensziele in ein System operativer Ziele welche sich in einem Budget wiederfinden, kann nur dann in eine „Steuerung" des Unternehmens münden, wenn ein derartiges „Budget" geeignet ist, darauf aufbauend ein Controlling zu ermöglichen. Hieraus lassen sich die folgenden Anforderungen an ein „controlling-gerechtes Budget" ableiten:

- Gliederung nach Verantwortungsbereichen
- Gliederung nach Produkten
- Zerlegung in kurzfristige Planabschnitte
- Flexibilität des Budgets.

4.2.2.3.1 Gliederung nach Verantwortungsbereichen

Grundsätzlich müsste in einer Unternehmung jeder Verantwortungsbereich über ein Budget verfügen. Dieser Grundsatz entspricht dem **„Management by Objectives"** (**MbO**), da nur auf dieser Basis eine Zielvereinbarung zwischen dem Verantwortlichen eines Subsystems und seinen vorgesetzten Stellen fixiert werden kann.

Dieser Grundsatz ist für das Controlling vor allem deshalb von Bedeutung, weil nur so im Falle einer Soll-Ist-Abweichung die entsprechenden Verantwortlichen „angesprochen" und in die Planung möglicher Verbesserungen einbezogen werden können. Außerdem bewirkt die Mitwirkung an der Budgeterstellung, dass sich der/die Verantwortliche mit „seinem" Budget identifiziert und an einer Zielerreichung, einer Verbesserung „seines" Kostenstellen-Ergebnisses „interessiert ist".

Der Grundsatz einer Gliederung nach Verantwortungsbereichen ist vor allem deshalb wichtig, weil ansonsten die Gefahr der Überschneidung besteht, wenn etwa zwei **Verantwortungsbereiche** ein Budget zu vertreten haben oder aber ein Verantwortungsbereich sich in mehreren Budgets wiederfindet. Für ein Controlling wäre es in dieser Situation sehr schwierig, im Falle von Abweichungen jeweils den geeigneten Ansprechpartner zu finden.

4.2.2.3.2 Gliederung nach Produkten und Dienstleistungen

Zur Erfolgssteuerung eines Mehrproduktunternehmens ist eine Differenzierung des Budgets und der korrespondierenden Ist-Zahlen nach den einzelnen Produkten, Produktgruppen, Dienstleistungen und Dienstleistungsgruppen[1] unbedingt erforderlich. Letzteres kann sich mit der oben gezeigten Gliederung nach Verantwortungsbereichen decken – wenn nämlich **Profit Center** nach Produktgruppen gebildet werden. Möglich ist aber auch eine Organisation nach regionalen oder funktionalen Kriterien, sodass die Budgetierung der Produkterfolge eine zusätzliche Dimension darstellt.

---

[1] Im Folgenden wird nur noch von „Produkten" die Rede sein, wobei damit auch Dienstleistungen gemeint sind.

Bei der Budgetierung des Umsatzes bzw. der Leistung bilden die einzelnen Produkte üblicherweise den Ausgangspunkt der Betrachtung, während die Zuordnung der Kosten häufig sehr problematisch ist. Aus diesem Grunde geht man zunehmend dazu über, eine Budgetierung nach dem Grundsatz der Deckungsbeitragsrechnung vorzunehmen.

Das folgende Beispiel soll diesen Zusammenhang veranschaulichen:

Eine Unternehmung stellt 5 Artikel her, von denen A, B und C zur Produktgruppe 1, D und E zur Produktgruppe II gerechnet werden. Für jedes dieser Produkte werden Verkaufspreise (Preis) und variable Stückkosten (k_v) budgetiert, die sich, im Einzelnen aus Material-, Fertigungs- und Vertriebskosten zusammensetzen. Die Fixkosten der Unternehmung (K_F) lassen sich untergliedern in:

- produktspezifische Fixkosten, z. B. für Anlagen, die ausschließlich dem Produkt A dienen,
- in Fixkosten für die Produktgruppen I und II, z. B. eine für diese Produktgruppe genutzte Werkshalle, und
- solche Kosten, die sich nicht direkt zurechnen lassen, z. B. Verwaltungskosten.

Das Budget 2013 geht von den in Abb. 4.1 dargestellten Eckdaten aus.

Eine Budgetierung zu Vollkosten würde die Zuordnung der Fixkosten zu den Produkten nach bestimmten Schlüsseln erfordern, so werden z. B. traditionell Materialgemeinkosten

Produkt	A	B	C	D	E	Summe
Stück	40.000	48.000	60.000	32.000	24.000	204.000
Preis	8,-	9,-	7,-	10,-	15,-	
kv	5,30	5,20	4,50	6,80	10,20	
DB/St.	2,70	3,80	2,50	3,20	4,80	
DB I	108.000	182.400	150.000	102.400	115.200	658.000
KF je Produkt	32.000	60.000	80.000	40.000	52.000	264.000
DB II	76.000	122.400	70.000	62.400	63.200	394.000
KF je Produktgruppe:.		I: 160.000			II: 80.000	240.400
DB III		108.400			45.600	154.000
KF für die Unternehmenszentrale						83.600
Betriebsergebnis						70.400

Abb. 4.1 Budgeteckdaten

Produktgruppe	I	II
Direkte KF	160.000	80.000
Umlage Zentrale	45.800	37.800
Summe	205.800	117.800

Produkt	A	B	C	D	E
Direkte KF	32.000	60.000	80.000	40.000	52.000
Umlage Gruppe	68.600	68.600	68.600	58.900	58.900
Summe	100.600	128.600	148.600	98.900	110.900
DB I	108.000	182.400	150.000	102.400	115.200
BE	7.400	53.800	1.400	3.500	4.300

Abb. 4.2 Budgetrechnung

i. d. R. nach dem budgetierten Anfall der Materialeinzelkosten und Fertigungsgemeinkosten nach den budgetierten Fertigungslöhnen verteilt. Dies geschieht auch dann, wenn die Bezugsgrößen nur einen Bruchteil der Gesamtkosten ausmachen, sodass sich Zuschlagsätze von über 1000 % ergeben können. Somit erscheint eine „Verursachungsgerechtigkeit" kaum erreichbar.

Geht man vereinfachend davon aus, dass die KF der Zentrale mit 45.800 € der Produktgruppe I und 37.800 € der Produktgruppe II zugerechnet sowie die sich dann ergebenden KF der Produktgruppen gleichmäßig auf die Produkte verteilt werden, ergibt sich die in Abb. 4.2 dargestellte Rechnung:

Das bereits im Rahmen der Teilkostenrechnung ausgewiesene Budget-Betriebsergebnis von 70.400 € wurde im Rahmen dieser Überleitung als Produktergebnis auf die fünf Artikel des Unternehmens verteilt.

Eine **Vollkosten-Budgetierung** sieht dabei im Regelfall zusätzlich den Ausweis von Material-, Fertigungs-, Vertriebs- und Verwaltungskosten vor, wobei jeweils den Einzelkosten entsprechende Zuschläge gemäß dem budgetierten Gemeinkostenvolumen und der Zuschlagsbasishinzugerechnet werden.

Die bereits angesprochene Prozesskostenrechnung versucht, die Zuordnung der Gemeinkosten aufgrund der tatsächlich ablaufenden Prozesse und Teilprozesse sowie der sie bestimmenden Kostentreiber verursachungsgerechter zu gestalten. Empirische Untersuchungen belegen, dass sich dabei zum Teil erhebliche Abweichungen der Produktergebnisse gegenüber der traditionellen Kostenzurechnung ergeben können. Es existiert eine

erhebliche Meinungsvielfalt zur Frage, ob Produkte auf Voll- oder Teilkostenbasis budgetiert werden sollten. Dabei hat sich überwiegend die Auffassung durchgesetzt, dass man
beide Rechnungen nebeneinander betreiben sollte; nur auf diese Weise lässt sich …

- einerseits erkennen, wie viel „netto" an den einzelnen Produkten „verdient" werden soll,
- andererseits, welche Auswirkungen sich durch eine Mengenveränderung einzelner Produkte auf das Ergebnis ergeben und in welchem Umfang das Produkt zur Fixkostende-
  ckung beiträgt.

4.2.2.3.3 Zerlegung in kurzfristige Planabschnitte

Soll das Controlling seiner Steuerungsfunktion nachkommen können, so ist vor Ablauf einer
Budgetperiode die Durchführung von unterjährigen Soll-Ist-Vergleichen zu ermöglichen.
Insofern ist bereits an das Budget die Anforderung zu stellen, ein Budgetjahr in mehrere
zeitliche Segmente zu zergliedern, mindestens in Quartale, nach Möglichkeit jedoch auch in
Monate. Lediglich eine derartige zeitliche Struktur bietet später die Möglichkeit, bereits
nach einigen Monaten aus einem Soll-Ist-Vergleich Aussagen darüber abzuleiten, ob das
Jahresbudget erreichbar erscheint oder nicht. Im Falle von Budgetabweichungen sind damit
frühzeitig Gegensteuerungsmaßnahmen möglich.

Die Zerlegung des Jahresbudgets in Monats- bzw. Quartalsbudgets darf jedoch nicht
eine rein schematische Zerstückelung sein, sondern muss den Geschäftsverlauf und auch
die voraussichtliche Kostenverteilung berücksichtigen. Dies ist insbesondere dort wichtig,
wo es sich um Unternehmungen handelt, die saisonale Schwankungen in ihrem Geschäftsverlauf zu berücksichtigen haben.

Damit nicht positive und negative Ergebnisabweichungen gegeneinander aufgerechnet
werden, ist zu fordern, dass die Aufspaltung m Monatsbudgets über sämtliche Verantwortungsbereiche hinweg erfolgt. Nur auf dieser Basis ist es einem Controlling später möglich
zu erkennen, wo sich positive und wo negative Budgetabweichungen ergeben haben.

4.2.2.3.4 Flexibilität des Budgets

Wenn das Budget seine **Motivationsfunktion** für den Verantwortlichen erfüllen soll, so ist
sicherzustellen, dass das in ihm festgelegte Ziel eine gewisse Anstrengung erfordert. Auf
der anderen Seite darf die Festschreibung des Budgets etwa als top-down-Mechanismus –
nicht zu einer Überforderung der Verantwortlichen führen. Im Prozess des Aushandelns
eines Budgets ist auf diese beiden Überlegungen Bezug zu nehmen, es erfordert daher ein
erhebliches Maß an Sachkenntnis und Einfühlungsvermögen für den Controller bzw. die
Unternehmensleitung, die Budgets der Verantwortungsbereiche so festzulegen, dass weder eine Überforderung noch eine zu leichte Festlegung des Budgetziels erfolgt.

Damit stellt sich die Frage, ob ein Budget als eine feste Größe für ein Geschäftsjahr
anzusehen ist, oder ob ein flexibles Budget Vorteile aufweist. Allgemein wird die Auffassung vertreten, dass ein einmal vereinbartes Budget von allen Verantwortlichen zu

akzeptieren ist, somit keine Nachforderungen zu stellen sind. Auf der anderen Seite erscheint es unrealistisch, dass man für den Fall einer erkannten Budgetabweichung das vor längerer Zeit vereinbarte Budgetziel weiter vorgibt, ohne eine Möglichkeit zu sehen, dieses zu erreichen.

Im Allgemeinen gilt der Grundsatz, dass das Budget – unterstützt durch das Controlling – nach Möglichkeit einzuhalten ist. Zu diesem Zwecke sind, sofern notwendig, sogenannte Gegensteuerungsmaßnahmen zu ergreifen. Für den Fall aber, dass man erkennt, dass das Budgetziel in keiner Weise erreichbar ist, wird in der Praxis üblicherweise neben dem ursprünglich vereinbarten Budget eine Vorschau- bzw. Vorausschaurechnung erstellt, welche auf der Basis der nunmehr gehegten Erwartungen realistisch erscheint.

Flexibilität ist ein Wesensmerkmal insbesondere des kurzfristigen Finanzplanes. Das Finanzbudget einer Unternehmung muss daher regelmäßig Möglichkeiten zur Reaktion auf kurzfristige Veränderungen enthalten, z. B. durch die ständige Beobachtung der offenen Kreditlinien und der Kreditwürdigkeit des Unternehmens.

Starre Budgets finden vor allem dort Anwendung, wo sich die Höhe der Kostenarten nicht in Abhängigkeit von der Veränderung bestimmter Bezugsgrößen verändert, sondern mit dem Budget vorgegeben ist (z. B. Forschungs- und Entwicklungsbudget).

4.2.2.4 Grundsätze der Budgetierung

Als Ergebnis der oben dargelegten Überlegungen lassen sich allgemeine **Grundsätze der Budgetierung** herausarbeiten:

- Ein Budget muss einerseits Anstrengungen erfordern, andererseits erreichbar sein.
- Für einen bestimmten Aufgabenbereich darf es nur ein Budget geben; es ist zu vermeiden, dass Budgetverantwortliche sog. „Schattenbudgets" führen.
- Das Erreichen eines Budgets ist das vereinbarte Ziel; nicht die positive Abweichung von Budgetzahlen, sondern das Einstellen des Budgets ist bereits eine ausreichende Zielerreichung.
- Grundsätzlich ist der Budgetverantwortliche bei der Erarbeitung des Budgets zu beteiligen, und er sollte das endgültig verabschiedete Budget akzeptieren (Management by Objectives).
- Ein Budget ist grundsätzlich „von unten nach oben" zu erarbeiten, d. h. im Anschluss an die Festlegung von Rahmenbedingungen muss grundsätzlich auf Kostenstellenebene mit der Budgeterstellung begonnen werden. Über mehrere Koordinationsebenen ist dann das Unternehmensbudget zu erstellen (Gegenstromverfahren).
- Ein Soll-Ist-Vergleich kann nur dann aussagefähig sein, wenn die Ist-Zahlen so gegliedert sind wie die Planzahlen – das Budget darf daher keine anderen Abgrenzungen der Erfolgs- und Bestandsgrößen vornehmen als das Rechnungswesen.
- Ein Budget wird während der Budgetperiode nicht geändert – Konsequenzen aus nicht zu korrigierenden Abweichungen sollten durch eine Erwartungs- bzw. **Vorschaurechnung** berücksichtigt werden.

- Grundsätzlich muss der Budgetverantwortliche als Erster den Soll-Ist-Vergleich seiner Organisationseinheit erhalten. Er sollte daraus ersehen können, welche Kosten durch seinen Bereich verursacht wurden und welche Abweichungen gegebenenfalls von ihm zu vertreten sind.
- Bei Überschreiten einer festgelegten Abweichungstoleranz sind durch den Controller grundsätzlich der Vorgesetzte der betreffenden Organisationseinheit und/oder die Unternehmensleitung zu informieren. Letzteres sollte aber erst nach Rücksprache mit dem Budgetverantwortlichen und dessen Stellungnahme erfolgen.
- Budgetabweichungen stellen keine Schuldbeweise des Verantwortlichen dar, sondern sind Anlass für einen Lernprozess aller Beteiligten.

4.3   Organisation und Durchsetzung operativer Maßnahmen

4.3.1   Organisatorische Maßnahmen

Die durch strategische Entscheidungen geprägte Aufbau- und Ablauforganisation einer Unternehmung ist für den „normalen Geschäftsablauf" vorgesehen; dennoch besteht gelegentlich eine Notwendigkeit zur Anpassung der Strukturorganisation im Zusammenhang mit der Bildung oder Auflösung von Stellen im Organisationsgefüge, ohne dass eine grundsätzlich andere Aufbauorganisation das Ziel ist. Dies kann geschehen im Falle einer Volumenveränderung in einzelnen Geschäftsgebieten und evtl. sogar bis zur Zusammenlegung oder Trennung einzelner Abteilungen gehen.

Organisatorische Maßnahmen spielen im Zusammenhang mit der operativen Unternehmensführung dann eine Rolle, wenn bestimmte, aus dem üblichen Rahmen fallende Vorhaben durchzuführen sind. Im operativen Bereich nennt man dies gelegentlich „Aktionen"; es handelt sich um kurzfristig entschiedene und kurzfristig abzuwickelnde Projekte, die zur Realisierung der vorhandenen Erfolgspotenziale für ein Geschäftsjahr geplant oder auch zur Sicherung der Zielerreichung innerhalb eines Geschäftsjahres entwickelt werden. Für diese Zwecke kommen insbesondere Projektgruppen bzw. Teams als organisatorische Lösung in Betracht, die nach Erfüllung der Aufgaben wieder aufgelöst werden können. Auch die Ablauforganisation ist in derartigen Fällen gefordert, sodass z. B. über einen Netzplan alle zur Aktion gehörigen Aktivitäten dargestellt werden können.

Schließlich sind im Rahmen des Routinegeschäfts eine Reihe von ablauforganisatorischen Maßnahmen durchzuführen, z. B. im Zusammenhang mit der Arbeitsvorbereitung einer Fertigungsstelle oder der Einsatzplanung von Verkäufern und Kundendienstmitarbeitern im Außendienst. Dabei geht es um die konkrete Anwendung der verfügbaren Potenziale; dies ist insbesondere in solchen Unternehmen eine ständig wiederkehrende Aufgabe, deren Leistungserstellung auf individuelle Projekte gerichtet ist, z. B. in der Baubranche, aber auch in komplexen Dienstleistungsbereichen (z. B. Unternehmensberatung, Messegesellschaft, Reiseveranstalter).

4.3.2 Durchsetzung operativer Maßnahmen

Zur **Durchsetzung** der über die operative Planung beschlossenen Maßnahmen gehört im Wesentlichen die Anwendung der durch strategische Entscheidungen vorbereiteten Grundsätze einer effizienten Personalführung. So werden sich weder, dass über ein Führungsmodell zu beschreibende grundsätzliche Führungsverhalten, die strukturellen Maßnahmen der Verhaltensbeeinflussung noch im Regelfall der Führungsstil kurzfristig verändern lassen, um operatives Geschehen durchzusetzen.

Allerdings könnte in der unmittelbaren Vorgesetzten-Mitarbeiter-Beziehung eine Variation dann eintreten, wenn aufgrund außergewöhnlicher Umstände der ansonsten praktizierte Führungsstil modifiziert bzw. verdrängt wird – indem z. B. die „Anordnung" wegen des Termindrucks einer Aufgabe die ansonsten übliche „Überzeugung" ersetzt. Damit sind die auf den Einzelfall bezogenen Personalbeeinflussungsmaßnahmen angesprochen, die als situative oder dispositive Maßnahmen Teil der (operativen) Personalführung sind. Dispositive Maßnahmen der Verhaltensbeeinflussung enthalten

- die Festlegung von Handlungsinhalten und Handlungsbedingungen (z. B. die Gewährung bestimmter Unterstützungsmaßnahmen im Einzelfall),
- Verhaltenskontrollprozesse (Überwachung des Arbeitsablaufs, um die Qualität des Arbeitsergebnisses und gegebenenfalls Vorgehensweise und Schnelligkeit des Vollzugs zu beeinflussen) sowie
- situationsbedingte Gratifikations- und Sanktionsverfügungen.

Derartige Maßnahmen können vom Vorgesetzten situativ ergriffen werden, um die betreffenden Mitarbeiter zu einem Verhalten zu veranlassen, dass den Ansprüchen der Situation und der operativen Zielsetzung des jeweiligen Subsystems entspricht.

Zwar steht das Phänomen der Willensdurchsetzung nicht so sehr im Zentrum wirtschaftswissenschaftlicher Forschung, doch haben sich einige theoretische Ansätze der Personalführung in diesem Bereich entwickelt. Man unterscheidet in diesem Zusammenhang

- **Führungskontexttheorien**, bei denen die Wirksamkeit der Führung zum einen von den Eigenschaftsmerkmalen des Führenden (personalistischer Ansatz), zum anderen von der **Führungssituation** (gruppendynamischer Ansatz) abhängig ist und
- **Führungsprozesstheorien**, nach denen vor allem das Führungsverhalten – Führungsstil bzw. Führungstechnik (Führungsmustertheorien) sowie Interaktionen zwischen Führendem und Geführtem (Führungsablauftheorien) – die Effizienz der Führung bestimmen.

Im Rahmen einer situationsbedingten „Anpassung" des Führungsverhaltens könnte einerseits ein bestimmtes Führungsverhalten gewählt werden, um in bestimmten Situationen die gewünschten **Führungswirkungen** zu erreichen, wie andererseits bei Vorliegen bestimmter Persönlichkeitsmerkmale der Beteiligten eine bestimmte Führungssituation zum Erreichen gewünschter Wirkungen anzustreben ist.

Die Aufgabe der Durchsetzung operativer Prozesse ist daher stets durch eine unternehmens-, situations- und personenspezifische Vorgehensweise wahrzunehmen. Dabei wird eine möglichst weitgehende Realisierung der operativen Ziele angestrebt, die im oben dargestellten Budgetansatz als Sollvorgaben festgehalten wurden. Mit der Realisierung geplanter Prozesse ergeben sich dann Ist-Werte, die überwiegend aus dem Rechnungswesen der Unternehmung gewonnen werden; beide Werte können danach im Rahmen eines Soll-Ist-Vergleichs gegenübergestellt werden, sodass sich für die jeweiligen quantitativen Ziele Zielerfüllungsgrade ermitteln lassen – dies ist der Ausgangspunkt für Aktivitäten des operativen Controllings.

4.4   Operatives Controlling

Das **operative Controlling** ist vor allem auf die Steuerung der in den Budgets festgelegten quantitativen Unternehmensziele ausgerichtet. Die operativen Controllingaktivitäten i. e. S. setzen sich zusammen aus …

- einer in kurzen Zeitabständen durchzuführenden zeitnahen Überprüfung der Zielerreichung (Soll-Ist-Vergleich),
- der Analyse möglicher Zielabweichungen und
- der Prognose über die weitere Zielerreichung unter Berücksichtigung von Gegensteuerungsmaßnahmen.

4.4.1   Instrumente zur Überprüfung des Zielerreichungsgrades

Als Grundlagen für die Durchführung des für weitere Analysen geeigneten Soll-Ist-Vergleichs ist eine entsprechende Gestaltung des Rechnungswesens einer Unternehmung erforderlich. Ferner sind in diesem Zusammenhang die Gewinnschwellenanalyse und die Bemühungen um weitere Informationen anzusprechen, die zur Auswertung des Zahlenmaterials notwendig sind.

4.4.1.1 Aussagefähiges Rechnungswesen

Die Basis jeder Controllingtätigkeit ist ein differenzierter Soll-Ist-Vergleich. Um diesen zu ermöglichen, sind diverse Voraussetzungen zu erfüllen, so …

- muss das Rechnungswesen eine differenzierte Erfassung und Auswertung der Kosten- und Erlöskomponenten gewährleisten,
- müssen Soll- und Ist-Elemente korrespondieren, d. h. die Ist-Rechnung des Rechnungswesens darf nicht anders gegliedert sein als die Budgetrechnung,
- ist eine unternehmensinterne Kosten- und Leistungsrechnung nach Verantwortungsbereichen zu erstellen, ergänzt um Ertrags- und Aufwandsrechnungen, insbesondere für größere Organisationseinheiten, sowie Einnahmen- und Ausgabenrechnungen zur Steuerung der Liquidität.

Will das operative Controlling seine Steuerungsfunktion wahrnehmen, so ist ein frühzeitiger und damit unterjähriger Soll-Ist-Vergleich der wichtigsten **Erfolgskomponenten** notwendig. Dies setzt voraus, dass ein modernes Rechnungswesen nicht nur einen Jahresabschluss durchführt, sondern analog zu einer entsprechenden zeitlichen Struktur des Budgets eine unterjährige Ist-Rechnung entgegenstellt.

Während früher die monatliche Erfolgsrechnung als kürzeste Controllingperiode genannt wurde, lassen sich heute im Zuge einer schnelleren und kostengünstigeren Datenverarbeitung Systeme darstellen, welche einen jederzeitigen Erfolgsabschluss der Unternehmung ermöglichen (Stichwort: Fast Close). Sofern das Unternehmen entsprechende Budgetannahmen zugrunde legen kann, ist damit eine wöchentliche Erfolgskontrolle gewährleistet.

Die Unternehmensgröße ist hier als Einflussfaktor zu nennen, denn mit zunehmender Größe wächst das Bedürfnis nicht nur nach detaillierter, sondern auch nach häufiger Information. Dies·ist zum einen darauf zurückzuführen, dass nur ein Großunternehmen die zur Informationsgewinnung und Informationsaufbereitung notwendigen Ressourcen bereitstellen kann, zum anderen darauf, dass mit zunehmender Distanz der Unternehmensleitung zur Basiszugleich das unmittelbare Wissen und Gespür für den Geschäftsverlauf verloren geht.

4.4.1.1.1 Kennzahlensysteme

Kennzahlen beziehen sich auf wichtige betriebliche Tatbestände, Gegebenheiten, Abläufe bzw. Zusammenhände und stellen die in konzentrierter Form dar. Sie können für inner-, zwischenbetriebliche oder zeitliche Vergleiche ermittelt werden und geben der Unternehmensleitung einen schnellen Überblick über die Leistungsfähigkeit der Unternehmung.

Die im Rahmen der Kennzahlenanalyse gewonnenen Kennzahlen stellen auch Ausgangspunkte für die Ausrichtung der Unternehmung dar.

Es lassen sich die folgenden **Kennzahlentypen** unterscheiden:

- **Absolute Kennzahlen** (Einzelzahlen, Summen, Differenzen)
- **Relative Kennzahlen** (Beziehung von zwei Größen zueinander)
- **Unternehmenskennzahlen** (auf die Gesamtunternehmung ausgerichtet)
- **Funktionskennzahlen** (mit Bezug zu einzelnen Funktionsbereichen der Unternehmung)

Sowohl im Zusammenhang mit dem Budget als auch über die Ist-Rechnung lassen sich die Erfolgs- und Bestandsgrößen eines Unternehmens zu diversen Kennzahlenzusammenführen. Kennzahlen können gebildet werden …

- durch Summation oder Subtraktion verschiedener Erfolgs- oder Bestandsgrößen (z. B. Cash Flow oder Working Capital) sowie
- durch die Bildung von Quotienten zwischen Erfolgs- und/oder Bestandsgrößen (z. B. Eigenkapitalrentabilität oder Verschuldungsgrad).

Die ausschließlich isolierte Betrachtung von Kennzahlen ist zumeist ohne großen Informationswert. Ein Aussagewert ergibt sich häufig erst, indem ein zeitlicher bzw. sachlicher Zusammenhang zwischen den Kennzahlen hergestellt wird. Dieser Zusammenhang bzw. Vergleich kann grundsätzlich in drei Dimensionen erfolgen:

- Der **zwischenbetriebliche Vergleich** zwischen mehreren vergleichbaren Unternehmen oder zwischen vergleichbaren Subsystemen eines Unternehmens dient zur Orientierung, ob eine positive oder negative Abweichung von der wichtigsten Konkurrenz, dem Branchendurchschnitt oder dem Durchschnitt aller Geschäftssparten des Unternehmens vorliegt.
- Der **Zeitvergleich** verfolgt die Entwicklung der Kennzahl über mehrere Perioden hinweg, sodass sich Aussagen über Verbesserungen oder Verschlechterungen im Zeitablauf ableiten lassen.
- Der **Soll-Ist-Vergleich** ist das bevorzugte Anwendungsgebiet im Rahmen des (operativen) Controllings. Dabei werden die im Rahmen der Planung entwickelten Zielgrößen und die aus der Ist-Rechnung erhaltenen Werte zu gleichen Kennziffern zusammengefasst und gegenübergestellt.

Eines der bekanntesten Kennzahlensysteme ist das bereits 1913 für das Unternehmen gleichen Namens entwickelte **DuPont-System of Financial Control**. Dieses System stellt gewissermaßen den Prototypen eines **rentabilitätsorientierten** Kennzahlensystems dar, aus dem sich viele modifizierte Ansätze entwickelt haben.

Das DuPont-System geht von der Hauptzielgröße „**Return on Investment**" (ROI, Gesamtkapitalrentabilität) aus und leitet daraus weitere, rechnerisch miteinanderverknüpfte Kennzahlen als eine Form von „Unterzielen" ab. Die Grundstruktur des Systems stellt sich wie in Abb. 4.3 gezeigt dar.

Nicht ganz eindeutig ist die Gewinndefinition. Während hier vom Brutto(gesamt)gewinn ausgegangen wird (vor Abzug der Zinsen auf das eingesetzte Kapital), findet teilweise auch das Betriebsergebnis Verwendung. Dabei muss vom „ordentlichen Betriebsergebnis" (vor Abzug der kalkulatorischen Zinsen) ausgegangen werden, da ansonsten das aus Anlage- und Umlaufvermögen bestehende Kapital (häufig als betriebsnotwendiges Kapital bezeichnet) keine geeignete Bezugsgröße darstellt. Es wird für den Ausgangspunkt „Betriebsergebnis" das Vermögen häufig um sog. „Abzugsposten" saldiert, im Regelfall unverzinsliches Fremdkapital, um das betriebsnotwendige Kapital als Bezugsgröße zu ermitteln.

Als Erweiterung der oben gezeigten Grundstruktur könnte ein DuPont-Kennzahlensystem wie in den Abb. 4.4 und 4.5 dargestellt aussehen.

Interessant und hilfreich ist die entstehende Transparenz bzgl. der einzelnen Einflussgrößen auf den ROI (Bsp. Gewinn, investiertes Kapital, Umsatz und Vertriebskosten). Diese

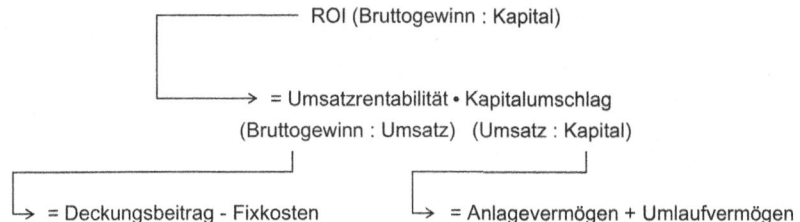

Abb. 4.3 DuPont-Kennzahlensystem (Grundstruktur)

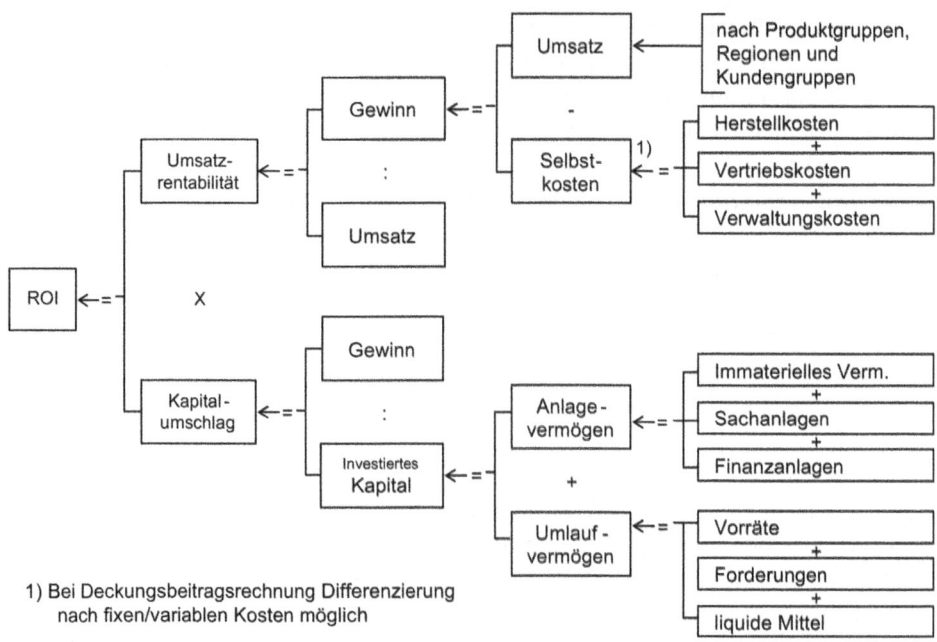

Abb. 4.4   DuPont-Kennzahlensystem (Erweiterung 1)

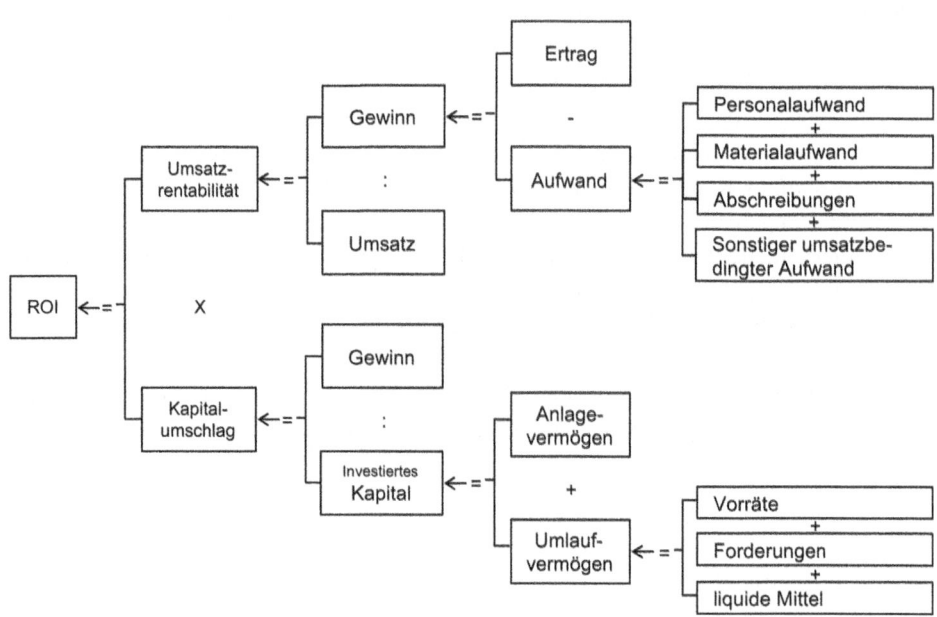

Abb. 4.5   DuPont-Kennzahlensystem (Erweiterung 2)

Einflussgrößen können auch als Wertreiber für den ROI bezeichnet werden. Diese Größen gilt es zu beeinflussen, um den ROI in die gewünschte Richtung (Höhe) „zu treiben".

Das DuPont-System ist für die Planung und das (operative) Controlling der Gesamtunternehmung grundsätzlich geeignet; allerdings gibt es Probleme bei der Anwendung der verwendeten Kennzahlen zur Steuerung von Subsystemen, denen häufig nur statistisch Gewinn-und Kapitalanteile zuzurechnen sind. Diesbezüglich ist das System zu erweitern um absolute und relative Kennzahlen, die dem Einflussbereich der Subsysteme entsprechen. Kritisiert wird ferner die Tatsache, dass der ROI als einzige Oberzielgröße fungiert. Diese Zielgröße lässt sich auf vielfältige Weise beeinflussen, sodass zur Steuerung und Koordination weitere Budgetzieleerforderlich sind.

Das **ZVEI-Kennzahlensystem** des Zentralverbandes der elektrotechnischen Industrie (ZVEI) differenziert im Bereich der Strukturanalyse zwischen vier Sektoren, deren Kennziffern letztlich zum „Oberziel" Eigenkapitalrentabilität zusammengeführt werden:

- Sektor I enthält die Ertragskraft-Kennzahlen Typ B (Rentabilität),
- Sektor II die Ertragskraft-Kennzahlen Typ A (Ergebnisbildung),
- Sektor m die Risiko-Kennzahlen Typ A (Kapitalstruktur),
- Sektor IV die Risiko-Kennzahlen Typ B (Kapitalbindung).

Zwischen den Sektoren bestehen Verbindungen, und zwar …

- verknüpft die Eigenkapitalrentabilität die Sektoren I und III,
- sind Sektor I und II durch die Zusammenführung von Umsatzrentabilität und Kapitalumschlag zum Periodenergebnis verbunden
- und schließlich wird der Kehrwert des Kapitalumschlags, die Kapitalbindung (hier definiert als Kapital, Umsatz), von Sektor I in Sektor IV übertragen.

Im Gegensatz zum DuPont-Schema wird im Hauptteil keine direkte rechnerische Verknüpfung der Kennziffern in der ZVEI-Hierarchie angestrebt, was Abb. 4.6 in verkürzter Form zeigt.

Eine andere Art der Darstellung der Beziehungen zwischen den einzelnen Kennzahlen sieht wie in Abb. 4.7 visualisiert aus:

Auch das ZVEI-Kennzahlensystem ist für die Budgetierung und Steuerung der Teilbereiche eines Unternehmens durch weitere Elemente zu ergänzen. Der hauptsächliche Einsatzbereich ist im Betriebsvergleich über normierte Verhältniszahlen zu sehen, die Steuerungsfunktion ist auch hier im Wesentlichen auf die Gesamtunternehmung beschränkt.

Das **PuK-Kennzahlensystem** (Planungs- und Kontrollrechnung) von Hahn enthält bereits in seinem Grundschema monetäre Zielgrößen, die sich zur Planung und Steuerung von Unternehmensbereichen heranziehen lassen.

Ausgehend von den Zielgrößen Ergebnis (Gewinn) und Liquidität stellt dieser Ansatz ein erweitertes ROI- und Cash Flow-Kennzahlensystem dar. Durch die Unterscheidung zwischen Mengen-, Zeiten- und Wertinformationen auf der einen Seite und

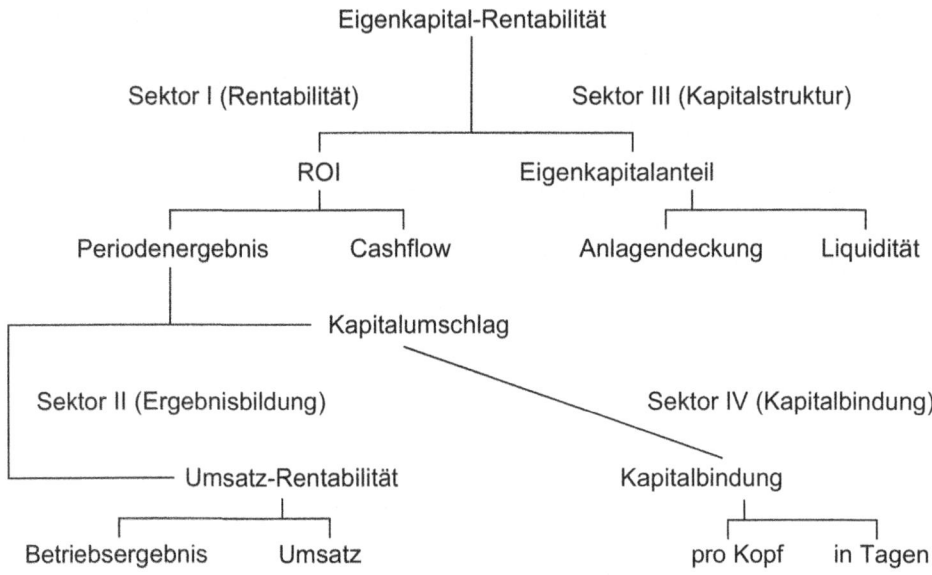

Abb. 4.6 ZVEI-Kennzahlensystem (vereinfacht)

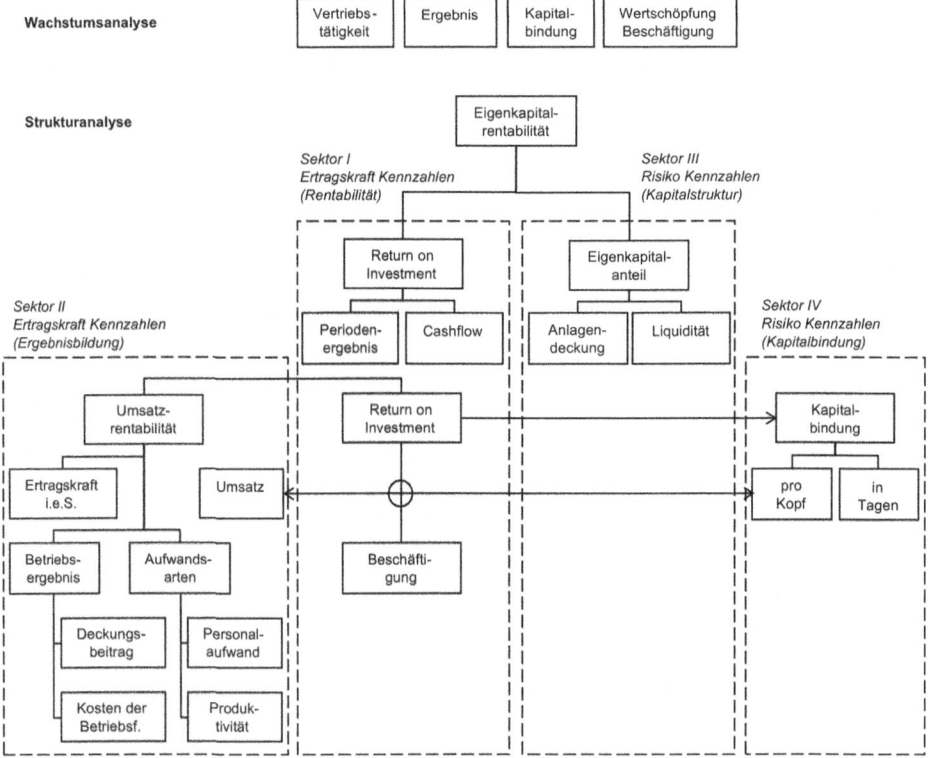

Abb. 4.7 ZVEI-Kennzahlensystem (erweitert)

Zahlungsstrominformationen auf der anderen Seite gelingt dabei ein Kennzahlensystem, das sowohl zur Erfolgs- als auch zur Finanzplanung und -steuerung geeignet ist.

Der ROI wird hier eindeutig als Kapitalgewinn auf Leistung- und Kostenbasis (Betriebsergebnis + kalkulatorische Zinsen) bezogen auf das betriebsnotwendige Kapital (um unverzinsliche Kapitalteile reduziertes Vermögen) definiert. Dabei erfolgen entsprechende Überleitungen zwischen Betriebs- und Gesamtergebnis sowie zwischen Erfolgs- und Finanzrechnung (Cash Flow).

Ähnlich wie im DuPont-System wird hier eine rechnerische Verknüpfung zwischen den einzelnen Kennzahlen der PuK-Hierarchie angestrebt. Dies zeigt Tab. 4.1.

Wird der Kapitalgewinn auf das investierte Kapital bezogen, so erhält man den ROI, der sich dann wiederum aus Umsatzgewinnrate multipliziert mit dem Kapitalumschlag zusammensetzt (s. DuPont-System).

Das PuK-System erlaubt spezifische Gestaltungen für Unternehmen mit funktionaler und divisionaler Aufbauorganisation und ist damit ganz eindeutig auf die **Steuerung von Subsystemen** ausgelegt, sodass sich eine Erweiterung zum Zwecke der Gewinnung ausreichender Planungs- und Steuerungsgrößen weitgehend erübrigt.

Das **Rentabilitäts- und Liquiditätskennzahlensystem** (**RL-Kennzahlensystem**) wurde von Reichmann und Lachnit entwickelt. Es besteht in seiner erweiterten Fassung aus zwei nur indirekt miteinander verbundenen Systemen:

- dem RL-Bilanzkennzahlensystem und
- dem RL-Controlling-Kennzahlensystem

Der hierarchische Aufbau des Controllings-Kennzahlensystems zielt dabei auf eine dreistufige Aufbauorganisation des Unternehmens ab:

- auf unterster Ebene werden funktionsspezifische Kennzahlen entwickelt.
- die sich auf Bereichsebene zu Kennzahlen für das Erfolgs-, Finanz- und Investitionscontrolling zusammenführen lassen.
- Für das zentrale Unternehmenscontrolling sind schließlich umfassende Kennzahlen vorgesehen, wie Kapital- und Umsatzrendite sowie der Cash Flow.

Vergleichbar dem PuK-System stehen auch beim RL-Ansatz die Erfolgs- und Liquiditätsplanung sowie -steuerung im Mittelpunkt des Interesses.

Tab. 4.1 PuK-Kennzahlensystem (Ausschnitt)

Ergebnispläne		Finanzplan
Kapitalgewinn	*Bilanzielles Ergebnis*	*Cashflow*
Zinsen auf investiertes Kapital	− Ausschüttungen	+ Finanzierung
= kalk. Ergebnis	+ Abschreibungen	− Definanzierung
+ neutrales Ergebnis	± Sonstiges	+ Desinvestitionen
= *bilanzielles Ergebnis*	= *Cashflow*	− Investitionen
		= *Liquiditätsreserven*

Abb. 4.8 zeigt verkürzt die wesentlichen Elemente des allgemeinen Teils aus dem RL-Kennzahlensystemgezeigt.

Bei einer detaillierteren Betrachtung zeigt sich das in Abb. 4.9 dargestellte Gesamtbild.

An der Spitze des Kennzahlensystems stehen die Kennzahlen Liquidität und Rentabilität. Es wird hierbei auf eine mathematische Aufgliederung dieser beiden Größen verzichtet.

Das Kennzahlensystem wird in zwei Bereiche aufgeteilt:

- den allgemeinen Bereich,
- den Sonderbereich.

Der allgemeine Bereich enthält die auf das Gesamtunternehmen bezogenen Kennzahlen zu Erfolg und Liquidität:

RL-Rentabilitäts-Kennzahlensystem (Grundstruktur)

Ordentliches Ergebnis nach Steuern
(Ordentlicher Ertrag − ordentlicher Aufwand)

EK-Rent.	GK-Rent.	ROI	Kap.umschlag	Umsatzrent.
$\dfrac{\text{Gesamtgew.}}{\text{Eigenkapital}}$	$\dfrac{\text{(GE + Zinsen)}}{\text{Gesamtkapital}}$	$\dfrac{\text{Ordentl. Erg.}}{\text{Gesamtkapital}}$	$\dfrac{\text{Umsatz}}{\text{Betriebsn. Kap.}}$	$\dfrac{\text{Betriebserg.}}{\text{Umsatz}}$

Abb. 4.8 RL-Kennzahlensystem (verkürzt)

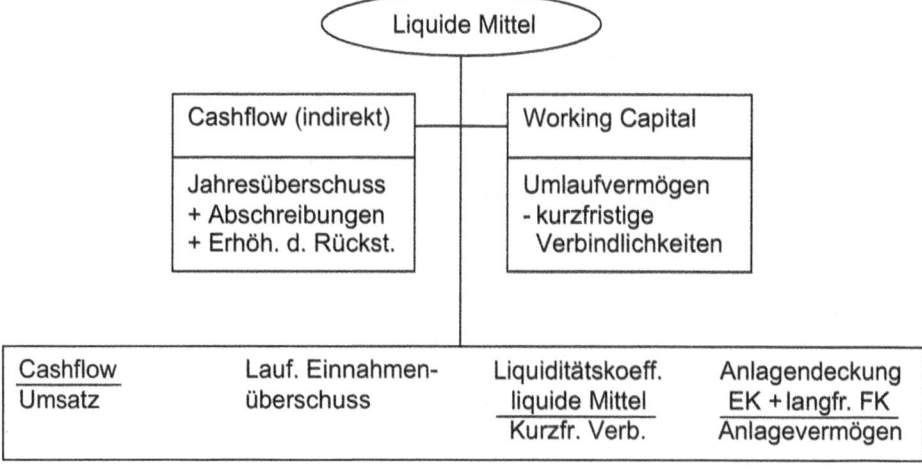

Abb. 4.9 RL-Kennzahlensystem (detailliert)

Das „Ordentliche Ergebnis" wird mittels der Rentabilität als Spitzenkennzahl dargestellt. Weitere – im logischen Zusammenhang stehende – Kennzahlen sind.

- Eigenkapitalrentabilität,
- Umsatzrentabilität,
- ROI.

Den Zusammenhang dieser Kennzahlen veranschaulicht (Abb. 4.10).
Die „Liquiden Mittel" werden mit der Spitzenkennzahl Liquidität dargestellt. Unter-
kennzahlen sind u. a. wie in Abb. 4.11 dargestellt:

- Cash-Flow,
- Working Capital.

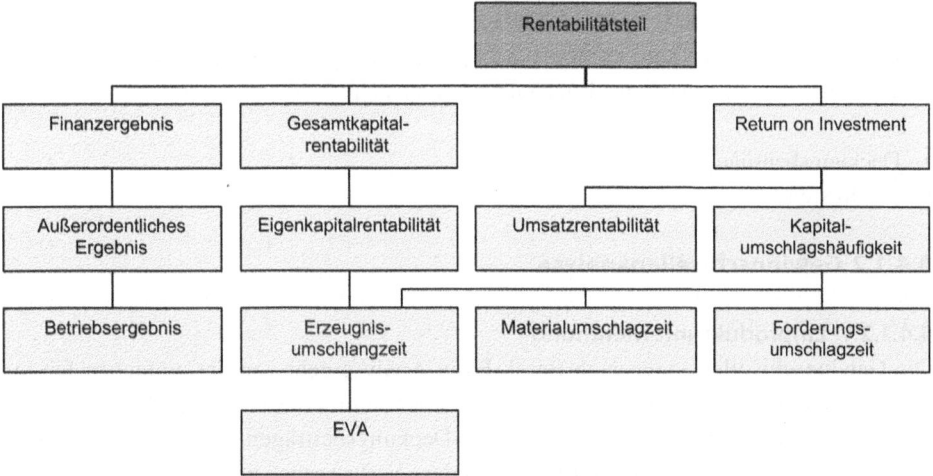

Abb. 4.10 RL-Kennzahlensystem („Ordentliches Ergebnis")

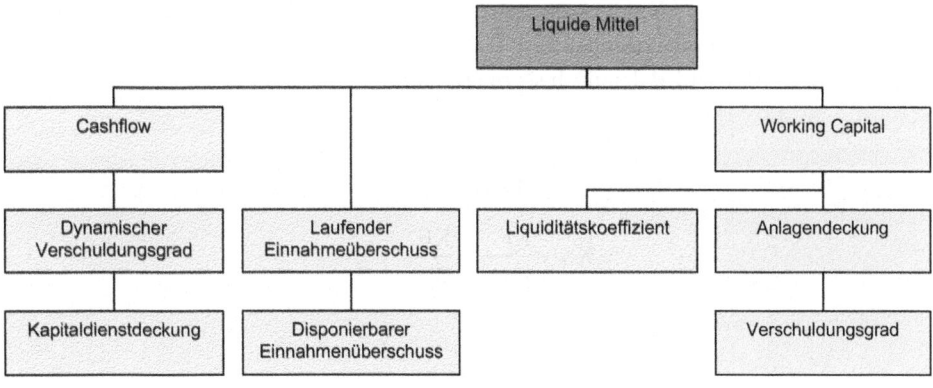

Abb. 4.11 RL-Kennzahlensystem („Liquide Mittel")

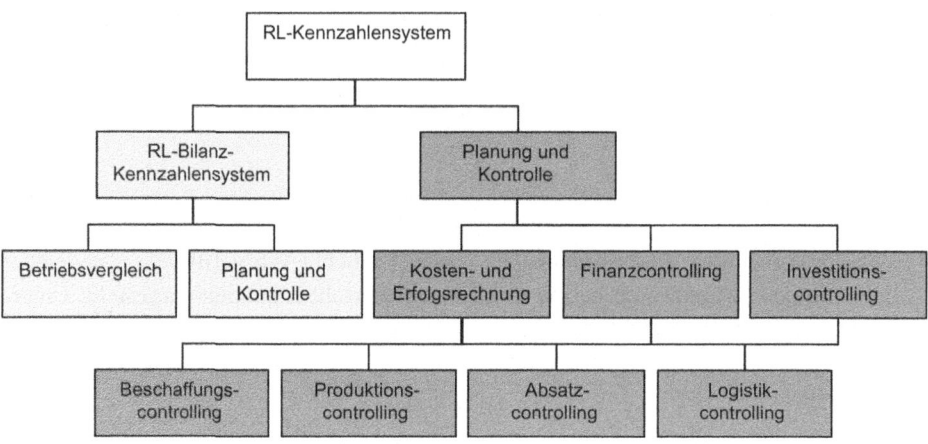

Abb. 4.12 RL-Kennzahlensystem („Sonderbereich")

Der „Sonderbereich" wird ebenfalls in Liquidität und Rentabilität aufgeteilt, es werden jedoch unternehmensspezifische Kennzahlen berücksichtigt, wie z. B. in Abb. 4.12 gezeigt:

- Deckungsbeiträge,
- Fix-Kosten.

4.4.1.2 Gewinnschwellenanalyse

4.4.1.2.1 Einproduktunternehmung
Die Gewinnschwellen- oder auch Break-Even-Analyse geht von der einfachen Frage-stellung aus, wie viele Produkte ein Unternehmen in einer bestimmten Zeiteinheit bei gegebenen Fixkosten und gegebenen Stück-Deckungsbeiträgen (db = Preis – variable Kosten) mindestens verkaufen muss, um aus der „Verlustzone" in die „Gewinnzone" zu gelangen.

Bei einer Einproduktunternehmung wäre dieses unter der Annahme proportionaler va-riabler Kosten (KV = kv · X) und konstanter Absatzpreise (Erlöse: E = P · X), grafisch wie in Abb. 4.13 dargestellt darzustellen.

Rechnerisch ist der BEP demnach so zu ermitteln:

$$G = X \cdot (p - kv) - KF$$

$$G = 0$$

$$X = \frac{KF}{p - kv} = \frac{KF}{db}$$

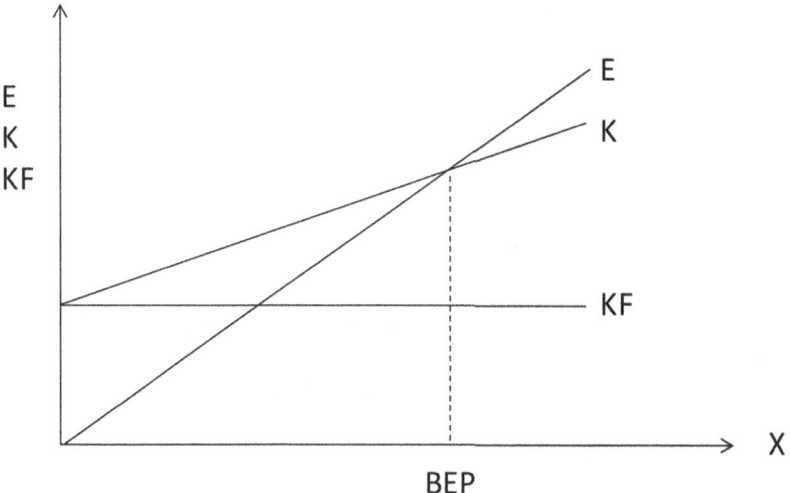

Abb. 4.13 Gewinnschwellenanalyse Einproduktunternehmung

Für den Break-even-Umsatz (X · p) gilt folgendes:

$$BEP / U = \frac{KF \cdot p}{p - kv}$$

$$db = p - kv$$

$$db : p = 1 - kv : p$$

$$db = (1 - kv : p) \cdot p$$

$$BEP / U = \frac{KF}{1 - kv : p} = KF : DBU$$

wobei DBU der Deckungsbeitrag je Umsatzanteil ist, damit der Quotient aus

$$(p - kv) \cdot X \quad \text{und} \quad X \cdot p.$$

Der **Break-even-point** (BEP) zeigt an, welche Menge bzw. welcher Umsatz erforderlich ist, damit bei den gegebenen Deckungsbeiträgen je Stück die Gewinnzone erreicht wird. Ein derartiges Instrument ist sowohl im Zusammenhang mit der Planung als auch beim Soll-Ist-Vergleich und der daran anschließenden Abweichungsanalyse anwendbar. Ein Vergleich der Budgetwerte für Umsatz und Absatzmenge mit den entsprechenden BEP-Werten zeigt an, um wie viel der geplante Absatz bzw. Umsatz zurückgehen darf, ohne dass die Verlustzone erreicht wird. Man spricht in diesem Zusammenhang von einer

„Sicherheitsspanne" zwischen Budget- und Break-even-Wert (SU = Sicherheitsspanne des Umsatzes, SX = Sicherheitsspanne der Absatzmenge); diese ist in absoluten Beträgen

$$SU = UB - U\big(BEP\big) \quad bzw. \quad SX = XB - X\big(BEP\big),$$

$$oder \ in \ \% : \frac{SU}{UB} \cdot 100 \quad bzw. : \frac{SX}{XB} \cdot 100$$

Im Rahmen eines Soll-Ist-Vergleichs könnte man neben der geplanten dann auch die jeweils realisierte Sicherheitsspanne betrachten.

Die Gewinnschwellen-Analyse bietet sich nicht nur für die Betrachtung eines Geschäftsjahres, sondern auch im Zusammenhang mit der unterjährigen Budgetierung und Erfolgsrechnung an. So könnte man neben der Jahresbetrachtung einen „Monats-BEP" darstellen, damit bereits im Rahmen des monatlichen Soll-Ist-Vergleichs erkennen, ob der BEP erreicht oder verfehlt wurde. Im Zusammenhang mit solchen Unternehmen, deren Geschäft nicht kontinuierlich, sondern stark schwankend verläuft, wäre die Darstellung gegebenenfalls durch einen Plan-Deckungsbeitrag zu ergänzen, basierend auf der monatlichen Umsatz- und Kostenplanung.

Schwieriger wird diese Betrachtung, wenn man im Bereich der leistungsabhängigen Kosten nicht von proportionalen, sondern teils progressiven oder degressiven Kostenverläufen ausgehen muss. Nimmt man zusätzlich an, dass auch der Absatzpreis mengenabhängig ist, so wären möglicherweise sogar zwei Gewinnschwellen vorstellbar – wie dies im klassischen Beispiel des Ertragsgesetzes angenommen wird.

4.4.1.2.2 Mehrproduktunternehmung

Für eine Mehrproduktunternehmung ist im Regelfall von produktspezifischen, unterschiedlichen Deckungsbeiträgen je Stück bzw. Umsatz auszugehen. Damit ist die Gewinnschwellen-Analyse in der oben dargestellten Form, auch bei proportionalen Kosten- und Erlösverläufen, nicht mehr anwendbar. Es gibt nunmehr zwei Möglichkeiten der Modifikation, die Annahme eines bestimmten „Produkt-Mixes" oder eine produktspezifische Analyse.

(1) Annahme einer bestimmten **Produktstruktur**

Im Rahmen der Budgetierung wird eine bestimmte Verteilung der Stückzahlen und des Jahresumsatzes angenommen, sodass sich ein gewogenes arithmetisches Mittel aus den Deckungsbeiträgen der einzelnen Produkte je Stück (DBX) und je Umsatzeinheit (DBU) angeben lässt. Mit diesem durchschnittlichen DBX bzw. DBU lässt sich dann, unter der Prämisse einer konstanten Produktstruktur, ein Break-even-point ermitteln. Dies zeigt das in Tab. 4.2 dargestellte Beispiel, ausgehend von dem unter B. II. 3.2 dargestellten Budget:
Die Gewinnschwelle des Unternehmens beträgt, unter Annahme dieser Produktstruktur,

- bei einer Stückzahl von 587.600:3,2255 = 182.174, bzw.
- bei einem Umsatz von 587.600:0,3553 = 1.653.814.

Tab. 4.2 Break-even-point

Produkte	A	B	C	D	E	Summe
Stückzahl	40.000	48.000	60.000	32.000	24.000	204.000
Umsatz	320.000	432.000	420.000	320.000	360.000	1.852.000
DB I	108.000	182.400	150.000	102.400	115.200	658.000
DBX	2,7	3,8	2,5	3,2	4,8	3,2255
DBU	0,3375	0,4222	0,3571	0,32	0,32	0,3553
KF	100.600	128.600	148.600	98.900	110.900	587.600

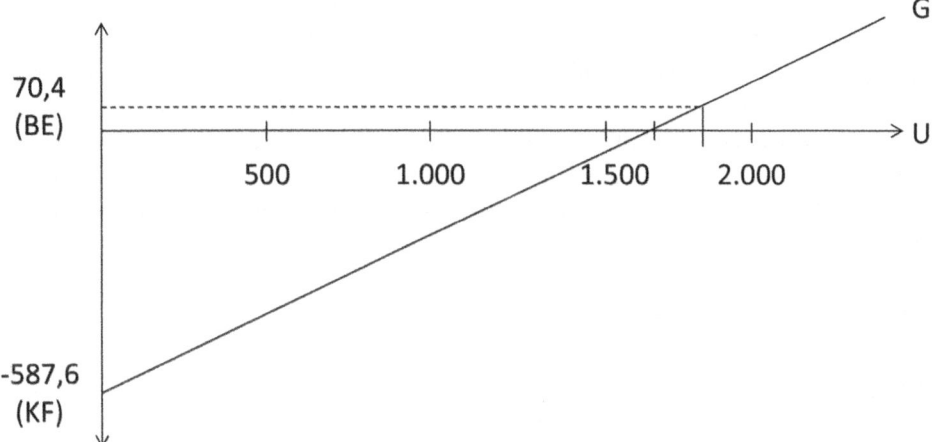

Abb. 4.14 Gewinnschwellenanalyse am Beispiel des Umsatzes

Die Sicherheitsspanne liegt bei 10,7 % (des budgetierten Umsatzes wie der budgetierten Stückzahl). Abb. 4.14 demonstriert die Gewinnschwelle am Beispiel des Umsatzes.

Sofern in der Ist-Rechnung eine andere Stückzahl- bzw. Umsatzverteilung oder abweichende DBU bzw. DBX der einzelnen Produkte ggü. dem Budget zu beobachten wären, würde sich auch die Gewinnschwelle des Unternehmens verändern; damit wird deutlich, dass nicht nur die absolute Höhe, sondern auch die Produktstruktur des Umsatzes bedeutsam ist für eine mögliche Abweichungsanalyse im Anschluss an den Soll-Ist-Vergleich.

(2) Produktbezogene Break-even-Analyse

Die produktbezogene Gewinnschwellen-Analyse setzt eine Aufteilung der Fixkosten des Unternehmens auf die einzelnen Produkte voraus und zwar auch solcher Fixkosten, für die es keine Möglichkeit einer verursachungsgerechten Zuordnung gibt. Dies geschieht nach den Grundsätzen der Vollkostenrechnung, einer Produkt-Kalkulation, obwohl die eigentliche **Break-even-Analyse** wiederum eine Trennung in fixe und variable Kosten vorsieht. Eine solche Aufteilung der Fixkosten wurde im o. g. Beispiel vollzogen, sodass sich „produktspezifische Gewinnschwellen" wie in Tab. 4.3 dargestellt ermitteln lassen.

Tab. 4.3 Produktspezifische Gewinnschwellen

Produkte	A	B	C	D	E
UB	320.000	432.000	420.000	320.000	360.000
KF	100.600	128.600	148.600	98.900	110.900
DBU	0,3375	0,4222	0,3571	0,32	0,32
BEP/U	298.074	304.595	416.130	309.063	346.563
SU in %	6,9	29,5	0,9	3,4	3,7

Die Sicherheitsspannen in % des Umsatzes machen hier deutlich, dass Produktgewinne offensichtlich nur im Falle B weitgehend gesichert erscheinen, während für Produkt C gerade ein minimal positives Ergebnis budgetiert wurde. Allerdings ist die Zurechnung aller Fixkosten auf einzelne Produkte sehr problematisch; Produktgewinne einzelner Produkte gewährleisten noch längst kein positives Betriebsergebnis des Gesamtunternehmens. Dennoch ist auch die Vollkostenbetrachtung zur Vorbereitung diverser Management-Entscheidungen erforderlich, z. B. im Rahmen der strategischen Produktpolitik, in der zumindest eine längerfristige Aufwands- bzw. Kostendeckung der Produkte als Minimalziel anzunehmen ist.

4.4.1.3 Weitere Informationsquellen

4.4.1.3.1 Berichte
Neben den Routineinformationen des Rechnungswesens ist das Controlling einerseits insbesondere dann auf außerordentliche **Berichte** angewiesen, wenn es sich um besondere Vorhaben des Unternehmens handelt, welche gesteuert werden müssen. Dabei ist sowohl an größere Investitionsvorhaben, größere Aufträge, aber auch gezielte Aktionen im Zusammenhang mit dem strategischen und operativen Handeln zu denken. Alle derartigen Projekte werden im Regelfall nicht unmittelbar aus dem Rechnungswesen ersichtlich sein – insbesondere erkennt man dort nicht mögliche Abweichungen -, sodass eine gesonderte Berichtsführung über derartige Projekte notwendig ist. Für das Controlling ist daher eine Auswertung der Berichte über entsprechende Projekte des Unternehmens sehr wesentlich. Dies kann im Rahmen eines spezifischen Projekt-Controllings erfolgen, vor allem bei wertwichtigen Vorhaben oder auch im Zusammenhang mit dem Routine-Controlling einzelner Geschäftsgebiete.

Für die Beurteilung derartiger Berichte ist die organisatorische Einordnung des jeweiligen Verfassers nicht unwichtig – ist er direkt in das betreffende Vorhaben involviert, wird er dies möglicherweise weniger kritisch beurteilen als etwa ein Mitarbeiter der internen Revision. Zeigen sich bei Auswertung derartiger Berichte Ansatzpunkte einer Zielabweichung, so wird das Controlling genötigt sein, weitere Informationen einzuholen, um Ursachen einer möglichen Zielabweichung zu ergründen.

Andererseits erstellt das Controlling selber Berichte und Präsentation, zu dem Zweck, in erster Linie das Management mit bedarfsgerechten „**Managementinformationen**" zu versorgen. In diesem Zusammenhang wird von dem sog. **Management-Reporting** gesprochen.

Im Rahmen eines bedarfsgerechten Management-Reporting hat ein Managementbericht für alle zu berichtenden Sachverhalte die folgenden „**W-Fragen**" zu beantworten:

1. Was?
   Hierbei handelt es sich um den Inhalt des Berichtes (auch Verdichtungsgrad oder Genauigkeit genannt).
2. Wie?
   Im Zentrum der Beantwortung dieser W-Frage stehen die Gestaltung und die Präsentation des Berichts.
3. *Wer?*
   Definition von Sendern und Empfängern der Berichte.
4. *Wann?*
   Bestimmung von Terminen und Bearbeitungszeiten von Berichten.
5. *Wozu?*
   Je präziser der Berichtszweck bestimmt werden kann, umso vollständiger kann der Informationsbedarf befriedigt werden

Bei den Berichtszwecken steht die Beantwortung der „Wozu-Frage" im Vordergrund. In diesem Zusammenhang lassen sich die folgenden Hauptgruppen von Berichtszwecken unterscheiden:

- Berichte zur Dokumentation von Ereignissen
- Berichte mit dem Ziel des Auslösens von betrieblichen Vorgängen
- Berichte zur Kontrolle des Betriebsablaufs
- Berichte zur Vorbereitung von Entscheidungen

Die grundsätzliche Problematik des internen Berichtswesens besteht darin, dass die Informationsentstehung und -verwendung zeitlich, sachlich und organisatorisch auseinanderfallen. Für die Berichterstattung ist nicht primär der Rhythmus der Ausarbeitung der Berichte, sondern der Rhythmus der Auswertungsnotwendigkeit maßgebend. Der Informationsbedarf des Managements ändert sich permanent qualitativ und quantitativ. Zudem ist der Informationsbedarf nur unvollständig oder teilweise gar nicht im Voraus zu bestimmen. Dies erfordert eine permanente Anpassung der einzelnen Berichte an veränderte Konstellationen. Engpässe bei der Informationsversorgung entstehen in der Regel nicht durch das Fehlen von Informationen, sondern durch die knappe Zeit zum Lesen der erhaltenen Berichte. Daher gilt die Regel: „Keep it short und simple!"
In Bezug auf die Berichtsinhalte lassen sich die folgenden Berichtsarten unterscheiden:

- Standardberichte,
- Abweichungsberichte und
- Bedarfsberichte.

Eine bedarfsgerechte Erstellung und Verteilung von Berichten wird durch entsprechende **Berichtssysteme** unterstützt. Diese Berichtssysteme sind einerseits dem jeweiligen Informationsbedarf angepasste Strukturen von Berichten. Andererseits müssen sie den Strukturen der Planungs- und Kontrollprozesse angepasst sein. Bei der genaueren Betrachtung von Berichtssystemen lassen sich verschiedene Stufen einer computerunterstützten Berichterstattung differenzieren:

1. Reine Berichtssysteme zur periodischen Datenaufstellung.
2. Berichtssysteme mit Ausnahmemeldungen, in denen neben den periodischen Daten Abweichungen besonders gekennzeichnet werden
3. Reine Ausnahmeberichte. Sie sind nicht periodisch und werden nur erzeugt, wenn Abweichungen auftreten.
4. Abfrage- bzw. Auskunftssysteme mit Standard-Abfragen. Sie ermöglichen die gezielte Abfrage von Informationen aus einer oder mehreren Datenbanken. Zu diesem Zweck werden zuvor entsprechende Standardabfragen definiert.
5. Dialogsysteme mit einem hinterlegten Unternehmungs-Gesamtmodell. Derartige Informationssysteme sind sehr komplex.

Jeder Bericht sollte so knapp, wie möglich aber so detailliert, wie nötig sein. Dabei gelten die folgenden Kriterien für Controllingberichte:

- Es müssen 3 Zahlenkategorien enthalten sein:
  - Plan- oder Sollzahl,
  - Ist-Zahl und
  - die Erwartung.
- Keine Zahl ohne Kommentar, aus dem sich evtl. erforderliche Steuerungsmaßnahmen ableiten lassen.
- Die Ergebniswirksamkeit der einzelnen Zahlen muss deutlich gemacht werden.

4.4.1.3.2 Gespräche und Konferenzen
Um Hintergrundinformationen über die Entwicklung des Unternehmens bzw. spezieller Projekte zu sammeln, muss das Controlling über schriftliche Berichte und Routineinformationen des Rechnungswesens hinaus regelmäßigen Kontakt zu den Linien-Managern des Unternehmens halten. Dieser Kontakt kann organisatorisch so verwirklicht werden, dass das Controlling an bestimmten Konferenzen der Unternehmensbereiche beteiligt wird, insofern in regelmäßigen Zeitabständen auch mündliche Informationen sammeln kann, die zur Interpretation der vorliegenden Erfolgs- und Bestandsrechnungen dienen können. In Ergänzung derartiger Routinezusammenkünfte sollten auch viele informelle Gespräche geführt werden. Letztere ermöglichen es dem Controller, auch einige vertraulich gehaltene Hinweise zu erhalten, was er im Rahmen einer Routinekonferenz mit mehreren Teilnehmern nicht erfahren würde. Dabei ist freilich zu prüfen, in welchem Ausmaß derartige vertrauliche Informationen zu verwenden sind – im Zweifelsfall wird eine solche Information zunächst im Hintergrund gehalten, kann dem Controller aber bei der Interpre-

tation mancher Sachverhalte dennoch dienlich sein. Auf der anderen Seite könnte die pflichtweise Beteiligung des Controllers an Konferenzen der Unternehmensbereiche nämlich dazu führen, dass hier sogenannte „Scheininformationen" gegeben werden, die Verantwortlichen also zurückhaltend sind beim Austausch von Meinungen und Fakten. Aus diesen Überlegungen ist ersichtlich, dass es in sehr starkem Maße darauf ankommt, wie die Position des Controllers von dem Linien-Management eingeschätzt wird, und wie diese in der Unternehmensorganisation verankert ist. Zur Aufgabenerfüllung des Controllers gehört aber auch ein gewisses Maß an psychologischem Geschick, an Einfühlungsvermögen in die Situation der durch ihn „gesteuerten" Linien-Manager.

4.4.2 Abweichungsanalysen

Soll-Ist-Vergleich und Abweichungsanalyse sind Routineaufgaben des operativen Controllings; diese Aufgaben müssen regelmäßig, in kurzen Zeitintervallen (i. d. R. monatlich) und zeitnah durchgeführt werden (unmittelbar nach Verfügbarkeit der Ist-Daten). Nur unter diesen Voraussetzungen ist gewährleistet, dass die nachfolgenden Controlling-Schritte (Entwicklung von Maßnahmen zur Gegensteuerung) frühzeitig genug erfolgen, um damit einer Steuerung der Zielerreichung zu dienen.

4.4.2.1 Ursachen der Zielabweichung

Im Rahmen der Abweichungsanalyse des operativen Controllings kommt es insbesondere darauf an, die Ursachen einer Abweichung vom Ergebnisziel des Unternehmens festzuhalten. Es steht hier, zumindest bei einem erwerbswirtschaftlichen Unternehmen, das Gewinnziel im Vordergrund des Interesses. Die Analyse wird daher vorrangig durchgeführt, um die Ursachen einer möglichen Ergebnisveränderung gegenüber dem zugrunde liegenden Budget zu erkennen.

Allgemein lässt sich festhalten, dass Auswirkungen auf das Ergebnis grundsätzlich durch Mengen- und/oder Preiseffekte entstehen. „Mengeneffekt" bedeutet in diesem Zusammenhang, dass sich entweder das Volumen der Leistung und/oder das Volumen der Kostengüter – entweder der variablen oder der fixen Kosten – verändert haben. Als „Preiseffekt" kennzeichnet man eine Veränderung des Produkts aus Menge · Preis bei konstantem Mengengerüst. Auch dieses lässt sich sowohl im Zusammenhang mit der Leistung des Unternehmens als auch im Zusammenhang mit den Kosten des Unternehmens darstellen. Grundsätzlich gibt es vier Möglichkeiten des Zusammenwirkens zwischen Preis- und Mengeneffekt bei einem Soll-Ist-Vergleich, d. h. der Budget-Werte (B) mit den Ist-Werten (I) (Tab. 4.4 und Abb. 4.15):

Als Ergebnis lässt sich festhalten:

- Die reine **Mengenabweichung** beträgt $(XI - XB) \cdot PB$,
- die reine **Preisabweichung** beträgt $(PI - PB) \cdot XB$,
- Preis- und Mengeneffekt beinhaltet $(XI - XB) \cdot (PI - PB)$ und ist somit nicht eindeutig zuzuordnen; man bezeichnet diesen Bereich daher als sogenannte Sekundärabweichung.

Tab. 4.4 Zusammenwirken von Preis- und Mengeneffekt

		Preis (PI gegenüber PB)	
		Steigt	Fällt
Menge (XI gegenüber XB)	Steigt	(1)	(2)
	Fällt	(3)	(4)

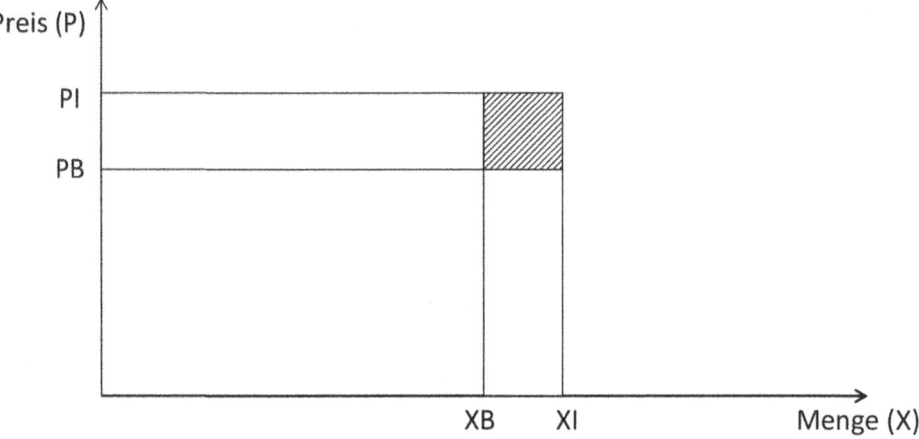

Abb. 4.15 (1) Preis und Menge steigen

Für die Behandlung der Sekundärabweichung im Rahmen einer Analyse gibt es grundsätzlich drei Möglichkeiten:

a. Eine Zuordnung zu beiden Abweichungsursachen kann dann erfolgen, wenn diese ausschließlich unabhängig voneinander betrachtet werden – eine Addition des Preis- und des Mengeneffekts würde zu mehr als 100 % der Gesamtabweichung führen.
b. Eine Aufspaltung der Sekundärabweichung würde jeder der beiden Abweichungsursachen, z. B. im Verhältnis der Primärabweichungen, einen Teil der Sekundärabweichung zuordnen. Dieses Verfahren erfordert allerdings zusätzlichen Rechenaufwand, ohne dass eine verursachungsgerechte Zuordnung gesichert wäre. Die Addition beider Abweichungen ist bei diesem Verfahren möglich.
c. Im Rahmen der sog. kumulativen Abweichungsanalyse wird die Sekundärabweichung derjenigen Ursache zugeordnet, deren Volumen zuerst ermittelt wird. Der nachfolgend ermittelte Effekt (Preis oder Menge) ist daher eine reine Primärabweichung, auf deren Höhe die zuerst abgespaltene Abweichungsursache keinen Einfluss hat. Die Reihenfolge der Analyse bestimmt damit die Zuordnung der Sekundärabweichung zu Preis- oder Mengeneffekt.

In aller Regel werden die Sekundäreffekte der Preisabweichung zugeschlagen, die in der Abweichungsanalyse zunächst durch die Rechnung $XI \cdot (PI - PB)$ ermittelt wird. Diese

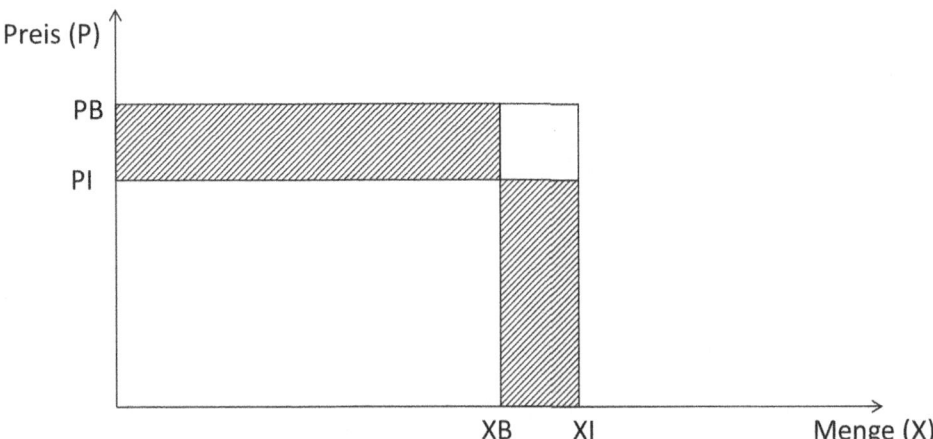

Abb. 4.16 (2) Preis fällt und Menge steigt

Vorgehensweise wird unter anderem damit begründet, dass Preiseffekte als primär externe Ursachen anzusehen sind, eine Konzentration auf die „reinen" Mengeneffekte die Verantwortlichkeit der betreffenden Stelle für diese Abweichungen damit unterstreicht. Diese Begründung gilt allerdings nur für den Fall der Zunahme von Preis und Menge (Abb. 4.16).

In dieser Konstellation gilt:

- dem positiven Mengeneffekt $(XI - XB) \cdot PI$ steht der
- negative Preiseffekt $(PI - PB) \cdot XB$ gegenüber, sodass sich insgesamt eine positive oder negative Abweichung ergibt.

Wenn man bei der Abweichungsanalyse den Preiseffekt als

$$XI \cdot (PI - PB)$$

errechnet, muss bei der Mengenabweichung

$$(XI - XB) \cdot PB$$

zugrunde gelegt werden, um dasselbe Ergebnis zu erhalten. Auf diese Weise wird das Feld

$$(PB - PI) \cdot (XI - XB)$$

sowohl dem positiven Mengeneffekt als auch dem negativen Preiseffekt hinzugerechnet, somit insgesamt wieder zu 0 saldiert. Diese Vorgehensweise erklärt sich daraus, dass die Praxis eine Normierung der Algorithmen anstrebt – in diesem Fall eine Berechnung des Preiseffekts als erste Abspaltung unabhängig von der Richtung der Abweichungen. Die ausgewiesene Mengen- und Preisabweichung erscheint dadurch allerdings jeweils höher als es bei realistischer Betrachtung erforderlich wäre (Abb. 4.17).

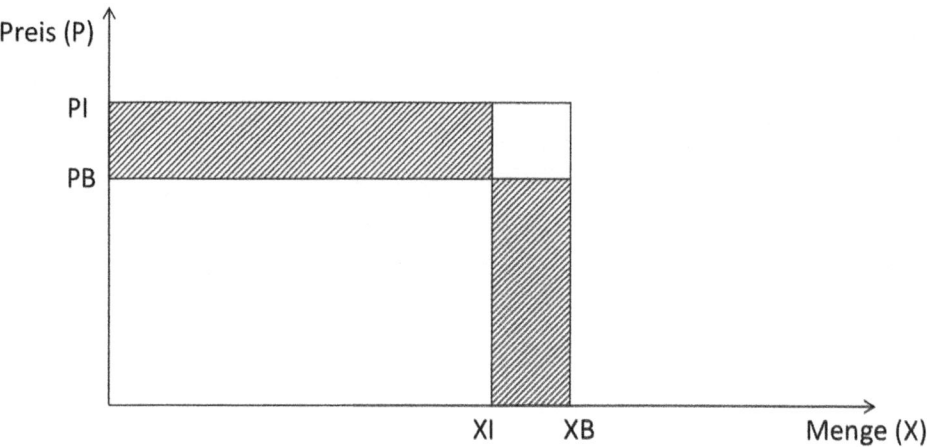

Abb. 4.17 (3) Preis steigt und Menge fällt

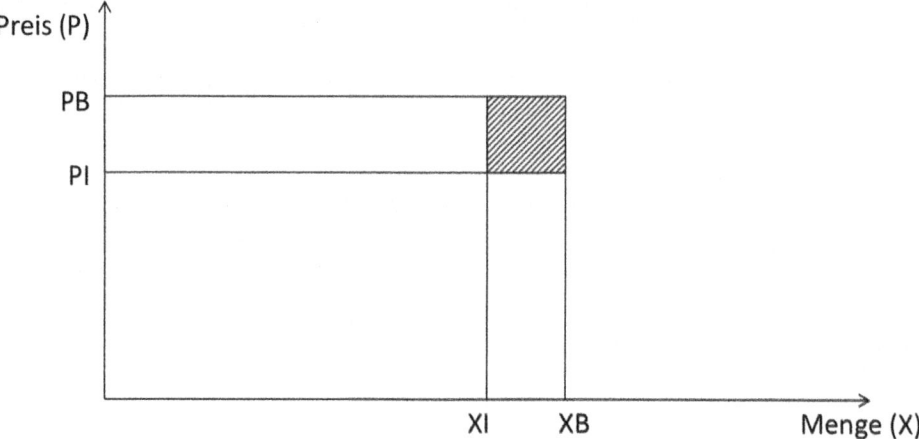

Abb. 4.18 (4) Preis und Menge fallen

Hierbei ist ebenfalls eine insgesamt positive oder negative Abweichung möglich nach der Berücksichtigung (Abb. 4.18)

- des negativen Mengeneffekts $(XI - XB) \cdot PB$ und des
- positiven Preiseffekts $(PI - PB) \cdot XI$.

Als Ergebnis lässt sich nunmehr feststellen:

- reiner Mengenrückgang $(XI - XB) \cdot PI$.
- reiner Preisrückgang $(PI - PB) \cdot XI$.
- Preis- und Mengeneffekt $(XB - XI) \cdot (PI - PB)$.

Letzterer wird in der Abweichungsanalyse meistens dem Mengenrückgang zugeordnet, der sich als (XI − XB)·PB errechnet, da der Preiseffekt, wie oben geschildert, häufig zunächst durch XI·(PI − PB) ermittelt wird, bevor eine Untersuchung des Mengeneffekts folgt.

Die Preis- und Mengeneffekte, wie sie hier dargestellt wurden, betreffen grundsätzlich sowohl die positiven Erfolgskomponenten (Umsatz) als auch die negativen Erfolgskomponenten (Kosten). In aller Regel wird die Abweichungsanalyse auf der Grundlage und zur Erläuterung des Betriebsergebnisses vorgenommen, d. h. die neutralen Ergebnisfaktoren sind ergänzend zu betrachten, sofern erforderlich. In erster Linie steht dabei der Deckungsbeitrag einzelner Produkte im Vordergrund, d. h. es geht sowohl um Preisabweichungen auf dem Absatzmarkt als auch um preis- oder mengenbedingte Abweichungen bei den variablen Kosten. Daneben beeinflusst die Absatzmenge einzelner Produkte den Deckungsbeitrag und damit das Betriebsergebnis.

Eine Unternehmung, die mehrere Produkte bzw. Leistungen anbietet, muss im Regelfall davon ausgehen, dass die Deckungsbeiträge der einzelnen Leistungen je Stück oder je Umsatzeinheit unterschiedlich hoch sind. Daher können sich Soll-Ist-Abweichungen auch dann ergeben, wenn sich keinerlei Abweichungen in den Stück-Deckungsbeiträgen der einzelnen Produkte nachweisen lassen und der Umsatz bzw. die Stückzahl insgesamt der Planung entspricht. In diesem Fall sind Strukturabweichungen die Ursache; wenn Produkte mit höheren Deckungsbeiträgen je Stück (bzw. Umsatzeinheit) bei gleicher Stückzahl (bzw. gleichem Umsatz) im Ist stärker (schwächer) vertreten sind als in der Budgetannahme, muss das Ergebnis unter sonst gleichen Bedingungen besser (schlechter) ausfallen als budgetiert. Ähnliche Betrachtungen lassen sich anstellen, wenn eine Unternehmung für ihre Produkte unterschiedliche Vertriebswege bzw. unterschiedliche Verkaufsregionen (Länder) mit unterschiedlichen Deckungsbeiträgen für die jeweiligen Produkte bedient – war zunächst das „Produktmix" angesprochen, geht es dabei um das „Ländermix" bzw. das „Abnehmermix", dessen Soll-Ist-Veränderung auch bei gleicher Produktverteilung zu strukturbedingten Abweichungen führen kann.

Eine weitere Ergebnisdifferenz kann aus Fixkostenveränderungen resultieren. Auf den ersten Blick mag man annehmen, dass Fixkosten grundsätzlich keine Soll-Ist-Abweichungen aufweisen dürften, da sie nach ihrer Definition fix, d. h. nicht veränderbar seien. Diese Auffassung berücksichtigt allerdings nicht die Tatsache, dass es innerhalb der Fixkostenfaktoren geplante und ungeplante Mengenveränderungen und auch Preisabweichungen geben kann. Preisabweichungen entstehen schon dann, wenn die budgetierten Lohn- und Gehaltszuwächse im Ist unter- bzw. überschritten werden; Zinsentwicklungen auf den Finanzmärkten führen in der Regel zu einer Anpassung der kalkulatorischen Zinsen. Als Beispiel für Mengenabweichungen sei angenommen, dass sich etwa der geplante Verkauf einer alten Maschine nicht realisieren lässt oder dass sich das geplante Ausscheiden eines Mitarbeiters über ein Quartal verzögert. Umgekehrt lässt sich möglicherweise der Zugang eines Verwaltungsangestellten oder eines neuen Gebäudes nicht in der geplanten Zeit verwirklichen, sodass die budgetierten Fixkosten unterschritten werden. Diese Überlegungen sind im Übrigen darauf zurückzuführen, das „Fix"kosten stets als ein relativer Begriff anzusehen ist, denn langfristig betrachtet sind alle Fixkosten veränderbar. Im Zusammenhang mit den hier durchzuführenden Analysen geht man davon aus, dass Fixkosten nicht direkt mengenabhängige Kosten darstellen.

Eine Zusammenfassung der Abweichungsursachen könnte, auf der Basis einer Teilkostenbetrachtung, durch folgende Darstellung gegeben werden; dabei ist MEX die Mengeneinheit je Stück, über die eine Aufspaltung der Abweichung bei den variablen Kosten in Preis- und Mengeneffekt möglich ist:

(1)	Produktspezifische Abweichungen (bezogen auf DB I)
(11)	Abweichungen in der Höhe des Deckungsbeitrags $XI \cdot (dbI - dbB)$
(111)	Preisabweichungen beim Umsatz $XI \cdot (PI - PB)$
(112)	Abweichungen bei den variablen Kosten $XI \cdot (kvB - kvI)$
(1121)	Preisabweichungen bei den variablen Einsatzfaktoren $MEXI \cdot (PB - PI)$
(1122)	Verbrauchsabweichungen $(MEXB - MEXI) \cdot PB$
(12)	Absatzmengenabweichung $(XI - XB) \cdot dbB$
(2)	Strukturabweichungen (Aufspaltung der Absatzmengenabweichung) bei Betrachtung des Gesamtvolumens
(21)	Reine Absatzvolumenabweichung $(XI - XB) \cdot DBB:XB$
(22)	Strukturabweichungen
(221)	Produktmix
(222)	Regionen-Mix
(223)	Kundenmix
(3)	Abweichungen bei den Fixkosten (zu den produktspezifischen Abweichungen zu addieren)
(31)	Preisabweichungen
(32)	Mengenabweichungen

4.4.2.2 Produktbezogene Analyse

4.4.2.2.1 Analyse des Beitrags einzelner Produkte

Eine Abweichungsanalyse setzt in aller Regel zunächst bei einer umfassenden Betrachtung des Deckungsbeitrags der Produkte eines Unternehmens und seiner Veränderung zwischen Budget und Ist an; dabei werden drei Basisrechnungen der Abweichungsanalyse angestellt:

1. Preisabweichungen auf dem Absatzmarkt, d. h. Abweichungen, die durch geringere oder höhere Verkaufspreise des betreffenden Produktes entstanden sind; diese werden im Rahmen der ersten Abspaltung berechnet als $XI \cdot (PI - PB)$.
2. Abweichungen beim Einsatz variabler Kosten je Leistungseinheit (kv), wobei dies auf einen geringeren Mengenverbrauch z. B. an Rohstoffen, aber auch auf eine Preissenkung im Faktorbereich zurückgeführt werden kann; die Berechnung erfolgt durch $XI \cdot (kvB - kvI)$. Ein auf Teilkostenbasis durchgeführtes Budget gibt vor, wie hoch der Verbrauch variabler Kosten je Leistungseinheit bzw. Produkt des Unternehmens sein

soll. Sofern sich die Relation zwischen variablen Kosten und Leistungseinheit im Soll-Ist-Vergleich verändert, beeinflusst dies zugleich das Ergebnis des Unternehmens. In dem Zusammenhang ist darauf hinzuweisen, dass sich die Relation zwischen variablen Kosten und der Leistung bei einem Mehrproduktunternehmen für die einzelnen Produkte sehr unterschiedlich entwickeln kann, sodass eine Analyse produktspezifisch durchzuführen ist.

3. Die Volumens- bzw. Absatzmengenabweichung eines Produktes errechnet sich als $(XI - XB) \cdot (PB - kvB)$ bzw. $(XI - XB) \cdot dbB$. Durch Produktion und Absatz der Produkte bzw. Leistungen des Unternehmens erzielt das Unternehmen einen **Deckungsbeitrag** – verstanden als die Differenz zwischen Absatzpreis und variablen Kosten (DB I). Sofern jetzt die Anzahl der Produkte bzw. Leistungen gegenüber dem Budget geringer oder höher ausfällt, muss sich demzufolge auch der Deckungsbeitrag, damit das Ergebnis, höher oder geringer darstellen.

Einen Überblick für den Fall positiver Abweichungen gibt Abb. 4.19, wobei die Abweichungsarten (1) und (2) zum Deckungsbeitrag je Produkt (db) zusammengefasst sind.

Diese auf den ersten Blick einfache und einleuchtende Analyse wird in der Praxis dadurch erschwert, dass sich im Regelfall Mengen- und Preiseffekte vermischen und im Rahmen einer Analyse nicht immer sauber getrennt werden können. Im Übrigen, wie oben schon dargestellt, gibt es sowohl in der Produktion als auch im Absatz die Möglichkeit, dass zwischen Soll und Ist eine andere Mischung der Produkte bzw. Leistungen des Unternehmens entsteht.

Um ein einfaches Beispiel einer Abweichungsanalyse zeigen zu können, die auch diese Struktureffekte einschließt, sei auf das bereits gezeigte Budget einer Mehrproduktunternehmung für 1996 verwiesen (siehe B. II. 3.2). Dabei sollte aus diesem Beispiel nunmehr

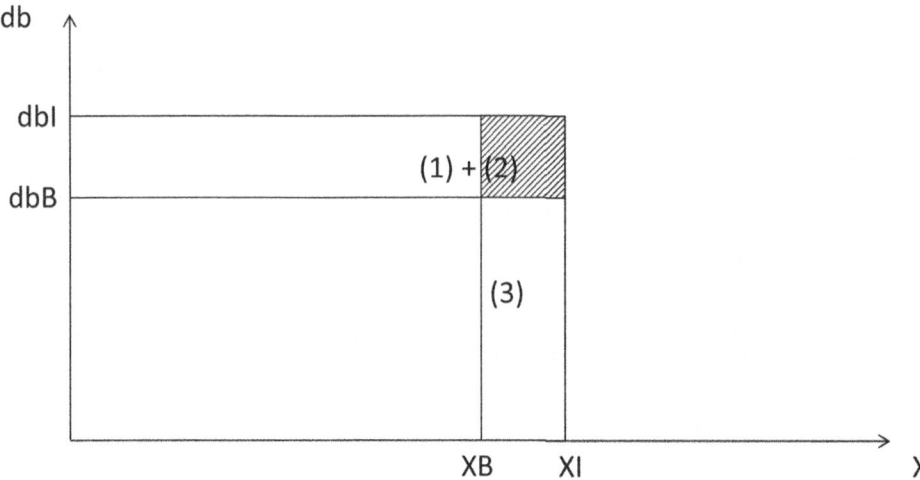

Abb. 4.19 Positive Abweichungen

das Budget des ersten Quartals 1996 herangezogen werden (ein Viertel des Jahresbudgets für alle Kosten- und Erlöswerte); somit wird angenommen, dass dem Controlling noch genügend Zeit verbleibt, im Falle signifikanter Abweichungen auf die Zielerreichung der betreffenden Rechenperiode einzuwirken. Es wird ferner die in Abb. 4.20 dargestellte Ist-Erfolgsrechnung für das erste Quartal 1996 unterstellt (in Klammern ist der Budgetansatz für das erste Quartal 1996 angegeben).

Produkt	A	B	C	D	E	Summe
Stück	12,000	11,500	17,000	7,900	5,500	53,900
	(10.000	12,000	15,000	8,000	6,000	51.000)
Preis	7.90	9.20	6.85	10,-	14.80	
	(8,-	9,-	7,-	10,-	15,-)	
Umsatz	94,800	105,800	116,450	79,000	81,400	477,450
	(80.000	108,000	105,000	80,000	90,000	463.000)
kv	5.25	5.30	4.50	6.90	10.50	
	(5,30	5.20	4.50	6.80	10,20)	
DB/St.	2.65	3.90	2.35	3.10	4.30	
	(2,70	3.80	2.50	3.20	4,80)	
DB I	31,800	44,850	39,950	24,490	23,650	164,740
	(27.000	45,600	37,500	25,600	28,800	164.500)
KF/Prod.	8,100	14,800	20,000	10,000	13,100	66,000
	(8.000	15,000	20,000	10,000	13,000	66.000)
DB II	23,700	30,050	19,950	14,490	10,550	98,740
	(19.000	30,600	17,500	15,600	15,800	98.500)

KF je Produktgruppe I:	40,500	II:	19,900	60,400
	(40.000)		(20.000)	(60.000)

DB III	33,200	5,140	38,340
	(27.100)	(11.400)	(38.500)

KF für die Unternehmenszentrale	21,000
	(20.900)

Betriebsergebnis	17,340
	(17.600)

Abb. 4.20 Beispiel Abweichungsanalyse

Im Vergleich zum Budgetansatz ist das realisierte Betriebsergebnis des ersten Quartals 1996 um 260 € geringer, die Summe der Deckungsbeiträge hingegen liegt insgesamt um 240 € über dem Planwert – ein erstes Ergebnis besagt demnach, dass die nicht volumenabhängigen Kosten (Fixkosten) um 500 € höher anfielen als budgetiert. Dies zeigen die Tab. 4.5 und 4.6 noch etwas genauer:

Die Hauptabweichung resultiert also aus den Fixkosten der Produktgruppe I; die dafür maßgeblichen Ursachen wären gegebenenfalls genauer zu untersuchen (vor allem dann, wenn man von Mio. € anstelle von € ausgeht).

In der Summe weicht der DB I kaum von der Budgetvorgabe ab; dennoch wird die Abweichungsanalyse zeigen, dass einige gegenläufige Effekte zu diesem Ergebnis führten. Bei dieser Darstellung wird grundsätzlich die Ergebniswirkung der Effekte herausgestellt – positive Abweichungen des Deckungsbeitrags erhalten ein „+", negative Abweichungen ein „–" als Vorzeichen.

(1) Preisabweichungen auf dem Absatzmarkt

Bei dieser Analyse wird dem Ist-Umsatz $(XI \cdot PI)$ der Soll-Umsatz $(XI \cdot PB)$ gegenübergestellt; damit lässt sich die Abweichung als Differenz zwischen den bei der realisierten Menge tatsächlich erzielten und den budgetierten Preisen wie in Tab. 4.7 gezeigt darstellen.

Tab. 4.5 Produktspezifische Fixkosten (1)

	Produktspezifische Fixkosten					
	A	B	C	D	E	Summe
Soll	8000	15.000	20.000	10.000	13.000	66.000
Ist	8100	14.800	20.000	10.000	13.100	66.000
Diff.	+100	−200	–	–	+100	–

Tab. 4.6 Produktspezifische Fixkosten (2)

	KF der Produktgruppen			
	I	II	KF Zentrale	Summe
Soll	40.000	20.000	20.900	80.900
Ist	40.500	19.900	21.000	81.400
Diff.	+500	−100	+100	+500

Tab. 4.7 Preisabweichungen auf dem Absatzmarkt

Produkte	A	B	C	D	E	Summe
XI×PI	94.800	105.800	116.450	79.000	81.400	477.450
XI×PB	96.000	103.500	119.000	79.000	82.500	480.000
DB − Abw.	−1200	+2300	−2550	–	−1100	−2550
Produkte	A	B	C	D	E	Summe

Insgesamt führten die Preisveränderungen auf dem Absatzmarkt also zu einer Ergebnisverschlechterung gegenüber dem Budgetansatz; der Soll-Umsatz zeigt an, welches Umsatzvolumen das Unternehmen ohne Preisveränderungen hätte erzielen können (unter der Annahme, dass nicht Preissenkungen die Absatzsteigerung bewirkten).

(2) Abweichungen bei den variablen Kosten

Die Abweichungen im „Verbrauch" variabler Kosten werden ermittelt durch die Differenz zwischen variablen Ist-Selbstkosten ($XI \cdot kvI$) und den variablen Soll-Selbstkosten ($XI \cdot kvB$) (Tab. 4.8).

Auch bei den variablen Kosten hat sich somit ein negativer Ergebniseffekt ergeben, denn der Kostenansatz im Budget war, bezogen auf die Leistungseinheit, geringer als der tatsächliche Kostenanfall. Dabei wurde zunächst nicht untersucht, im welchem Ausmaß dies auf Preissteigerungen der Beschaffungsmärkte zurückzuführen ist, und in welchem Umfang ein quantitativer Mehrverbrauch an Einsatzfaktoren ursächlich war (z. B. höherer Ausschuss bei der Produktion). Eine derartige Analyse lässt sich an dieser Stelle anschließen, wenn man entweder Informationen über die Höhe der Preissteigerungsrate bei den Kostengütern besitzt oder aber den Verbrauch der variablen Kosten nicht nur wert-, sondern auch mengenmäßig nachvollziehen kann. Dies soll beispielhaft für die Produkte A und B demonstriert werden, wobei vereinfachend die variablen Kostengüter (Material, Energie, Lohnstunden, Vorleistungen etc.) zu Mengeneinheiten (ME) bzw. Mengeneinheiten je Stück (MEX) zusammengefasst werden (Tab. 4.9).

Tab. 4.8 Abweichungen bei den variablen Kosten

Produkte	A	B	C	D	E	Summe
XI×kvB	63.600	59.800	76.500	53.720	56.100	309.720
XI×kvI	63.000	60.950	76.500	54.510	57.750	312.710
DB – Abw.	+600	–1150	–	–790	–1650	–2990
Produkte	A	B	C	D	E	Summe

Tab. 4.9 Negativer Ergebniseffekt bei den variablen Kosten

Produkt	A		B	
	Budget	Ist	Budget	Ist
Stückzahl	10.000	12.000	12.000	11.500
ME-Verbrauch	20.000	23.500	14.000	13.500
MEX	2	1,958	1,167	1,174
ME in EUR	2,65		4,456	
(kv : MEX)				
Abweichung	–0,042		+0,007	
(MEX)				
Gesamtabw.	504		80,5	
(Abw. MEX×XI)				
DB-Effekt	504×2,65=+1335,6		80,5×4,456=–358,7	

Danach lässt sich die gesamte Abweichung im Bereich der variablen Kosten für die
Produkte A und B wie in Tab. 4.10 gezeigt aufgliedern.

Die Preise der Kostengüter sind demnach für beide Produkte gegenüber dem Budgetansatz gestiegen; beim Verbrauch konnte dieses im Falle von Produkt A überkompensiert
werden, während bei Produkt B ein Mehrverbrauch an Einsatzfaktoren den negativen Ergebniseffekt verstärkte.

Dieses fiktive Beispiel unterstellt einen proportionalen Verlauf der variablen Kosten,
d. h. grundsätzlich geht man bei den Kostenfunktionen von Geraden aus. Die produktbezogene Abweichungsanalyse des ersten Quartals deutet allerdings an, dass man offenbar
von einem tendenziell degressiven Verlauf der Kostenkurven ausgehen müsste, zumindest
in dem hier relevanten Bereich: Für Produkte mit einer höheren Beschäftigung (A und C)
gelingt es, die Kostensteigerungen bei den Einsatzfaktoren durch einen geringeren Verbrauch mindestens zu kompensieren, während die mengenmäßig rückläufigen Produkte
(B, D und E) offenbar im Vergleich zum Budgetansatz einen höheren Kostenverbrauch je
Leistungseinheit aufweisen.

(3) Absatzmengenabweichungen

Da die Abweichungen des wertmäßigen Deckungsbeitrags über die Preisabweichungen
sowie den Verbrauch an variablen Kosten bereits erfasst wurden, ist hier der reine Mengeneffekt zu ermitteln, d. h. die Differenz zu bilden zwischen dem Soll-Deckungsbeitrag
($XI \cdot dbB$) und dem Plan-Deckungsbeitrag ($XB \cdot dbB$) (Tab. 4.11).

Durch den höheren Absatz an Produkten ließ sich insgesamt eine positive Absatzmengenabweichung erzielen, dies ist insbesondere auf die Produkte A und C zurückzuführen.

Eine Zusammenfassung der drei genannten Abweichungsursachen zeigt, welche Auswirkungen dabei auf die einzelnen Produkte insgesamt entfallen (Tab. 4.12).

Für Produkt A konnte bei leichtem Preisrückgang eine kräftige Absatzsteigerung erzielt werden, sodass per Saldo ein ggü. Budget wesentlich höherer Deckungsbeitrag erwirtschaftet wurde. Hierzu trug auch der Rückgang der variablen Kosten je Stück bei, der

Tab. 4.10 Gesamtabweichung
im Bereich der variablen Kosten

Produkte	A	B
Verbrauchsabweichung	+ 1335,6	− 358,7
Preisabweichung	− 735,6	− 791,3
Gesamte KV-Abweichung	+ 600	− 1150

Tab. 4.11 Absatzmengenabweichungen

Produkt	A	B	C	D	E	Summe
XI × dbB	32.400	43.700	42.500	25.280	26.400	170.280
XB × dbB	27.000	45.600	37.500	25.600	28.800	164.500
DB − Abw.	+ 5400	− 1900	+ 5000	− 320	− 2400	+ 5780

Tab. 4.12 Zusammenfassung der drei Abweichungsursachen

Produkt	A	B	C	D	E	Summe
Preisabw.	− 1200	+ 2300	− 2550	–	− 1100	− 2550
KV-Abw.	+ 600	− 1150	–	− 790	− 1650	− 2990
Mengenabw.	+ 5400	− 1900	+ 5000	− 320	− 2400	+ 5780
Summe	+ 4800	− 750	+ 2450	− 1110	− 5150	+ 240

Tab. 4.13 Ist-Rechnung

Produkt	A	B	C	D	E	Summe
Umsatz	94.800	105.800	116.450	79.000	81.000	477.450
KF	25.436	32.137	37.337	24.695	27.795	147.400
DB I	31.800	44.850	39.950	24.490	23.650	164.740
DBU	0,3354	0,4239	0,3431	0,31	0,2905	0,3450
BEP/U	75.838	75.813	108.823	79.662	94.221	427.247
SU in %	20,0	28,3	6,5	− 0,8	− 15,8	10,5
BE	+ 6364	+ 12.713	+ 2613	− 205	− 4145	+ 17.340

allein auf einen mengenmäßig geringeren Verbrauch zurückzuführen ist; offenbar konnte bei größerer Stückzahl wirtschaftlicher produziert werden.

Produkt B wurde im Preis etwas höher angesetzt, sodass der Absatzrückgang im Vergleich zum Budget kompensiert wurde. Allerdings stiegen die variablen Kosten je Leistungseinheit sowohl mengen- als auch wertmäßig an und verursachten damit einen ggü. Budget geringeren Deckungsbeitrag dieses Produktes.

Für Produkt C konnte bei geringeren Preisen eine wesentliche Verbesserung des Absatzes erreicht werden, sodass sich die erzielten Deckungsbeiträge insgesamt erhöhen ließen. Der Ansatz variabler Kosten je Leistungseinheit blieb unverändert.

Produkt D verfehlte den Budgetansatz bei planmäßigen Verkaufspreisen sowohl mengenmäßig als auch im Verbrauch der variablen Kosten je Leistungseinheit.

Die stärkste Negativabweichung ergab sich bei Produkt E; trotz einer Absenkung des Verkaufspreises ging der Absatz beträchtlich zurück. Der gleichzeitige Mehrverbrauch variabler Kosten je Stück gegenüber dem Budgetansatz zwingt zu einer intensiveren Untersuchung sowohl des Produktionsbereichs als auch der Marktposition dieses Produktes.

In der Summe hat sich der Deckungsbeitrag I gegenüber dem Budgetansatz kaum verändert; die Ist-Beiträge der einzelnen Produkte variieren jedoch beträchtlich im Vergleich zur Planung. Es wäre daher interessant, Veränderungen des Deckungsbeitrags je Umsatzeinheit und des BEP/U ggü. dem Budgetansatz zu untersuchen. Die **Fixkostenveränderungen** werden, sofern es sich nicht um produktspezifische KF handelt, auf die jeweils betroffenen Produkte gleichmäßig verteilt. Damit ergibt sich die in Tab. 4.13 dargestellte Ist-Rechnung.

Diese Vollkosten-Betrachtung zeigt, dass die Produkte D und E im ersten Quartal negative Betriebsergebnisse aufweisen; die wegen des Fixkostenanstiegs höheren BEP's wurden, insbesondere im Falle E, deutlich unterschritten, weil im ersten Quartal zudem rückläufige Umsätze zu verzeichnen waren.

Tab. 4.14 Abweichungen im Rahmen der Teilkostenbetrachtung

Produkt	A	B	C	D	E
UB	80.000	108.000	105.000	80.000	90.000
UI	94.800	105.800	116.450	79.000	81.400
Diff.	+14.800	−2200	+11.450	−1000	−8600
DBU/B	0,3375	0,4222	0,3571	0,32	0,32
DBU/I	0,3354	0,4239	0,3431	0,31	0,2905
Diff.	−0,0021	+0,0017	−0,014	−0,01	−0,0295
BEP/UB	74.519	76.149	104.033	77.266	86.641
BEP/UI	75.838	75.813	108.823	79.662	94.221
Diff.	+1319	−336	+4790	+2396	+7580
SUB in %	6,9	29,5	0,9	3,4	3,7
SUI in %	20,0	28,3	6,5	−0,8	−15,8
Diff.	+13,1	−1,2	+5,4	−4,2	−19,5

Die Ergebnisse der obigen Teilkostenbetrachtung werden somit auch hier bestätigt, zumal die Fixkostenabweichungen die Produktergebnisse kaum tangieren. Im Vergleich zum Budgetansatz sind im Einzelnen die in Tab. 4.14 gezeigten Abweichungen darzustellen.

Diese Analyse muss vor allem ausgewertet werden im Hinblick auf die weitere Entwicklung der folgenden drei Quartale des laufenden Jahres und evtl. die Planung weiterer Perioden; so ist u. a. zu prüfen, ob die Einflüsse, die diese Abweichungen bewirkt haben, einmaliger, vorübergehender Natur sind, oder ob sie einen Trend ausdrücken, der operative und ggf. strategische Konsequenzen bei einzelnen Produkten nach sich ziehen muss.

4.4.2.2.2 Analyse der Produktstruktur

Die oben dargestellte Absatzmengenabweichung des ersten Quartals lässt sich noch einmal differenzieren in:

- die „reine" **Volumenabweichung**, bei der von einer im Ist ggü. Budget unveränderten Absatzstruktur ausgegangen wird, und
- die **Absatzstrukturabweichung**, die auf eine unterschiedliche Verteilung der Produkte am Ist-Absatz ggü.r dem Budget-Absatz zurückzuführen ist, da die Produkte unterschiedliche Stück-Deckungsbeiträge aufweisen.

(1) Absatzvolumenabweichung

Die reine Absatzvolumenabweichung ergibt sich durch Multiplikation der gesamten Mengenabweichung aller Produkte mit dem durchschnittlichen Deckungsbeitrag je Stück im Budgetansatz; dabei ist die Mengenabweichung aller Produkte

$$XIges - XBges \text{ und}$$

der durchschnittliche Deckungsbeitrag je Stück

$$DBBges : XBges = dbB \text{ im Durchschnitt.}$$

Der durchschnittliche Deckungsbeitrag im Budgetansatz des Beispiels beträgt

$$164.500 : 51.000 = 3,22549,$$

die gesamte Mengenabweichung

$$53.900 - 51.000 = +2900$$

Danach lässt sich die reine Absatzvolumenabweichung bestimmen als

$$+2900 \cdot 3,22549 = +9354.$$

Die Differenz zwischen diesem Wert der reinen Absatzvolumenabweichung und der oben ermittelten undifferenzierten Absatzmengenabweichung ($+5780$) ist als Struktureffekt erklärbar, der in diesem Fall -3574 beträgt.

(2) Absatzstrukturabweichung

Rechnerisch lässt sich dieser Struktureffekt belegen durch die Ermittlung der Summe aus den Ist-Mengen der einzelnen Produkte multipliziert mit dem budgetierten Deckungsbeitrag je Produkt abzüglich der gesamten Ist-Menge multipliziert mit dem budgetierten durchschnittlichen Deckungsbeitrag (Tab. 4.15).

Die Strukturabweichung i. H. v. -3574 wurde bereits oben als Differenz zwischen der gesamten Absatzmengenabweichung und der reinen Volumenabweichung ermittelt. Diese Abweichung sagt aus, dass im Ist Produkte mit geringeren Stück-Deckungsbeiträgen stärker (A und C), Produkte mit höheren Stück-Deckungsbeiträgen geringer vertreten waren (D und E) als im Budgetansatz. Dies findet ebenfalls Berücksichtigung bei der Entwicklung der Gewinnschwelle, hier bezogen auf die Produktzahl (BEP/X), wobei sich der Effekt eines geringeren DB je Stück (Ist im Vergleich zum Soll) noch stärker auswirkte als der Struktureffekt (Soll im Vergleich zum Budget) (Tab. 4.16).

Tab. 4.15 Struktureffekt

Produkt	A	B	C	D	E	Summe
XI	12.000	11.500	17.000	7900	5500	53.900
dbB	2,70	3,80	2,50	3,20	4,80	
Soll-DB	32.400	43.700	42.500	25.280	26.400	170.280
DB bei XI und Budget-Struktur: $-53.900 \times 3,22549 = -173.854$.						
Damit errechnet sich die Strukturabweichung als -3574.						

Tab. 4.16 Entwicklung der Gewinnschwelle

	Budget	Soll	Ist
	$XB \times dbB$	$XI \times dbB$	$XI \times dbI$
DB I	164.500	170.280	164.700
DBX	3,2255	3,1592	3,0557
BEP/X	45.544	46.658	48.238

Eine Break-even-Analyse auf der Basis der im Ist vorliegenden Umsatzstruktur führt zu einer Umsatzgewinnschwelle von 427.247; ggü. dem Budgetwert von 413.454 hat diese Größe also ebenfalls zugenommen. Der Anstieg des BEP ist dabei allerdings nicht auf die veränderte Produktstruktur zurückzuführen, denn die im Ist stärker vertretenen Produkte A und C weisen ggü. den rückläufigen Produkten D und E einen höheren DBU auf – der BEP/Soll ist sogar niedriger als der BEP/Budget. Vielmehr sind hier allein die bereits dargestellten, überwiegend schlechteren Deckungsbeiträge je Umsatzeinheit bei den fünf Produkten ursächlich für den angestiegenen BEP/U. Dies wird aus der Darstellung in Tab. 4.17 ersichtlich.

4.4.2.2.3 Funktionsbezogene Analyse

Die Aufgaben des Controllings sind in erster Linie funktionsübergreifend angelegt; bei einer Dezentralisierung denkt man daher im Regelfall an das Controlling der ergebnisverantwortlichen Unternehmensbereiche, der sog. **Profit-Center**, die sich als „Unternehmen im Unternehmen" steuern lassen. Dennoch hat auch das **funktionsbezogene Controlling** seinen Stellenwert – zum einen, um durch funktionsspezifische Untersuchungen Ursachen für Ergebnisabweichungen aufdecken zu können, zum anderen bei solchen Unternehmen, die primär nach dem Verrichtungskriterium organisiert sind. Funktionsbereichsleiter sind dort direkt unterhalb der Unternehmensleitung angesiedelt und spielen somit im Prozess der Unternehmensführung eine wesentliche Rolle, die auch das Controlling zu beachten hat.

1. Materialwirtschaft

Ansatzpunkte für Aktivitäten des Controllers im Bereich der materialwirtschaftlichen Funktion ergeben sich z. B. bei gegenüber dem Budgetansatz

- möglichen Preisabweichungen bei Beschaffungsgütern,
- zu hohen Lagerbeständen,
- Produktionsverzögerungen wegen falscher, verspäteter oder qualitativ unzureichender Materialien,
- zu hohen Kosten im Transportwesen sowie
- höheren Gemeinkosten in diesem Funktionsbereich.

Eine Ursachenforschung bei Änderungen der Beschaffungspreise würde zunächst zu der Frage führen, ob es sich um allgemeine oder lieferantenspezifische Preissteigerungen handelt. Im ersten Fall wäre eine unmittelbare Änderung der Situation kaum zu realisieren,

Tab. 4.17 Ansteigender BEP/U

	Budget	Soll	Ist
	(UB×DBU/B)	(UI×DBU/B)	(UI×BDU/I
DB I	164.500	170.280	164.700
DBU	0,3553	0,3566	0,3450
BEP/U	413.454	413.297	427.247

man müsste also die höheren Preise als „externe Störgrößen" für den weiteren Verlauf des Geschäftsjahres und weitere Planperioden einkalkulieren. Haben jedoch nur einzelne Lieferanten Preiserhöhungen durchgeführt, so wird der Einkauf eventuell mit einem Wechsel der Bezugsquellen reagieren und die Preissteigerungen können als vorübergehende Erscheinung gesehen werden. Im Rahmen des „Beschaffungsmarketing" ist im Übrigen ständig nach Verbesserungen in den Beschaffungskonditionen zu suchen, insbesondere durch das Einholen von Angeboten bei „Newcomern".

Die Ursachen erhöhter Lagerbestände können eine geringere Beschäftigung sein, die erst mit einer gewissen Verzögerung von der Beschaffung erkannt wurde – hier wäre ggf. die Informationsweitergabe kritisch zu betrachten – oder aber ggü. der Planung höhere Bestellungen. Dabei wäre zu hinterfragen, ob dies auf eine zielgerichtete Beschaffungspolitik zurückzuführen ist (Preisnachlässe) oder ob andere Ursachen maßgeblich waren. Die beiden genannten Faktoren würden es nahelegen, die höheren Lagerbestände als eine vorübergehende Erscheinung anzusehen; eine andere Beurteilung wäre notwendig, wenn die Informationsweitergabe bei Bedarf und Lieferung zu überflüssiger Lagerzeit geführt oder wenn die Materialwirtschaft die Sicherheitsbestände gegenüber Budgetansatz erhöht hätte. In diesen genannten Fällen wäre nicht mit einer umgehenden Verbesserung zu rechnen; eventuell müssten strategische Überlegungen angestellt werden.

Wenn falsche, verspätete oder qualitativ unzureichende Materialien Ursache für Produktionsverzögerungen waren, müsste das Controlling die relevanten Fälle ggf. individuell untersuchen, um gemeinsam mit dem Funktionsverantwortlichen eine Lagebeurteilung vorzunehmen, und nach Verbesserungsmöglichkeiten suchen – unternehmensintern oder -extern bei betreffenden Lieferanten.

Bei erhöhten Kosten für Transporte gelten ähnliche Überlegungen wie im Rahmen der Materialien – es ist zunächst zu prüfen, ob es sich um einmalige oder längerfristige Kostensteigerungen handelt, ob alle oder nur einzelne Transportmöglichkeiten davon betroffen sind. Erst danach kann eine Abschätzung der Folgewirkungen erfolgen und sind mögliche Gegensteuerungsmaßnahmen einzuleiten.

Abweichungen im Bereich der Gemeinkosten sind nach Mengen- und Preiseffekten zu differenzieren, um daran anschließend gezielt den Ursachen nachgehen zu können. Ferner müsste im Einzelfall geprüft werden, welche Kostenarten betroffen sind – Personal-, Kapital- oder allgemeine Verwaltungskosten.

2. Leistungserstellung

Ansatzpunkt für ein Controlling im Bereich der Leistungserstellung ist der operative Produktionsplan, wie er in das Budget des betreffenden Geschäftsjahres eingeflossen ist (vergl. B. I. 2.); es basiert auf Soll-Ist-Vergleichen bei

- Kosten (Einzel- und Gemeinkosten werden von „Kosten-Controlling" erfasst),
- Leistungsmenge in der betreffenden Periode,
- Produktivität (Leistungsmenge je Arbeits- oder Maschinenstunde) und
- Qualität der Leistungserstellung.

Abweichungen bei den Einzelkosten sind im Regelfall nur dann von der Produktionsleitung zu verantworten, wenn es sich um Mengenabweichungen handelt. Dabei ist sowohl an einen höheren Verbrauch des Einsatzmaterials und der Vorleistungen wie an einen höheren Zeitaufwand beim Einsatz von Arbeitskräften und Maschinen zu denken. Beides kann eine Rolle spielen, wenn die betreffenden Prozesse neu sind, noch keine Erfahrungen vorliegen, die geplanten Abläufe nicht bzw. nicht sofort realisierbar sind oder wenn die Prozesse nach längerer Pause wieder aufgenommen werden. Beides ist der Kategorie „Anlaufschwierigkeiten" zuzuordnen, die üblicherweise nur vorübergehend auftreten. Allerdings ist bei der Kostenplanung neu eingeführter Prozesse auch ein struktureller Fehler nicht auszuschließen, der zu einer Neueinschätzung der Produktionskosten zwingen würde.

Gemeinkostenabweichungen im Bereich der Leistungserstellung sind wie in allen übrigen Funktionen häufig auf Fehleinschätzungen des Mengenverbrauchs bzw. der anzusetzenden Preise – oder auf Fehler im Durchführungsprozess zurückzuführen (bei Personal- wie Sachkosten). Eine vor allem im Produktionsbereich auftretende Ursache ist allerdings in Rückwirkungen aus einer gegenüber der Planung abweichenden Beschäftigung zu sehen: Nicht reduzierbare Lohnstunden, die bei schlechterer Beschäftigung nicht als Einzelkosten bestimmten Fertigungsaufträgen zugeordnet werden können, bewirken zwangsläufig einen Anstieg der Gemeinkosten. An diesem Beispiel wird die unterschiedliche Betrachtungsweise einer Kostendifferenzierung in Einzel- und Gemeinkosten einerseits bzw. in fixe und variable Kosten andererseits sehr deutlich – Einzelkosten sind keinesfalls immer zugleich variable Kosten einer Planperiode. Ähnliches gilt auch für die Möglichkeit einer Verrechnung von Maschinenstundensätzen – eine gegenüber Budgetansatz geringere Beschäftigung führt zwangsläufig zu einer geringeren Deckungsmöglichkeit der Fixkosten im Bereich der maschinellen Anlagen.

Im Rechnungswesen einer Fertigungsstelle werden im Regelfall die erwarteten Gemeinkosten durch einen prozentualen Zuschlag auf die budgetierte Menge an Bezugsgrößen verrechnet; hierfür kommen Material, Fertigungsstunden und gegebenenfalls Maschinenstunden in Betracht. Mit diesen Zuschlägen kalkuliert man die jeweiligen Fertigungsaufträge, sodass im Rahmen einer Nachkalkulation die entsprechenden „**Auftragsergebnisse**" zeigen, ob die kalkulierten Faktormengen eingehalten wurden. Negative Auftragsergebnisse sind demnach ein Zeichen für Produktionsfehler (Ausschuss etc.). Geht jedoch in der betreffenden Periode die Beschäftigung zurück, so betrifft dies das sog. „**Deckungsergebnis**" (Differenz zwischen angefallenen und verrechneten Gemeinkosten) gleich in doppelter Weise:

- Einerseits fallen budgetierte Bezugsgrößen aus, sodass die kalkulierten „Zuschläge" sich im Ist als zu gering herausstellen,
- andererseits führt die fehlende Beschäftigung dazu, dass als Einzelkosten vorgesehene Löhne mangels Beschäftigung das Volumen der Gemeinkosten erhöhen.

Beschäftigungsabweichungen tangieren grundsätzlich sowohl die Kapazitäts-, die Programm- und die Ablaufplanung. Produktionscontrolling muss daher darauf gerichtet sein, im Falle von marktbedingten Planabweichungen rechtzeitig Änderungen in der Produktionsplanung anzustoßen, damit das Unternehmen (z. B. bei geringerer Beschäftigung)

- keine Aushilfskräfte mehr einstellt und keine Lohnaufträge mehr vergibt,
- die situationsbedingt optimalen Losgrößen neu berechnet,
- ostenungünstige Aggregate nicht in die Maschinenbelegung einbezieht,
- Möglichkeiten einer kurzfristigen Erhöhung der Fertigwarenläger einer Produktionsdrosselung gegenüberstellt,
- die Planung der Auftragsreihenfolgen überarbeitet sowie
- gegebenenfalls die Möglichkeiten der Kurzarbeit ins Auge fasst.

Die Handlungsalternativen im Falle einer Beschäftigungsveränderung im Dienstleistungssektor sind im Regelfall geringer und weniger effizient einzuschätzen als im produzierenden Gewerbe, denn häufig ist nur ein Bruchteil der Kosten beschäftigungsabhängig. Daraus folgt zwangsläufig, dass ein Nachfragerückgang unmittelbar Leerkosten verursacht – die über Personal- und Sachkapazität bereitgestellte Leistungsbereitschaft wird nicht genutzt. Das Ausweichen auf eine Vorratsproduktion zur Überbrückung einer „Durststrecke" auf dem Absatzmarkt ist wegen der Stofflosigkeit der meisten Dienstleistungen nicht möglich – wie auf der anderen Seite bei kurzfristiger Nachfragesteigerung nicht auf vorhandene Vorräte zurückgegriffen werden kann.

Die Produktivität hängt, bei konstantem Faktorpotenzial, ausschließlich von der erstellten Leistungsmenge ab. Als Variable kommt insbesondere die Leistungsintensität (Variation der Stückzahl pro Zeiteinheit) in Betracht, wobei eine Nutzung dieses Faktors entsprechende technische Möglichkeiten und Nachfrage vom Absatzmarkt voraussetzt. Ein Intensitätsrückgang ggü. der Planung wäre jedenfalls dann ein Grund für Controlling-Untersuchungen, wenn kein Nachfragerückgang vorliegt. Die Umsetzung strategischer Maßnahmen im Produktionssektor, z. B. der Einsatz leistungsfähigerer Fertigungsanlagen, muss sich auch im operativen Plan niederschlagen, sodass das Fertigungsbudget häufig Annahmen über die erwartete Produktivität enthält, die es erst noch in der Praxis zu bestätigen gilt. Dies wäre ein typisches Beispiel für eine Schnittstelle zwischen dem strategischen und dem operativen Controlling, ggf. ergänzt durch ein spezielles Projektcontrolling.

Für die Qualität der Leistungserstellung gibt es zwei vorrangig zu beachtende Indikatoren – die Höhe des Ausschusses und die Zahl der Reklamationen von Kunden. Zum Controlling im Produktionsbereich gehört es daher, diese Daten im Zeitablauf zu verfolgen und im Falle von Negativabweichungen gezielte Ursachenforschung zu betreiben.

3. Absatz

Ansatzpunkte für das operative Absatz- oder Marketing-Controlling ergeben sich aus den Absatz- bzw. Umsatzbudgets der Vertriebsabteilungen eines Unternehmens. Der Soll-Ist-Vergleich wird dabei produkt-, kunden-, regionen- oder auch abteilungsbezogen durchgeführt und ausgewertet. Hinzu kommt die Erfolgskontrolle bei speziellen Marketing-

Maßnahmen, aus der sich wiederum Erkenntnisse für den weiteren Einsatz der Instrumente ableiten lassen.

Die Budgetplanung des Absatzbereichs darf keinesfalls als ein starres Jahresbudget angelegt sein, denn kurzfristige Änderungen im Verhalten der Nachfrager und Konkurrenten erfordern, insbesondere bei Konsum- und Modeartikeln, häufig eine sehr rasche Reaktion. Der Einsatz des Marketing-Mix muss zwar in ein Absatz-Budget einfließen, aber zugleich flexibel in der Gestaltung (eventuell sogar im Volumen) bleiben, weil sonst die Gefahr besteht, dass die Unternehmung ggü. der „schnelleren Konkurrenz" ins Hintertreffen gerät. Damit im Marketing zum richtigen Zeitpunkt eventuell notwendige Gegensteuerungsmaßnahmen getroffen werden können, ist vor allem eine zeitnahe Informationssammlung und -aufbereitung erforderlich (z. B. hinsichtlich Auftragseingang, Umsatz, eigene Marktanteile und diejenigen der Konkurrenz, Kunden- und Artikel-Deckungsbeiträge).

Im Falle einer auf den Markt ausgerichteten Organisation, z. B. durch als Profit-Center geführte Divisionen, werden sehr viele Aufgaben des Marketing-Controllings in diesen Bereichen angesiedelt sein. Die Ergebnisverantwortung hat in der Regel zur Folge, dass sich diese Bereiche selbst sehr intensiv um eine Realisierung der Ergebnis- und damit auch der Absatzziele bemühen. Dies schließt nicht aus, dass auch der zentrale Controlling-Bereich tätig wird, wenn sich bei Abweichungsanalysen etwa ein erheblicher Absatzmengenrückgang des betreffenden Teilbereichs ergeben hat.

4. Verwaltung

Die Aufgaben des Verwaltungsbereichs einer Unternehmung (z. B. Finanz- und Rechnungswesen, Personalwesen, Revision, Organisation, Hausverwaltung und allgemeine Hilfsdienste) verursachen überwiegend periodenfixe Kosten; beschäftigungsabhängig fallen zwar durchaus einzelne Leistungen in größerer oder geringerer Zahl an, ohne dass hierdurch aber wesentliche Einflüsse auf die Kostenentstehung gegeben wären. Controlling im Bereich der Verwaltungsabteilungen ist daher überwiegend „Kosten-Controlling", d. h. es geht darum, die Einhaltung des budgetierten Verbrauchs an Kostengütern zu überwachen. Die bereits im Zusammenhang mit der Budgeterstellung aufgeworfene Frage nach der Notwendigkeit bestimmter Kosten im Rahmen des Leistungsprozesses einer Unternehmung ist systematisch nur im Wege spezifischer Verfahren zu beantworten (z. B. Zero-Base-Budgeting, Prozesskostenrechnung oder Gemeinkosten-Wertanalyse). Immerhin könnte das Controlling im Falle der Kostenüberschreitung (Ist gegenüber Budget) Ansatzpunkte für eine Begründung untersuchen, z. B. eine ggü. der Budgetannahme gestiegene Aufgabenvielfalt oder auch eine fehlerhafte Soll-Vorgabe – wenn etwa aus übertriebenem Ehrgeiz des Verantwortlichen bzw. durch Anweisung „von oben" ein nicht realisierbarer Kostenansatz budgetiert wurde.

4.4.2.3 Regionenbezogene Analysen

Die Notwendigkeit eines regional differenzierenden Controllings wurde im Bereich der Absatzfunktion bereits angedeutet. Geht es dabei lediglich um den Soll-Ist-Vergleich bei der Umsatzzielsetzung, differenziert nach verschiedenen Bundesländern, so beschränkt sich die regionale Analyse möglicherweise auf die Absatzfunktion.

Sehr viel weitreichender erscheint die regional gegliederte Analyse im Falle eines international tätigen Unternehmens. Die rechtlich selbstständigen Firmen in den unterschiedlichen Staaten stellen im Regelfall **Profit-Center** dar, d. h. sie sind der Unternehmensleitung gegenüber für die Erreichung des budgetierten Ergebnisses verantwortlich. Daher ist zunächst ein Controlling der betreffenden Unternehmenseinheit innerhalb der jeweiligen regionalen Zuständigkeit durchzuführen; damit werden die jeweils regionalen Faktoren für eine mögliche Abweichung sichtbar gemacht mit der Folge, dass spezifische Gegensteuerungsmaßnahmen einzuleiten sind.

Aus Sicht der Konzernleitung ist jedoch nicht nur der jeweils individuelle Soll-Ist-Vergleich von Interesse, sondern auch die Gesamtbetrachtung aller Subsysteme der Unternehmung. Dabei steht die Frage im Vordergrund, zu welcher Gesamtbeurteilung sich positive und negative Abweichungen der Subsysteme zusammenfassen lassen. Ein Vergleich der Gesamtabweichungen innerhalb der verschiedenen Regionalzentren ist aber nur der Ausgangspunkt einer weiteren Analyse. So könnte man durch eine Verknüpfung der Regionen- und der Produktbetrachtung im Rahmen einer Produkt-Regionen-Matrix erkennen, ob sich die Produkte in den verschiedenen Ländern einheitlich oder sehr verschieden entwickelt haben; dabei wird jeweils der Budgetansatz (B) mit dem erreichten Wert (I) verglichen (Tab. 4.18).

Diese Betrachtung wird das „Konzern-Controlling", je nach Analyseziel, im Rahmen einer Vollkostenbetrachtung (dabei wären die Produktergebnisse nach der Zurechnung sämtlicher Kosten zu verwenden) oder aber im Rahmen einer Teilkostenbetrachtung anwenden (in diesem Fall wird man die DB I oder DB II der Produkte heranziehen). Auch ließen sich über eine derartige **Produkt-Länder-Matrix** die oben angesprochenen produktbezogenen Abweichungsursachen in ihrer internationalen Auswirkung einschätzen.

Für viele Unternehmen stellt die Möglichkeit des Ausgleichs zwischen verschiedenen Konjunkturzyklen der einzelnen Länder, in denen sie präsent sind, ein wichtiges Motiv für das Auslandsengagement dar. Nicht nur im Rahmen des Planungsprozesses, sondern auch zur Gegensteuerung verfügt ein internationaler Konzern über eine größere Zahl von Handlungsalternativen als eine nur national agierende Unternehmung. Dabei wäre z. B. an die Modifikation konzerninterner Auftragsvergaben oder die Delegation von Führungskräften für bestimmte Projekte in bestimmten Regionen zu denken. Auch die Einführung von

Tab. 4.18 Vergleich der Gesamtabweichungen

Ergebnisse der Produkte					
	A	B	C	D	Summe
	B I Diff.	B I Diff.	B I Diff.	B I Diff.	B I Diff.
Land I					
Land II					
Land III					
Summe					

Produkten in bereits bearbeitete Märkte fällt wesentlich leichter, wenn diese Produkte bereits mit Erfolg in anderen Regionen angeboten werden. Eine Produktpolitik, die in einer bestimmten zeitlichen Reihenfolge die Einführung in mehreren nationalen Märkten vorsieht (z. B. USA – Europa – Asien), gehört zwar grundsätzlich in den Bereich des strategischen Managements, dennoch kann eine Beschleunigung der Prozesse bei entsprechendem Handlungsbedarf auch operativen Zielen dienen.

4.4.2.4 Finanz-Controlling

Aus dem Erfolgsbudget wird im Zusammenhang mit den geplanten Investitionen und Kapitalbeschaffungsmaßnahmen eine Budgetierung von Finanzbedarf und Finanzdeckung einer Periode vorgenommen. Abweichungen in der Erfolgsrealisierung – wie auch bei geplanten Investitionen und Finanzierungen – tangieren damit zwangsläufig die Finanzplanung der Unternehmung. Operatives **Finanz-Controlling** ist dabei weitgehend mit der unterjährigen Liquiditätsplanung und -disposition gleichzusetzen; im Falle von positiven wie negativen Abweichungen bei den Finanzströmen ist eine sofortige Reaktion (Liquiditätsdisposition) und Neueinschätzung der Lage (Liquiditätsplanung) notwendig. Dies ergibt sich schon daraus, dass die Erhaltung der Zahlungsfähigkeit für die Fortexistenz des Unternehmens unabdingbar ist. Auch eine Veränderung auf den hier relevanten Finanzmärkten kann zu einer Planrevision führen (z. B. Zeitpunkt und Umfang einer langfristigen Verschuldung oder Kapitalerhöhung, Auswahl geeigneter Geldanlagemöglichkeiten im Falle eines Zahlungsmittelüberschusses).

Während im Rahmen der Erfolgskontrolle im Regelfall die Monatsbetrachtung für ausreichend gehalten wird, ist im Finanz-Controlling für die unmittelbare Zukunft ein täglicher Soll-Ist-Vergleich der Planeinnahmen und -ausgaben erforderlich. Die Betrachtung einzelner Profit-Center steht dabei weniger im Vordergrund als das Zahlungsverhalten einzelner Kunden und die Bestandsentwicklung der verschiedenen Bank-Konten des Unternehmens. Wie im Rahmen der Planung bereits angedeutet, neigen die meisten Unternehmen zu einer Zentralisierung des Finanzwesens, damit auch des Finanz-Controllings. Auch hier ist auf die ungleich komplexere Situation internationaler Unternehmen zu verweisen, bei denen üblicherweise auf nationaler Ebene eine Liquiditätssteuerung angesiedelt ist, während auf Konzernebene die Disposition über verschiedene relevante Währungen zu erfolgen hat. Auf dieser Ebene muss auch die Möglichkeit der Zusammenfassung und gegebenenfalls des Clearings internationaler Finanzströme erörtert werden.

4.4.3 Prognose der Auswirkungen auf das Budgetziel

Aufgabe des Controllings ist nicht nur die **Ergebnisanalyse** (Abweichungsursachen), sondern auch eine Prognose der Auswirkungen auf das gesetzte Ziel des Unternehmens (**Abweichungswirkung**). Im Regelfall wird man dies anhand einer Jahresbetrachtung vornehmen. Das Controlling prüft also beim Feststellen einer Abweichung zunächst,

- ob ein vorübergehender oder ein längerfristiger Abweichungsgrund vorliegt (wie im Zusammenhang mit den funktionsbezogenen Analysen angesprochen) und
- ob zum Ende der Periode eine signifikante Budgetabweichung durch die ermittelte Ursache zu erwarten ist.

Vorübergehende Ursachen für Planabweichungen sind regelmäßig dann anzunehmen, wenn einzelne erkannte Ausführungsfehler vorliegen (fehlerhafte Informationen, Arbeitsmittel oder Handhabungen), deren Wiederholung durch entsprechende Schulungsmaßnahmen der Beteiligten vorzubeugen ist. Dies gilt auch, sofern die Beschäftigung während eines Budgetmonats geringer als geplant verlief, dies aber außerordentliche Ursachen hatte, z. B. Streik. Man kommt dabei zu einer anderen Einschätzung als im Falle eines anhaltenden Trends, welcher sich auch auf den restlichen Jahresverlauf auswirken dürfte. Das Controlling hat also die Aufgabe, regelmäßig die Möglichkeit der Zielerreichung zu beurteilen – jede Abweichungsursache ist also daraufhin zu überprüfen, ob sie geeignet ist, das Budgetziel ernsthaft zu gefährden, oder ob sie nur vorübergehender Natur bzw. geringfügig ist. Allerdings führt auch eine nur vorübergehende Zielabweichung evtl. dazu, dass das budgetierte Zielausmaß um eben diese Abweichung verfehlt wird, es sei denn, es lassen sich für den restlichen Verlauf der Periode Kompensationseffekte erzielen (bei durch Streik bedingtem Produktionsausfall könnte der Leistungsrückstand durch spätere Sonderschichten wieder aufgeholt werden).

Während zu Beginn eines Geschäftsjahres nur in Ausnahmefällen bereits eine modifizierte Zielgröße erörtert wird, kommt der Prognose eine umso größere Bedeutung zu, je weiter das Geschäftsjahr fortgeschritten ist. Das hängt unter anderem damit zusammen, dass ab Mitte des Jahres die Planung des folgenden Geschäftsjahres konkret betrieben wird, denn für diese sowie für die parallel verlaufende strategische Planung ist eine realistische Einschätzung des im laufenden Geschäftsjahr zu erwartenden Abschlusses dringend erforderlich. Die Prognose der jeweiligen Zielgrößen basiert allerdings nicht nur auf einer „Hochrechnung" der Abweichungsursachen auf den Jahresverlauf, sondern berücksichtigt auch die Maßnahmen zur Gegensteuerung, die im Falle negativer Zielabweichungen vorzuschlagen sind.

4.4.4 Entwicklung und Durchsetzung von Anpassungsmaßnahmen

In der Literatur wird gelegentlich zwischen ergebnis- und liquiditätsorientierten Anpassungs- oder Gegensteuerungsmaßnahmen unterschieden. Im Regelfall wird jedoch bei Abweichungen sowohl der Erfolg als auch die finanzielle Situation des Unternehmens tangiert, sodass prinzipiell „in beide Richtungen" gedacht werden muss. Bei Abweichungen wird man primär bestrebt sein, die Abweichungsursache „abzustellen", um das Unternehmen wieder auf den geplanten Kurs zu bringen; ferner können Maßnahmen zur Kompensation einer Zielabweichung erörtert werden, die überwiegend auf das Gewinnziel ausgerichtet sind. Schließlich sind Maßnahmen im Rahmen der Liquiditätsdisposition anzusprechen, denn diese sind vielfach zur Existenzsicherung noch dringender erforderlich als die vorrangig diskutierte Erfolgssicherung.

Maßnahmen zur **Gegensteuerung** werden im Regelfall durch den Controller angeregt bzw. vorgeschlagen, die Durchsetzung obliegt der Linieninstanz, den Budgetverantwortlichen. Bezogen auf den Führungsprozess handelt es sich dabei um einen erneuten Einstieg in die Phase der Alternativensuche, der eine Wirkungsprognose und eine Entscheidung folgt. Der Planungsprozess einer Unternehmung ist insofern nicht mit der Budgetfeststellung abgeschlossen, sondern kann durchaus während des Geschäftsjahres reaktiviert werden. Wegen der Dringlichkeit derartiger Maßnahmen – meistens geht es um die Realisierung des Ergebnisziels, damit die Möglichkeit, die Gewinnansprüche der Eigentümer des Unternehmens zu befriedigen – ist ein Aufschub bis zur nächsten Planungsrunde nicht möglich; die operative Unternehmensführung hat im Gegensatz zu vielen Aufgaben der strategischen Führung nicht die Möglichkeit, mit Maßnahmen zur Gegensteuerung bis zur nächsten Planungsrunde zu warten.

Die Entwicklung von Anpassungsmaßnahmen – gleichgültig, ob sie der Beseitigung der Abweichungsursache oder der Anpassung durch andere Erfolgspotenziale dienen – ist im Zusammenhang mit der Ergebnissteuerung dadurch zu sichern, dass die initiierten Maßnahmen kontrolliert werden. Dieses kann man unter dem Begriff „Aktionskontrolle" zusammenfassen. Wie bereits oben erwähnt, wird hier ein aperiodisches Berichtswesen notwendig sein, um diese außerordentlichen Maßnahmen kontrollieren und steuern zu können. Eine derartige Aktionskontrolle setzt wiederum eine sehr gute und intensive Zusammenarbeit zwischen Controlling und Linien-Management voraus.

Sofern eine ermittelte Abweichungsursache den Zielerfolg des Unternehmens beeinträchtigen kann, ist vom Controlling zu prüfen, ob und ggf. wie diese Ursache zu beheben ist. Falls etwa ein zu hoher Verbrauch bestimmter Materialien festgestellt wird, muss man mit dem Fertigungsbereich gemeinsam nach Möglichkeiten suchen, den Ausschuss zu vermindern. Dabei wäre etwa zu prüfen, ob der Ausschuss überwiegend aufgrund von unzureichenden Materialien, unzureichenden Werkzeugen oder Bedienungsfehlern entstanden ist. Entsprechend wären dann gezielt Verbesserungen vorzunehmen. Falls die Preise der Beschaffungsgüter sich erhöht haben, wird man die Möglichkeit erörtern, neue Beschaffungsmärkte für das Unternehmen zu suchen. Ein ggü. Budget zurückbleibender Umsatz ist eventuell auf verstärkte Aktivitäten der Konkurrenz oder ein verändertes Nachfrageverhalten bzgl. der angebotenen Produkte zurückzuführen. Während im ersten Fall verstärkte Aktivitäten im Bereich Werbung und Verkaufsförderung angesagt scheinen, könnte im zweiten Beispiel eine Produktmodifikation oder auch das Angebot einer „Zweitmarke" erfolgreich sein.

Nicht in jedem Fall kann die Abweichungsursache allerdings mit Erfolg durch operative Maßnahmen bekämpft werden – letztlich ist ja auch die Möglichkeit gegeben, dass der Budgetansatz falsch war bzw. unter der Annahme einer sich anders entwickelnden Unternehmensumwelt festgelegt wurde. Ferner gibt es Abweichungen, deren Gründe sich trotz intensiver Ursachenforschung nicht hinreichend genau bestimmen lassen, z. B. wegen einer Kumulation vieler „Geringfügigkeiten"; auch der Versuch einer gezielten „Verschleierung" durch die Verursacher von Fehlern sollte in der Realität nicht ausgeschlossen werden.

Schließlich ist zu überlegen, ob komplexe Leistungsprozesse überhaupt als „fehlerlos" ablaufend budgetiert werden dürfen, oder ob nicht vielmehr eine bestimmte Fehlerquote einkalkuliert werden muss. So könnte etwa der Ausschuss in einer Produktionsstätte zu verschiedenen Zeitpunkten isolierbaren und abstellbaren Einzelursachen zugeordnet werden – dennoch bleibt über einen längeren Zeitraum die Ausschussquote auf einem relativ konstanten Niveau, weil ständig neue, bis dahin nicht bekannte Fehlerquellen auftauchen.

Wenn man davon ausgeht, dass festgestellte Abweichungsursachen dauerhafte Negativeffekte auf das Unternehmensergebnis nach sich ziehen, so kann das Controlling seiner Aufgabe der Ergebnissteuerung auch dadurch gerecht werden, dass verstärkt die Suche nach weiteren Erfolgspotenzialen bzw. der besseren Ausnutzung anderer Erfolgspotenziale gefördert wird. Falls etwa die Nachfrage nach einem Produkt stark rückläufig ist, wird man eventuell eine verstärkte Werbung für ein anderes Produkt ins Auge fassen, um so den Deckungsbeitragsausfall zu kompensieren. An dieser Stelle ist daran zu denken, dass das operative Management mit dem strategischen Management vernetzt ist. Es wird selten möglich sein, ohne zeitlichen Vorlauf gänzlich neue Erfolgspotenziale zu schaffen, man wird sich hier im Rahmen des strategischen Handlungsrahmens bewegen müssen.

Ein in vielen Unternehmungen temporär genutztes „Erfolgspotenzial" ist der Versuch, gegen Ende eines Geschäftsjahres durch Sparmaßnahmen diverser Art die budgetierten bzw. erwarteten Gemeinkosten zu senken. Neben der zeitlichen Verschiebung von Personaleinstellungen und Instandhaltungsmaßnahmen kommt dabei eine Einstellung der Beschaffung von geringwertigen Wirtschaftsgütern bis zum Jahresende ebenso in Betracht wie eine rigide Kürzung bestimmter Kostenarten (Reisekosten, Telefonkosten etc.). Derartige Maßnahmen lassen sich allerdings nur vorübergehend ohne Gefährdung der strategischen Planung des Unternehmens anwenden, sodass im folgenden Geschäftsjahr häufig ein „Nachholeffekt" zu berücksichtigen wäre.

Kompensationen durch andere Erfolgspotenziale sind aber nur dann als Gegensteuerungsmaßnahmen verwendbar, wenn es um die Erreichung einzelner, bestimmter Ziele – im Regelfall Gewinn – geht. Spielen mehrere Ziele eine wesentliche Rolle, könnte eine Maßnahme zur Übererfüllung des Unterzieles A (Umsatz) zur Realisierung des Gewinnzieles zugleich die Zielerfüllung des Unterzieles B (Hochpreispolitik) beeinträchtigen. Während erwerbswirtschaftliche Unternehmen eine starke Ausrichtung auf das Gewinnziel aufweisen, somit derartige Ausgleichsmechanismen überwiegend anwendbar sind, gilt dies für öffentliche Unternehmen nur bedingt; der Zielkompromiss zwischen Gewinnstreben einerseits und Bedarfsdeckungsziel andererseits erschwert vielfach die Anwendung entsprechender Maßnahmen der Gegensteuerung.

Über die Budgetierung der Einnahmen und Ausgaben soll die Voraussetzung zur Liquiditätssicherung für eine Unternehmung geschaffen werden. Während das Ergebnisziel einer Unternehmung regelmäßig im Mittelpunkt der Betrachtung des Jahresabschlusses steht, somit innerhalb eines Jahres Möglichkeiten zur Erfolgskompensation gegeben sind, ist die Liquidität ein zu jedem Zeitpunkt zu realisierendes qualitatives Ziel. Einerseits kann es keine „Zielübererfüllung" geben – eine sog. „Überliquidität" (ein Übermaß an Zahlungsmitteln) muss sogar als Zielverfehlung angesehen werden, andererseits erfordert die jederzeitige Sicherung der Zahlungsfähigkeit eine tägliche Finanzplanung und Finanz-disposition. Planabweichungen bei den Einnahmen und Ausgaben eines Unternehmens müssen daher durch rasche dispositive Maßnahmen der Gegensteuerung kompensiert wer-den. Entscheidend für die Auswahl der geeigneten Instrumente ist dabei der Zeitfaktor; so ist zu prognostizieren,

- ab wann zusätzlicher Geldbedarf (bzw. eine Anlagenotwendigkeit) besteht sowie
- für welchen Zeitraum der Geldbedarf (die Anlagemöglichkeit) zu kalkulieren ist.

Zwischen der Finanz- und Erfolgsplanung bestehende Interdependenzen wirken sich auch im Rahmen der Planrealisierung bzw. Planabweichung aus – geringere Umsätze und höhere Verbräuche an Kostenfaktoren verursachen zugleich einen zusätzlichen Zahlungs-mittelbedarf in der Liquiditätsplanung, wie umgekehrt ein höherer Erfolg dem Unterneh-men zusätzliche finanzielle Mittel beschert, die der Anlage bedürfen.

Für die unmittelbar bevorstehende Zukunft kommt bei sich abzeichnendem Geldbedarf i. d. R. nur eine stärkere Ausnutzung des Kontokorrentkredits, eine Diskontierung vorhan-dener Wechsel sowie eine Liquidierung bzw. Beleihung von Wertpapieren zur Erhöhung der Einnahmen in Betracht. Die Verzögerung von Ausgaben wäre als flankierende Maß-nahme zu nennen, wobei zunächst der Versuch bestehen sollte, dies ohne Rückwirkungen auf Skontierungsmöglichkeiten zu betreiben. Auf der anderen Seite stehen, je nach Größe und Bonität des Unternehmens, mehr oder weniger lukrative kurzfristige Möglichkeiten der Anlage am Geldmarkt zur Verfügung.

Sofern sich der Geldbedarf mit einer gewissen Vorlaufzeit erkennen lässt, sind weitere Maßnahmen der Geldbeschaffung in Betracht zu ziehen; neben einer Liquidierung nicht betriebsnotwendiger Vermögensgegenstände wäre vor allem die Aufnahme zusätzlicher kurz- oder mittelfristiger Kredite im Bankensektor (entsprechende Zeitdauer des Bedarfs vorausgesetzt) zu bedenken. Weiterhin können dann auch Instrumente im Kreditoren- und Debitorenbereich angewandt werden, die auf eine schnellere Realisierung von Forderun-gen und eine Streckung von Zahlungszielen bei Beschaffungen gerichtet sind. Dabei spielt allerdings eine zusammenfassende Beurteilung der in aller Regel gegenläufigen Liquidi-täts- und Erfolgswirkung der einzelnen Maßnahmen eine sehr große Rolle. Diesbezüglich wären auch Möglichkeiten des Factorings (Debitoren) und des Leasings (Investitionen) anzusprechen, die aber grundsätzlich eher dem strategischen bzw. mittel- und langfristi-gen Bereich der Finanzpolitik eines Unternehmens zugeordnet werden müssen.

4.4.5 Modifikation von Budgetzielen – Anspruchsanpassung

Ein Budgetierungsgrundsatz besagt, dass einmal vereinbarte Budgetziele nicht verändert werden dürfen. Grundsätzlich ist es sicherlich richtig, eine nachträgliche Korrektur von Budgetzielen auszuschließen; dennoch darf dieser Budgetierungsgrundsatz nicht dazu führen, dass das Unternehmen im zweiten Halbjahr des Geschäftsjahres ein Budgetziel verfolgt, welches seit langem als nicht mehr erreichbar erkannt wurde. Das Unternehmen würde in dem Fall „einem Phantom hinterherlaufen", und diese Tatsache wirkt letztlich genauso demotivierend wie die Vorgabe eines unerreichbaren Budgetziels.

Der Controller hat daher die Aufgabe, im Falle einer erkannten, erheblichen Zielabweichung auf eine Modifikation der Unternehmensziele zu drängen. Dabei stellt sich die Frage nach dem geeigneten Zeitpunkt für eine derartige „Kurskorrektur" und dem Ausmaß der erwarteten Zielabweichung, was eine Einordnung als „erheblich" notwendig macht. Hierfür gibt es keine allgemein akzeptierten Grundsätze, doch ist im Regelfall anzunehmen, dass eine Neueinschätzung des Budgets zu Beginn eines Jahres nur bei gravierenden Abweichungen (extern oder intern bedingt) erfolgen wird, da man noch die Erwartung hegt, mäßige Zielabweichungen ausgleichen zu können. Im Verlauf eines Geschäftsjahres wird der Wunsch nach einer möglichst genauen Einschätzung der tatsächlichen Lage meistens dringlicher (Ergebnisprognose, Planungsgrundlage für die strategische und operative Planung), je mehr man sich dem Jahresende nähert, sodass im letzten Quartal auch geringere Zielabweichungen zu einer „Budget-Modifikation" führen können. Dieser Zusammenhang wird durch Abb. 4.21 verdeutlicht.

Im Mittelpunkt der Betrachtung steht bei einer erwerbswirtschaftlichen Unternehmung das Ergebnisziel, sodass primär dessen Abweichungen beurteilt werden im Hinblick auf eine notwendige Neueinschätzung. Allerdings kann auch eine Verschiebung zwischen mehreren Erfolgsgrößen Anlass zu einer Budgetkorrektur sein, selbst bei konstantem Gewinn, um den Anschluss der Planung für die Folgejahre plausibel zu ermöglichen.

Derartige Modifikationen des Ergebnisziels und ggf. weiterer Zielgrößen sollten allerdings nicht als zweites „Budget", sondern als „Vorschau" bzw. „Erwartung" des laufenden

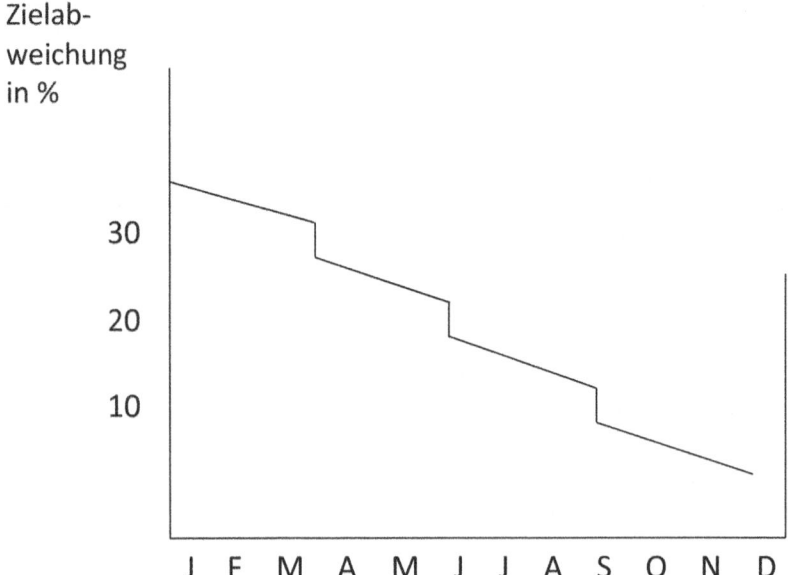

Abb. 4.21 Notwendigkeit zur Modifikation des Budgets

Geschäftsjahres tituliert werden. Damit wird den Verantwortlichen deutlich gemacht, dass der ursprüngliche Budgetansatz nicht mehr realisierbar ist; die Ursachen können im Einzelfall externen oder internen Ursprungs sein, was dann eine Rolle spielt, wenn die „Verantwortlichkeit" einer Budgetabweichung zu erörtern ist. Die Modalitäten einer „Abweichungsvereinbarung" sehen im Regelfall Gespräche des Budgetverantwortlichen mit seiner Führungsinstanz (Bereichs- oder Unternehmensleitung) vor; wegen der Notwendigkeit, dabei für Budgetabweichungen „gerade zu stehen", wird dieses als letzter Ausweg für den Fall angesehen, dass andere Lösungen im Rahmen der Gegensteuerung nicht mehr möglich erscheinen. Eine andere Situationsbeurteilung ergibt sich höchstens dann, wenn eventuell „der schwarze Peter" Dritten zugeschoben werden kann, die Budgetabweichung bei einer produzierenden Stelle z. B. auf die rückläufige Nachfrage eines anderen Subsystems zurückzuführen ist, oder umgekehrt ein Absatzrückgang der fehlenden Lieferbereitschaft der Produktion angelastet werden kann.

Eine derartige „Vorschau" besitzt nach der entsprechenden Vereinbarung eine ähnliche Qualität wie das ursprünglich vereinbarte Budget – in Anpassung an die veränderten Rahmenbedingungen sollte es wiederum gleichzeitig erreichbar, aber auch anspruchsvoll sein. Für den Rest des Geschäftsjahres sind demnach die wesentlichen Funktionen vom ursprünglich vereinbarten Budget auf die – neu vereinbarte – Vorschau übergegangen.

Sobald im Rahmen der monatlichen Budgetkontrolle neben dem budgetierten Jahreswert eine Vorschaurechnung erscheint, ist diese als Ergebnis einer Zusammenfassung aus

- einer Prognose der Auswirkungen von identifizierten (negativen) Abweichungsursachen auf die entsprechende Jahreszielgröße und
- den (positiven) Auswirkungen bereits durchgeführter oder geplanter Gegensteuerungsmaßnahmen zu interpretieren.

Der Aufbau einer entsprechenden Darstellung (in einem Formular bzw. einem Computer-Schaubild) enthält im Regelfall die in Abb. 4.22 zusammengefassten Informationen (wobei die Erfolgsgrößen lediglich eine Auswahl darstellen), hier auf den Monat Juni bezogen.

	Monat Juni				1.1. - 30.6. kum.				1.1. - 31.12.			
	Vorj.	Budg.	Ist	Diff.	Vorj.	Budg.	Ist	Diff.	Vorj.	Budg.	Vorsch	Diff.
Umsatz												
var. Kosten												
Deckungsbeitrag												
Fixkosten												
Betriebsergebnis												
neutr. Ergebnis												
Gesamtergebnis												

Abb. 4.22 Monatliche Budgetkontrolle (Formular)

Neben den Erfolgsgrößen sind auch die Auswirkungen von Soll-Ist-Abweichungen auf die Bestandsgrößen und damit auch auf die voraussichtliche Bilanz des Unternehmens zu prognostizieren. Dies geschieht insbesondere im Zusammenhang mit den Quartals- und Halbjahresabschlüssen; damit wird sichergestellt, dass auch die Planbilanz nicht als Grundlage für die weitere Unternehmensplanung dient, wenn die erwartete Bilanz von dieser erheblich abweicht.

Controlling-Informationssysteme

5

Zusammenfassung

Unternehmerisches Handeln ist in der heutigen Zeit einer hohen Komplexität unterworfen. Diese Komplexität erschwert es dem Management zunehmend, die Sicherung der Existenz der Unternehmung und eines angemessenen Ertrags dauerhaft zu garantieren. Hierzu benötigt das Management spezifische Informationen, die eine existenzsichernde und ertragsgenerierende Ausrichtung des unternehmerischen Handelns ermöglichen. Dabei ist nicht nur die Deckung des Informationsbedarfs erforderlich. Wichtig ist es auch, die Informationen im Unternehmen sinnvoll zu kommunizieren und zu verwenden. In diesem Sinne erscheint eine Integration von Management einerseits und des Controllings andererseits sowie darauf aufbauend das Etablieren geeigneter **Controlling-Informationssystemen (CIS)** als sinnvoll. Solche Systeme sind in erster Linie darauf auszurichten, dem Management Wertschöpfungswissen zur Verfügung zu stellen.

5.1 Einleitung im Bereich Controlling-Informationssysteme

Insbesondere aus strategischer Sicht stellen Informationen einen bedeutenden Wettbewerbsfaktor dar. An dieser Stelle muss das Controlling den Managementprozess u. a. durch den Einsatz von CIS unterstützen. Eine derartige Unterstützung mittels Informationssystemen muss sich primär auf wesentliche Aufgaben der Unternehmensführung beziehen.

CIS sind die (teil-)automatisierten Teile von Informationssystemen (operative Systeme und **Management-Unterstützungssysteme** (Planungs- und Kontrollsysteme)), die das für das Management und das Controlling relevante Wissen adäquat (also vor allem zweckgerecht, zeitgerecht, ortsgerecht, empfängergerecht etc.) zur Verfügung stellen.

© Springer Fachmedien Wiesbaden GmbH, ein Teil von Springer Nature 2020   209
K. Amann et al., *Management und Controlling*,
https://doi.org/10.1007/978-3-658-28795-5_5

Insbesondere die auf den operativen Systemen aufsetzenden analytischen Management-Unterstützungssysteme, die verschiedene Informations- und Kommunikationstechnologien integrieren, haben sich als geeignet erwiesen, weil diese speziell auf die Versorgung des Managements mit bedarfsgerechten Informationen ausgerichtet sind.

Die Basis von CIS bilden i. d. R. sog. **„Data Warehouse-Systeme"**, die eine unter Analyseaspekten bereinigte und konsolidierte Datenbasis der operativen Informationssysteme zur Verfügung stellen. Darüber liegen in CIS sog. **„Business Intelligence-Tools (BIT)"**, wie z. B. Reporting-Werkzeuge, Tabellenkalkulationen, etc., die dem Anwender die für gerichtete Analysen benötigten Funktionalitäten in einer benutzerfreundlichen Umgebung anbieten. Ergänzend werden **Data Mining-Tools** zur ungerichteten Datenanalyse eingesetzt, um z. B. bestimmte Muster in den Datenbeständen zu erkennen und aufzuzeigen.

CIS sind speziell auf die Unterstützung der Controlling-Funktionen Zielerreichung (Motivation), Abstimmung und Information ausgerichtet. Ein vollständiges CIS umfasst sämtliche Unternehmensbereiche; es schließt v. a. das Kosten- und Erfolgs-, Finanz- und Investitions-, Beschaffungs-, Produktions-, Logistik- und Absatzcontrolling ein.

Jedes CIS, dies gilt auch für sog. „Standardprodukte" muss unternehmensspezifisch vor dem Hintergrund der jeweiligen Informationsbedarfe auszugestalten und angepasst werden. Bei der Wahl des „passenden" Systems ist immer auch die Wirtschaftlichkeit dieses Systems zu analysieren, d. h. dass dem erwarteten Nutzen die damit in Verbindung stehenden Kosten gegenüberzustellen sind. Auf Grund des Problems, dass eine Vielzahl der Nutzengrößen nicht direkt monetär quantifizierbar sind, werden hierzu vor allem qualitative Verfahren der Wirtschaftlichkeitsbeurteilung einzusetzen sein.

Das gegenwärtige wirtschaftliche Umfeld ist für alle Marktakteure durch eine hohe Komplexität und zum Teil sehr kurzfristige Veränderungen interner und externer Prämissen gekennzeichnet. Die internationalen Verflechtungen (Globalisierungstendenzen), das angespannte Branchen- und Marktumfeld (wachsender Wettbewerbsdruck) sowie der technologische Fortschritt stellen hohe Anforderungen an die Anpassungsfähigkeit von Unternehmungen und die Reaktions- bzw. Entscheidungsfähigkeit von Fach- und Führungskräften.

Durch diese Rahmenbedingungen ist oftmals „der Verlauf der Straße nicht genau bekannt. Es muss mit mehr Bedacht und mit hoher Konzentration gefahren werden." Der Controller wird demzufolge als Fach- und Führungskraft zum **Sparrings- und Businesspartner** des Managements. Er schafft Entscheidungsvorlagen, die aus finanzwirtschaftlicher Sicht eine hohe Relevanz für die Unternehmung haben. Sein Aufgabengebiet entwickelt sich mehr und mehr von der Kostenplanung und -steuerung (kontrollorientierter Lotse) hin zu einen kapitalmarktorientierten Spezialisten. Zahlen werden vom Controlling nicht nur zur Verfügung gestellt, sondern auch bewertet. Die Expertise der Controller im Umgang mit dem Zahlenwerk wird damit zu einem entscheidenden Erfolgsfaktor für die Realisierung strategischer Unternehmungsziele.

Um Entscheidungsvorlagen auszuarbeiten benötigt der Controller vorab qualitativ hochwertige und aktuelle sowie gezielte Informationen. Die Anforderungen an den Produktionsfaktor Information sind in der Vergangenheit kontinuierlich gestiegen. Information und dass aus Information deduzierte Wissen sind heutzutage fundamentale Unternehmungswerte und werden in der Literatur als der „vierte Produktionsfaktor" definiert. Zur Entlastung des Managements im Rahmen eines effizienten Umgangs mit den Ressourcen „Information" und „Wissen" werden in vielen Fällen softwaretechnische (Informations-)Systeme verwendet. Mit einem passgenauen (Informations-)System alleine ist es allerdings nicht getan. Ein positives Kosten-Nutzen-Verhältnis kann nur erreicht werden, wenn der Implementierungsprozess des (Informations-)Systems umfassend geplant und alle Beteiligten frühzeitig involviert werden.

Nach der Implementierung ist es Aufgabe des Controllings, mit Unterstützung des CISs, die erforderlichen Informationen bereitzustellen sowie diese ad hoc auszuwerten und zu analysieren. Dadurch, dass die Informationen den einzelnen Entscheidungsebenen entsprechend ihrer differenzierten Informationsbedürfnisse zur Verfügung gestellt werden, trägt ein CIS zur Planabstimmung, Koordination und Steuerung bei. Die Implementation von CIS leistet somit nicht nur einen wesentlichen Beitrag zur Erfüllung der Informationsfunktion, sondern ebenso zur Erfüllung der Koordinationsfunktion. Die verbesserte Wahrnehmung der derivativen Funktionen des Controllings wirkt sich konsequenterweise positiv auf die notwendige wertschöpfungsorientierte Ausrichtung des gesamten betrieblichen Handelns aus und gipfelt idealerweise in einer wesentlich verbesserten wettbewerbsstrategischen Position der Unternehmung. Demzufolge erscheint die Schlussfolgerung zulässig, dass die Einführung eines CISs zu einer erheblichen Leistungssteigerung des Controllings und damit zur Steigerung von Effizienz und Effektivität des unternehmerischen Handelns führen kann.

Zielsetzung des fünften Kapitels ist es, Anforderungen, Konzepte und Möglichkeiten von CIS für die Unterstützung im Controlling und des Managements zu untersuchen. Gezielt werden CIS-Praxisbeispiele beschrieben (Art, Umfang, Möglichkeiten), um die Anwendungsmöglichkeiten der ausgewählten Systeme zu verdeutlichen. Als Systembeispiele werden drei der, anhand von Fallstudien an der Jade Hochschule im Fachbereich Wirtschaft im Modul „Informationssysteme im Controlling" gelehrten CIS: Corporate Planning Suite (Corporate Planner und Strategic Planner), Seneca Business Software (Cloud Computing-Lösung) und SAP (ERP-System), dargestellt. Es existiert eine Vielzahl weiterer CIS. Die hier exemplarisch vorzustellenden Systeme wurden bewusst u. a. aufgrund ihrer Unterschiedlichkeit und zu Vergleichszwecken ausgewählt.

5.2 Business Partner im wertorientierten Controlling

Controller müssen das bereichsübergreifende optimierte Handeln in der Unternehmung fördern. Die zeitgemäße Priorität eines Controllers wandelt sich von Daten-Reporting und Analyse hin zur qualifizierten Entscheidungsunterstützung. In der Funktion als Business Partner nimmt der Controller konkrete operative Aufgaben wahr. Er muss zu diesem Zweck Markt- und Unternehmungstrends in seine Analysen einfließen lassen und dem Management Vorlagen liefern, die dabei unterstützen, *„rechtzeitig die richtigen"* Entscheidungen zu treffen. Der Weg vom Controller zum Business Partner ist ein kooperativer Bewältigungsprozess, an dem alle Beteiligten aktiv mitarbeiten müssen.

In vielen Unternehmungen ist der Controller inzwischen als Business Partner etabliert und gefordert. Wie intensiv sich Controller selbst als Business Partner definieren können, hängt von der Mentalität des Managements ab. Als Business Partner unterstützen arrivierte Controller die Managementebene auf unterschiedliche Art und Weise. Sie entlasten das Management z. B. durch die zeitnahe Bereitstellung von strukturierten Informationen, Analysen und Zuarbeiten zur Entscheidungsvorbereitung. Analog helfen Controller, die Organisation für das komplexe Terrain optimal auszurichten. Infolgedessen ergänzen Sie die Manager ebenfalls als Counterpart, wenn sie proaktiv Verbesserungspotenziale erkennen, Handlungsbedarfe herausarbeiten und anwendungsbezogene Maßnahmen in ihrer Umsetzung begleiten.

Controller als Business Partner kombinieren weiterhin Empfehlungen aus allen Unternehmungsbereichen mit dem Geschäftsmodell der jeweiligen Unternehmung und sie sind Partner für die Weiterentwicklung eben dieses Geschäftsmodells. Zudem *„erziehen"* sie Manager in ihrer Funktion als „Hüter der Unternehmungswerte" z. B., indem sie unwirtschaftliche Entscheidungen abwenden, welche aufgrund von Eigeninteressen durchgesetzt werden sollten. Sie bewerten alle (wesentlichen) Planungen auf ihre Vereinbarkeit mit den strategischen Zielen und prüfen sie bzgl. ihrer adäquaten Wirtschaftlichkeit. Diese Funktion wird u. a. aufgrund der wachsenden Komplexität wirtschaftlicher Prozesse weiter an Bedeutung gewinnen.

Die Funktionen des Controllers als Business Partner fasst Abb. 5.1 zusammen.

Alles in allem fördert die **Wertorientierung** die Alternation des Controllings zu einer integrierenden Führungsaufgabe. Nach einem langen und noch andauernden Prozess der Differenzierung in vielfältige „Teil-Bereiche" (Vertriebs-Controlling, ProduktionsControlling, Personal-Controlling, F&E-Controlling, Kommunikations-Controlling, Risiko-Controlling, Finanz-Controlling, etc.) wird die Kooperation und gemeinsame Realisierung der divergenten Arbeitsfelder zu einer zentralen Aufgabe. Dies bedingt auch eine Zunahme potenzieller Datenquellen und analytischer Anforderungen.

Abb. 5.1 Controller als Business Partner

Die Sicherstellung der Marktfähigkeit ist einer der zentralen Aspekte. Demzufolge müssen die Controller in der Unternehmung ein einheitliches Verständnis des Spannungsfeldes zwischen Erzeugung der Produkte und Dienstleistungen, ihrer Transformation in Güter, angemessenen Preisen und erlaubten Kosten schaffen. In der Praxis liegen nur wenig strukturierte und vernetzte Daten vor. Als Partner des Managements gilt es diesen Datenschatz aufzubereiten, zu vernetzen und durch sinnvolle weitere Informationen zu ergänzen, um die daraus generierten Informationen bedarfsgerecht den jeweiligen Entscheidungsträgern zur Verfügung zu stellen. Bei diesen anspruchsvollen und komplexen Aufgaben unterstützen CIS.

5.3 Controlling-Informationssysteme – Grundlagen

5.3.1 Zeichen, Daten, Information und Wissen

In volatilen Zeiten gerät das Management in eine kritische Problemlage: Wer oder was sichert den Erfolg der Unternehmung? Oder anders formuliert: Wer oder was generiert aus Zeichen Daten, aus Daten Information, aus Information Wissen und aus Wissen Wettbewerbsvorteile?

Ohne an dieser Stelle die Grundlagen der **Semiotik** darzulegen, steht der Computer für eine zeichen- bzw. signalverarbeitende Syntax-Maschine, also ein regelgesteuertes System zur Datengenerierung. Interpretation und qualitative Einschätzung (**Semantik**) sowie der Gebrauchswert (**Pragmatik**) obliegen dabei den einzelnen Nutzern. Dabei entstehen sog. semantische Anreicherungen. Dies bedeutet im Kern, dass der Nutzer weitere zum Objektbereich gehörende Daten erhält.

Diesen Zusammenhang fasst Abb. 5.2 grafisch zusammen.

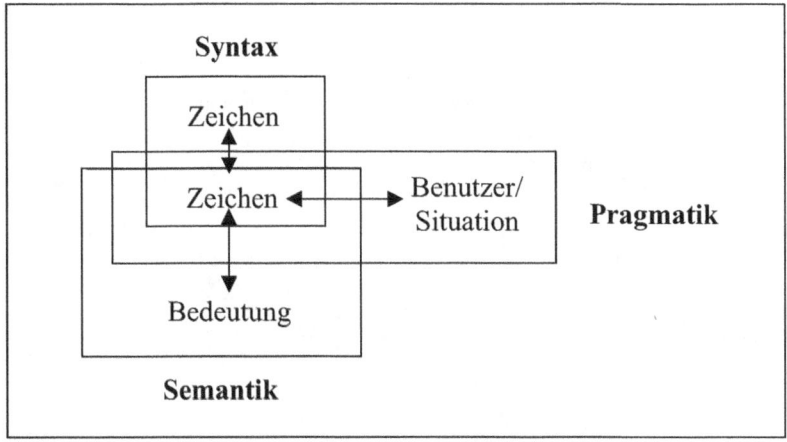

Abb. 5.2 Syntax, Semantik und Pragmatik

Damit nicht genug: Das aus Zeichen, Daten und letztendlich Information erzeugte Wissen muss auch in Handlungsbereitschaft überführt werden. Das Wollen gepaart mit Kompetenz stärkt die Wettbewerbsfähigkeit einer Unternehmung. Diese qualitativen Veränderungsprozesse lassen sich anhand der **Northschen Wissenstreppe** (dargestellt in Abb. 5.3) nachvollziehen. Die Pflege des Humankapitals, insbesondere der sog. High Potentials, erhält vor diesem Hintergrund einen besonderen Stellenwert.

Die Ausprägung und Nutzung der Kernkompetenzen gibt Aufschluss über die Wettbewerbsfähigkeit einer Unternehmung und dadurch letzten Endes auch über die Fähigkeiten der Unternehmung, die zur Verfügung stehenden (Roh-)Daten über die verschiedenen Stufen hinweg zu transformieren und (Wettbewerbs-)Vorteile generierend zu nutzen.

5.3.2 Historie und Definition eines Controlling-Informationssystems

In der **Informatik** wird häufig von Systemen gesprochen. Generell wird der Begriff System in unterschiedlicher Auffassung verwendet. Leitgedanke ist hingegen durchgehend die „Zusammenstellung" mehrerer Elemente, die untereinander in Wechselwirkung stehen.

Ein **Informationssystem** unterstützt grundsätzlich die rechnergestützte Erfassung, Speicherung, Verarbeitung, Verwaltung und Pflege von Information. Es besteht aus Hardware (Rechner oder Rechnerverbund), Datenbank(en), Software (System- und Anwendungssoftware), Daten und deren Anwendungen. Bei Informationssysteme handelt es sich um soziotechnische Systeme, die auch aus einzelnen Teilsystemen bestehen können und der optimalen Bereitstellung von Information und (technischer) Kommunikation dienen.

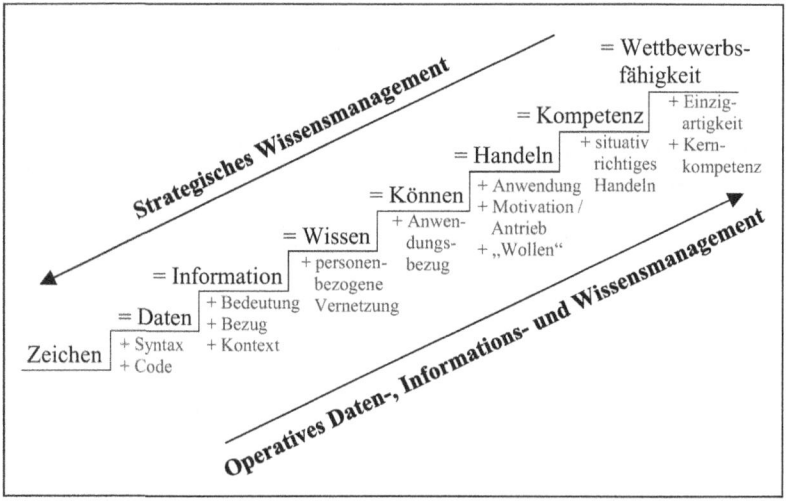

Abb. 5.3 Wissenstreppe nach North

Ins Detail gehend betrachtet ist ein (allgemein) betriebliches Informationssystem (Business Information System) ein Informationssystem, das sich insbesondere mit betrieblichen Funktionen und Daten befasst, um diese effizient zu bearbeiten und bereitzustellen.

Die Historie der Informationssystementwicklung stellten in den 80er-Jahren **Führungsinformationssysteme** dar, die dem Management dialogorientiert Informationen zur Selektion und Analyse lieferten. Seit Anfang der 90er-Jahre versucht die nächste Entwicklungsstufe mit **analytisch-geprägten Informationssystemen**, die verschiedene Informations- und Kommunikationstechnologien zu integrieren, das betriebliche Handeln umfassend abzubilden und damit Managementaufgaben zu unterstützen. Diese Informationssysteme werden als **Management-Unterstützungssysteme** definiert.

Eine derartige Unterstützung mittels Informationssystemen bezieht sich primär auf die wesentlichen (Kern-)Aufgaben der Unternehmungsführung. Diese Aufgaben implizieren, auf einer hohen Abstraktionsebene, die strukturbezogene Gestaltung sowie die prozessbezogene Steuerung des situativen Handelns von Unternehmungen unter Sach- und Verhaltensaspekten. Die Differenziertheit und Dynamik des Wettbewerbsumfeldes haben allerdings den situativen Kontext von Unternehmungen zunehmend komplex werden lassen. Zur Kompensation der aus der Komplexität erwachsenden Risiken, die die langfristige Existenz von Unternehmungen gefährden, hat sich initialisiert von der Wirtschaftspraxis das Controlling als weitere Führungsfunktion neben den klassischen Führungsfunktionen zu etablieren. Diese mit spezifischen Aufgaben versehene Führungsfunktion des Controllings soll durch eine konsequente Wertorientierung des unternehmerischen Handelns (im Sinne eines Total Value Management-Ansatzes) die Reduktion dieser existenzgefährdenden Risiken sicherstellen.

Seit Anfang der 2000er-Jahre gibt es daher CIS. Unter CIS lassen sich solche Management-Unterstützungssysteme verstehen, die speziell auf die Bedürfnisse des Controllings zugeschnitten sind. Dieser Zuschnitt beinhaltet insbesondere die spezielle Ausrichtung eines Management-Unterstützungssystems auf die aus den Informations-, Abstimmungs- und Lokomotionsfunktionen des Controllings resultierenden Wissensbedarfe der Controller selbst und des Managements. Derartige Wissensbedarfe sind vor allem dadurch gekennzeichnet, dass detaillierte Einblicke in sämtliche Wertkonsequenzen unternehmerischen Handelns zustande kommen, so dass eine möglichst weitreichende und integrierte Wahrnehmung der durch Unternehmungsführung und Controlling zu erfüllenden Aufgaben möglich ist.

Vor diesem Hintergrund lässt sich folgende Definition ableiten: CIS sind die automatisierten Teile eines Informationssystems (Anwendungssystems), die das für und Controlling relevante Wertschöpfungswissen adäquat (also vor allem zweckgerecht, zeitgerecht, ortsgerecht, empfängergerecht, etc.) zur Verfügung stellen. Durch die damit vorgeschlagene Spezifizierung wird insbesondere ein der jeweiligen Funktion den Managern bzw. des Controllers entsprechender Zugriff auf Informationen gewährt. Hinsichtlich dieser Funktionen ist anzumerken, dass Manager typischerweise als Nachfrager auftreten, wohingegen Controller eher als Anbieter sowie als Systemverantwortliche fungieren.

5.3.3   Nutzenpotenziale eines Controlling-Informationssystems

Ein CIS stellt den Controlling-Aufgabenträgern Applikationen zur Verfügung, mit denen diese die auftretenden Controlling-Sachprobleme bewältigen können. Dazu zählen Planung und Entscheidung, Analyse und Kontrolle, Informationsbeschaffung und -aufbereitung, Koordination sowie Kommunikation.

Die Forderung nach **Dezentralisierung** von Kompetenz einerseits und einer **funktionalen Integration** andererseits verursachen selbstständig dezentrale Unternehmungseinheiten, die zentral koordiniert werden, ihre Aufgaben aber komplett zu erledigen haben. Bei den Trägern von zu treffender Entscheidungen und Planungen bestehen allerdings häufig Wissensdefizite, insbesondere dann, wenn diese über die eigene Unternehmungseinheit hinausgehen. Aus diesem Grund benötigen die Aufgabenträger eine adäquate Unterstützung in Entscheidungsfindungs- und Planungsprozessen.

Alle Unternehmungseinheiten müssen in die Lage versetzt werden, kontinuierlich ihre eigene Leistung messen und im Hinblick auf ihre Aufgabe bewerten zu können. CIS unterstützen die Aufgabenträger in dem frühzeitigen Erkennen von den Planungen entgegenlaufenden Entwicklungen. Sie übernehmen demnach auch die Funktion eines **Frühwarnsystems**.

Wenn Unternehmungseinheiten selber ihre Steuerung vornehmen und für diese verantwortlich sind, bedarf es zur Steuerung der Gesamtunternehmung einer übergreifenden Abstimmung und Ausrichtung der einzelnen Unternehmungseinheiten. Zu einer Unterstützung zählen das Vergleichen der Pläne einer Unternehmungseinheit mit den Plänen der anderen Einheiten und eine Beachtung der Kongruenz der Einzelpläne mit dem Zielsystem der Unternehmung. Des Weiteren führt eine derartige Dezentralisierung zu einem erhöhten Kommunikationsbedarf der einzelnen Unternehmungseinheiten. Deshalb muss das CIS auch eine solche Kommunikation unterstützen.

Die **Informationsbeschaffung und -aufbereitung** steht im Mittelpunkt der Controlling-Funktionen. Der Informationsbedarf, den ein CIS decken soll, ist global nicht feststellbar, sondern hängt von dem konkreten Einsatz in der jeweiligen Unternehmung ab. Der Informationsbedarf ist nicht allein durch unternehmungsinterne Quellen zu decken, es sind zusätzlich externe Quellen heranzuziehen. Mögliche Informationsquellen sind externe Informations- und Datenbanken, die Informationen über ökonomische Zeitreihen, Marktentwicklungen, Käuferschichten usw. bereithalten. Jedoch decken diese Informationen nicht den speziellen externen Informationsbedarf einer konkreten Unternehmung ab, so dass als Quellen zusätzlich eigene Marktanalysen und ähnliche Erhebungen heranzuziehen sind.

Um das optimale Kosten-Nutzen-Verhältnis aus einem CIS ziehen zu können, ist es für die Unternehmung von entscheidender Bedeutung, sich für das „richtige" System zu entscheiden. Als Entscheidungskriterien können u. a. die Unternehmungsgröße (z. B. gemessen an der Höhe der Bilanzsumme), die Branche (eher statisch oder eher dynamisch), die Anzahl der Produkte und Dienstleistungen und die Daten- bzw. Informationsbreite sowie -tiefe dienen. Weitere unternehmungsindividuelle Auswahlkriterien sind hinzuzunehmen.

Die Praxis hat gezeigt, dass viele Unternehmungen mit einen tabellenkalkulationsba-
sierten CIS (bspw. MS-Excel) beginnen. Derartige Systeme sind sehr flexibel, sind aber
bzgl. der Datenvolumina beschränkt. Häufig erfolgt in einem nächsten Schritt die Ergänzung um ein **Datenbanksystem** (z. B. MS-Access). Dieses kombiniert eine hohe Flexibilität mit einem größeren Datenvolumen, das gespeichert und bearbeitet werden kann.

Wächst die Unternehmung weiter, verändern sich häufig auch die Anforderungen an
das CIS. Dies führt i. d. R. zu einem Wechsel zu einem „echten" CIS. Die Angebote sind
hier vielfältig. Exemplarisch werden hier die Softwarelösungen **Corporate Planning
Suite** und die **Seneca Business Software** vorgestellt.

Möchte die Unternehmung in einem nächsten Schritt bedingt durch weiteres Wachstum
verschiedene Unternehmungsbereiche und -tätigkeiten (bspw. Materialwirtschaft, Controlling, Personalmanagement und Finanzmanagement) in einem System integrieren folgt
i. d. R., als finale Stufe des Evolutionsprozesses der eingesetzten CIS, der Wechsel zu **SAP**.
Exemplarisch werden die Module Finanzwesen (FI) und Controlling (CO) vorgestellt.

Unabhängig davon, welches CIS eingesetzt werden soll, empfiehlt sich deren Einführung nach einem sog. **Phasenkonzept**.

5.4   Phasenkonzept – Von der Einführung bis zur Realisierung eines Controlling-Informationssystems

Die Vorgehensweise zum Aufbau eines CISs orientiert sich in erster Linie an einem sog.
Phasenkonzept. Dieses klassifiziert die gesamte Entwicklungstätigkeit in einzelne funktional abgrenzbare Phasen. Die Vollständigkeit der Phasen, gegliedert nach ihrer zeitlichen
Abfolge, wird als „software life cycle" bezeichnet. Die Zielsetzung, die mit der Anwendung des Konzeptes verbunden ist, besteht darin, durch das Teilen des (Entwicklungs-)
Prozesses die Qualität des CISs zu erhöhen, die Komplexität der Entwicklung zu reduzieren und eine Transparenz der Entwicklung herzustellen. Folgend lassen sich Termin-, Kos-
ten-, Qualitäts- und Leistungsziele besser erreichen und kontrollieren.

Der Fokus des Phasenkonzeptes ist eine Vorgehensweise vom Allgemeinen zum
Speziellen und vom konzeptuellen zum physischen Entwurf. Entwicklungen von CIS sind
komplexe Projekte, die selbst durch die Anwendung des Phasenkonzeptes nicht gänzlich
transparent gestaltet werden können. Um die Vorgehensweise einer Controlling-Syste-
mentwicklung aufzuzeigen, empfiehlt es sich, die einzelnen Phasen aus verschiedenen
Blickwinkeln zu betrachten. Grundsätzlich bieten sich folgende Sichten an:

- das Betrachtungsobjekt der Phase und die erforderliche Personengruppe,
- der Inhalt der Phase,
- die eingeschlagene Vorgehensweise und
- die organisatorischen Ergebnisse der Phase.

Die Tabellen Tab. 5.1, 5.2, 5.3, 5.4, 5.5, 5.6 und 5.7 geben die einzelnen Phasen aus den
o. g. Blickwinkeln wieder.

Tab. 5.1 Phasenkonzept – Phase: **Problemspezifikation**

Betrachtungsobjekt/beteiligte Personen	Probleme und Problembereiche/Fachabteilung, Controller, UL
Inhalt	Ziele, Problembereiche, Anforderungen, Abschätzung der generellen Durchführbarkeit
Vorgehensweise	Ist-Analyse: Analyse der Daten, Analyse der Funktionen
Angestrebte systembezogene und dokumentierte Ergebnisse	Problemverständnis und Anstoß der Systementwicklung

Tab. 5.2 Phasenkonzept – Phase: **Systemspezifikation**

Betrachtungsobjekt/beteiligte Personen	Systemfunktionen/Fachabteilung, Controller, UL, Systementwickler
Inhalt	Festlegung der Anforderungen: Funktionalität für den Benutzer, Einbettung in das betriebliche Informationssystem, Abschätzung der Durchführbarkeit
Vorgehensweise	Erweiterung/Erstellung eines Daten- und Funktionsmodells, Untersuchung der Durchführbarkeit
Angestrebte systembezogene und dokumentierte Ergebnisse	Vollständige Anforderungsspezifikation

Tab. 5.3 Phasenkonzept – Phase: **Systemkonstruktion**

Betrachtungsobjekt/beteiligte Personen	Logische Systemstruktur und logische Systemprozesse/ Fachabteilung, Controller, Systementwickler
Inhalt	Konzeptuelle Ebene des CISs
Vorgehensweise	Entwurf/Erweiterung des konzeptuellen Schemas und der Applikationen, Auswahl von Hard- und Software
Angestrebte systembezogene und dokumentierte Ergebnisse	Konzeptuelles Modell des CISs

Tab. 5.4 Phasenkonzept – Phase: **Systemimplementierung und -test**

Betrachtungsobjekt/beteiligte Personen	Physische Systemstruktur und physische Systemprozesse/Systementwickler
Inhalt	Implementierungsebene des CISs
Vorgehensweise	Entwurf/Erweiterung des internen Schemas und Kodierung von Hard- und Software
Angestrebte systembezogene und dokumentierte Ergebnisse	Physisches Modell des CISs

Tab. 5.5 Phasenkonzept – Phase: **Systemverifikation**

Betrachtungsobjekt/beteiligte Personen	Systemverhalten/Systementwickler, Controller
Inhalt	Anforderungserfüllung
Vorgehensweise	Prüfung auf Erbringen der Funktionalität und auf Vereinbarkeit mit dem betrieblichen Informationssystem
Angestrebte systembezogene und dokumentierte Ergebnisse	Fehlerfreies CIS

Tab. 5.6 Phasenkonzept – Phase: **Systemeinführung**

Betrachtungsobjekt/beteiligte Personen	Zusammenspiel neues (Teil-)System und bestehendes System/Systementwickler, Controller, Fachabteilung
Inhalt	Einführung des CISs, Schulung der Benutzer
Vorgehensweise	Grundlage ist die vollständige Beschreibung des Systems
Angestrebte systembezogene und dokumentierte Ergebnisse	Einsetzbares CIS, Schulungsunterlagen

Tab. 5.7 Phasenkonzept – Phase: **Systemwartung**

Betrachtungsobjekt/beteiligte Personen	Systemfunktionen/Fachabteilung, Controller, Systementwickler, UL
Inhalt	Anforderungserfüllung
Vorgehensweise	Grundlage ist die vollständige Beschreibung des erstellten Systems
Angestrebte systembezogene und dokumentierte Ergebnisse	Einsetzbares CIS

5.5 Praxisbeispiele für Controlling-Informationssysteme

5.5.1 Corporate Planning Suite (Corporate und Strategic Planner)

Von ihrem Aufbau erinnert die **Corporate Planning Suite (CP-Suite)** in Teilen an ein Tabellenkalkulations- und an ein Datenbanksystem, was unter Berücksichtigung des oben beschriebenen evolutorischen Prozesses i. B. a. den Einsatz von CIS entlang der Unternehmungsentwicklung durchaus hilfreich ist.

Die CP-Suite unterstützt Unternehmungen in den Bereichen operatives und strategisches Controlling sowie Konsolidierung. Das System bietet Unternehmungen in einer Softwarelösung Werkzeuge, die für eine Unternehmungssteuerung benötigt wird. Da nicht jede Unternehmung die gesamte Palette möglicher Controllingwerkzeuge mit über 300 betriebswirtschaftlichen Funktionen benötigt, kann individuell, entsprechend den Anforderungen, die optimale Controllingsoftware zusammengestellt werden. Für eine Vielzahl von Anforderungen und verschiedene Unternehmungsgrößen, ob als einzelner

Anwender in einer kleinen mittelständischen Unternehmung oder im Multiuser Umfeld in einem Konzern, kann die CP-Suite eingesetzt werden.

Das CIS umfasst u. a. das Modul **Corporate Planner**. Der Corporate Planner bietet betriebswirtschaftliche Planungsfunktionen bspw. integrierte Erfolgs- und Finanzplanung, Trendberechnungen, frei definierbare Planungsebenen, Simulationen, Top-down/Bottom-up-Planung, Szenarioplanung, individuelle Planungsmasken, Investitionsplanungen, Planungstabellen/-kommentare und Forecasts.

Für eine Auswertung der Unternehmungsdaten kann eine Auswahl von Analysefunktionen genutzt werden. Die Analysen sind dynamisch und können hinsichtlich der Berechnungsebenen, der Zeiträume und der Darstellungsarten verändert und erweitert werden. U. a. sind folgende Analysen verfügbar: Abweichungsanalyse, ABC-Analyse, Break-even-Analyse, Cashflow-Analyse, Drilldown-Analysen, Grafische Analysen, Kennzahlenanalyse, Kennzahlensysteme, Liquiditätsanalyse, Mehrdimensionale Analyse, Portfolioanalyse, Soll-/Ist-Vergleiche, Trendrechnung, Vorjahresvergleiche und Zeitreihenanalyse.

Mithilfe verschiedener Reportvorlagen können die Controller ein empfängerorientiertes Berichtswesen umsetzen. So erhält jeder Manager und/oder jeder Geschäftsführer die für ihn bestimmten bedarfsgerechten Informationen zur richtigen Zeit. Reportvorlagen werden einmalig definiert und stehen dann immer aktuell zur Verfügung. Die dargestellten Werte passen sich automatisch an. Im Rahmen des Reportings können beliebige Controllinginhalte ausgewählt und berichtet werden. Hierzu zählen u. a. GuV-, Bilanz- und Cashflow-Reports, Filialreports, Bereichsvergleiche, Vertriebsreports, Kostenreports mit Kostenstellen und -arten sowie BAB-Reports.

Die CP-Suite umfasst u. a. auch das Modul CP-Strategy. Mit CP-Strategy bzw. dem **Strategic Planner** sind Controller als Business Partner in der Lage, Strategien zu entwickeln und darzustellen. Sie können das Leitbild, die Vision und Strategien abbilden, Analysefelder festsetzen und beurteilen sowie Wettbewerber bewerten und analysieren. Des Weiteren können strategische Analysen durchgeführt und strategische Entscheidungen bzw. Maßnahmen vorbereitet werden.

Für eine strategische Unternehmungsplanung sind **Portfolio-Analysen** unentbehrlich. Mithilfe des Strategic Planners können auch Portfoliotypen, um die Positionierung der Geschäftseinheiten und der Produktlinien zu analysieren, verwendet werden. Folgende Portfolio-Analysen stehen dafür zur Auswahl: Marktattraktivität-Wettbewerbsvorteil-Portfolios (McKinsey), Marktwachstum-Marktanteil-Portfolios (Boston-Consulting-Group), Lebenszyklus-Portfolios, Geschäftsfeld-Ressourcen-Portfolios, Wettbewerber-/Branchen-Portfolios und weitere Individuelle Portfolios.

5.5.2 Seneca Business Software (Cloud Computing)

Cloud Computing ist eine momentan und zukünftig relevante Angelegenheit, dennoch gibt es bis dato keine einheitliche anerkannte Definition des Begriffes Cloud Computing. Die derzeitig vorhandene Aufmerksamkeit der Thematik führt zu einer Vielzahl von Auffassungen, welche keinem Standard folgen und somit für Ratlosigkeit sorgen.

Cloud Computing soll hier demnach nach kritischer Analyse der Definitionen und unter Beachtung der Konzepte, auf denen es fußt, wie folgt bewertet werden: Cloud Computing ist ein Prozess, welcher das Outsourcing von Daten-, Rechen- und Netzwerkressourcen betreibt. Vorteilhaft hierbei ist die Möglichkeit der flexiblen Ressourcenskalierbarkeit sowie der Bereitstellung dieser Ressourcen auf Abruf, mittels geringer vorausgehender Investitionskosten. Die Intention von Cloud Computing ist eine steigende organisationale IT-Ressourceneffizienz.

Zur besseren Einteilung der heterogen wirkenden Cloud-Dienste wird im Folgenden auf Grundlage einer konzeptuellen Architektur zwischen verschiedenen Cloud-Diensten differenziert. I. d. R. wird ein pyramidenförmiges **Drei-Schichten-Modell** herangezogen, welches sich nach dem Abstraktionsgrad der jeweiligen Schicht aufbaut. Hierbei nutzen die höheren, abstrakteren Schichten die Dienste der unteren und konkreteren Ebenen. Die höheren Schichten können entweder nur die Dienste der direkt darunterliegenden oder aller darunterliegenden Schichten nutzen. Die Autoren verwenden ein **Vier-Schichten-Modell**, welches die für das Wissensmanagement elementare menschliche Gestaltungsdimension stärker einbezieht.

Abb. 5.4 zeigt die (erweiterte) Architekturpyramide der Cloud Computing-Service-Modelle.

Des Weiteren werden in der allgemeinen Wahrnehmung diverse Einsatzmöglichkeiten der Cloud unterschieden. Der Cloud-Name leitet sich jeweils von der Zugangsform und der Implementierung in die vorhandene IT-Infrastruktur ab. Der technische Unterschied dieser **Cloud-Modelle** (hier: Private und Public Cloud) ist peripher: Bei der **Private Cloud** nutzt die Unternehmung eigene Rechenzentren bzw. Server und legt selber fest, wo die Daten gelagert werden. Die Verantwortlichkeiten für Corporate Governance,

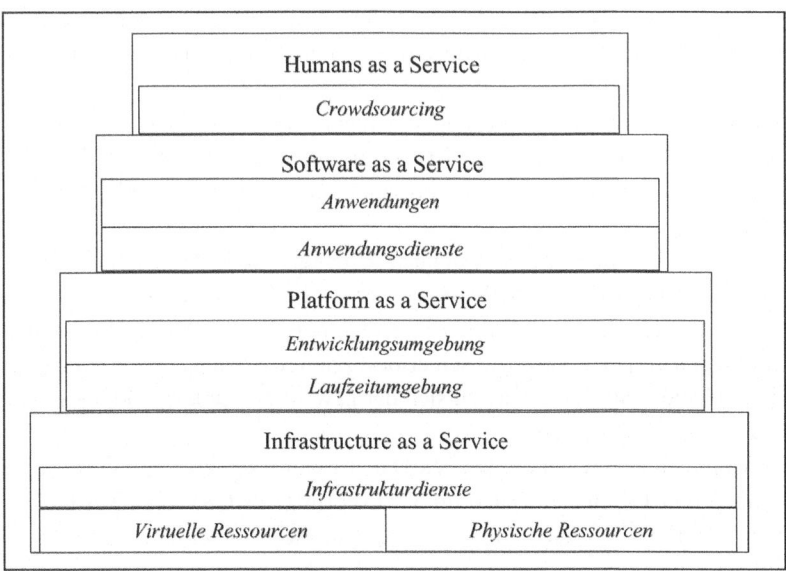

Abb. 5.4 Architekturpyramide des Cloud Computing

Datensicherheit sowie Zuverlässigkeit liegen innerhalb der Unternehmung. Im Vergleich zur Private Cloud erfolgt der **Public Cloud**-Zugang über das Internet und ist demzufolge für verschiedenste Personen und/oder Unternehmungen verwendbar. Die genutzten Dienste werden dem Anwender von externen Anbietern gegen eine Gebühr oder teilweise kostenfrei zur Verfügung gestellt. Die Unwissenheit des Anwenders über den Daten-Lagerort sowie den Server-Standort ist bezeichnend für die Public Cloud. Aufgaben und Services unterschiedlicher Klienten werden hierbei auf einer gemeinsamen Infrastruktur untergebracht und verarbeitet. Entscheidend ist an dieser Stelle der Aspekt der Datensicherheit im Allgemeinen und in Bezug auf sensible Unternehmungsdaten und Controllinginformationen im Besonderen.

Ein modernes, zeitgemäßes Controlling unter Nutzung des Cloud Computing (Software as a Service-Applikation und Public oder Private Cloud) bietet die Seneca Business Software GmbH. Die Unternehmung wurde Anfang 2011 gegründet und bietet ein CIS, das aufgrund moderner Technologien und zeitgemäßer Funktionalitäten den Unternehmungsanforderungen entspricht.

Mit Hilfe von Top-down und Bottom-up sowie saisonaler Planung und der Nutzung von Steigerungsfaktoren können Szenarien durchgespielt werden. Die Anwender können mit Planungsvarianten, unabhängig von Zeitraum und Granularität (Tag, Monat, Jahr, etc.) arbeiten. Des Weiteren ermöglichen Formeln weite Planungsspielräume. Außerdem können unterschiedliche Regionen, Produkte und Kundengruppen mit maßgeschneiderten Steigerungswerten und in verschiedensten Einheiten (Tonnen, Euro, Prozente, usw.) geplant werden. Sämtliche Daten lassen sich in kombinierten Grafiken in Wasserfall-, Linien-, Flächen-, Kreis- oder Säulendiagrammen zusammenfassen.

Dashboards liefern den Anwendern das Wichtigste auf einen Blick. Tachos, Ampeln und Fortschrittsbalken, als weitere hilfreiche grafische Elemente werden automatisch aktualisiert. Tabellarische Berichte lassen sich einfach erstellen, formatieren und nach MS Excel exportieren. Zudem ist die dynamische Anpassung an einen frei gewählten Zeitraum möglich.

In unternehmungsweiten Berichtsmappen können sämtliche Analysen konsolidiert sowie Berichte und Grafiken per Drag-und-Drop zusammengeführt werden. Schließlich gibt es die Möglichkeit, den Bericht in einen Präsentationsmodus zu überführen oder ein PDF zu erstellen.

Mit der Seneca Business Software können beliebig viele Unternehmungen separat abgebildet und einzelne Inhalte, wie Vertrieb, Personal oder Kostenstellen als Mandanten dargestellt werden. Seneca passt sich den Unternehmungsbedürfnissen (Customizing) an. Außerdem loggt sich jeder Nutzer in seiner bevorzugten Sprache ein. Das Programm sowie die individuellen Strukturen lassen sich der gewählten Sprache und der internationalen Rechnungslegung anpassen.

Durch Schnittstellenassistenten können Daten in unterschiedlichen Formaten übergeben werden. Ferner lassen sich Daten im XML-Format, als CSV oder MS Excel-Tabelle exportieren. Sämtliche Berichte, Grafiken und Analysen können auch als PDF oder MS Excel formatiert und auf dem Seneca FTP-Speicherplatz bereitgestellt werden.

Insgesamt bietet die Seneca Business Software GmbH drei Editionen an:

- Seneca Local bietet den Einstieg für Start-Ups, kleinere Unternehmungen oder Unternehmensberater.
- Seneca Global ist die Lösung für kleine und mittelständische Unternehmungen und größere Beratungsunternehmungen.
- Seneca Galaxy ist die Lösung für anspruchsvollste Unternehmungen und große Beratungshäuser.

5.5.3 SAP (CO-Modul) (ERP-System)

Um die Aufgaben hinsichtlich einer effektiven und effizienten Informationsversorgung zu bewältigen, müssen Unternehmungen in sämtlichen Bereichen Lösungen finden. Aufgrund dieser Hypothese und der verfügbaren Potenziale der **Enterprise-Resource-Planning-Systeme (ERP-Systeme)** stellen sie die bedeutendste Entwicklung im IT-Bereich in den letzten Jahren dar. Die technologischen Entwicklungen betreffen nicht nur die IT-Abteilung, sondern auch das Controlling. Durch den verstärkten Einsatz der ERP-Systeme wird weniger Zeit für die Aufbereitung der Daten benötigt, sodass mehr Kapazitäten für die Entscheidungsunterstützung vorhanden sind.

Die Interaktion zwischen IT und Controlling ist heutzutage größer als je zuvor. Die Globalisierung und Dynamiken der Märkte erfordern eine ganzheitlich erfassende Geschäftstätigkeit. An Stelle vieler nicht aufeinander abgestimmter Insellösungen stehen seit den 90er-Jahren daten- und funktionsmäßige Zusammenhänge im Vordergrund.

Wie in Abb. 5.5 dargestellt, wird unter einem ERP-System ein aus mehreren Modulen bestehendes Anwendungssystem, das die operativen Prozesse einer gesamten Unternehmung in allen wesentlichen Funktionsbereichen unterstützt, verstanden. Als die wichtigsten globalen ERP-System-Anbieter können **SAP** und **Oracle** betrachtet werden.

Diese modulare Aufbauweise schafft eine flexible Anpassung an den unternehmungsindividuellen Gegebenheiten. Angesichts der kontinuierlichen Weiterentwicklung der Module (Anlagenwirtschaft, Einkauf, Finanz- und Rechnungswesen, Materialwirtschaft, Personalwirtschaft, Produktion, Vertrieb, u. a.) ist es Unternehmungen möglich, das Basissystem bedarfsgerecht zu erweitern. Ferner ist zu beachten, dass sämtliche Module eines ERP-Systems gewöhnlich in weitere Module zu unterteilen sind.

Insgesamt können **Realtime-Informationen**, ein einzigartiges Interface, die vertikale und horizontale Interaktion zwischen den einzelnen Unternehmungsbereichen sowie die zentrale Datenbank als wesentliche Vorteile eines ERP-Systems im Allgemeinen und speziell für das Controlling aufgefasst werden. Aufgrund zentraler, konsistenter Daten und Informationen können operative und strategische Unternehmungsentscheidungen effektiver und effizienter getroffen werden.

Nichtsdestotrotz stellt insbesondere die ERP-System-Implementierung für das Controlling eine zunehmende Herausforderung dar. Bspw. hinsichtlich der Bereitstellung und

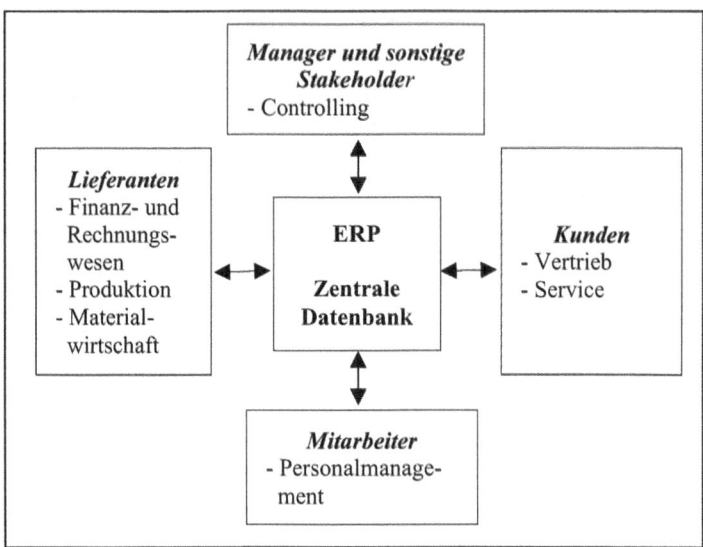

Abb. 5.5 Aufbau eines ERP-Systems

Sicherung qualitativer Daten, der Kontrolle komplexer Prozesse, sowie eines wachsenden Bestrebens zur Förderung und Erhöhung der Controller-Qualifikationen. ERP-Systeme werden zukünftig wahrscheinlich eine noch höhere Relevanz für das Controlling haben, da Controller immer öfter mit Tätigkeiten wie: ERP-Systemwartung, ERP-Schulungen, usw. konfrontiert werden. Des Weiteren dürfen sich heutige Controller bzw. Business Partner nicht Effizienzsteigerungspotenzialen entziehen, sondern sie sollten diese Chance ergreifen und sich gezielt darauf vorbereiten.

Der Marktführer im Bereich ERP-Systeme ist SAP. Die Definition von SAP lautet „Systeme, Anwendungen, Produkte". Die Unternehmung entwickelt und verkauft die gleichnamige Software zur Abwicklung sämtlicher Geschäftsprozesse innerhalb einer Unternehmung. Es handelt sich um ein integriertes betriebswirtschaftliches (Standard-)Softwareprodukt für verschiedene Unternehmungsbereiche. Die Software besteht aus Modulen und bietet vor allem für große Unternehmungen Lösungen, die einzelnen Unternehmungsbereiche zu verwalten.

Das **Modul SAP Controlling (CO)** bietet bspw. Funktionen für die Koordination, Überwachung und Optimierung der unternehmerischen Aktivitäten. CO ist nicht nur mit FI, sondern auch eng mit den Logistik-Modulen integriert, so dass alle Daten, die für die Kostenrechnung relevant sind, automatisch dort einfließen können. Die wichtigsten CO-Komponenten sind:

- **CO-OM Gemeinkostenrechnung** (Overhead Cost Management)
- **CO-PC Produktkostenrechnung** (Product Costing)
- **CO-PA Ergebnis- und Marktsegmentrechnung** (Profitability Analysis).

Es wird in der **Gemeinkostenrechnung** jeweils nochmals zwischen Kostenarten-, Kostenstellen- und Kostenträgerrechnung unterschieden. Bei der **Kostenartenrechnung** handelt es sich um die erste Stufe der Kosten- und Leistungsrechnung, indem Kosten von Aufwendungen und Erträge von Leistungen abgegrenzt und innerhalb einer Periode festgestellt werden. Die **Kostenstellenrechnung** stellt fest wo die Kosten angefallen sind und stellt so die Brücke zwischen der Kostenarten- und der Kostenträgerrechnung dar. Die Beantwortung der Frage, wofür die Kosten entstanden sind ist eine der zentralen Aufgabe der **Kostenträgerrechnung**. Die Kostenträgerrechnung rechnet die in der Unternehmung angefallenen Kosten den Leistungseinheiten (z. B. Produkte/ Dienstleistungen, Produkt- oder Dienstleistungsgruppen, Aufträge, Projekte und Kunden) zu. Das **Gemeinkostencontrolling** bildet die betriebswirtschaftliche Hauptaufgabe ab, denn hier werden die Kosten und Erlöse verursachungsgerecht gesammelt und zugeordnet.

Die **Produktkostenrechnung** dient zur Bereitstellung von Kosteninformationen für strategische und operative Entscheidungen. Über diese Rechnung können die Kosten ermittelt werden, die bei der Herstellung eines Produktes oder einer Leistung anfallen. So kann die Preisuntergrenze für eine profitable Vermarktung eines Produkts bzw. einer Dienstleistung ermittelt werden. Gleichwohl dient sie als Instrument zur Bestandsbewertung, diese wiederum entspricht einer gesetzlichen Anforderung.

Die **Marktsegmentrechnung** dient der exakten Zuordnung von Erlösen und Kosten, gegliedert nach Produkten resp. Dienstleistungen, Kunden usw. Sie analysiert den Unternehmungserfolg durch die Betrachtung der einzelnen Marktsegmente. Die Ergebnisdarstellung erfolgt nach dem Umsatzkostenverfahren. Dieses Instrument dient primär dem Vertriebscontrolling und somit als Entscheidungsgrundlage u. a. für die Preisfindung und Konditionierung.

5.6   Ergebnisse und Ausblick im Bereich „Controlling-Informationssysteme"

Die Anforderungen an ein modernes wertorientiertes Controlling wachsen mit dem immer komplexer und dynamischer werdenden Umfeld der Unternehmungen wie auch mit den immer einflussreicheren IT-Ressourcen. Gefordert sind ein steuerungsorientiertes CIS und ein Controller als Business Partner, das/der die Unternehmungsstrategie aktiv umzusetzen hilft, Entscheidungsinformationen bereitstellt und Wirtschaftlichkeitspotenziale rechtzeitig erkennt.

Dies erfordert fundierte Methoden- und Prozesskompetenz, aber auch Kompetenz in der Nutzung der Informationstechnik. Speziell der Einsatz von CIS hat eine relevante Funktion als Informationsquelle, aber auch zur Geschäftsprozessoptimierung. Der Controller bzw. Business Partner wird das Anwendungspotenzial von Informationssystemen erkennen und die ihm zugedachte Rolle innerhalb der Unternehmung erfüllen.

In (naher) Zukunft werden CIS weiter an Bedeutung gewinnen. Dies gilt auch in Hinblick auf „Big Data", als einer der Technologietrends, der es schaffen kann, einen echten Paradigmenwechsel in der Unternehmungssteuerung herbeizuführen. Hierfür ist allerdings eine gezielte Vorbereitung notwendig. Die Mitarbeiter müssen z. B. im Umgang mit den modernen CIS umfangreich geschult werden, damit sie über ein fundiertes Wissen der Informationstechnologien in ihrer Unternehmung verfügen.

Die einzelnen Unternehmungen stehen bereits jetzt vor der Herausforderung ihre Arbeitsprozesse für die **Digitalisierung** u. a. durch den Einsatz von CIS vorzubereiten bzw. zu optimieren. Sicher ist, dass auch das Controlling in Zukunft stark von der Digitalisierung beeinflusst werden wird. Dieser Prozess ist noch keineswegs abgeschlossen. Dabei ist die Wahl des passenden CIS ein weiterer erfolgskritischer Faktor, die den Unternehmungen keine externe Instanz abnehmen kann bzw. sollte.

Der Wertbeitrag des IT-Controllings

6

Zusammenfassung

Kaum ein Controller wird um die Feststellung umhinkommen, in hohem Maße auf die Unterstützung durch leistungsfähige **IT-Systeme** angewiesen zu sein. Das sog. **IT-Controlling (Informationstechnik-Controlling)** ist deshalb bereits seit längerem eine wichtige Komponente in der Betriebswirtschaftslehre und ein interdisziplinäres Teilgebiet der Wirtschaftsinformatik. Der Terminus wird seit über 25 Jahren in der Wissenschaft und Praxis diskutiert. Trotz allem gibt es keine Übereinstimmung hinsichtlich Ziele, Aufgabenumfang und Befugnisse des IT-Controllings. Oftmals genannte Aufgaben sind die Aufstellung und Abstimmung des IT-Budgets, Sicherung der IT-Wirtschaftlichkeit, Ermittlung des Wertbeitrags der IT am Unternehmenserfolg, die Steuerung der IT-Strategie und die Beurteilung der Chancen und Risiken von IT-Outsourcing-Aktivitäten. Die Dissonanz ist in der Thematik des IT-Controllings begründet, da sich die IT selber kontinuierlich wandelt und neuartige Anforderungen an das IT-Management und folglich an das IT-Controlling stellen. An dieser Stelle sind beispielsweise Themen wie E-Business, Cloud Computing oder IT-Wertbeitrag zu nennen. Hinter all dem steht die Feststellung, dass IT-Controlling ein integraler Faktor des IT-Managements sein muss.

6.1 Einleitung im Bereich des IT-Controllings

Gegenwärtig befinden sich zahlreiche Unternehmen in der **Reorganisationsphase** und es gibt heterogene Konstellationen bei der Kollektivarbeit von Controlling- und IT-Abteilung. Signifikant ist jederzeit, dass die damals eher isoliert voneinander agierenden kaufmännischen und technischen Abteilungen künftig ein gemeinsames Verständnis entwickeln müssen. IT-Controlling wird in dieser Sequenz selbst als **Service Provider** auftreten und den (Fach-) Abteilungen, Planungsmodelle und darüber hinaus Auswertungen als **Service** anbieten.

© Springer Fachmedien Wiesbaden GmbH, ein Teil von Springer Nature 2020
K. Amann et al., *Management und Controlling*,
https://doi.org/10.1007/978-3-658-28795-5_6

Zu beachten sind dabei stets die nachteiligen Effekte von Informationsvorsprüngen der IT-Abteilung gegenüber der Controlling-Abteilung: Auf der einen Seite kann die IT-Abteilung bei der Entwicklung von Software den Interessen der Controller entgegen tätig sein, wenn diese zu wenig IT-Know-how besitzen. Auf der anderen Seite können Controller aufgrund von Informationsasymmetrien unter Umständen nicht die erforderliche Leistungs- und Wirtschaftlichkeits-Transparenz des IT-Bereichs herstellen.

Das Kapitel hinterfragt, veranschaulicht und konkretisiert die wichtigsten IT-Controlling-Begrifflichkeiten und -Konzepte. Ergänzend folgt eine Stellungnahme in Bezug auf die Ziele, den Prozessen sowie den Ebenen und Methoden des IT-Controllings. Hierdurch soll die Diskussion und Weiterentwicklung angeregt und vor allem die Unternehmenspraxis aufgefordert werden, etablierte IT-Controlling-Methoden umfassender zu nutzen.

6.2   Grundlagen und Konzepte des IT-Controllings

6.2.1   Entwicklung des IT-Controlling-Begriffs

IT-Controlling ist ein **interdisziplinärer Tätigkeitsbereich** in Kontroverse von Wirtschaftsinformatik und allgemeinen Unternehmenscontrolling. Im weiteren Sinne gefasste Auslegungen implizieren dem IT-Controlling Entscheidungsbefugnisse, um die angestrebten Unternehmensziele zu gewährleisten. Als Beispiele sind hierzu Maßnahmen über das geplante **IT-Projektportfolio** oder die Höhe und Strukturierung des geplanten **IT-Budgets** zu nennen. Für die Definition des Wortes IT-Controlling gibt es in der Literatur zahlreiche bedeutungsgleiche Termini, wie beispielsweise das **ADV-Controlling** (Automatisierte Datenverarbeitungs-Controlling), das **DV-Controlling** (Datenverarbeitungs-Controlling), das **EDV-Controlling** (Elektronische Datenverarbeitungs-Controlling), das **INF-Controlling** (Informatik-Controlling bzw. Informationscontrolling), das **IV-Controlling** (Informationsverarbeitungs-Controlling) und/oder das **IS-Controlling** (Informationssystem-Controlling). Bezeichnungen wie ADV-Controlling, DV-Controlling und EDV-Controlling werden in der Literatur nur noch vereinzelt verwendet, während die Termini Informatik-Controlling und Informationscontrolling noch gelegentlich Anwendung finden. Als nicht überholt und eher zeitgemäß können die Fachausdrücke IV-Controlling und in erster Linie IT-Controlling charakterisiert werden. Die Autoren verwenden daher den Terminus IT-Controlling.

6.2.2   Aufgaben des IT-Controllings

Es gibt differierende Hypothesen über das Ausmaß der Aufgaben des IT-Controllings. Zu Beginn der IT-Controlling-Ära befassten sich Controller insbesondere mit Thematiken wie das Managen von IT-Projekten (IT-Projektentwicklung und -umsetzung) sowie der Budgetierung und/oder der Kostenabrechnung des IT-Betriebs. Summa summarum um **Wirtschaftlichkeitsbeurteilungen von IT-Investitionen und IT-Einsatz**. Heutzutage ergeben sich die zentralen Aufgabenfelder zunehmend aus der **Koordinationsfunktion** des IT-Controllings, welches durch den Wandel des Schwerpunkts von der Kostenrechnung hin zu einer Profit-Center-Rechnung geschuldet ist. Weiterhin werden dem IT-Controlling, je nach Auffassung, eine Moderatoren-, Planungs-, Steuerungs-, Überwachungs- und Kontrollfunktion zugeordnet. Die aktuellen Aufgabenbereiche des IT-Controllings sind weiter gefasst und definieren IT-Controlling als **Werkzeug zur Entscheidungsvorbereitung** unter Einbeziehung der zu nutzenden IT-Ressourcen. Becker/Winkelmann fassen IT-Controlling dementsprechend als „… Beschaffung, Aufbereitung und Analyse von Daten zur Vorbereitung zielsetzungsgerechter Entscheidungen bei Anschaffung, Realisierung und Betrieb von Hardware und Software …" auf.

Hinzukommend hat Schmid-Kleemann eine Übersicht der IT-Aufgaben konzipiert. Das Aufgabenspektrum dieser Zusammenstellung besteht zum einen aus Planung, Steuerung und Kontrolle von IT-Maßnahmen sowie zum anderen aus Information des Managements. Der Leitgedanke von Schmid-Kleemann deckt auf diese Weise primäre Faktoren des Aufgabenumfangs eines IT-Controllers ab. Hieraus werden im Folgenden, auszugsweise, die wesentlichen Aufgaben des IT-Controllers genannt:

(1) **Planung:**
  - IT-Strategieentwicklung und -umsetzung unterstützen.
  - Strategische und Operative IT-Planung koordinieren.
  - Jahres- und Mittelfristpläne erstellen.
  - IT-Ressourcen-Planung unterstützen.
  - IT-Kosten- und Leistungsverrechnung konzipieren und implementieren.
  - IT-Berichts- und Kennzahlensystem aufbauen.

(2) **Steuerung:**
  - IT-Prozesse bei Soll-/Ist-Abweichungen aktiv steuern.
  - Fixierte Korrektur- und Verbesserungsmaßnahmen im Informationsmanagement koordinieren und überwachen.

(3) **Information:**
  - Informationen des Informationsmanagements analysieren, kommentieren und reporten.
  - Beraten bzgl. der IT-Strategie, der IT-Kosten- und Leistungsverrechnung, des Einsatzes neuer Informationstechnologien und der Zusammensetzung des IT-Portfolios.

(4) **Kontrolle:**
  - Permanente Soll-Ist-Vergleiche bzgl. der Entwicklung von IT-Projekten, des IT-Betriebs, der Kontrolle aller Maßnahmen des IT-Risikomanagements/der IT-Sicherheit sowie der Einhaltung der IT-Strategie.

6.2.3 Organisatorische Disposition des IT-Controllings

Die Fragestellung: Wie ist IT-Controlling organisatorisch einzuordnen? wird seit Jahren in einigen Publikationen erarbeitet (Tab. 6.1), gilt allerdings als noch nicht ausreichend untersucht. Nicht selten, bspw. seitens der Unternehmensführung, wird IT-Controlling als Teilaufgabe des **Informationsmanagements** oder im allgemeinen **Unternehmenscontrolling** klassifiziert. Vereinzelt ist das IT-Controlling autonom davon als eigenständige Organisationseinheit einzustufen. Einen Überblick zur **organisatorischen Disposition** des IT-Controllings gibt Tab. 6.1.

6.2.4 Konzepte des IT-Controllings

In diesem Kapitel werden selektierte **Konzepte des IT-Controllings** dargelegt und um die organisatorische Disposition des IT-Controllings erweitert. Gruppiert sind diese IT-Controlling-Konzepte je Autor und dem Jahr der Erstveröffentlichung nach ihrem Schwerpunkt, ihrem Ziel und ihren zentralen Aufgaben (im Folgenden Tab. 6.2, 6.3 und 6.4). Um dem interdisziplinären Grundgedanken der Wirtschaftsinformatik im Allgemeinen und des IT-Controllings im Speziellen zu berücksichtigen, wurden wissenschaftliche Artikel in Fachzeitschriften, Lehrbücher und Beiträge aus der Praxis, einbezogen.

Tab. 6.1 Überblick der organisatorischen Disposition des IT-Controllings

Autor (Jahr)	Konzept	Organisatorische Disposition
Buresch (2000)	Organisatorisches Gefüge gebunden an der Rolle des IT-Controllings.	Spezifisches Rollenmodell mit subjektiver Wirkung im Unternehmen.
von Dobschütz et al. (2000)	Unternehmensgrößenabhängiger Ansatz: Informationsmanagement, Controlling oder Mischformen.	Zentrales IT-Controlling mit strategischen Aufgaben. Mit steigender Unternehmensgröße Ergänzung um dezentrales IT-Controlling.
Krcmar (2005)	Organisatorische Disposition bedingt durch die Funktion des IT-Controllings.	Zentrale oder bereichsorientierte Einordnung in das Informationsmanagement, das Controlling oder als Mischform. Ggf. komplementiert durch dezentrales IT-Controlling.
Kütz (2005)	Zentrales IT-Controlling für IT-Leistungserbringung und dezentrales IT-Controlling für IT-Nachfrageorganisation.	Klassifizierung in das Informationsmanagement (Leistungserbringung) und Fachbereiche (Leistungsverwendung).
Gadatsch/ Mayer (2006)	IT-Controlling als eigenständige und neutrale Organisationseinheit.	Verortung auf homogener Ebene wie Controlling und Informationsmanagement.
Kargl/Kütz (2007)	IT-Controlling als Modul des Informationsmanagements.	Kategorisierung in das Informationsmanagement.

Tab. 6.2 Auszug der IT-Controlling-Konzepte nach Schwerpunkt

Autor (Jahr)	Schwerpunkt (Ansatz)
Krcmar (1997, 2005)	IT-Controlling als Modul des Informationsmanagements unter Einsatz von Überwachungs- und Koordinationsfunktionen.
Britzelmaier (1999)	Aufbau einer Grundrechnung für die Informationsverarbeitung (Rechnungswesenorientierter Ansatz).
von Dobschütz et al. (2000)	Handbuch/Nachschlagewerk zum vollständigen Umfang des IT-Controllings.
Kargl (2003)	IT-Controlling als Ansatz zur Koordination und Koordinationskontrolle.
Gadatsch/Mayer (2004, 2006)	Leistungsorientiertes IT-Controlling.
Jaspensen (2005)	Mittelstandsorientiertes IT-Controlling.
Kütz (2005)	IT-Controlling als System, als Prozess und als organisatorische Instanz.
Kesten et al. (2007)	IT-Controlling von der Strategie bis zum IT-Betrieb (ganzheitlicher Ansatz).
Brun (2008)	Prozessorientiertes IT-Controlling (Beratungsansatz).

Tab. 6.3 Auszug der IT-Controlling-Konzepte nach Zielsetzungen

Autor (Jahr)	Ziele
Krcmar (1997, 2005)	IT-Effizienz und IT-Effektivität und andere.
Britzelmaier (1999)	Kosten- und Leistungsrechnung als grundlegende Sonderrechnung zur Unterstützung von Entscheidungen u. a.
von Dobschütz et al. (2000)	Ordnungsrahmen für das IT-Controlling u. a.
Kargl (2003)	Effiziente Nutzung von Ressourcen und effektive Auslastung von Potenzialen u. a.
Gadatsch/Mayer (2004, 2006)	Effektivität geplanter Maßnahmen und Effizienz in der Umsetzung u. a.
Jaspensen (2005)	Technisches IT-Controlling (Steuerung von Prozesse u. a.) und Wirtschaftliches IT-Controlling (monetäre Effekte realisieren u. a.).
Kütz (2005)	Ausweitung der IT-Effizienz, Impulsgeber für Restrukturierungen und Innovationen in der IT u. a.
Kesten et al. (2007)	IT-Wertbeitrag ermitteln u. a.
Brun (2008)	Management von Kosten und Ressourcen u. a.

Tab. 6.2 gibt einen Überblick der wichtigsten IT-Controlling-Konzepte mit dem jeweiligen **Schwerpunkt** beziehungsweise dessen Ansatz.

Der folgende Vergleich der IT-Controlling-Konzepte in Tab. 6.3 und 6.4 bestätigt, dass die (verbale) Auseinandersetzung über Ziele und (zentrale) Aufgaben des IT-Controllings wohl fortgeschritten, konträr dazu jedoch noch nicht vollendet ist.

Tab. 6.3 gibt einen Überblick der wichtigsten IT-Controlling-Konzepte nach der jeweiligen **Zielsetzung**.

Tab. 6.4 gibt einen Überblick der wichtigsten IT-Controlling-Konzepte nach deren jeweiligen **(zentralen) Aufgaben**.

Tab. 6.4 Auszug der IT-Controlling-Konzepte nach zentralen Aufgaben

Autor (Jahr)	(Zentrale) Aufgaben
Krcmar (1997, 2005)	Portfolio-, Projekt-, Produkt- und IT-Infrastruktur-Controlling u. a.
Britzelmaier (1999)	Zielfindung unterstützen/fördern, Informationsversorgung, Ziele planen, koordinieren und überwachen u. a.
von Dobschütz et al. (2000)	Controlling der Informationstechnik, Anwendungen und Infrastrukturdienste u. a.
Kargl (2003)	Partizipation bei der Erstellung der IT-Strategie, Projektportfolios gestalten, IT-Projekte analysieren und überwachen, Betrieb von IT-Anwendungen und der IT-Infrastruktur u. a.
Gadatsch/Mayer (2004, 2006)	Operatives IT-Controlling: IT-Kosten- und Leistungsrechnung, IT-Kennzahlen, IT-Projektcontrolling u. a. Strategisches IT-Controlling: IT-Strategiesteuerung, IT-Portfoliomanagement u. a.
Jaspensen (2005)	Rechnungswesen, operative Aufgaben (z. B. IT-Sicherheitsmanagement u. a.) und strategische Aufgaben (z. B. IT-Investitionsplanung u. a.).
Kütz (2005)	IT-Kosten- und Leistungsrechnung, IT-Wirtschaftlichkeitsrechnung, IT-Kennzahlensysteme und diverse Planungs-, Analyse- und Prognoseverfahren zur Entscheidungsunterstützung.
Kesten et al. (2007)	IT-Strategie: IT-Wertbeitrag ermitteln, Chancen und Risiken analysieren u. a. IT-Projekte: Multi- und Einzelprojektsteuerung, Wirtschaftlichkeitsanalysen u. a. IT-Betrieb: Geschäftspartnersteuerung, Kalkulation und Verrechnung der IT-Produkte u. a.
Brun (2008)	Portfolio-Management, Projekt-Controlling, Produkt- und Infrastruktur-Controlling, Risiko-Management u. a.

Eine Gegenüberstellung der Tab. 6.2, 6.3 und 6.4 lässt Schwerpunkte des IT-Controllings zusammenfassend feststellen. Der Großteil der o. g. Autoren sieht den Zweck bzw. die Zielsetzung des IT-Controllings in der effektiven und effizienten **IT-Leistungserstellung**. Ein Konsens wird bei den (zentralen) Aufgaben in der Schaffung von Transparenz – IT-Kosten- und Leistungsrechnung, IT-Kennzahlen, IT-Portfolio- und Projektmanagement u. a. – sichtbar. Im Weiteren wird IT-Controlling vorrangig als eine **beratende Funktion** für das Informationsmanagement angesehen. Allerdings gibt es eine Diskrepanz im Hinblick auf die Unabhängigkeit des IT-Controllings vom Informationsmanagement. Bis dato nicht geklärt ist die Frage, ob das IT-Controlling über eine autonome Entscheidungsfunktion verfügt oder ob es respektive als beratendes Organ des Informationsmanagements einzuordnen ist. Vereinzelte IT-Controlling-Konzepte behandeln das Rechnungswesen (Planung, Verrechnung und Analyse von IT-Kosten und -Leistungen u. a.) und das Informationsmanagement (IT-Strategie, IT-Standardisierung u. a.) gleichgewichtig. Im Allgemeinen wird nur ein Teilbereich fokussiert, wie das Rechnungswesen (u. a. Britzelmaier 1999) oder das Informationsmanagement (u. a. Krcmar 1997, 2005).

6.3   IT-Controlling-Prozesse

6.3.1   Allgemeines vs. ICV-Prozessmodell für das IT-Controlling

Ein **Prozess** ist ein zielgerichteter Aktivitätenverlauf, der in einer eindeutigen zeitlich-logischen Sequenz wiederholt durchlaufen wird. Prozesse verwenden Ressourcen, um Eingang (Input) in Ergebnisse (Output) zu transformieren. Im Allgemeinen trifft dies auch für (IT-)Controllingprozesse zu, da eine zielorientierte Steuerung gewährleistet werden soll. Das zu steuernde Objekt, z. B. ein Prozess oder ein Projekt, eine Funktion oder eine gesamte IT-Supply-Organisation, befindet sich demnach in einem Istzustand und soll in einem Zielzustand konvertiert werden.

Die zielgerichtete **(Prozess-)Steuerung** erfolgt dabei stets in der Zeit. Das heißt, dass die beabsichtigten Veränderungen in einen bestimmten Zeitraum umgesetzt und sichere Zustände für einen bestimmten Zeitraum beibehalten werden sollen. Jede Steuerungsaufgabe bedarf hierbei einen Verantwortlichen, den Manager und wird in sog. **Regelkreisen** durchgeführt. Ein Regelkreis ist ein allgemeingültiges Paradigma für Steuerungsaufgaben und vollzieht sich i. d. R. in klar definierten Phasen. Der Steuerungsregelkreis, bzw. dediziert der Regelkreis des (IT-)Controllings, hat insgesamt sieben Phasen. Abb. 6.1 stellt diese Architektur dar.

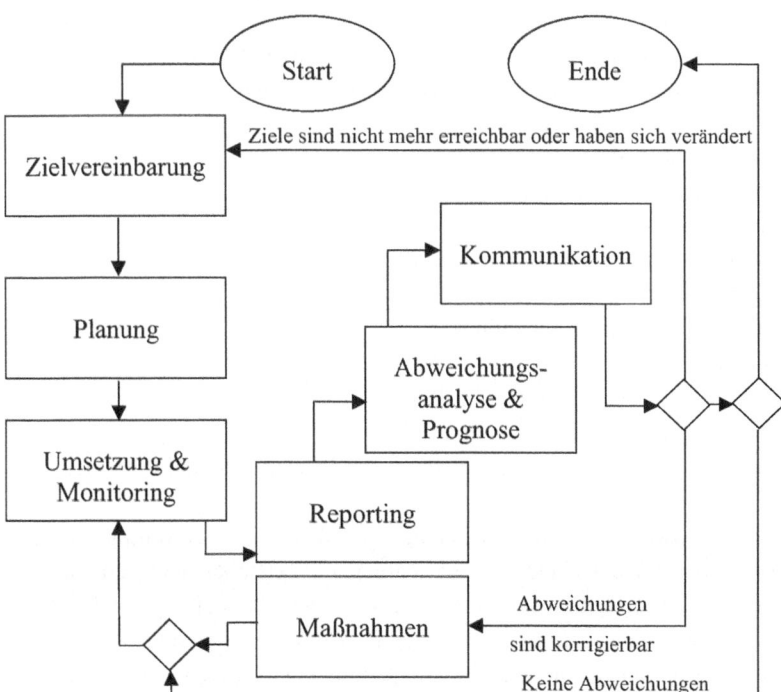

Abb. 6.1   (IT-)Controlling-Regelkreis

Der in Abb. 6.1 dargestellte **Steuerungsregelkreis** inkludiert einen weiteren (indirekt eruierten) Sachverhalt: Controlling ist Aufgabe des zuständigen Managers! Der Controller steht ihm als Navigator, Lotse oder Berater bzw. Business Partner zur Seite. Die Verantwortung für die Zielerreichung liegt einzig und allein beim Manager. Direkt besitzen Controller also keine aktiven Interventionen in das Steuerungsobjekt. Dessen ungeachtet sind sie in der **Planungs- und Reporting-Phase** sowie in der **Abweichungsanalyse** gefordert. Im Reporting bereiten die Controller relevante Daten für die Abweichungsanalyse auf und kommunizieren diese an das Management. In der Planung und der Abweichungsanalyse versorgen die Controller den Manager mit allen relevanten Informationen, bereiten ggf. Alternativen auf und sorgen für eine lückenlose Informationslage, bzw. grenzen Informationsdefizite möglichst präzise ab.

Im Weiteren muss sich das IT-Controlling aktiv in der **Kommunikationsphase** einbringen. Das heißt, dass das IT-Controlling dafür sorgt, dass die insbesondere in der IT-Landschaft verschiedenen Personen- und Interessengruppen – mit heterogenen Qualifizierungen, Verantwortungen und Zielen – sich verständigen, gemeinsam Lösungen finden und Entscheidungen treffen. Es muss die technische und die kaufmännische Welt koppeln (**Transparenz sicherstellen**) sowie eine vollständige Informationsversorgung gewährleisten. Ferner assistiert das IT-Controlling dem Management inhaltlich und koordiniert die (übergreifende) Planung. Es sorgt darüber hinaus, dass die Planungsergebnisse dokumentiert und an alle Betroffenen kommuniziert werden.

In der IT-Controlling-Historie wurden mehrfach Prozessmodelle publiziert. U. a. hat der Internationale Controller-Verein e. V. (ICV) ein **gemeingültiges Prozessmodell** für das Controlling konzipiert. Darin zählt der ICV die folgenden Hauptprozesse auf:

- Strategische Planung,
- Operative Planung und Budgetierung,
- Forecast,
- Kosten-, Leistungs- und Ergebnisrechnung,
- Management-Reporting,
- Projekt- und Investitionscontrolling,
- Risikomanagement,
- Funktionscontrolling (u. a. IT-Controlling),
- Betriebswirtschaftliche Beratung und Führung,
- Weiterentwicklung der Organisation, Prozesse, Instrumente und Systeme.

Für den **Funktionscontrolling-Bereich**, u. a. für das IT-Controlling wird angenommen, dass es die anderen Hauptprozesse entgegnet, ggf. aber noch um funktionskennzeichnende Prozesse erweitert werden muss. Eine Gegenüberstellung mit dem Prozessmodell des IT-Controllings dokumentiert zwei Feststellungen: Erstens wird die Kosten-, Leistungs- und Ergebnisrechnung auf die finanzielle Perspektive begrenzt. Für ein effektives Funktionscontrolling, insbesondere IT-Controlling, ist dies nicht hinreichend. Zweitens ist die betriebswirtschaftliche Beratung und Unterstützung in dem IT-Controllingsystem in den heterogenen Unterstützungsprozessen impliziert, wird aber nicht als eigenständiger

(Haupt-)Prozess beschrieben. Insgesamt beinhaltet das ICV-Modell relevante Aufgaben des (allgemeinen) Controllings und definiert die Prozesse. Es handelt sich i. w. S. um eine praxisorientierte Verknüpfung von Controlling-Aufgaben, jedoch i. e. S. nicht um ein in sich methodisches System.

6.3.2 Operatives vs. Stragisches IT-Controlling

Das operative IT-Controlling erhöht die Effizienz der vom strategischen IT-Controlling vorge-gebenen Maßnahmen. Zentrale Frage des operativen Controllings ist: Wie lassen sich die Maßnahmen optimal realisieren („to do the things right")? Hierbei arbeitet es innerhalb eines determinierten Zeithorizonts und interpretiert Geschäftsprozesse und/oder Anwendungssys-teme. Das formulierte Ziel ist es, konkrete Geschäftsprozesse durch einen **effizienten IT-Ein-satz** zu unterstützen. Die Zielerfüllung des operativen IT-Controllings wird am Gewinn, der Liquidität und der Rentabilität des Unternehmens gemessen. Das strategische IT-Controlling richtet sich ohne Zeithorizont am Gesamtunternehmen bzw. am Konzern bzw. ebenso an Geschäftsfelder. Es soll zur Effektivitätssteigerung im Unternehmen beitragen. Zentrale Frage des strategischen IT-Controllings ist: Welche Aufgaben müssen für die Zukunft gelöst werden („to do the right things")? Als strategische Komponente steuert die IT – als Wettbewerbsfak-tor – dazu bei, die Unternehmensziele zu erreichen. Die Zielerfüllung lässt sich langfristig am Unternehmenswert und der Existenzsicherung des Unternehmens quantifizieren. Abb. 6.2 zeigt Merkmale des strategischen und operativen IT-Controllings.

Tab. 6.5 zeigt eine beispielhafte Gegenüberstellung von strategischem IT-Controlling und operativem IT-Controlling um weitere Überlegungen, hinsichtlich Führungsstil, Con-trollingziel, Führungsgrößen, Ausrichtung, Dimensionen und Informationsquellen.

Eine genauere Untersuchung der Tab. 6.5 zeigt, dass zwischen strategischem und opera-tivem IT-Controlling eine inhaltlich eindeutige Isolierung kaum möglich ist. Im Grunde ge-nommen haben alle aufgeführten Begriffe sowohl strategische als auch operative Tragweite. Das führt zum folgenden Resümee: Einerseits können Strategie und Operation nicht isoliert

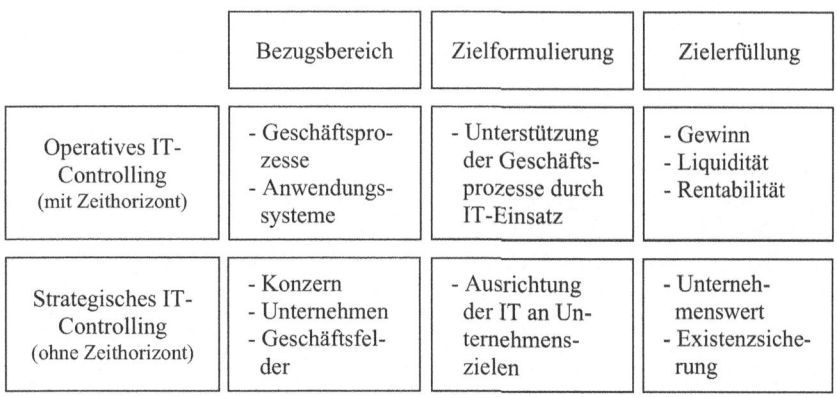

	Bezugsbereich	Zielformulierung	Zielerfüllung
Operatives IT-Controlling (mit Zeithorizont)	- Geschäftspro-zesse - Anwendungs-systeme	- Unterstützung der Geschäfts-prozesse durch IT-Einsatz	- Gewinn - Liquidität - Rentabilität
Strategisches IT-Controlling (ohne Zeithorizont)	- Konzern - Unternehmen - Geschäftsfel-der	- Ausrichtung der IT an Un-ternehmens-zielen	- Unterneh-menswert - Existenzsiche-rung

Abb. 6.2 Merkmale des strategischen und operativen IT-Controllings

Tab. 6.5 Unterschiede zwischen strategischem und operativem Controlling

	Strategisches IT-Controlling	Operatives IT-Controlling
Führungsstil	Leistungsführerschaft für IT-Services in der Gesamtorganisation, bevorzugter IT-Dienstleister der internen Kunden.	Kostendeckende Umsätze, steigende Absätze, kontinuierliche Produktivitätssteigerung.
Controllingziel	Potenziale und Risiken für Leistungsabgabe erkennen, Kundenfokus stärken, preiswerte Leistungen anbieten, Fertigungstiefe optimieren.	Bereitstellungswirtschaftlichkeit verbessern, Informationsqualität erhöhen, Planungstreue steigern.
Führungsgrößen	Kundenzufriedenheit, Anteil an Gesamt-IT-Verbrauch, Struktur des Leistungsportfolios, Kundenstruktur, Mitarbeiterqualifikation.	Absatz (Mengen), Umsatz, Produktivität, Kapazitätsauslastung, Störungen/Probleme.
Ausrichtung	Gewinnung neuer Kunden, Leistungsvolumen pro Kunden erweitern.	Stabilisierung und Sicherung bestehender Geschäftsbeziehungen zu Kunden und Lieferanten.
Dimensionen	Stärken: Kenntnis des Kerngeschäftes und der Organisation. Schwächen: hohes Kostenniveau. Chancen: Wachstum des internen Marktes durch Übernahmen. Risiken: aggressive externe IT-Dienstleister.	Kapazitäten, Ressourcenverbräuche, Kosten/Mengengerüste, Leistungen.
Informationsquellen	Kunden-Feedback, Lieferanten-Feedback, Branchenumfeld, IT-Umfeld.	Systemprotokolle, Leistungsaufzeichnungen, Kostenberichte, Abrechnungsstatistiken.

voneinander betrachtet werden, denn Strategien müssen operativ umgesetzt werden. Andererseits können operative Prozesse stets zu einer Modifikation langfristiger Ziele und Strategien führen. Dies spiegelt sich auch im (IT-)Controlling-Regelkreis, der Ziel- und Strategieveränderungen über Zielvereinbarung und Planung einräumt. Ergo müssen strategisches und operatives IT-Controlling, gegenseitig verknüpft sein, sowohl in puncto der Inhalte als auch in ihren Prozessen.

6.4   Ebenen des IT-Controllings

IT-Controlling verknüpft verschiedene Ebenen der Planung, Einführung und Nutzung von IT in Unternehmen. Auf der Ebene der **IT-Strategie** muss der IT-Bezug zu den Unternehmenszielen gewährleistet und dies über äquivalente Konzepte, bzw. Prinzipien für die ausführenden Geschäftseinheiten kommuniziert werden. Diverse strategische Unternehmensziele, wie z. B. die Flexibilität im Markt zu steigern oder die Lieferzeiten zu verringern, sind lediglich durch einen einwandfreien IT-System-Einsatz zu bewerkstelligen. Daher ist es als relevante Aufgabe im IT-Controlling erforderlich, die strategischen Anwendungen zu identifizieren, die einen (Wert-)Beitrag zur Unterstützung der Wettbewerbsstrategie realisieren.

Die zweite Ebene des Handlungsrahmens für das IT-Controlling bilden **IT-Projekte** inkl. IT-Projektcontrolling, Wirtschaftlichkeitsprognosen und -kontrollen. In Form von IT-Projekten finden bspw. die Implementierung neuer IT-Anwendungen sowie etwaige Ergänzungen, bzw. Reorganisationen in der existierenden IT-Systemumgebung hinsichtlich strategischer Vorgaben statt:

- Das **IT-Projektcontrolling** steuert zielorientiert konkrete (einzelne) Projekte. Ein Ansatz, der hierbei verwendet wird, ist die **Earned-Value-Analyse**. Diese ermöglicht es Fortschritte des Projektes aufzuzeigen und Aussagen zum weiteren Projektverlauf, zu treffen.
- Die **Wirtschaftlichkeitsprognosen** von IT-Projekten sind ununterbrochen in eine Wirtschaftlichkeitskontrolle zu überführen. Eine derartige Prognosewertekontrolle besitzt nur in dem Fall eine hohe Relevanz, wenn sie nicht nach Abschluss eines Projektes, sondern permanent während des Projektes stattfindet. Dadurch lassen sich neben einem Lerneffekt für zukünftige Projekte, auch Handlungsempfehlungen für das laufende Projekt ableiten.

Auf der **IT-Betriebs-Ebene** steuert das IT-Controlling die stetige Bereitstellung von IT-Leistungen und -Produkten, d. h. ein anforderungsgerechtes Leistungspaket auf Grundlage von am IT-Markt abgeleiteten Preisen. Hierunter werden u. a. die Prozessdurchführung (bspw. standardisierte Service- bzw. Supportprozesse etablieren) sowie die Organisation von grundlegenden Voraussetzungen (bspw. Verantwortlichkeiten für Einzelaufgaben eindeutig definieren) im IT-Bereich determiniert. Ergänzend dazu sollte eine Beteiligung externer Partner berücksichtigt werden. Als wesentliches Werkzeug hat sich die Verrechnung der mit den erbrachten Leistungen verbundenen Kosten an die Leistungsempfänger konstituiert. Weiterhin ist, um eine operative Steuerung der IT-Landschaft auf sämtlichen Ebenen des IT-Controllings nachhaltig zu unterstützen, ein **Performance Measurement-System** aufzubauen. Entscheidend ist ein Konzept, das auf den Controlling-Ebenen „**IT-Strategie, IT-Projekte und IT-Betrieb**" die Zielvorgaben, Maßnahmen zur Zielerreichung sowie zentrale Größen zur Messung und Beurteilung der Zielvorgaben erfasst und ggf. bestehende Interdependenzen identifiziert. Der **Balanced Scorecard-Ansatz** bekräftigt als ganzheitlich entwickelndes Performance-Measurement-Hilfsmittel diese Anforderungen zu realisieren.

Ergo unterstützen die in den Handlungsrahmen für das IT-Controlling genannten Methoden, als eine ganzheitliche Zielsetzung, die Verbesserung der IT-Aktivitäten auf die Unternehmensziele. Hinzukommend werden Erfolgspotenziale in der Ressource „IT" ausgenutzt.

6.5   Tätigkeitsfelder und Methoden des IT-Controllings

IT-Controller sind die Spezialisten für **IT-Steuerungssysteme** und müssen dementsprechend diverse (IT-)Methoden und (IT-)Instrumente beherrschen können. In diesem Kapitel werden Methoden des IT-Controllings vorgestellt. Dabei werden die Aufgabenbereiche: Kosten- und Leistungsrechnung, Wirtschaftlichkeitsrechnung und Kennzahlensysteme in der IT dargestellt. Das Ziel ist es vor allem einen repräsentativen Überblick zu verdeutlichen.

6.5.1   Kosten- und Leistungsrechnung in der IT

IT-Leistungen definieren den Aufbau und die Aktivität von IT-Systemen wie auch die Analyse damit zugehörender Dienstleistungen. Bei der Leistungserstellung werden differierende Ressourcen in Form von Güter und/oder Dienstleistungen konsumiert. Findet eine Bewertung des Ressourcenverbrauchs in Geldeinheiten statt, so spricht man in der Betriebswirtschaftslehre-Disziplin von **Kosten**. Sie sind ein wesentlicher Bestandteil jeder Planung und Wirtschaftlichkeitsbetrachtung. Die Tätigkeitsbereiche des IT-Controllings sind es aus diesem Grund, sich nachhaltig mit den IT-Kosten, ihrer Struktur und ihrer Zuordnung zu den IT-Leistungen zu befassen. Die Voraussetzung jeder Kostenrechnung ist die vorlaufende Erfassung der (Ressourcen-)Verbräuche, denn ohne eine vollständige Verbrauchsanalyse ist die Kostenrechnung keinesfalls durchführbar. Eine vollständige Verteilung der Kosten auf Kostenarten, -stellen und -träger dokumentiert die Kostenstruktur in der IT und stellt insb. im Vergleich (**IT-Benchmarking**) erste Ergebnisse über die Wirtschaftlichkeit der IT-Leistungserstellung bzw. IT-Leistungsverwendung zur Verfügung. Die in der Praxis festgestellten Mängel in der Kostenrechnung lassen sich oftmals auf Lücken in der Verbrauchserfassung begründen.

Im Rahmen der **Plankostenrechnung** ist die Phase – **Abweichungsanalyse & Prognose** – des (IT-)Controlling-Regelkreises eine wichtige Komponente im IT-Controlling. Hier werden die IT-Kosten mittels Planung und Istzustand verglichen, aufgetretene Abweichungen analysiert und die zu erwartende weitere Entwicklung prognostiziert. Wenn IT-Controller die fixen Kosten (**Bereitschaftskosten**) auflösen könnten, dann würden sie in der Abweichungsanalyse weiterkommen. Dazu können sie in der IT häufig die Ansätze der **Prozesskostenrechnung** verwenden. Diese unterstützt IT-Controller dabei, einerseits die Stückkosten von Prozessen verursachungsgerecht zu ermitteln, wenn sie die tatsächlichen Ressourcenverbräuche der Kostentreiber ermitteln können. Andererseits können nicht genutzte Kapazitäten (Leerkosten) der Kostentreiber-Ressourcen identifiziert werden. Damit ist die Prozesskostenrechnung eine wirkungsvolle Methode Kostensenkungspotenziale in der IT zu erkennen. Eine weitere Methode für das IT-Controlling ist die **Total Cost of Ownership (TCO)-Kalkulation**, eine Form der Kostenträgerrechnung. Erfahrungsgemäß geht es für Organisationen, die dank der IT ihre Geschäftsprozesse unterstützen, weder um die reine **Bereitstellungswirtschaftlichkeit (IT-Supply-Sicht)** noch um die reine **Verwendungswirtschaftlichkeit (IT-Demand-Sicht)**, sondern vielmehr um die **Gesamtwirtschaftlichkeit** der eingesetzten IT-Systeme.

In Bezug auf die IT-Kosten kann festgehalten werden: Je mehr IT-Systeme und IT-Services genutzt werden und je mehr Personen im Unternehmen diese Leistungen nutzen, desto höher sind die IT-Kosten. Folglich müssen die IT-Verantwortlichen darauf hinweisen, dass den IT-Kosten angemessene Leistungen gegenüberstehen. Hinzukommend werden diese Leistungen von den Kunden bzw. Fachbereichen, ersucht und verwendet. Ferner möchte jede Organisation gewährleisten, dass die IT-Systeme und IT-Services ökonomisch erzeugt und genutzt werden. Im Umkehrschluss bedeutet das, dass nur die IT-Leistung konsumiert wird, die erforderlich ist. Die **IT-Leistungsrechnung** muss daher herausarbeiten, welche Leistungen in welchen Mengen erbracht wurden, welchen (monetären) Wert sie haben und welche Leistungen in welcher Menge von welchen Verwendern abgenommen wurden.

6.5.2   Wirtschaftlichkeitsrechnung in der IT

Steuerung ist eine Abfolge von **Entscheidungen**, die notwendig sind, wenn Abweichungen entstehen. Im Controlling werden Entscheidungen vorbereitet und koordiniert, die dann durch Management und Führungskräfte umgesetzt werden. Die Auswirkungen von Entscheidungen auf das Unternehmen werden im Controlling ermittelt und mit den Zielen abgeglichen, um so rechtzeitig Abweichungen zu erkennen und Korrekturmaßnahmen einzuleiten. Jede Entscheidung beinhaltet Risiken. Denn es ist fraglich, ob die erwarteten Erfolge der Entscheidungen in der Zukunft auch verwirklicht werden. Letzten Endes müssen IT-Controller die ihnen zur Verfügung stehenden Werte nicht nur aufrechterhalten, vielmehr müssen sie diese vergrößern. Sie werden sich für diejenigen Alternativen entscheiden, die ihnen den größten Wertzuwachs garantieren. Alles in allem sind **Wirtschaftlichkeitsbetrachtungen** ein primäres Betätigungsgebiet für das IT-Controlling. In jeder Entscheidungssituation sind bspw. folgende grundlegende Fragen zu beantworten:

- Haben wir alle denkbaren Alternativen einbezogen?
- Sind für jede denkbare Alternative alle positiven und negativen Konsequenzen bewusst?
- Können alle Konsequenzen (monetär) bewertet werden?
- Wie einwandfrei können die Konsequenzen vorausgesagt oder geschätzt werden?

Eine Aufgabe der IT-Controller in der Phase der **Entscheidungsunterstützung** ist es, auf diese Fragen reagieren zu können. Sie müssen den Managern assistieren, wo ihre Entscheidung nachweisbar ist und wo sie – wegen **Informationsdefiziten** – Risiken eingehen und damit Verantwortung übernehmen muss.

Das primäre Aufgabenfeld der Wirtschaftlichkeitsrechnung ist die kontinuierliche IT-Leistungserstellung, demgemäß **Prozesse** und **Services**. Weiterhin kann die Wirtschaftlichkeit von Projekten analysiert werden, allerdings steht hier die **Rentabilität** im Fokus. Eine Besonderheit der Wirtschaftlichkeitsrechnung sind **Break-even-Analysen**. Mithilfe von Break-even-Analysen wird ermittelt, wie lange es dauert, z. B. als IT-Supply-Organisation, einen neuen Service in sein Portfolio aufzunehmen, bis der über die Zeit kumulierte Outputwert den kumulierten Inputwert übersteigt.

6.5.3   IT-Kennzahlensysteme

Das IT-Controlling muss vielen Ansprüchen gerecht werden: hohe Qualität, geringe Kosten, schnelle Umsetzung von Änderungen und Konformität mit regulativen und gesetzlichen Änderungen. Außerdem sind auch **IT-Kennzahlen** eine wichtige Komponente. Dabei erfordert die Steuerung des IT-Controllings und der IT-Aktivitäten einen ausgewogenen Satz von Kennzahlen, der alle Einflüsse adäquat berücksichtigt. IT-Kennzahlen unterstützen hierbei Ist-Situationen darzustellen und Abweichungen von der Soll-Situation festzustellen und zu bewerten. Der Nutzen von IT-Kennzahlen, bzw. **IT-Kennzahlensysteme**, kann dabei wie folgt zusammengefasst werden:

- Optimierungsmaßnahmen werden erleichtert,
- Zuordnung von Kosten zu Leistungen,
- Nachkalkulation für IT-Produkte,
- Erleichterung der Ressourcenplanung,
- Erkennen von freien Kapazitäten,
- Streichung überflüssiger Leistungen.

In den Controlling-Regelkreisen sind IT-Kennzahlen die **Messgrößen**, die indizieren, ob sich das zu steuernde Objekt (eine IT-Organisation, ein IT-Prozess, ein IT-Projekt usw.) im „grünen Bereich" befindet. Der Bedarf einer mehrdimensionalen und nicht nur monetär ausgerichteten Steuerung von IT-Organisationen durch **IT-Balanced Scorecards** wird inzwischen allgemein anerkannt. Nachfolgend sind beispielhaft typische, in Unternehmen gebräuchliche IT-Kennzahlen den vier Standard-Perspektiven der **Balanced Scorecard** zugeordnet:

(1) **Finanzen**: Anteil der IT-Kosten an der Wertschöpfung, IT-Kosten pro Arbeitsplatz, IT-Kosten bezogen auf Kosten der Gesamtorganisation, Return on Invest von Projekten.
(2) **Prozesse**: Fehlerhäufigkeit, Eigenlösungsanteil bei Störungen, Prozesskostensatz je IT-Service (z. B. User Help Desk, Server-Betrieb), Ressourcenbezogene Produktivität eines Prozesses (Leistungsmenge, Durchlaufzeiten, Ressourcenauslastung).
(3) **Potenziale**: Anteil IT-Mitarbeiter an den gesamten Unternehmensmitarbeitern, Neuproduktanteil (Projekte versus Wartung/Pflege Altanwendungen), Auslastungsgrad, Fremdleistungsanteil, Budgetanteil Forschung und Entwicklung.
(4) **Kunden**: Reklamationsrate, Zufriedenheit des Kunden.

Aus Unternehmensvision und -strategie – heruntergebrochen auf die IT – lassen sich die geeigneten Kennzahlen für jede der Balanced-Scorecard-Perspektiven relativ leicht ableiten. Aus den Abweichungen zu den Vorgabewerten, bewertet vor dem Hintergrund der IT-Gesamtstrategie, lassen sich die erforderlichen Maßnahmen und deren Priorisierung definieren.

Dennoch ist die Unterstützung des IT-Managements durch Kennzahlen und die konsequente Arbeit mit Kennzahlensystemen in den Managementprozessen keinesfalls selbstverständlich. Entscheidend ist die Gewichtung der Anforderungen und die Ableitung der Ziele und Strategien, die zentrale Schritte auf dem Weg zu aussagekräftigen und nützlichen IT-Kennzahlen sind. Zu beachten ist, dass IT-Kennzahlen und IT-Kennzahlensysteme einem **Lebenszyklus** unterliegen. Spätestens nach der Definition neuer Ziele oder einer anderen Gewichtung der Ziele müssen die IT-Kennzahlen neu bewertet oder neu entwickelt werden.

6.6   Ergebnisse und Ausblick im Bereich „IT-Controlling"

IT-Controlling kommt eine immer größer werdende Bedeutung in den Unternehmen zu. Gründe hierfür sind die Ausweitung der IT-Durchdringung in den Geschäftsprozessen und einhergehend das gestiegene Verständnis des Top-Managements für Fragestellungen der IT. Denn IT-Controlling verknüpft die technische und kaufmännische Welt. Die in der Literatur oftmals empfohlene Einordnung des IT-Controllings in das Informationsmanagement wird durch die Unternehmenspraxis bestätigt. Lediglich in Ausnahmefällen berichten IT-Controller unmittelbar an das Management.

In vielen Unternehmen sind bis dato Standardmethoden des IT-Controllings, wie z. B. IT-Kennzahlensysteme i. w. S. bzw. die IT-Balanced Scorecard i. e. S. als Werkzeug für die IT-Steuerung noch nicht vollständig eingerichtet. Dennoch ist in diesem Bereich der Einsatz betriebswirtschaftlicher Methoden in den letzten Jahren angestiegen. Begründet ist dies dadurch, dass die (Standard-)Methoden nicht immer wirtschaftlich einsetzbar sind.

In der Praxis wird die Darstellung des hohen Wertbeitrags des IT-Controllings häufig gefordert, aber nur in wenigen Publikationen thematisiert. Zur Verbesserung der Situation des IT-Controllings befürworten die Autoren im Hinblick auf ein mögliches Forschungsvorhaben, die (Weiter-)Entwicklung der individuellen Konzeption von Referenzmodellen für individuelle Aufgabenstellungen des IT-Controllings, z. B. den IT-Planungs- und Budgetierungsprozess. Ebenso bleibt festzuhalten, dass IT-Controlling die Erstellung und die Verwendung von IT-Leistungen verbindet. Dem zufolge müssen alle Sichten auf die IT verzahnt werden, um die bestmöglichste IT-Unterstützung im Unternehmen zu bewirken. Die IT-Systeme sind in diesem Bereich sozusagen das „Nervensystem" eines Unternehmens.

Wie Rom nicht an einem Tag erbaut wurde, so können ebenfalls IT-Controller ein wirksames IT-Controlling nicht ad hoc aufbauen. Es ist ein mittel- bis langfristiger Prozess. Dennoch empfiehlt sich ein IT-Controlling für Unternehmen, da die geschaffene Transparenz die Qualität des IT-Managements verbessert und durchgängig zu einer positiven Berücksichtigung der IT inner- und außerhalb der IT-Organisation beisteuern wird.

Künstliche Intelligenz im Umfeld des Managements und Controllings

7

Zusammenfassung

Nach nunmehr sechs Jahrzehnten ist die KI in der Wirtschaft und im Bewusstsein der Gesellschaft angekommen. Im praktischen Einsatz hat sich die KI zu einer ingenieurwissenschaftlichen Fachrichtung konstruiert, in der die Programme vereinzelt in vielköpfigen industriellen Arbeitskreisen mit Experten ausgearbeitet werden. KI-Techniken bzw. Anwendungen wie u. a Selbstfahrende Fahrzeuge, Serviceroboter (Serviceassistenten/digitale Assistenzsysteme), Smart Factory, Smart City und Smart Home, werden das Leben für die Wirtschaft und Gesellschaft künftig transformieren. In diesem Zusammenhang wird KI, neben nennenswerten Möglichkeiten, ebenfalls Schattenseiten mit sich bringen. Der foudroyante Verlauf des technologischen Fortschritts bekräftigt zudem, dass die Menschheit die Grenzen des Wachstums erlangt, möglicherweise sogar bereits überschritten hat. Sie sollte und muss sich infolgedessen bei jeder KI-Technologie Gedanken über die Nachhaltigkeit ihrer Anwendung machen.

7.1 Einleitung im Bereich der Künstlichen Intelligenz

Mit KI hat die nächste Unternehmensrevolution längst angefangen. Laut Marktforschern von Tractica wird der weltweite Jahresumsatz mit KI von 643,7 Mio. US-Dollar im Jahr 2016 auf 38,8 Mrd. US-Dollar bis 2025 ansteigen. Der Umsatz mit KI-basierten Unternehmensanwendungen steigt im selben Zeitraum von 358 Mio. US-Dollar auf 31,2 Mrd. US-Dollar. Das kommt einer durchschnittlichen jährlichen Wachstumsrate von 64,30 % gleich. Diese Zahlen sind ein Beweis dafür, dass KI die Wirtschaft und Gesellschaft verändern wird und diesbezüglich bereits gegenwärtig rund um das Thema KI eine inflationäre Vielfalt diverser Termini dominiert. Um Begriffe wie **Künstliche Intelligenz (KI), Maschinelles Lernen (ML)** und **Deep Learning (DL)** hat sich ein wahrhafter Trend entwickelt. Eine Vielzahl

© Springer Fachmedien Wiesbaden GmbH, ein Teil von Springer Nature 2020

K. Amann et al., *Management und Controlling*,

https://doi.org/10.1007/978-3-658-28795-5_7

an Autoren nutzen diese Termini bedeutungsgleich, jedoch, obwohl KI, ML und DL oft eng miteinander verknüpft sind, beruhen sie auf andersartigen Technologien und haben eigene Eigenschaften: „KI bezieht sich auf maschinelle Intelligenz, während es sich bei maschinellem Lernen und Deep Learning um die Technologien handelt, die KI unterstützen und sie ermöglichen. **Maschinelles Lernen** ist der Prozess, bei dem die Maschine „trainiert" wird. D. h., es werden große Mengen von Daten in Algorithmen eingespeist, durch die die Maschine lernen kann, wie Aufgaben durchgeführt werden. **Deep Learning** „ sorgt durch die Kombination von Komponenten wie Convolution und Pooling und Heuristik wie Dropout und Batch-Normalisierung für effizienteres Coding und eine Steigerung der Leistung"

Sie gelten als Schlüsseltechnologien, auf die zukünftig nahezu keine Unternehmensbranche verzichten kann. Es ist daher ein Trugschluss, KI und Co. als reines „Marketing-Instrument" abzutun. Doch sind KI-Technologien und -Anwendungen ein Fluch oder Segen für die Wirtschaft (und Gesellschaft)? Das Kapitel untersucht auszugsweise KI-Technologien und -Anwendungen und fokussiert sich dabei auf folgende Branchen: Automobilindustrie (Mobilität), Produktion, Finanz-/Versicherungswesen, Landwirtschaft, Gesundheitswesen, Energiewirtschaft und Konsumelektronik.

7.2   Definition Künstliche Intelligenz

Das Forschungsgebiet KI weckt seit Mitte des 20. Jahrhunderts Emotionen, da die Intelligenz den Menschen augenscheinlich eine wichtige Position unter den Lebewesen verschafft. Es stellen sich Fragen wie:

- Was ist (Künstliche) Intelligenz?
- Wie kann (Künstliche) Intelligenz gemessen werden?
- Wie arbeitet das menschliche Gehirn?

Diese und ähnliche Fragen sind wichtig, um Kenntnisse für (Künstliche) Intelligenz zu erlangen. Die Kernfrage für Ingenieure/Informatiker ist dahingegen die Frage nach der intelligenten Maschine, die handelt wie ein Mensch, kurzum intelligentes Verhalten aufweist. Die Bezeichnung „Künstlich(e)" generiert möglicherweise andere Gedankenfolgen, in der Ängste vor intelligenten Robotermenschen aufkeimen können. Bei solchermaßen differierenden Sichtweisen wird es schwierig, den Begriff KI (engl. artificial intelligence oder AI) mühelos und präzise/verständlich, zu definieren.

McCarthy, einer der Wegbereiter der KI, definierte 1955 den Begriff Künstliche Intelligenz als eine Wissenschaft und Technologie zur Schaffung intelligenter Maschinen. Ziel der KI ist es demnach, Maschinen zu entwickeln, die sich verhalten, als verfügten sie über menschliche Intelligenz.

Die Definition von McCarthy ist nicht hinreichend, denn das Bestreben von KI ist es, vielseitige komplexe Praxisprobleme zu lösen und zu verstehen, was intelligentes Verhalten ist. In der Encyclopedia of Artificial Intelligence ist folgende Definition zu ersehen: „Artificial Intelligence is a field of science and engineering concerned with the computational understanding of what is commonly called intelligent behavior, und with the creation of artifacts that exhibit such behavior". Ins Deutsche übersetzt lautet diese Definition: KI ist ein Gebiet der Wissenschaft und Technik mit der Fähigkeit digitaler Computer/computer-gestützter Roboter, Aufgaben zu lösen, die üblicherweise mit den höheren intellektuellen Fähigkeiten von Experten einhergehen. Trotz allem ist auch diese Definition unzulänglich. Sie würde z. B. einem Computer, der einen langen Text speichern und kontinuierlich abrufen kann, intellektuelle Fähigkeiten einräumen, denn das Auswendiglernen langer Texte kann als höhere intellektuelle Verarbeitungsfähigkeit von Menschen verstanden werden. Nach dieser Definition sind sämtliche digitale Computer KI basierte Systeme. Rich löst diese rudimentäre Definition durch Folgende: „Artificial Intelligence is the study of how to make computers do things at which, at the moment, people are better." Rich beschreibt das, was die Analysten/Forscher in der KI seit etwa sechs Jahrzehnten verrichten. Seine Definition wird auch in den nächsten Jahrzehnten up to date sein.

Das Potenzial menschlicher Intelligenz ist die Adaptivität, da die Menschen sich an die unterschiedlichsten Umweltbedingungen anpassen und durch Lernen ihr Verhalten entsprechend ändern können. Da die Menschheit hinsichtlich der Lernfähigkeit den Computern nach wie vor überlegen ist, ist nach der Definition von Rich das maschinelle Lernen ein primäres Teilgebiet der KI. KI ist indes eine interdisziplinäre Wissenschaft, denn sie zieht eine Vielzahl interessanter Ergebnisse aus den unterschiedlichsten Bereichen, wie u. a. Statistik, Bildverarbeitung, Linguistik, Philosophie, Psychologie und Neurobiologie, inkl. des Fachgebiets der jeweiligen Anwendung im Projekt.

7.3 Anwendungen und Technologien im Bereich der Künstlichen Intelligenz (Überblick)

Für die Branchen: Automobilindustrie (Mobilität), Produktion, Finanz- und Versicherungswesen, Landwirtschaft, Gesundheitswesen, Energiewirtschaft und Konsumelektronik werden im Folgenden jeweils derzeitige und ggf. zukünftige KI-Technologien und -Anwendungen auszugsweise dargestellt.

KI in der Automobilindustrie (Mobilität): Die nachweisbarste Branche, die KI verwendet, ist die Automobilindustrie (Mobilität). Das autonome Fahren ist dank Google und Tesla möglich und wird kontinuierlich verbessert. Ebenso arbeiten die deutschen Automobilhersteller an autonomen Lösungen.

Autonome Transportmittel – Assistiertes Fahren: Einsatz einer Automotiven-Kamera, die derzeit 20 bis 25 Bilder pro Sekunde liefert. Direkt während der Fahrt werden diese Bilder analysiert und Informationen zu Hinweisschildern, Fahrspurinformationen oder von LED-Verkehrszeichen herausgelesen und bearbeitet. Die Informationen werden semantisch verarbeitet, inhaltlich verstanden und zur weiteren Verarbeitung verfügbar gemacht. So können künftig über das Zusammenspiel von Navigationssystem und Bordcomputer anders ausgewiesene Autobahn-Ausfahrten auf Baustellen korrekt angesagt, Abstände zu anderen Fahrzeugen optimal bemessen und die Geschwindigkeit rechtzeitig angepasst werden.

Kognitive Assistenten – Lernender digitaler Fahrassistent: Das Toyota Concept-i soll nicht nur autonom fahren, sondern die Insassen unterhalten und eine menschliche Beziehung zu ihnen aufbauen. Dabei behilflich ist der digitale Assistent Yui. Yui ist im Prinzip die Siri von Toyota und lernt mit dem Fahrer und trägt während der Fahrt zur Sicherheit der Insassen bei. So kommuniziert der Assistent nicht nur mit den Personen im Auto, sondern auch mit der Umgebung des Concept-i.

KI in der Produktion: Selbstlernende Bildverarbeitungssysteme, intelligente Roboter, eigenständige Produktionsplanungstools sollen alles besser, schneller und preisgünstiger machen. Die KI ist auf dem Vormarsch – auch in den Fabriken. Um die technische Zukunft nicht zu verschlafen, ist jetzt der richtige Zeitpunkt, sich mit der KI von Maschinen und Systemen zu beschäftigen. In den kommenden 20 Jahren werden die Computersysteme so intelligent werden, dass sie für eine autonome Weiterentwicklung keine Menschen mehr brauchen. Diese wiederum sollten aber immer das „letzte Wort" haben und rein maschinell entwickelte Produkte und Strategien final freigeben.

Robotik – Intelligente Industrierobotik: Der LBR iiwa ist der erste in Serie gefertigte sensitive – und damit MRK-fähige – Roboter. LBR steht für „Leichtbauroboter", iiwa für „intelligent industrial work assistant". Damit beginnt eine neue Ära in der industriellen, sensitiven Robotik – der Grundstein für neuartige, zukunftssichere Produktionsprozesse. Erstmals können Mensch und Roboter in enger Zusammenarbeit hochsensible Aufgaben lösen. So entstehen neue Arbeitsbereiche, der Weg ist frei für mehr Wirtschaftlichkeit und höchste Effizienz.

Smarte Geräte/Anlagen/Umgebungen – Selbststeuernde Fabrik: Cyber Physical Systems ermöglichen einen kontinuierlichen Datenaustausch, sodass eine enge, auch außerbetriebliche Kommunikation mit Lieferanten in der globalen Planung gewährleistet ist. SMART FACE verknüpft erstmalig den Informationsfluss durch eingebettete Systeme mit dem realen Materialfluss, gestaltet einen einfach erweiterbaren Produktionsprozess und erlaubt zudem eine deutlich schlankere Planung.

KI im Finanz- und Versicherungswesen: Auch das Finanz- und Versicherungswesen setzt immer mehr auf die Algorithmus gesteuerte Intelligenz. KI kommt im Finanzwesen vor allem zur Beurteilung der Kreditwürdigkeit eines Kunden, bei Versicherungsverträgen sowie bei der automatisierten Interaktion mit den Kunden zum Einsatz.

Kognitive Assistenten – Wissensbasierte Arbeitsplätze: Unter dem Dach des ARPOS-Service-Portals (Automatisierung in der Kfz-Schadenregulierung) entwickelt das IAO technologische Lösungen für Prozessmanagement, wissensbasierte Bearbeitung und elektronische Workflows rund um das Thema Kfz-Schadenregulierung. Das IAO hat sich zum Ziel gesetzt, die Regulierungszeiten und die Prozesskosten zu senken. ARPOS steht für die Automatische Regelbasierte Prozesssteuerung zur Onlineabwicklung von Schadensfällen. Der Kernservice ist dabei die voll automatisierte („dunkelverarbeitende") Prüfung von Reparaturgutachten und Kostenvoranschlägen.

Smarte Geräte/Anlagen/Umgebungen – Intelligente Finanzprozesse und automatisierte Buchhaltung: Der SMACC AI Extractor erkennt bis zu 74 Datenpunkte auf Rechnungen und alle Rechnungspositionen. Die Dokumenteninterpretation basiert auf dem Einsatz von

Künstlichen Neuronalen Netzen. Die tagesaktuellen Prozess- und Finanzberichte bieten Transparenz auf allen Endgeräten. Funktionsweise:

- Datenerkennung: SMACC extrahiert Daten aus Finanzdokumenten mit Künstlichen Neuronalen Netzen. Das AI Extractor Service identifiziert bis zu 74 Datenpunkte und liest alle Rechnungspositionen aus.
- Verarbeitung: Auf Basis der ausgelesenen Daten validiert und kategorisiert SMACC Rechnungen und ordnet Kostenstellen und Kontierungen automatisch zu.
- Workflows: Die intuitive Software ermöglicht einfache Rechnungsprüfung und Freigaben auf allen Endgeräten und erstellt optimierte Zahlungslisten.
- Datenintegration: SMACC tauscht Daten mit führenden ERP- und Buchhaltungssystemen aus und ermöglicht eine nahtlose Integration in Bestandssysteme.

KI in der Landwirtschaft: Immer mehr Landwirte setzen auf die Vernetzung der Maschinen und die Auswertung von Daten. Dabei wird auch in der Landwirtschaft an hersteller- und unternehmensübergreifenden Lösungen gearbeitet, sogenanntes intelligentes Farm Management.

Automatisierte Analysen – Intelligentes Farm Management (Planung, Überwachung und Analyse landwirtschaftlicher Aktivitäten): Mit Agrivi können Aktivitäten für die Farm geplant, überwacht und analysiert werden. Die Bodenbearbeitung, Pflanzung, Düngung, Bewässerung, Ernte und alle anderen Aktivitäten können verwaltet und Eingabemengen, Kosten und Arbeitszeiten für jede Aktivität nachverfolgt werden. Landwirte erhalten einen Überblick über 7-Tage Wettervorhersagen und 3-jährige Wetterhistorien für jedes der Felder. Ein Schädlings- und Krankheitsalarmsystem benachrichtigt zudem den Agrivi-Benutzer, wenn ein hohes Risiko von Schädlinge oder Krankheiten auf dem Feld besteht, damit der Anbau rechtzeitig geschützt werden kann. Des Weiteren halten Agrivi-Benutzer finanzielle Aufzeichnungen und Dokumente an einer Stelle und verfolgen Verkäufe, Aufwendungen und Investitionen. Ferner erinnern Alarme beispielsweise an Zahlungsfälligkeiten.

KI im Gesundheitswesen: KI besitzt das Potenzial, nicht nur die Medizin, sondern das gesamte Gesundheitswesen zu verändern.

Robotik – Pflegeroboter: Elevon: Teilautonomer Lifter für die Aufnahme und den Transport von Personen. Mit Elevon liegt ein Konzept für einen multifunktionalen, teilautonomen Personenlifter für die stationäre Pflege vor, der künftig mehrere Einzelliftersysteme vereinen und sich autonom zum Einsatzort bewegen können soll.

Smarte Geräte/Anlagen/Umgebungen – Automatisiertes Sortieren von Medikamenten zur individuellen Medikation: Um das Patientenmanagement zu erleichtern, sortieren Krankenhäuser und Altenheime in Deutschland für gewöhnlich die Tablettenrationen in wöchentliche Behälter, die die richtige Tablette für jeden Wochentag und jede Tageszeit enthalten. Dies ist seit jeher ein händischer Prozess. Tabletten werden aus der Originalverpackung genommen und in die Blister-Boxen der Patienten sortiert. Das ist nicht nur zeitaufwendig, sondern auch fehleranfällig und stellt dadurch ein erhebliches

Gesundheitsrisiko dar. Kohlpharma entwickelte eine zukunftsweisende Lösung, um unterschiedlichste Pillen in Echtzeit voll automatisiert in individualisierte Blister-Boxen zu verpacken. Diese sollen die wöchentliche Patientenration der Tabletten enthalten, welche nach Tag und Tageszeitpunkt sortiert sind. Jede Box wird präzise und mit minimalem Zeitaufwand und minimierter Fehlerquote aus einer Auswahl von 1000 verschiedenen Tabletten gefüllt.

KI in der Energiewirtschaft: Aus Sicht der Energieversorgung kann KI an vielen Stellen in der Wertschöpfungskette nützlich eingesetzt werden.

Kognitive Assistenten – Optimierung: MathEnergy – Mathematische Schlüsseltechnologien für Energienetze im Wandel: Für eine nachhaltige und CO_2-neutrale Energieversorgung muss der gesamte Energiekreislauf in Strom-, Gas- und Wärmenetzen betrachtet werden. Mit MathEnergy werden netzübergreifende zeitabhängige Modelle und modellbasierte Monitoring-, Regelungs- und Bewertungskonzepte für den Planungsbereich und Vorbereitungen für den Betrieb erarbeitet. Ziel ist die Entwicklung einer Software-Bibliothek für hierarchische, parametrische, nicht lineare, geschaltete und dynamische Netzmodelle mit stochastisch variierenden Einflussgrößen und Workflows zur integrierten Simulation und Analyse von netzübergreifenden Szenarien der Energieversorgung mit Strom und Gas.

KI in der Konsumelektronik: Aufgrund gestiegener Rechnerkapazitäten, verfügbarer Datenmengen und fortentwickelter Methoden ist es gelungen, Maschinen kognitive Fähigkeiten zu vermitteln. Der Durchbruch in Hinblick auf die Anwendbarkeit in der Konsumelektronikbranche ist in der Praxis bereits realisiert.

Robotik – Reinigungsroboter: iRobot Roomba Staubsaugroboter: Ein leistungsfähiges Reinigungssystem in Kombination mit intelligenten Sensoren ermöglichen diesen Robotern das nahtlose Navigieren in Räumlichkeiten. Erkennt Schmutz automatisch: Dirt Detect-Sensoren informieren den Roboter über Bereiche, an denen vermehrt Schmutz vorhanden ist, um dort mehr Zeit für die Reinigung zu verwenden. Steuerung vom Smart-Gerät: Anwender können die iRobot-HOME-App nutzen, um Reinigungszyklen von überall aus zu planen, zu starten, zu pausieren oder abzubrechen.

Kognitive Assistenten – Persönlicher Küchenassistent: Die Bosch-Siemens-Handelsgesellschaft verleiht im Rahmen des hauseigenen Homeconnect-Programms den Geräten mit Mykie ein Gesicht und eine Stimme. Mykie, kurz für: „My kitchen elf". Der dreißig Zentimeter hohe Hausgeist sagt, was im Kühlschrank ist, die nächsten Schritte des Kochrezepts, erinnert an den Braten im Backofen und stellt zur Not auch die Temperatur runter – sofern das Gerät vernetzt ist. So zumindest das Konzept. Der Vorteil ist das eingebaute Display mit Kamera und Schwenkkopf, somit dient Mykie als Plattform für Livechats oder die Nutzer können sich beim Kochen Videos anschauen. Mykie soll auch die Musik regeln und Fragen beantworten können. Da das Gerät alle HomeConnect-Geräte steuern soll, können Nutzer ihm auch die restliche Haussteuerung überlassen. Darüber hinaus gibt der Hersteller an, dass auch smarte Geräte außerhalb der Eigenmarke für Mykie zugänglich sein sollen.

7.4   Bedenken im Bereich der Künstlichen Intelligenz

KI durchdringt sichtbar Unternehmensprozesse und -branchen. Dennoch sollten IT-Entscheider nicht verfrüht handeln und sich über die möglichen Auswirkungen von KI informieren. Im Folgenden werden die sechs bedenkenlastigsten Barrieren für die Adoption der KI dargestellt.

Rowdy-Faktor: Wie das Microsoft Chatbot-Fiasko praktiziert hat, kann eine Konversation mit automatisierten Messaging-Systemen nicht nur in Nonsens, sondern auch in Rüpelhaftigkeit oder gar Beleidigungen entgleisen. Entscheider sollten deshalb berücksichtigen, welche KI-Technologien und -Anwendungen sie auf welche Art und Weise einsetzen. Bspw. kann ein hasserfüllter „Wutausbruch" des Chatbots das Image eines ganzen Unternehmens schädigen.

Einordnungs-Barriere: KI hat, obwohl von Menschen entwickelt, vergleichsweise wenig mit seinen Erschaffern gemeinsam, denn die visuelle Wahrnehmung von Menschen ist höchst kontextual, diejenige von KI ist dagegen nahezu eindimensional. Programmierer für KI müssen künftig vielmehr mit KI-Experten sämtlicher Branchen und -Anwendungen zusammenarbeiten, um die Einordnungs-Barriere zwischen Mensch und KI durchzubrechen.

Black-Box-Geheimnis: Unternehmen nahezu aller Branchen wollen KI-Anwendungen einsetzen, auch für Tätigkeiten, die zu einem strategischen Erfolg führen. Dabei müssen Unternehmen, wie bspw. im Finanzwesen achtsam sein, welche Folgen die Einbettung von KI in ihre Systeme haben kann. KI etwa bei Entscheidungen über die Kreditvergabe einzusetzen ist naheliegend, aber dabei gilt es vorab viele regulatorische Hürden zu meistern und alles gewissenhaft zu testen, um sicherzustellen, dass nicht irgendeine Charakteristik von Vorurteilen oder Befangenheit besteht. Das bedeutendste ist jedoch, dass KI erklärbar sein muss. Im Übrigen wirken sich Kontext, Ethik und Datenqualität auf den Wert und die Zuverlässigkeit von KI aus, insbesondere in stark regulierten Branchen. Die Ausrollung von KI-Lösungen, wie bspw. im Finanzwesen, kann zu Compliance-Problemen führen.

Sozioökonomische Verwirrung: Virtuelle KI-Assistenzen sind mit Befangenheit belastet, denn warum sind Technologien wie Alexa, Siri und Cortana ausschließlich weiblich? Warum ordnen die Entwickler solche „Helfer-Technologien" automatisch dem weiblichen Geschlecht zu? Was sagt das über die Erwartungen an Frauen aus: Sind sie die idealen „Helfer"? Können sie gut administrative Aufgaben erledigen? Oder sind sie gut darin Anweisungen zu befolgen?

Allgegenwärtige Risiko: Die rasanten Fortschritte auf dem Gebiet der KI besitzen die Gefahr, dass kriminelle Hacker diese Technologie verwenden, um Hackerangriffe und Identitätsdiebstahl zu automatisieren oder kommerzielle Drohnen per „Hijacking" zu Waffen umfunktionieren.

Die Versklavungs-Theorie: Die Menschheit kann ggf. Gefahr laufen, sich in „Sklaven" für superintelligente Rechner zu verwandeln. Der Aufstieg der KI kann künftig eine gesellschaftliche Klasse „ohne Nutzen" erschaffen. Eine solche Entwicklung würde ebenfalls die Demokratie in Gefahr bringen, denn Menschen können sich nicht ansatzweise so gut selbst analysieren, wie Maschinen.

7.5   Ergebnisse und Ausblick im Bereich „Künstliche Intelligenz"

Heute bietet die KI zwar kein Universalrezept, aber eine Werkstatt mit einer überschauba-ren Anzahl an Werkzeugen für die unterschiedlichsten Aufgaben. Die meisten dieser Werkzeuge sind mittlerweile weit entwickelt und verfügbar. Die richtige Werkzeugaus-wahl und die sinnvolle Anwendung im Einzelfall obliegt dem KI-Entwickler bzw. dem Management. Wie in jedem anderen Handwerk bedarf es auch hier einer soliden Ausbil-dung. Die KI ist wie kaum eine andere Wissenschaft interdisziplinär, denn sie nutzt viele interessante Ergebnisse aus so unterschiedlichen Gebieten wie Logik, Operations Re-search, Statistik, Regelungstechnik, Bildverarbeitung, Linguistik, Philosophie, Psycholo-gie und Neurobiologie. KI-Projekte erfolgreich zu bearbeiten ist daher nicht immer ganz einfach.

Es ist davon auszugehen, dass neue Technologien wie künstliche Intelligenz oder ma-schinelles Lernen einfache Aufgaben und Routinearbeiten des Menschen übernehmen werden. Sobald die Aufgaben aber komplexer werden, werden sie eher den Mitarbeiter unterstützen, als die Aufgabe und Projekte alleine zu lösen. Insbesondere Tätigkeiten in Lagerung, Logistik oder Buchhaltung können bspw. durch KI übernommen werden, dafür entstehen neue Jobs und vermehrt Arbeitsplätze in bekannten Branchen, wie etwa Pro-grammierer, Informatiker oder Schnittstellendesigner.

Daten sind das Öl der Zukunft – die KI stellt die Raffinerie für die Aufbereitung, Ver-feinerung und Nutzbarmachung dar. KI ist keine Blackbox, in der Daten verschwinden. Vielmehr ist für KI-Anwender essenziell, dass sie stets die Hoheit über ihre Daten behal-ten. KI ist daher ein transparenter Prozess, in dem der KI-Anwender die Fäden in der Hand behält.

Prädiktive Analytik

8

Zusammenfassung

Anwender müssen in der Lage sein, die mannigfaltigen Daten schnell ermitteln zu können, um eine Identifikation von Problematiken, Relationen und Verbesserungsmöglichkeiten vorzunehmen. Die daraus entstehenden Erkenntnisse müssen überwacht und den verantwortlichen Mitarbeitern und/oder allen Unternehmensbereichen zur Verfügung gestellt werden. Vor allem in einer Ära der nahezu unbegrenzten Informationsfülle müssen Unternehmen diese erforderlichen Schritte verüben, ergo: **Business Intelligence-Lösungen**, bereitstellen.

8.1 Einleitung im Bereich der Prädiktiven Analytik

Mithilfe von **Business Intelligence (BI)** verstehen verantwortliche Mitarbeiter und das Management die Prozesse im wirtschaftlichen Ökosystem und im Unternehmen, zu analysieren und überdies Vorhersagen zu treffen. BI entlastet somit Anwender, Sollvorgaben und Ergebnisse zu analysieren und zu interpretieren. Existierende Daten werden zu aussagekräftigen Informationen, die bereitgestellt werden. Das begünstigt es, schnell und zuverlässig Entscheidungen zu treffen. Die Daten lassen sich dabei aus diversen Quellen zusammenführen und können in Übersichten oder bis ins kleinste Detail dargestellt werden.

Prädiktive Analytik ist ein Baustein von BI. Prädiktive Analytik fokussiert sich mit zu erwartenden und möglichen Ereignissen. Es wird hinterfragt, was unter welchen Annahmen geschehen wird bzw. geschehen sollte. Es entsteht eine Möglichkeit für Prognosen in vielen Wirtschaftsbereichen.

© Springer Fachmedien Wiesbaden GmbH, ein Teil von Springer Nature 2020   251
K. Amann et al., *Management und Controlling*,
https://doi.org/10.1007/978-3-658-28795-5_8

8.2   Evolution der Datenanalyse und Definition der Analytikebenen

Auf Zahlen oder exakter gesagt Kennzahlen kommt es für Unternehmen immer schon an. Sie sind die essenzielle Grundlage, denn aus der Fülle von Kennzahlen lässt sich ablesen, wie erfolgreich ein Unternehmen gewirtschaftet hat. Auf ihrer Basis lassen sich Entscheidungen treffen, um den Erfolg weiter zu steigern.

Es ist zu beachten, dass die bloße Menge an Daten zunimmt. Diese Datenmengen dienen nicht ausschließlich als Entscheidungsgrundlage in Unternehmen, sie bieten auch die Möglichkeit, neue, datenbasierte Geschäftsmodelle aufzubauen. Diese Entwicklung ist die treibende Kraft hinter dem Terminus **„Big Data"**. Big Data ermöglicht es, große Datenmengen und divergierte Datenformate in kurzer Zeit zu verarbeiten. Big Data lässt sich durch drei grundlegende und zwei zusätzliche Dimensionen beschreiben: Volume (die Menge an Daten), Velocity (die Geschwindigkeit, mit der Daten entstehen und verarbeitet werden) und Variety (die Vielfalt an Datentypen und -quellen). Hinzu kommen Varacity (die Sicherstellung der Datenqualität) und Value (der Wert der Daten zur Generierung eines ökonomischen Nutzens).

Letzten Endes stehen diverse neue Methoden und Technologien für den Datenumgang bereit: Angefangen von Datenbanken für eine Echtzeit-Verarbeitung großer Datenmengen, bis hin zu mit KI ausgestatteten Algorithmen, die in strukturierten und unstrukturierten Daten Muster erkennen und fortwährend dazulernen. Aus diesem Kontext heraus erfolgte in den vergangenen Jahren ein Entwicklungsprozess bei den Analyseverfahren. Seinerzeit konnten deskriptive und diagnostische Analysen vorgenommen werden, die vergangenheitsorientiert sind und nach allgemeiner Auffassung das Gebiet der traditionellen BI abbilden. Heutzutage sind aber auch prädiktive und präskriptive Analysen durchführbar. Diese Analysen fokussieren sich auf die Zukunft und grenzen sich vom klassischen Konzept BI ab und bilden die Disziplin **Advanced Analytics**. Anstatt nachträglich zu wissen, warum etwas passiert ist, bringen sich Unternehmen mit Advanced Analytics in eine Position, in der sie proaktiv tätig sein können. Revolutionär im Vergleich zu traditionellen Methoden ist Advanced Analytics aus mehreren Aspekten wie Tab. 8.1 aufzeigt.

Das **Analytik-Reifegradmodell** von Gartner sortiert **Prädiktive Analytik** (Was wird passieren?) aufbauend auf **Deskriptive Analytik** (Was ist passiert?) und **Diagnostik Analytik** (Warum ist etwas passiert?) ein. Die nächste Evolutionsstufe nach Prädiktive Analytik ist **Präskriptive Analytik** (Wie muss das Unternehmen handeln, damit ein zukünftiges Ereignis (nicht) eintrifft?). Abb. 8.1 stellt das Analytik-Reifegradmodell von Gartner dar.

Die **Deskriptive Analytik** fokussiert Problemstellungen, deren Lösung das Auffinden von Mustern mithilfe unterschiedlicher Methoden der Datenreduktion ist. Aus Daten lassen sich Informationen erzeugen und daraus wiederum Wissen, was in der Vergangenheit passiert ist. Die Controlling-Abteilung hat unter anderem die Aufgabe für die diversen Unternehmensbereiche etwaige Reports, wie bspw. über die Umsatz-, Kosten- und Gewinnentwicklung und/oder über die Maschinen- und Anlagen-Performance zu erstellen. Aktuell ist es im „Internet der Dinge"-Zusammenhang so, dass enorme Datenmengen vorliegen und die Abbildung der Vergangenheit präziser erfolgt.

Tab. 8.1 Business Intelligence vs. Advanced Analytics

	Business Intelligence	Advanced Analytics
Orientierung	Der Blick zurück	Zukunftsgerichtet
Fragetypen	Was ist passiert? Wer? Wie viel?	Was wird passieren? Welche Handlungsempfehlungen gibt es?
Methoden	Bericht erstatten, Automatisierte Überwachung/ Alarmierung, Dashboards, Scorecards, OLAP, Ad-hoc Abfragen	Predictive Modeling, Data Mining, Text Mining, Big Data Analytics, Descriptive Modeling, Statistische/Quantitative Analyse, Simulation, Machine Learning, Künstlich Neuronale Netze
Big Data	Ja	Ja
Datentypen	Strukturiert, manche unstrukturiert	Strukturiert und unstrukturiert
Wissensgenerierung	Manuell	Automatisch
Unterneh. Initiativen	Rückwirkend	Vorausschauend/Präskriptiv

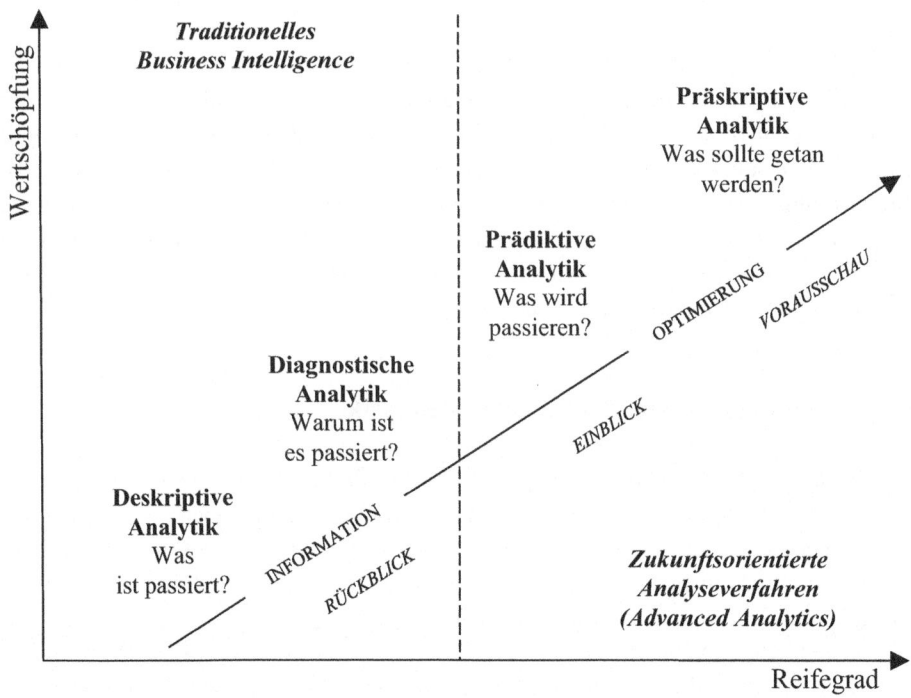

Abb. 8.1 Evolution der Datenanalyse „Analytik-Reifegradmodell" von Gartner

Die **Diagnostische Analytik** zeigt Auslöser für die ermittelten Muster auf. Sie ist anspruchsvoller als die Deskriptive Analytik, denn die Vergangenheit wird hier nicht nur beschrieben, sondern darüber hinaus wird erklärt, warum die Ereignisse so eingetreten sind. Hierfür ist es notwendig, die Daten aus einem Bereich mit Daten aus anderen Bereichen in Relation zu setzen, um Korrelationen und Kausalitäten darzustellen.

Die **Prädiktive Analytik** unterstützt dabei, auf Basis von historischen Daten solche Relationen festzustellen und zukünftige Entwicklungen vorherzusagen. Hierzu findet eine Analyse durch an der Vergangenheit geschulte Algorithmen statt, die kontinuierlich gegenwärtige Daten bereitstellen und infolgedessen die Wahrscheinlichkeit von Ereignissen in der Zukunft errechnen. Die Prädiktive Analytik ist derzeit eine der relevantesten Big Data-Trends. Sie bildet eine Teildisziplin von **Business Analytics** und setzt da an, wo OLAP oder Reporting enden. Insgesamt weist Prädiktive Analytik eine starke Verknüpfung zu Data Mining auf. Prädiktive Analytik geht einen Schritt weiter als Data Mining und verwendet weitere Methoden wie maschinelles Lernen, Bestandteile der Spieltheorie oder Verfahren zur Simulation. Sie bedient sich zudem Text-Mining, auf Algorithmen basierende Analysemethoden, um aus nichtstrukturierten Textdaten (Artikel, Blogs, Tweets, Facebook-Inhalte, etc.) Strukturen herauszufiltern. Im Allgemeinen gilt: Die Prädiktive Analytik ist ein fortwährender, iterativer Prozess. Zudem werden auch die Vorhersagen angesichts der Verbesserung und Anpassung der eingesetzten Modelle durch die fortschreitende Anwendung immer genauer.

Durch Unterstützung der **Präskriptiven Analytik** kann schließlich, ausgehend von solchen Prognosen die Entscheidungsfindung optimiert werden, indem unterschiedliche Szenarien simuliert und gegeneinander abgewogen werden. Präskriptive Analytik definiert demgemäß nicht nur was und warum ein Ereignis eintritt, sondern auch warum und macht Entscheidungsvorschläge, um zukünftige Vorteile zu nutzen und Risiken zu reduzieren. Nützlich ist das bspw., um die Marketingmaßnahmen mit Blick auf den prognostizierten Absatz zu optimieren. Sie kann dynamisch und kontinuierlich Daten in Echtzeit analysieren und somit Vorhersagen stetig anpassen.

8.3   Der Prozess der Prädiktiven Analytik

Ausgangspunkt der Prädiktiven Analytik sind folgende Fragen: Über welche Daten und Datenquellen verfügt das Unternehmen? Wie macht ein Unternehmen sie nutzbar? Wie fügen Unternehmen sie ein? Wie schaffen Unternehmen konkreten Mehrwert daraus? Der Prozess der Prädiktiven Analytik ist ein sich stets wiederholender Prozess, welcher in folgende fünf Schritte unterteilt werden kann:

- 1. Schritt – Definition des Projekts (Projektauftrag): Oftmals werden im ersten Schritt zu lösende Probleme aus der Vergangenheit betrachtet. Der Zweck dabei ist es, derlei Probleme zukünftig zu reduzieren oder insgesamt zu beseitigen. Das Projekt beginnt mit einem Projektauftrag. Die Projektdefinition stellt hier die Grundlage der Prädiktiven Analytik dar und bestimmt die zu analysierenden Daten.

- 2. Schritt – Datensammlung, -selektion und -analyse: Zur Umsetzung des Projektauftrags müssen zuvor die relevanten Daten gesammelt und bewertet werden. Mithilfe des Data Minings werden die notwendigen Daten aus diversen Quellen extrahiert und für die Analyse vorbereitet. Bevor die Daten analysiert werden können, müssen sie auf die Problemrelevanz hin geprüft und bereinigt werden, um fehlerhafte Resultate zu vermeiden. Durch die Unterstützung der Analyse können dann erste Informationen und Muster erkannt werden. Hieraus lassen sich bereits anfängliche Assoziationen ziehen.
- 3. Schritt – Statistische Analyse: Durch die Anwendung von statistischen Analysen können erste Hypothesen getroffen werden. Diese können nun mithilfe von statistischen Standardmodellen auf ihre Korrektheit überprüft werden.
- 4. Schritt – Predictive Modeling: Mit Predictive Modeling können Prognosen für die Zukunft erstellt werden. Ferner erfahren die Anwender, mit welcher Wahrscheinlichkeit diese Prognosen eintreten. Hierbei können vielfältige Modelle genutzt werden.
- 5. Schritt – Einsatz und fortlaufende Bewertung und Überwachung: Die Analyseergebnisse werden angewendet und bedeutende Entscheidungen, basierend auf den Prognosen, getroffen. Da die Gegebenheiten unter denen die Modelle Prognosen liefern oftmals variieren, sollte kontinuierlich bewertet werden, ob das Modell noch alle Anforderungen realisiert. Infolgedessen können Probleme frühzeitig erkannt werden und die Nutzer können schnell darauf reagieren. Treten Probleme auf, so wiederholt sich der Prozess der Prädiktiven Analytik.

8.4   Prädiktive Analytik-Anwendungen (Überblick)

Nach Jahren der Anwendung von Prädiktiver Analytik in der Praxis gibt es inzwischen viele Beispiele für die Anwendung und das Funktionieren. Konträr der ersten Annahme müssen sie nicht unbedingt immer mit Big Data verknüpft sein. Prädiktive Analytik steht und fällt mit der Menge und Qualität der eingepflegten Daten, die Methode findet bereits heute wie folgt Anwendung:

- **Betrugserkennung:** Die Bandbreite reicht vom Erkennen einer doppelt gestellten oder fehlerhaften Rechnung bis hin zu Interferenzen in Bilanzen. Entwickelte Algorithmen dienen dazu, diese Unregelmäßigkeiten automatisch zu erkennen.
- **Identifikation unzufriedener Kunden:** Es soll gezielt die Fluktuation von Kunden mit einer angepassten Preisfestsetzung oder neuen Angebotspaketen verhindert werden. Beispiel: Ein Kunde, der oft im Callcenter eines Mobilfunkanbieters anruft, wird als *gefährdet* registriert. Mit zugeschnittenen Angeboten wird versucht die Fluktuation vorzubeugen.
- **Vorhersage des Wartungszeitpunktes von Maschinen:** Predictive Maintenance! Die ausfallbedingte Wartung soll durch eine präventive Instandhaltung substituiert werden. Spezielle Algorithmen proben stets durch die Einbeziehung historischer Daten das Verhalten der betreffenden Maschinen zu analysieren und zu überwachen.

Der bestmögliche Zeitpunkt für die nächste Wartung wird berechnet und dieser Stichtag soll möglichst vor dem wahrscheinlichen Maschinenausfall liegen. Die Terminwahl sollte aber auch intelligenter ausfallen als sie bloß durch Zeitablauf oder Produktionsmenge zu ermitteln, denn sowohl ein Ausfall der Maschinen als auch eine zu frühe Inspektion kosten unnötig Zeit und verursachen damit vermeidbare Kosten.

- **Verringerung des Ausschusses:** Predictive Quality! Ziel ist es, fehlerhafte Produkte frühzeitig zu erkennen und aus dem Produktionsprozess zu nehmen, um ein vorausschauendes Qualitätsmanagement zu erreichen.
- **Identifikation des Upselling-Potenzials:** Aus dem derzeitigen Kundenverhalten wird durch den Einsatz von Algorithmen das individuelle Potenzial für den Verkauf weiterer Produkte an diesen berechnet. Damit gelangt man zu Antworten auf die folgenden Fragen: Bei welchem Kunden lohnt sich ein Anruf? Welcher Kunde reagiert wahrscheinlich besser auf Briefe und bei wem ist man mit einer E-Mail erfolgreicher?

8.5 Ergebnisse und Ausblick im Bereich „Prädiktive Analytik"

Daten sind der Erfolgsfaktor wissensbasierter Unternehmen. Sie sind das Fundament für unternehmerische Vorhaben und können als Mittel gegenüber den Wettbewerbern angewendet werden. Hierbei versuchen Analysen wie die Prädiktive Analytik die Zukunft vorherzusagen. Die Basis dafür ist die korrekte und intensive Untersuchung des bisherigen Verhaltens. Der Prädiktive Analytik-Ansatz wird allerdings nur dann gelingen, wenn auch tatsächlich Muster in den Datenstrukturen enthalten sind. Der letzte Schritt ist dabei stets der gesunde Menschenverstand, denn jede Vorhersage ist und bleibt eine statistische Analyse.

Als Teil der Big Data Analytik können Prädiktive Analysen unterstützen, Unternehmen verschiedenster Branchen zu optimieren. Aufgrund der Prognosen kann Betrug erkannt, das Marketing optimiert, Prozesse effizienter gestaltet oder Risiken reduziert werden.

Die Prädiktive Analytik arbeitet fortwährend mit vielfältigen Daten aus diversen Quellen. Zu beachten ist dabei, dass auch personenbezogene Daten zum Einsatz kommen, sodass Unternehmen, welche die Prädiktive Analytik nutzen, niemals dabei den **Datenschutz** außer Acht lassen dürfen. Nicht alles, was geht, ist erlaubt und schon gar nicht ethisch vertretbar.

An die Thematik der Prädiktiven Analysen sollten sich Unternehmen in kleinen Schritten herantasten. In konkreten Projektinitiativen können Szenarien zur Beurteilung einer Investition unter strategischen, betriebswirtschaftlichen und weiteren Aspekten auf Machbarkeit und ihren Wertbeitrag hin überprüft werden. Externes Know-how kann über Projekte bei den ersten Anwendungsversuchen zweckmäßig behilflich sein. Gerade in diesen noch neuen Themen müssen Anwender mit ihrem/n Berater/n bis zu einem gewissen Grad Pionierarbeit leisten. Umso wichtiger ist es, mögliche Anfängerfehler zu vermeiden.

Literatur

Aholt, G.: So etablieren Sie mit SAP eine Analytics-Architektur für die Zukunft. Bielefeld (2018)

Albach, H. (Hrsg.): Unternehmensethik. Konzepte – Grenzen – Perspektiven. Wiesbaden (1992)

Albach, H., Weber, J. (Hrsg.): Controlling. Selbstverständnis – Instrumente – Perspektiven, Wiesbaden (1991)

Amann, K.: Unternehmensführung. Stuttgart u. a. (1995)

Amann, K.: Controlling. In: Bott, H. (Hrsg.) Handbuch der Postökonomie, S. 61–70. Gelsenkirchen (1987)

Ansoff, H.J.: Corporate Strategy, New York u. a. (1965)

Baum, H.G., Coenenberg, A.G., Günther, T.: Strategisches Controlling, 5. Aufl. Stuttgart (2013)

Biethahn, J., Huch, B. (Hrsg.): Informationssysteme für das Controlling. Konzepte, Methoden und Instrumente zur Gestaltung von Controlling-Informationssystemen, 1. Aufl. Heidelberg (1994)

Bitz, M., Domsch, M., Ewert, R., Wagner, F.W. (Hrsg.): Vahlens Kompendium der Betriebswirtschaftslehre, Bd. 1 u. 2, 5. Aufl. München (2005)

Blake, R.R., Mouton, J.S.: Verhaltenspsychologie im Betrieb. Der Schlüssel zur Spitzenleistung, Neuauflage. Düsseldorf (1993)

Bleicher, K.: Das Konzept Integriertes Management, 8. Aufl. Frankfurt u. a. (2011)

Bleicher, K.: Führung. In: Wittmann, W., Kern W., Köhler R., Küpper H.-U., Wysocki, K. v. (Hrsg.) Handwörterbuch der Betriebswirtschaftslehre (HWB), 5. Aufl., S. 1270–1284. Stuttgart (1993)

Bleicher, K.: Organisation. In: Bea, F.X., Dichtl E., Schweitzer M. (Hrsg.) Allgemeine Betriebswirtschaftslehre, Bd. 2, 4. Aufl., S. 73–152. Stuttgart u. a. (1989)

Böhler, H.: Portfolio-Analysetechniken. In: Szyperski, N. (Hrsg.) Handwörterbuch der Planung (HWPlan), S. 1548–1559. Stuttgart (1989)

Bramsemann, R.: Controlling, 2. Aufl. München u. a. (1989)

Brauchlin, E.: Entscheidungstechniken. In: Kieser, A., Reber, G., Wunderer, R. (Hrsg.) Handwörterbuch der Führung (HWFü), S. 260–271. Stuttgart (1987)

Brockhoff, K.: Produktpolitik. In: HWB, a. a. O., S. 3530–3445

Bromann, P., Piwinger, M.: Gestaltung der Unternehmenskultur. Stuttgart (1992)

Budäus, D.: Controlling in öffentlichen Verwaltungen. In: Mayer, E., Weber, J. (Hrsg.) Handbuch Controlling, S. 609–619. Stuttgart (1990)

Busse von Colbe, W.: Budgetierung und Planung. In: HWPlan, a. a. O., S. 176–182

Coenenberg, A.G., Baum, H.G.: Strategisches Controlling. Stuttgart (1987)

Daum, A., Petzold, J., Pletke, M.: BWL für Juristen, 2. Aufl., Wiesbaden (2012)

Deyhle, A.: Controller-Handbuch, Bd. 1–8, 3. Aufl. Gauting (1990)

© Springer Fachmedien Wiesbaden GmbH, ein Teil von Springer Nature 2020
K. Amann et al., *Management und Controlling*,
https://doi.org/10.1007/978-3-658-28795-5

Deyhle, A., Risak, J. (Hrsg.): Controlling. State of the Art und Entwicklungstendenzen, 2. Aufl. Wiesbaden (1992)

Diederich, H.: Allgemeine Betriebswirtschaftslehre, 7. Aufl. Stuttgart u. a. (1992)

Drumm, H.J.: Personalführung. In: HWB, a. a. O., S. 3099–3445

Engelhardt, W.H.: Produkt-Lebenszyklus- und Substitutionsanalyse. In: HWPlan, a. a. O. S. 1591–1602

Ertel, W.: Grundkurs Künstliche Intelligenz – Eine praxisorientierte Einführung, 4. Aufl. Wiesbaden (2016)

Fluri, E., Ulrich, P.: Management, 7. Aufl. Stuttgart (1995)

Franke, G.: Agency-Theorie. In: HWB, a. a. O., S. 37–49

Franke, R., Zerres, M.P. (Hrsg.): Planungstechniken, 5. Aufl. Frankfurt (1995)

Franz, S.: Controlling und effiziente Unternehmensführung. Wiesbaden (1989)

Frese, E.: Organisationstheorie, 2. Aufl. Wiesbaden (1992)

Frese, E., Simon, R.: Kontrolle und Führung. In: HWFü, a. a. O., S. 1247–1257

Gadatsch, A.: IT-Controlling für Einsteiger. Praxiserprobte Methoden und Werkzeuge, 1. Aufl. Wiesbaden (2016)

Gadatsch, A., Mayer, E.: Masterkurs IT-Controlling, 5. Aufl. Wiesbaden (2014)

Gälweiler, A.: Strategische Unternehmensführung, 3. Aufl. Frankfurt (2005)

Gleich, R., Grönke, K., Kirchmann, M., Leyk, J.: Strategische Unternehmensführung mit Advanced Analytics, 1. Aufl. München (2017)

Götze, U.: Szenario-Technik in der strategischen Planung. Wiesbaden (1991)

Greiner, O., Wolf, T. (Horváth & Partners (Hrsg.)): Strategisches Management und Innovationen. Das 7-K-Prinzip – Geschäftsmodelle gestalten – Strategien entwickeln. Stuttgart (2010)

Gronwald, K.-D.: Integrierte Business-Informationssysteme, 2. Aufl. Berlin (2017)

Günther, T.: Erfolg durch strategisches Controlling? München (1991)

Gutenberg, E.: Grundlagen der Betriebswirtschaftslehre, Bd 1: Die Produktion, 24. Aufl., Berlin (1983)

Hahn, D.: Planungs- und Kontrollrechnung, 4. Aufl. Wiesbaden (1994)

Hahn, D.: Strategische Unternehmensführung. In: Hahn, D., Taylor, B. (Hrsg.) Strategische Unternehmensplanung – Strategische Unternehmensführung (SUP/SUF), 9. Aufl., S. 31–51. Heidelberg (2006)

Hahn, D.: Strategische Kontrolle. In: SUP/SUF, a. a. O., S. 651–664

Hahn, D.: Zweck und Entwicklung der Portfolio-Konzepte in der strategischen Unternehmensplanung. In: SUP/SUF, a. a. O., S. 221–253

Hahn, D.: Integrierte Planung. In: HWPlan, a. a. O., S. 770–788

Hahn, D.: Unternehmensanalyse. In: HWPlan, a. a. O., S. 2074–2088

Hammer, R.M.: Strategische Planung und Frühaufklärung. München u. a. (1988)

Hax, H.: Unternehmensethik – Ordnungselement in der Marktwirtschaft? ZfbF. 45 (9), S. 769–779 (1993)

Heger, M., Schermann, M.P., Volcic, K.: Businessplan professionell, Wien (2012)

Heigl, A.: Controlling – Interne Revision, 2. Aufl. Stuttgart u. a. (1989)

Henzler, H.A. (Hrsg.): Handbuch Strategische Führung. Wiesbaden (1988)

Henzler, H.A.: Von der strategischen Planung zur strategischen Führung. ZfB. 58, S. 1286–1307 (1988)

Herder-Dorneich, P.: Unternehmensphilosophie, 2. Aufl. Baden-Baden (1991)

Hinterhuber, H.H.: Strategische Unternehmensführung, 8. Aufl. Berlin u. a. (2011)

Hinterhuber, H.H.: Konkurrentenanalyse. In: HWPlan, a. a. O., S. 864–874

Hinterhuber, H.H.: Struktur und Dynamik der strategischen Unternehmensführung. In: SUP/SUF, a. a. O., S. 66–89

Hopfenbeck, W.: Allgemeine Betriebswirtschafts- und Managementlehre, 14. Aufl. Landsberg (2002)

Horváth, P.: Controlling, 12. Aufl. München (2011)

Horváth, P. (Hrsg.): Internationalisierung des Controlling, Stuttgart (1989)

Horváth, P. (Hrsg.): Strategieunterstützung durch das Controlling: Revolution im Rechnungswesen? Stuttgart (1990)

Horváth, P.: Controllinginstrumente. In: HWB, a. a. O., S. 669–680

Kaplan, J.: Künstliche Intelligenz – Eine Einführung, 1. Aufl. Frechen (2017)

Kesten, R., Müller, A., Schröder, H.: IT-Controlling – IT-Strategie – Multiprojektmanagement – Projektcontrolling – Performancekontrolle, 2. Aufl. München (2013)

Kieser, A. u. a.: Organisation, 6. Aufl. Berlin u. a. (2010)

Kilger, W. u. a.: Flexible Plankostenrechnung und Deckungsbeitragsrechnung, 13. Aufl. Wiesbaden (2012)

Kirsch, W.: Strategische Unternehmensführung. In: HWB, a. a. O., S. 4094–4111

Kirsch, W., Trux, W.: Strategisches Management. In: HWPlan, a. a. O., S. 1924–1935

Klenger, F.: Operatives Controlling, 4. Aufl. München u. a. (2000)

Kloock, J.: Erfahrungskurven-Konzept. In: HWPlan, a. a. O., S. 427–433

Kloock, J.: Erfolgskontrolle mit der differenziert-kumulativen Abweichungsanalyse. ZfB. 3, S. 423–433 (1988)

Köhler, R., Krautter, J.: Marketingplanung. In: HWPlan, a. a. O., S. 1006–1020

Koreimann, D.S.: Management, 7. Aufl. München u. a. (1999)

Korndörfer, W.: Unternehmensführungslehre, 9. Aufl. Wiesbaden (1999)

Kossbiel, H.: Personalwirtschaft. In: Bea, F.X., Dichtl, E., Schweitzer, M. (Hrsg.) Allgemeine Betriebswirtschaftslehre, Bd. 3, 3. Aufl., S. 321–397. Stuttgart (1988)

Kotler, P., Bliemel, F.: Marketing-Management, 12. Aufl. Stuttgart (2007)

Kraus, H.: Operatives Controlling. In: Handbuch Controlling, a. a. O., S. 117–172

Kreikebaum, H.: Strategische Unternehmensplanung, 6. Aufl. Stuttgart u. a. (1997)

Krystek, U.: Früherkennungssysteme als Instrument des Controlling. In: Handbuch Controlling, a. a. O., S. 419–442

Küpper, H.-U.: Controlling. In: HWB, a. a. O., S. 647–661

Küpper, H.-U.: Controller-Anforderungsprofil in der Theorie. In: Handbuch Controlling, a. a. O., S. 325–342

Küpper, H.-U., Mellwig, W., Moxter, A., Ordelheide, D. (Hrsg.): Unternehmensführung und Controlling. Wiesbaden (1990)

Kütz, M.: IT-Controlling für die Praxis. Konzeption und Methoden, 2. Aufl. Heidelberg (2013)

Lachnit, L.: Controllingsysteme für PC-gestütztes Erfolgs- und Finanzmanagement. München (1992)

Lassmann, G., Vogt, A.: Periodenbezogene Kosten- und Erlösrechnung. In: HWPlan, a. a. O., S. 1341–1349

Leist, G.: Nutzwertanalyse. In: HWPlan, a. a. O., S. 1259–1266

Liessmann, K.: Strategisches Controlling als Aufgabe des Management. In: Handbuch Controlling, a. a. O., S. 303–323

Link, J.: Schwachpunkte der kumulativen Abweichungsanalyse in der Erfolgskontrolle. ZfB. 57, S. 780–792 (1987)

Macharzina, K.: Rechnungswesen und Planung. In: HWPlan, a. a. O., S. 1713–170

Malik, F.: Strategie des Managements, 10. Aufl. Bern u. a. (2009)

Maslow, A.H.: Motivation und Persönlichkeit. Freiburg (1977)

Matzner, M.: Predictive Analytics – Was und wie funktioniert Predictive Analytics, Augsburg (2016)

Mayer, E.: Controlling als Führungskonzept. In: Handbuch Controlling, a. a. O., S. 33–89

Mc Gregor, D.: Der Mensch im Unternehmen, 3. Aufl. Düsseldorf u. a. (1973)

Mandl, P.: Masterkurs – Verteilte betriebliche Informationssysteme, 1. Aufl. Wiesbaden (2009)

Mann, R.: Strategisches Controlling. In: Handbuch Controlling, a. a. O., S. 91–116

Mann, R.: Controlling und Planung. In: HWPlan, a. a. O., Sp., S. 219–228

Meffert, H.: Marketing-Management. Wiesbaden (1994)

Mertens, P., Bodendorf, F., König, W., Schumann, M., Hess, T., Buxmann, P.: Grundzüge der Wirt-schaftsinformatik, 12. Aufl. Berlin (2017)

Meyer-Piening, A.: Zero-Base-Budgeting. In: HWPlan, a. a. O., S. 2277–2296

Musshoff, H.J.: Geschäftsfeldsegmentierung. In: HWPlan, a. a. O., S. 579–590

Neubauer, F.F.: Das PIMS-Programm und Portfolio-Management. In: SUP/SUF, a. a. O., S. 283–310

North, K.: Wissensorientierte Unternehmensführung – Wertschöpfung durch Wissen, 2. Aufl. Wies-baden (1999)

Ottersbach, J.H.: Der Businessplan, 2. Aufl. München (2012)

Pack, L., Planung und Führung. In: HWFü, a. a. O., S. 1707–1718

Pausenberger, E.: Internationalisierungsstrategien industrieller Unternehmungen. In: Dichtl, E., Is-sing, O. (Hrsg.) Exportnation Deutschland, 2. Aufl., S. 199–220. München (1992)

Peemöller, V.H.: Controlling, 5. Aufl. Herne/Berlin (2005)

Pfohl, H.C., Zettelmayer, B.: Strategisches Controlling? ZfB. 49, S. 145–175 (1987)

Picot, A.: Ökonomische Theorien und Führung. In: HWFü, a. a. O., S. 1583–1595

Pohle, K.: Controlling und Organisation. In: HWB, a. a. O., S. 661–669

Preißler, P.: Controlling, 13. Aufl. München (2007)

Pümpin, C.: Strategische Erfolgspositionen. Bern u. a. (1992)

Reichmann, T.: Controlling mit Kennzahlen, 8. Aufl. München (2011)

Reichmann, T. (Hrsg.): Controlling-Praxis. München (1988)

Reichmann, T., Kleinschnittger, U.: Die Controllingfunktion in der Unternehmenspraxis. In: ZfB. 57, S. 1090–1120 (1987)

Remer, A.: Führung als Managementinstrument. In: HWFü, a. a. O., S. 357–366

Reuter, E.: Manager. In: HWB, a. a. O., S. 2663–2679

Rühli, E.: Organisationsformen. In: HWB, a. a. O., S. 3031–3046

Schierenbeck, H., Wöhle, C.B.: Grundzüge der Betriebswirtschaftslehre, 18. Aufl. München u. a. (2012)

Schmid-Kleemann, M.: Balanced Scorecard im IT-Controlling. Ein Konzept zur Operationalisie-rung der IT-Strategie bei Banken, 1. Aufl. Zürich (2004)

Schmidt, A.: Das Controlling als Instrument zur Koordination der Unternehmensführung. Frankfurt a. M. (1986)

Schmidt, R.-B.: Zielsysteme der Unternehmung. In: HWB, a. a. O., S. 4794–4806

Schmidt, R.-B.: Zielsetzung, Führung durch. In: HWFü, a. a. O., S. 2083–2092

Schneck, O.: Risikomanagement: Grundlagen, Instrumente, Fallbeispiele, München (2010)

Scholz, C.: Strategisches Management. Berlin u. a. (1987)

Schoppe, S.G. (Hrsg.): Kompendium der Internationalen Betriebswirtschaftslehre, 4. Aufl. Mün-chen (1998)

Schreyögg, G., Steinmann, H.: Grundlagen der Unternehmensführung, 6. Aufl. Wiesbaden (2005)

Schreyögg, G., Steinmann, H.: Strategische Kontrolle. In: ZfbF, S. 391–410 (1985)

Schröder, E.F.: Modernes Unternehmens-Controlling, 8. Aufl. Ludwigshafen (2003)

Schweitzer, M.: Planung und Kontrolle. In: Allgemeine Betriebswirtschaftslehre, Bd. 2, a. a. O., S. 9–72

Seidel, E.: Führungsmodelle. In: HWB, a. a. O., S. 1299–1311

Seidel, E., Strebel, H. (Hrsg.): Umwelt und Ökonomie, Wiesbaden (1991)

Seiter, M.: Business Analytics – Effektive Nutzung fortschrittlicher Algorithmen in der Unterneh-menssteuerung, 1. Aufl. München (2017)

Serfling, K.: Controlling, 2. Aufl. Stuttgart (1992)

Singler, A.: Businessplan, 2. Aufl. Planegg/München (2009)

Spremann, K., Zur, E. (Hrsg.): Controlling. Wiesbaden (1992)

Staehle, W.H.: Management, 8. Aufl. München (1999)

Steger, U.: Umweltmanagement, 2. Aufl. Frankfurt/Wiesbaden (1993)

Steinle, C.: Führungskonzepte und ihre Implementation. In: HWFü, a. a. O., S. 576–590

Steinmann, H.: Unternehmensethik. In: HWB, a. a. O., S. 4331–4343

Stutely, R.: Der professionelle Businessplan, 2. Aufl. München (2007)

Thommen, J.-P., Achleitner, A.-K.: Allgemeine Betriebswirtschaftslehre, 7. Aufl. Wiesbaden (2012)

Tiffany, P., Peterson, S.D.: Business Plans for Dummies. Foster City (1997)

Ulrich, H.: Unternehmenspolitik, 3. Aufl. Bern u. a. (1990)

Ulrich, P.: Unternehmenskultur. In: HWB, a. a. O., S. 4351–4366

Weber, J.: Ursprünge, Begriff und Ausprägung des Controlling. In: Handbuch Controlling, a. a. O., S. 3–32

Weige, M.K., Edelmann, H.: Controlling. Stuttgart (1988)

Wild, J.: Grundlagen der Unternehmensplanung, 4. Aufl. Opladen (1982)

Winand, U.: Erfolgspotentialplanung. In: HWPlan, a. a. O., S. 440–452

Witte, E.: Effizienz in der Führung. In: HWFü, a. a. O., S. 163–175

Wittlage, H.: Unternehmensorganisation, 6. Aufl. Herne/Berlin (1998)

Wolf, P.: Führungsinformationen für das Kommunalmanagement, 1. Aufl. Wiesbaden (2007)

Wunderer, R. (Hrsg.): Betriebswirtschaftslehre als Management- und Führungslehre, 3. Aufl. Stuttgart (1998)

Ziegenbein, K.: Controlling, 10. Aufl. Ludwigshafen (2012)

Stichwortverzeichnis

© Springer Fachmedien Wiesbaden GmbH, ein Teil von Springer Nature 2020
K. Amann et al., *Management und Controlling*,
https://doi.org/10.1007/978-3-658-28795-5

The manufacturer's authorised representative in the EU is Springer
Nature Customer Service Centre GmbH, Europaplatz 3, 69115 Heidelberg,
Germany. If you have any concerns regarding our products, please
contact ProductSafety@springernature.com

Printed and bound by CPI Group (UK) Ltd, Croydon, CR0 4YY
24/04/2026
02096335-0013